Michael Hesemann

Völkermord an den Armeniern

Michael Hesemann

Völkermord an den Armeniern

Mit unveröffentlichten Dokumenten aus dem Geheimarchiv des Vatikans über das größte Verbrechen des Ersten Weltkriegs

LANGENMÜLLER

Umschlaggestaltung: Wolfgang Heinzel
Satz: EDV-Fotosatz Huber/Verlagsservice G. Pfeifer, Germering
Gesetzt aus: 10,5 pt/13,6 pt Minion Pro
Druck und Binden: CPI books GmbH, Leck
Printed in Germany
ISBN 978-3-7844-3631-9

www.langenmueller.de

Inhalt

Vorwort von Azat Ordukhanyan, ZAD, AAV 9

Einleitung: »Wer redet denn heute noch von der Vernichtung der Armenier?« 16

I. »Gräuel vor Gott« 30

II. Eine Nation unter dem Kreuz 44

III. Die Knute des Halbmonds 57

IV. Der rote Sultan 71

V. Der erste »Holocaust« 87

VI. »Mit großem Schmerz« 95

VII. Die Revolution der Jungtürken 110

VIII. Ein Sturm braut sich zusammen 124

IX. Der »Heilige Krieg« 140

X. Der Aufstand, der keiner war 158

XI. Der 24. April 1915 178

XII. Der Marsch in den Tod 194

XIII. Die Topographie des Todes 211

XIV. Die Endlösung der Armenierfrage 238

XV. Das Scheitern der Diplomatie 255

XVI. Ein gefährliches Nachspiel 276

XVII. Das Erbe der Jungtürken 295

Nachwort: Was unsere Verantwortung ist 314

Quellen 324
Literatur 325
Anmerkungen 329
Bildnachweis 350
Dank 351

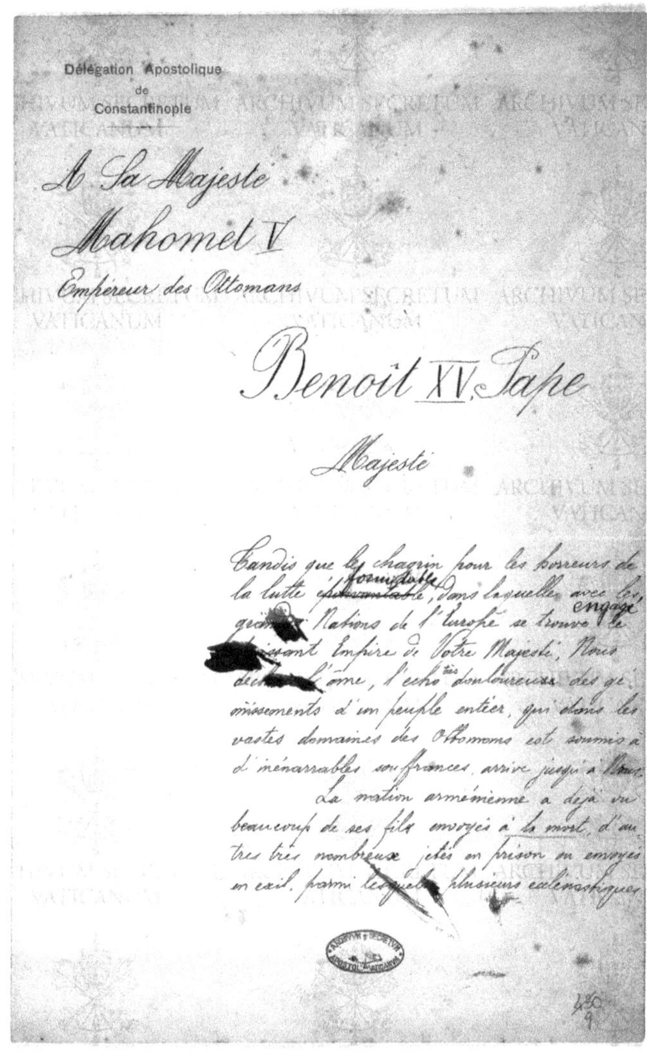

Délégation Apostolique
de
Constantinople

A Sa Majesté
Mahomet V
Empereur des Ottomans

Benoît XV, Pape

Majesté

Tandis que le chagrin pour les horreurs de
la lutte formidable, dans laquelle avec les
gé[illegible] Nations de l'Europe se trouve engagé le
[illegible]issant Empire de Votre Majesté, Nous
déc[illegible] l'âme, l'écho très douloureux des gé-
missements d'un peuple entier, qui dans les
vastes domaines des Ottomans est soumis à
d'inénarrables souffrances, arrive jusqu'à Nous.
La nation arménienne a déjà vu
beaucoup de ses fils envoyés à la mort, d'au-
tres très nombreux jetés en prison ou envoyés
en exil, parmi lesquels plusieurs ecclésiastiques

Abschrift des handschriftlichen Briefes von Papst Benedikt XV. an Sultan Mehmet V. vom 10. September 1915 (A.S.V., Arch. Deleg. Turchia 101, 528, S. 9)

»Tatsächlich ist die Zahl der Jünger, deren Blut für Christus während der tragischen Ereignisse des letzten Jahrhunderts vergossen wurde, gewiss größer als die der Märtyrer der ersten Jahrhunderte und in diesem Martyrologium nehmen die Kinder der armenischen Nation einen Ehrenplatz ein. Das Mysterium des Kreuzes, das so kostbar in der Erinnerung ihres Volkes ist und sich ausdrückt in den wundervollen Steinkreuzen, die jeden Winkel ihres Landes schmücken, wurde von so vielen Söhnen und Töchtern ihres Volkes in der direkten Teilhabe am Leidenskelch des Herrn gelebt. Ihr Zeugnis, gleichermaßen tragisch und edel, darf nie vergessen werden.«

Papst Franziskus am 8. Mai 2014[1]

Dem armenischen Märtyrervolk gewidmet!
Michael Hesemann

Vorwort

Was dieses Buch bislang bewirkt hat...

Vier Jahre sind vergangen, seit die Erstausgabe dieses Buches in Deutschland erschien und internationales Aufsehen erregte. Bereits im November 2014, nachdem ich einige meiner Erkenntnisse auf einer internationalen Historiker-Konferenz an der römischen Marconi-Universität präsentierte, berichtete die katholische Presseagentur ZENIT und veröffentlichte ein ausführliches Interview, das in fünf Sprachen übersetzt und von Zeitungen in 21 Ländern zitiert wurde. Damals zögerte Papst Franziskus noch, als er auf dem Rückflug von seinem Besuch in der Türkei gefragt wurde, ob er mit Staatspräsident Erdogan über die Armenierfrage gesprochen habe, das Wort »Völkermord« in den Mund zu nehmen. Stattdessen sprach er von »positiven Zeichen« in der Aufarbeitung dieses dunkelsten Kapitels der türkischen Geschichte und betonte den »guten Willen beider Seiten.«
So informierte ich den Heiligen Vater und Kardinal Kurt Koch vom Päpstlichen Rat für die Einheit der Christen im Januar 2015 über meine Erkenntnisse. Immerhin hatte ich fünf Jahre lang im vatikanischen Geheimarchiv geforscht und über 2500 Seiten bislang unveröffentlichter Dokumente ausgewertet, die das größte Verbrechen des Ersten Weltkrieges in einem völlig neuen Licht erscheinen ließen. Es handelte sich eindeutig nicht um Präventivmaßnahmen der osmanischen Regierung, um geplante Aufstände der Armenier und eine Kollaboration mit den Russen zu verhindern, wie von türkischen Politikern und Historikern noch heute gerne behauptet wird. Der Völkermord bezog sich nicht einmal ausschließlich auf die Armenier, sondern auf Christen aller Konfessionen. Das protofaschistische Regime der Jungtürken hatte, so geht eindeutig aus den Berichten an

den Heiligen Stuhl hervor, eine »ethnische Homogenisierung Anatoliens« beschlossen, die »Reinigung« des Landes von seinen christlichen Minderheiten, die als potenziell illoyal und bei der Formung einer starken, homogenen türkischen Nation hinderlich galten. So nutzte man den Krieg nur als Vorwand für die größte Christenverfolgung der Geschichte, der neben anderthalb Millionen Armeniern noch gut 2-300.000 aramäische und assyrische Christen sowie 800.000 orthodoxe Griechen zum Opfer fielen.

Als mein Buch schließlich im Februar 2015 in Deutschland erschien, flog ich umgehend nach Rom, um Kardinal Koch und dem Heiligen Vater Exemplare zu überbringen. Auch die Zeitung der italienischen Bischofskonferenz »Avvenire«, und die internationale »Catholic News Agency« (CNA) nahmen sich ausführlich meiner Arbeit an und zitierten mich in Hinblick auf die für den 12. April 2015 geplante Gedenkfeier für die Opfer der Massaker im Petersdom: »Ich hoffe, dass Papst Franziskus in seiner Predigt an diesem Tag klare Worte finden wird. Die Wahrheit und Solidarität mit den Märtyrern sind wichtiger als jede Diplomatie.«

Wie später bekannt wurde, versuchte zeitgleich die türkische Botschaft am Heiligen Stuhl mit allen Mitteln, eben das zu verhindern. Zeitweise sah es so aus, als habe sie Erfolg gehabt; nicht mehr von den Ereignissen hundert Jahre zuvor war die Rede, sondern nur noch von der Erhebung des hl. Gregors von Narek, eines armenischen Mönches aus dem 10. Jahrhundert, zum Kirchenlehrer. So war ich mehr als gespannt, als ich an der ökumenischen Messfeier am 12. April teilnahm, zu der Papst Franziskus den armenischen Katholikos Karekin II., den kilikischen Katholikos Aram II. und den armenischen Präsidenten Sersch Sargsjan eingeladen hatte. Doch die heute acht Millionen Armenier auf der ganzen Welt wurden nicht enttäuscht, als der Papst gleich in seiner Begrüßungsansprache vom »ersten Völkermord des 20. Jahrhunderts« sprach. Erdogan kochte, beschimpfte den Papst und befahl den sofortigen Abbruch der diplomatischen Beziehungen zum Heiligen Stuhl. Gleich am nächsten Tag wurde der türkische Vatikanbotschafter abberufen.

Doch Papst Franziskus ließ sich auch davon nicht einschüchtern. Im Gegenteil: Er wiederholte seine Formulierung und ergänzte sie, als er ein Jahr später, im Juni 2016, Armenien einen Besuch abstattete. Bei seiner Begrüßung im Palast von Präsident Sargsjan erklärte Franziskus: »Diese Tragödie, dieser Völkermord, eröffnete die traurige Liste der entsetzlichen Katastrophen des vergangenen Jahrhunderts, die von anormalen rassistischen, ideologischen oder religiösen Motivationen ermöglicht wurden, welche den Geist der Menschenkinder so weit verdunkelten, dass sie sich das Ziel setzten, ganze Völker auszurotten."

Diese Formulierung hatte er am Morgen seiner Reise, vielleicht sogar im Flugzeug, in seinen Redetext eingefügt, denn er fehlte noch in der gedruckten Version, die zuvor an die ihn begleitenden Journalisten ausgegeben worden war. Ich hatte noch vor seinem Abflug Kardinal Koch darauf hingewiesen, wie wichtig dem armenischen Volk die Benutzung des Terminus »Völkermord« sei, da jede Vermeidung von der Türkei gleich wieder als Revision der Position des Papstes missinterpretiert worden wäre.

Bereits im April 2015, bei meinem ersten Besuch in Armenien, hatte ich den Katholikos der Armenisch-Apostolischen Kirche, Seine Heiligkeit Karekin III., Historiker der Nationalen Akademie der Wissenschaften der Republik Armenien (NAS-RA) und in einer Reihe von TV- und Radiointerviews die armenische Öffentlichkeit über den Dokumentenfund informiert. So wurde ich Zeuge, wie in der »heiligen Stadt« der Armenier, in Etchmiadzin, die 1,5 Millionen Opfer des Völkermordes von Karekin II. und dem Katholikos des Großen Hauses von Kilikien, Aram I., in Beisein von Vertretern des Heiligen Stuhls, den Patriarchen der Koptischen, Syrisch-Orthodoxen und Maronitischen Kirche sowie Erzbischöfen anderer orthodoxer, aber auch protestantischer Kirchen offiziell zu Märtyrern erklärt und selig gesprochen wurden. Im Oktober 2015 lud mich die NAS-RA ein, meine Forschungsergebnisse auf dem internationalen Symposium »The Armenian Genocide 100: From Recognition to Reparation" zu präsentieren. Anschließend wurde ich von Prof. Vladimir Sacharow vom Russischen „All-Unions-Komitee für das Jahrhundert-Gedenken an den Armenischen Völkermord" mit dem Verdienstorden seines Verbandes ausgezeichnet. Am Vorabend des Papstbesuches im Juni 2016 lud mich die Direktion des Museums und Institutes der Völkermord-Gedenkstätte »Tzitzernakaberd« (»Schwalbenfestung«) in den Hügeln oberhalb der Hauptstadt zu einer Präsentation »Der Vatikan und der Völkermord« vor Studenten und zahlreichen Pressevertretern ein. Auf seiner Pressekonferenz in Jerewan bestätigte der Sprecher des Papstes, Pater Federico Lombardi SJ, meine Entdeckung. Zwischenzeitlich hatte ein Jesuitenpater, Prof. Dr. Georges-Henri Ruyssen SJ, die wichtigsten Dokumente in einer siebenbändigen wissenschaftlichen Edition veröffentlicht. Schließlich lud mich der Präsident der Nationalen Akademie der Wissenschaften der Republik Armenien, Prof. Dr. Radik M. Martirosyan, ein, um mir die Entscheidung seiner Akademie mitzuteilen, mir in Anerkennung meiner Verdienste die Ehrendoktorwürde zu verleihen. Das geschah schließlich am 21. Oktober 2016 in den Räumlichkeiten der Akademie. Im Frühjahr 2019 wird dieses Buch endlich auch auf Armenisch erscheinen, auf besonderen Wunsch des Katholikos im Verlag des Muttersitzes der Armenisch-apostolischen Kirche in Etchmiadzin.

Doch auch in Deutschland blieb seine Erstveröffentlichung im Februar 2015 nicht folgenlos. Im Juni 2015, bei einer Preisverleihung im evangelikalen Kongresszentrum Schönblick bei Schwäbisch-Gmünd, kam ich ins Gespräch mit dem damaligen CDU-Fraktionsvorsitzenden im Deutschen Bundestag, Volker Kauder, und schenkte ihm ein Exemplar dieses Buches. Die Worte des Papstes vom 12. April 2015 waren Auslöser dafür gewesen, dass sich eine Reihe von Staaten erneut der »armenischen Frage« annahmen – darunter auch Deutschland.

Am Donnerstag, dem 2. Juni 2016 nahmen die Abgeordneten des deutschen Bundestages mit nur einer Gegenstimme eine Resolution an, in der die Massaker und Vertreibungen der Armenier im Ersten Weltkrieg deutlich als »Völkermord« verurteilt wurden. Zudem stellten sie darin die historische Verantwortung des deutschen Volkes fest, dessen damalige Regierung durch die Berichte deutscher Diplomaten und Militärs bestens über die schrecklichen Ereignisse von 1915/16 informiert waren; schließlich war das Osmanische Reich Deutschlands Waffenbruder und wichtigster Verbündeter im Ersten Weltkrieg.

Initiator der Resolution war der türkischstämmige grüne Abgeordnete Cem Özdemir, dem es gelungen war, Volker Kauder für sein Vorhaben zu gewinnen. Sicher hat auch die Lektüre dieses Buches den CDU-Spitzenpolitiker überzeugt, gegen den Widerstand aus eigenen Reihen – in erster Linie von seiner Parteichefin, der Bundeskanzlerin – seinem Gewissen zu folgen.

Auf die Verabschiedung der Resolution folgte erwartungsgemäß auch hier eine heftige Gegenreaktion aus Ankara. Türkische Zeitungen sprachen von einer »Schande« und zeigten ausgerechnet Angela Merkel, die der Abstimmung demonstrativ ferngeblieben war, in Nazi-Uniform. Demonstranten versammelten sich vor der Deutschen Botschaft, warfen Eier. Türkische Politiker übertrafen sich an wüsten Beschimpfungen, während Staatspräsident Erdogan lamentierte, Merkel habe ihm doch versprochen, diese Resolution zu stoppen. Den türkischstämmigen Abgeordneten im Deutschen Bundestag, die für die Resolution gestimmt hatten, sprach er ab, Türken zu sein: »Ihr Blut muss durch einen Labortest untersucht werden«. Seitdem nahmen die Drohungen gegen sie im Internet, aber auch die Anpöbeleien auf offener Straße zu; manche wagten sich fortan nicht mehr mit ihren Kindern auf die Straße. Sollten sie ihr Heimatland besuchen, droht ihnen Verhaftung, Verurteilung wegen Terrorismus und »Beleidigung der türkischen Nation.« Zudem wurde deutschen Parlamentariern monatelang der Besuch der NATO-Luftwaffenbasis Incirlik, auf dem immerhin deutsche Soldaten und deutsche Flugzeuge stationiert sind, verweigert. Nur am Rande sei vermerkt, dass der Stützpunkt Incirlik, wie so vieles in der Türkei, auf dem Land armenischer Familien liegt, das während des Völkermordes 1915 konfisziert worden war. Erst im September 2016, nachdem der Sprecher der Bundesregierung die Resolution des Bundestages – immerhin der gewählten Volksvertretung – als »nicht rechtsverbindlich« bezeichnete und man zudem die Investition von 58 Millionen Euro versprach, wurde die Einreisesperre durch das Erdogan-Regime aufgehoben.

Die Distanzierung des Regierungssprechers vom Parlamentsbeschluss (am 2. September 2016) wurde in Deutschland heftig kritisiert und einhellig als Einknicken Merkels vor Erdogan gewertet. Als

Merkel im August 2018 Armenien besuchte, vermied sie nach wie vor demonstrativ, von einem »Völkermord« zu sprechen.
Umso höher war es dem Bundestag anzurechnen, nahezu geschlossen und fraktionsübergreifend für die Resolution gestimmt zu haben. Was Merkels Fraktion am Ende überzeugte, war nur ein Argument: »Will eine Partei, die sich als christlich-demokratisch definiert, auf der Seite des Papstes oder auf der Seite eines Diktators stehen?« Ihrer Fraktion konnte sich dann auch Merkel nicht mehr widersetzen, auch wenn sie, zusammen mit einem Großteil ihres Kabinetts inklusive Außenminister Frank-Walter Steinmeier, der Abstimmung demonstrativ fernblieb. Doch auch das konnte an der historischen Realität nichts ändern, nämlich daran, dass das, was ein Völkermord war, auch als solcher bezeichnet werden muss.
Nicht zuletzt betont die Armenien-Resolution des Deutschen Bundestages die Hoffnung auf eine Versöhnung der Nachkommen von Tätern und Opfern. Die Grundvoraussetzung dafür aber kann nur das Eingeständnis der im Namen der Türkei begangenen Verbrechen sein. So ist zu hoffen, dass eine erneute öffentliche Diskussion der Ereignisse von 1915/16 zumindest in Teilen der türkischen Bevölkerung zu einer neuen und endlich auch selbstkritischen Auseinandersetzung mit diesem dunkelsten Kapitel ihrer Geschichte führt.
Die Fakten dafür liegen auf dem Tisch. Auch jene Dokumente, die ich entdeckte, sprechen eine eindeutige Sprache. Es war ein Völkermord. Sie sind den Opfern gegenüber verpflichtet, dass ihnen Gerechtigkeit widerfährt. Das armenische Volk als ihre Nachkommen hat, genau wie die deutschen Opfer der Schoah, einen Anspruch auf Wiedergutmachung. Deutschland ist nach dem Zweiten Weltkrieg erst dadurch wieder zu einem respektierten Mitglied der Völkerfamilie geworden, dass es offen zu seiner Schuld stand und den Staat Israel demonstrativ unterstützte und großzügig entschädigte. Es wäre der Türkei zu wünschen, dass sie den Mut findet, den gleichen Weg zu gehen. Bis dahin haben wir einen Auftrag, den die Geschichte uns allen erteilt hat. Er besteht darin, das schreckliche Geschehen so sauber und vollständig zu dokumentieren und ein Vergessen und Verschweigen für alle Ewigkeit unmöglich zu machen. Das sind wir als Christen und Europäer den 1,5 Millionen Opfern, den Märtyrern der armenischen

Nation und ihres Glaubens, schuldig. Möge die Wahrheit frei machen: die einen, ihre Schuld zu gestehen, die anderen, ihnen zu vergeben und uns alle, zu verhindern, dass sich die Geschichte wiederholt.

Düsseldorf, im Dezember 2018
Dr. h.c. Michael Hesemann

Einleitung: »Wer redet denn heute noch von der Vernichtung der Armenier?«

Das Treffen fand unter höchster Geheimhaltung statt; es war so geheim, dass selbst die Geladenen erst in letzter Minute erfuhren, was Sache war. Am 21. August 1939 wurden die vierzig ranghöchsten Generäle und kommandierenden Offiziere der deutschen Streitkräfte zunächst nach München geflogen, wo man sie in verschiedenen Hotels einquartierte. Auf eine Registrierung bei der Rezeption oder den Eintrag in einen Meldeschein wurde dabei zu ihrer Überraschung verzichtet. Ihre einzige Anweisung lautete, sich am nächsten Morgen pünktlich um 9.00 Uhr früh in Zivilkleidung an der jeweils verabredeten Stelle einzufinden, wo bereits ein Wagen auf sie wartete. Erst, als sie darin Platz genommen hatten, erfuhren sie, wohin die Fahrt ging: »Auf den Obersalzberg«.

Dort, im Schatten des geheimnisvollen Untersberges, begrüßte sie zunächst Reichsmarschall Hermann Göring, der ebenfalls keine Uniform, sondern ein pompöses Jagdgewand trug. Er führte sie in einen länglichen Saal, in dem nur ein Schreibtisch, ein Flügel mit einer Büste Richard Wagners und zwei Reihen Stühle standen. Durch ein riesiges Panoramafenster war die Bergkulisse im strahlenden Sonnenlicht zu sehen. Es handelte sich um das Arbeitszimmer Adolf Hitlers.

Der »Führer« ließ sie, wie es seine Gewohnheit war, zunächst einmal warten. Dann betrat er, als Einziger die braune Parteiuniform tragend, forsch den Saal, in dem ein donnerndes »Heil Hitler« erscholl, das dieser mit einer zackigen Geste erwiderte. Nach einem knappen »Setzen Sie sich, meine Herren«, erklärte er bedeutungsschwer: »Ich habe Sie zusammengerufen, um Ihnen ein Bild der politischen Lage zu geben, damit Sie einen Einblick tun können in die einzelnen Elemente, auf die sich mein Entschluss, zu handeln, aufbaut, und um Ihr Vertrauen zu stärken. Danach werden wir die militärischen Einzelheiten besprechen.«[2]

Was folgte, war ein vierstündiger Monolog, einzig unterbrochen durch den einstündigen Mittagsimbiss, der auf der lichtdurchfluteten Terrasse des Berghofes eingenommen wurde. Doch obwohl es ein warmer Sommertag war, muss einigen der Beteiligten zu diesem Zeitpunkt längst das Blut in den Adern gefroren sein. Denn Hitler hatte diese höchst geheime Zusammenkunft einberufen, um die Heeresspitze auf seine Kriegspläne einzuschwören. Er hatte beschlossen, in Polen einzumarschieren und das Land erbarmungslos zu zerschlagen, um den schon in *Mein Kampf* beschworenen »Lebensraum im Osten« zu schaffen.

Hitler sprach frei, ein offizielles Protokoll oder gar eine Bandaufzeichnung gab es nicht, wohl aber Mitschriften einiger der Anwesenden. Einer von ihnen war Admiral Wilhelm Canaris, der Chef der *Abwehr*, des militärischen Geheimdienstes der Wehrmacht. Er hatte sich schon zwei Jahre zuvor, angewidert von der Brutalität und Skrupellosigkeit der Nazis, innerlich von Hitler abgewendet und sich im Vorjahr einer Gruppe hitlerkritischer Offiziere rund um den zum Rücktritt gezwungenen ehemaligen Generalstabschef des Heeres, Generaloberst Ludwig Beck, angeschlossen. Jetzt aber bestand für ihn kein Zweifel mehr, dass der *Führer* ein Verbrecher war, der Deutschland und Europa ins Verderben stürzen würde.

»Gleich am nächsten Tag las er (Canaris, d. Verf.) uns die wichtigsten Stellen (seiner Aufzeichnungen von der Hitler-Rede, d. Verf.) vor«, erinnerte sich Hans Bernd Gisevius, ein Mitglied der Widerstandsgruppe. »Er war noch immer voller Entsetzen. Seine Stimme zitterte. Er fühlte, Zeuge von etwas Ungeheuerlichem gewesen zu sein.«[3] Die Welt musste von den Plänen des Wahnsinnigen erfahren.

So übergab Admiral Canaris seine Aufzeichnungen seinem Freund und Ergänzungsoffizier Oberst Hans Oster, der daraus einen inhaltlich korrekten, sprachlich aber dramatisierten Text erstellte, den ein anderes Mitglied der Widerstandsgruppe dem in Berlin akkreditierten amerikanischen Journalisten Louis P. Lochner von der *Associated*

Press übergab. Lochner übermittelte das brisante Dokument noch vor dem 25. August 1939 der britischen Botschaft in Berlin.

Wie weit sein Wortlaut tatsächlich Hitlers freier Rede vom 22. August entsprach, ist allerdings unter Historikern umstritten.[4] Ein Augenzeuge, Generaladmiral a.D. Hermann Boehm, hielt ihn 1971, also 32 Jahre später, für eine »blutrünstige und unwahre Darstellung«[5], bestritt aber auch die – zweifelsfrei belegte – Präsenz von Admiral Canaris in der Runde. Doch auch in Boehms Aufzeichnungen findet sich die Notiz, Hitler habe gesagt, die Glaubwürdigkeit einer Kriegserklärung sei gleichgültig, im Sieg liege das Recht. Ein weiterer Zeuge, Generalstabschef Franz Halder, fasst dagegen den strittigen Absatz in seinem Kriegstagebuch mit den Worten »Ziel: Vernichtung Polens – Beseitigung seiner lebendigen Kraft. Es handelt sich nicht um Erreichen einer bestimmten Linie oder einer neuen Grenze, sondern um Vernichtung des Feindes, die auf immer neuen Wegen angestrebt werden muss«[6] zusammen. So hält etwa der Historiker Christoph Bergner die »Lochner-Version« der Hitler-Ansprache für glaubwürdig, der Politologe und Zeitgeschichtler Richard Albrecht sogar für »jene Version«, die »am wahrscheinlichsten zusammenfasst und ausdrückt, was Hitler sagte«[7]. Jedenfalls zitiert sie ihn mit diesen Worten:

> »Unsere Stärke ist unsere Schnelligkeit und unsere Brutalität. Dschingis Khan hat Millionen Frauen und Kinder in den Tod gejagt, bewusst und fröhlichen Herzens. Die Geschichte sieht in ihm nur den großen Staatengründer. Was die schwache westeuropäische Zivilisation über mich behauptet, ist gleichgültig. Ich habe den Befehl gegeben und ich lasse jeden füsilieren, der auch nur ein Wort der Kritik äußert, dass das Kriegsziel nicht im Erreichen von bestimmten Linien, sondern in der physischen Vernichtung des Gegners besteht. So habe ich, einstweilen nur im Osten, meine Totenkopfverbände bereitgestellt mit dem Befehl, unbarmherzig und mitleidslos Mann, Weib und Kind polnischer Abstammung und Sprache in den Tod zu schicken. Nur so gewinnen wir den Lebensraum, den wir brauchen. Wer redet heute noch von der Vernichtung der Armenier?«[8]

Diese Aussage Hitlers, apokryph oder nicht, ist der Schlüssel zum Verständnis dieses Buches. Denn sie verdeutlicht nur zu gut, weshalb der Völkermord von 1915 nie mehr verschwiegen und geleugnet, vor allem aber: nie vergessen werden darf.

Der Genozid an den Armeniern, kurz »Armenozid« genannt, ist die Mutter aller Völkermorde und damit ebenso untrennbar mit der »Urkatastrophe des 20. Jahrhunderts«, dem Ersten Weltkrieg, verbunden wie der Holocaust, der Völkermord an den Juden, mit dem Zweiten Weltkrieg. Er diente nicht nur dem Vernichtungsschlag der Deutschen gegen die Polen, sondern, viel offensichtlicher, der »Endlösung der Judenfrage« als Vorbild, auch wenn Hitler seine Generäle an jenem Augusttag des Jahres 1939 in diesen Plan noch nicht einweihen wollte. So sprach kein Geringerer als der Friedensnobelpreisträger von 1986, der Auschwitz-Überlebende Elie Wiesel, schon vor 65 Jahren in einer auf Jiddisch verfassten Broschüre vom »Holocaust vor dem Holocaust« und wies damit als Erster auf den Zusammenhang von Armenozid und Schoah hin.

Nach dem Vorbild des Völkermords an den Armeniern wurden auch die anderen Völkermorde des 20. Jahrhunderts begangen, nicht nur die Massaker der Türken an den christlichen Aramäern (Assyrern) mit etwa 300 000 Opfern (1915–1917) oder die Vertreibung der Griechen aus Kleinasien und dem Pontos durch die Türken, als bis zu 500 000 Menschen auf Zwangsmärschen durch das karge Hochland von Anatolien, durch gezielte Massaker und Massenexekutionen ums Leben kamen. Sondern auch etwa der Völkermord der Hutu an den Tutsi in Burundi (1972, 250 000 Opfer) oder dessen »Vergeltung«, der Völkermord der Tutsi an den Hutu in Ruanda (1994, bis zu einer Million Opfer). Ja, die Chronik des Grauens endete auch nicht mit der Jahrtausendwende. Vielleicht kein Völkermord, aber eine systematische Vertreibung von Christen wurde nach der »Befreiung« des Irak durch die Amerikaner gemeldet. Dort sank die Zahl der Christen im Irak in einem Jahrzehnt von etwa 1,5 Millionen auf unter 300 000; so jedenfalls die Zahl zu Anfang des Jahres 2014, bevor die Terrormilizen des *Islamischen Staates* das Werk zu vollenden drohten. Sind schon bei den zerstrittenen Konfessionen des Islam, bei Sunniten und Schiiten, »Ungläubige« (und als solche definiert der

Qur'an alle Nichtmuslime) unerwünscht, so weitete der salafistische ISIS die Verfolgung und den Völkermord auch auf Schiiten, Alewiten, Kurden und Jeziden aus.

Begonnen hat er seine Terrorherrschaft ausgerechnet in Syrien, das als eine der Wiegen des Christentums gilt; schon zum Zeitpunkt der Bekehrung des heiligen Paulus, also drei Jahre nach der Kreuzigung und Auferstehung Jesu, gab es in Damaskus eine blühende Gemeinde, die wahrscheinlich unmittelbar nach dem Pfingstereignis gegründet worden war. Unter dem laizistischen Assad-Regime lebten die ca. 2,2 Millionen Christen, etwa 10 % der Gesamtbevölkerung, in völliger Gleichberechtigung. Christen stellten Mitglieder der Regierung und des Parlamentes. Sie brauchten sich nicht in ihren Kirchen zu verstecken, sondern führten etwa Prozessionen auf offener Straße durch. Das änderte sich freilich, als im März 2011, im Zuge des »Arabischen Frühlings«, der zum Winter für die Christen wurde, im ganzen Land ein blutiger Bürgerkrieg ausbrach. Zunächst kämpften Jihadisten Seite an Seite mit westlich-demokratisch orientierten Rebellen, dann übernahmen die Islamisten ganz das Ruder im Krieg gegen Assad. Von der Türkei, Katar und Saudi-Arabien unterstützt, kontrollierten sie zwischenzeitlich den gesamten Norden des Landes, darunter die von zahlreichen Christen bewohnten Städte Homs und Aleppo. Im März 2012 alarmierte die syrisch-orthodoxe Kirche – die größte Konfession im Lande – die Weltöffentlichkeit: in Homs würden »ethnische Säuberungen gegen Christen« stattfinden. Nach Aussagen einer ihrer Bischöfe sollen islamistische Mitglieder der »Faruq-Brigade« der *Freien Syrischen Armee* (die man im Westen zu den »gemäßigten Rebellen« rechnet) bereits über 90 % der Christen aus der Stadt vertrieben und ihr Eigentum konfisziert haben. Ganze Stadtviertel seien bereits »christenrein«.[9] Als die Islamisten sich im Mai 2014 aus Homs zurückzogen, hinterließen sie eine Trümmerlandschaft.[10] Im Januar 2014 meldete die italienische Tageszeitung *La Stampa*, islamistische Milizen in Nordsyrien würden jetzt auch gezielt armenische Christen terrorisieren. Von Enthauptungen, Kreuzigungen, Säureanschlägen auf Kirchen und Zwangsbekehrungen zum Islam war die Rede. Ein im Internet verbreitetes Video zeigte einen älteren Armenier, offenbar das Oberhaupt eines Famili-

enclans, der vor einem muslimischen Prediger unter Zwang das islamische Glaubensbekenntnis ablegt. Widerruft er einen Tag später, gilt er als Abtrünniger; jeder Moslem hat dann das Recht, ihn und seine Angehörigen zu töten. »Die Geister des armenischen Genozids von 1915 kehren zurück«, kommentierte die Zeitung.[11] Seitdem hat sich die Lage dramatisch zugespitzt und dem Leser dieses Buches wird es vorkommen, als hätte er ein Déjà-vu – so haargenau gleichen die Bilder, die uns von der Terrorherrschaft des ISIS erreichen, in ihrer ganzen menschenverachtenden Brutalität doch denen, die aus den Zeiten des Völkermordes von 1915/16 überliefert sind. Umso bezeichnender, dass ISIS ausgerechnet am 21. September 2014, dem armenischen Unabhängigkeitstag, in Deir el-Zor (auch: Der Zor), dem Auschwitz dieses leidgeprüften Volkes, eine Kirche in die Luft sprengen ließ, die als Gedenkstätte an den Armenozid diente. Der *Islamische Staat* trat damit das Erbe der Mörder von damals an.[12]
Die Geister von 1915 werden so lange zurückkehren, wie versucht wird, sie zu verdrängen. Und genau das macht dieses Thema so aktuell.
Wie heftig nach wie vor versucht wird, den Armenozid zu leugnen, zeigt ein aktuelles Beispiel. Keine drei Monate nach seiner Wahl, am 10. Juni 2013, erlebte Papst Franziskus seine erste diplomatische Krise. Das türkische Außenministerium rief seinen Botschafter beim Heiligen Stuhl nach Ankara zurück und legte offiziell beim Vatikan Protest ein, während sich die gesamte türkische Presse über eine Äußerung des sonst so beliebten Argentiniers empörte. Bei einer Zusammenkunft mit dem armenisch-katholischen Patriarchen Nerses Bedros XIX. Tamouni im Vatikan hatte der Papst die Ereignisse von 1915 als »ersten Genozid des 20. Jahrhunderts«[13] bezeichnet. Durch eine Aufnahme des vatikanischen TV-Senders CTV war die Aussage am darauffolgenden Wochenende öffentlich gemacht worden.
»In einer Erklärung verurteilte das türkische Außenministerium die päpstliche Aussage am Wochenende als ›absolut inakzeptabel‹«, berichtete *Die Welt* am 10. Juni 2013. »Vom Papst werde erwartet, dass er zum Weltfrieden beitrage, und nicht, dass er Feindseligkeiten über historische Ereignisse schüre.« Das armenische Außenministerium in Jerewan ließ dagegen dem Papst über seinen Botschafter beim

Heiligen Stuhl, Mikayel Minasyan, ausdrücklich für seine Worte danken. Zugleich lud der Kaukasus-Staat Franziskus zu den Gedenkfeiern zum 100. Jahrestag des Völkermordes am 24. April 2015 ein. Tatsächlich war die päpstliche Äußerung keine Überraschung für jene, die sich bereits intensiver mit der Vorgeschichte des neuen Kirchenoberhauptes befasst hatten. Denn schon in dem Buch *Über Himmel und Erde*, das er 2010 zusammen mit dem jüdischen Rabbi Abraham Skorka aus Buenos Aires herausgegeben hatte, ging der damalige Kardinal Bergoglio, ausgerechnet in einem Kapitel über den Holocaust, auf den Armenozid ein:

> »Die großen Mächte wuschen sich die Hände, sahen weg, denn sie wussten viel mehr, als sie sagten, so wie sie sich auch beim Genozid an den Armeniern die Hände wuschen. Zu jener Zeit war das Osmanische Reich stark, die Welt befand sich im Ersten Weltkrieg und sah weg.«[14]

An einer anderen Stelle dieses Buches hatte der spätere Papst die Ursachen des Völkermordes analysiert:

> »Im Namen Gottes zu töten heißt, die religiöse Erfahrung zu ideologisieren. Das bringt politische Ränkeschmiederei mit sich, und es kommt zur Vergötterung der Macht im Namen Gottes. Menschen, die dies tun, erheben sich selbst zu Gott. Mitten im 20. Jahrhundert vernichteten solche Menschen ganze Völker, weil sie sich für Gott hielten. Die Türken taten das mit den Armeniern, der stalinistische Kommunismus mit den Ukrainern, der Nationalsozialismus mit den Juden.«[15]

Nur langsam, oft zögerlich und stets gegen den erbitterten Widerstand der modernen Türkei beginnt die Welt heute zu begreifen, was 1915 wirklich geschah.

Ab 1984 untersuchte das »Permanente Völkertribunal«, eine unabhängige Menschenrechtsorganisation, unter Hinzuziehung von namhaften Historikern, Juristen und Augenzeugen die Ereignisse von 1915. Dabei kam es mit großer Mehrheit zu dem Urteil, dass es sich beim Armenozid um einen sorgfältig geplanten Völkermord handelte, für den die heutige Türkei als legitimer Erbe des Osmanischen Reiches zur

Verantwortung zu ziehen ist.[16] Ein Jahr später, am 29. August 1985, sprach auch die Menschenrechtskommission der Vereinten Nationen in einem offiziellen Bericht von einem »Genozid«; ausdrücklich gegen den Einspruch »einiger Mitglieder des Unterausschusses«[17], wie es in dem Dokument heißt. Diese erklärten einige der Beweise für die Gräueltaten der Türken ohne nähere Erklärung kurzerhand für »gefälscht«. 1997 kam die »Internationale Vereinigung von Völkermordforschern« in einer Resolution zu der gleichen Einschätzung: Es war ein Völkermord![18] Drei weitere Resolutionen (bis 2007) forderten eine offizielle Anerkennung dieses Tatbestandes durch die Staatengemeinschaft.[19]

Tatsächlich bestätigten seit 1965 bereits zweiundzwanzig Staaten[20], darunter Argentinien, Belgien, Frankreich, Griechenland, Italien, Kanada, Libanon, die Niederlande, Russland, Schweden, die Schweiz, die Slowakei, Uruguay und Zypern[21], dass es sich bei den Ereignissen von 1915 um einen Völkermord handelte. Das Europäische Parlament machte die Anerkennung der Massaker an den Armeniern als Völkermord in seinen Beschlüssen von 1987 und 2001 sogar zu einer der Bedingungen für einen möglichen EU-Beitritt der Türkei.[22] In Frankreich wurden diese Verbrechen 2001 per Gesetz als Völkermord eingestuft.[23] 2006 sollte in einer von Präsident Sarkozy unterstützten Initiative ihre Leugnung – ähnlich der Holocaust-Leugnung – zur Straftat erklärt werden.[24] Nur der massive Druck der Türkei, die mit dem Boykott französischer Produkte drohte, verhinderte, dass der Gesetzentwurf den französischen Senat passierte.[25] Als fünf Jahre später die Nationalversammlung ein Gesetz verabschiedete, das ganz pauschal »die Leugnung von Genoziden« unter Strafe stellte, zog die Türkei auf unbestimmte Zeit ihren Botschafter ab und drohte mit Sanktionen.[26] Daraufhin beklagte das französische Parlament offen die »unerträglichen Versuche« der Regierung Erdogan, auf demokratische Staaten und ihre unabhängigen Gremien Druck auszuüben.[27] Der Senat bestätigte schließlich das Gesetz, bevor es dann doch vom Verfassungsrat abgelehnt wurde, weil es angeblich gegen die Meinungsfreiheit verstoße.[28]

Umso absurder, dass es ausgerechnet in Deutschland so lange dauerte, bis das Thema erstmals öffentlich diskutiert wurde. Auslöser war dabei eine mutige Bildungsinitiative. 2002 hatte der Bildungsminister des Landes Brandenburg, Steffen Reiche (SPD), die Behandlung des »Genozids an der armenischen Bevölkerung Kleinasiens« in die Lehrpläne für den Geschichtsunterricht schreiben lassen. Drei Jahre später tilgte sein parteiloser Nachfolger Holger Rupprecht diesen Eintrag auf ausdrücklichen Wunsch der türkischen Regierung. Der türkische Generalkonsul Aydin Durusay hatte sich bei Ministerpräsident Matthias Platzeck (SPD) und Rupprecht beschwert.[29]

Die Opposition sprach von einem »Skandal«. »Es ist nicht die Sache Ankaras, über die deutschen Geschichtslehrpläne zu befinden«, erklärte CDU-Generalsekretär Sven Petke. Das »Armenien-Problem« sei kein Völkermord, sondern vielmehr durch »Aufstände, Hunger und Seuchen« zu erklären, konterte der türkische Botschaftssprecher Necmettin Altuntas.[30] Wie die Presse damals berichtete, hatte die Türkei bereits 2001 versucht, die Errichtung einer Gedenkstätte für den Potsdamer Theologen und Orientalisten Johannes Lepsius (1858–1926) zu verhindern, der als Erster die Gräueltaten der Türken dokumentierte. Platzeck, damals Oberbürgermeister von Potsdam, erhielt sogar Morddrohungen[31]; vielleicht ein Grund für sein »Umknicken« vier Jahre später.

Trotzdem schaffte es das Thema am 21. April 2005 bis auf die Tagesordnung des Deutschen Bundestages. Auf Antrag der CDU diskutierte das Parlament eine Entschließung, in der die Türkei aufgefordert wurde, endlich die Verantwortung für die »Massaker an armenischen Christen«[32] zu übernehmen. Zudem bedauerte es »die unrühmliche Rolle des Deutschen Reiches, das angesichts der vielfältigen Informationen über die organisierte Vertreibung und Vernichtung von Armeniern nicht einmal versucht hat, die Gräuel zu stoppen.«[33] Der Begriff »Völkermord« wurde bewusst vermieden, aber immerhin auf die »über eine Million« Toten verwiesen und darauf, dass zahlreiche unabhängige Historiker, Parlamente und Organisationen die Ereignisse längst als Genozid bezeichnen. Am 15. Juni 2005 wurde der Antrag einstimmig angenommen.[34]

Fünf Jahre später kam das Thema erneut zur Sprache, als die Partei »Die Linke« in einer kleinen Anfrage von der Bundesregierung wissen wollte, ob diese die Ereignisse von 1915 als Völkermord werte.

Die Antwort war ausweichend: Man überlasse die Bewertung den Historikern.[35] Offensichtlich hatten die Drohungen aus Ankara ihre Wirkung nicht verfehlt.
Folglich ging die nächste Runde im Kampf um die Wahrheit für Bundeskanzlerin Dr. Angela Merkel geradezu blamabel aus. Die Kanzlerin hatte die Deutschen Anfang 2012 dazu aufgerufen, mit ihr in einen »Dialog über Deutschland« zu treten und online Themen vorzuschlagen, derer sich die Politik in der näheren Zukunft annehmen sollte. Über 11 000 Vorschläge wurden gemacht, über 1,7 Millionen Bürger beteiligten sich an diesem ersten Feldversuch für eine direktere Demokratie, bei dem sie einem der Anträge zustimmen konnten. Doch von allen Themen, die von der »Legalisierung von Cannabis« bis zur »Offenen Diskussion über den Islam«, von der »Finanzierung des Kinderwunsches« bis zur »Wiederzulassung der doppelten Staatsbürgerschaft« reichten, fand keines so viele Unterstützer wie der Antrag auf ein »Gesetz gegen die Leugnung des Völkermordes an den Armeniern und Aramäern«. Es bekam schließlich stolze 156 870 Stimmen und landete damit deutlich auf *Platz 1* der Vorschlagsliste.[36] Grund genug für Angela Merkel, das Thema – auch weiterhin zu ignorieren. »Ich werde das nicht unterstützen«, erklärte sie kurz und bündig am 3. Juli 2012 auf einem Empfang für die Urheber der zehn populärsten Initiativen im Kanzleramt.[37] Die »Aufarbeitung der Ereignisse« sei eine bilaterale Angelegenheit Armeniens und der Türkei,[38] wiegelte die gleiche Kanzlerin ab, die erst 2009 von Papst Benedikt XVI. eine Erklärung zum Holocaust eingefordert hatte. Wie hätte sie damals wohl reagiert, wenn die Antwort aus Rom gelautet hätte, das sei »eine bilaterale Angelegenheit zwischen Deutschland und Israel«? Über die Rolle deutscher Soldaten, Diplomaten und Regierungsmitglieder als Augenzeugen, Mitwisser und Mitverschweiger des Völkermordes von 1915, von der in diesem Buch noch die Rede sein wird, schwieg sich Merkel aus. Doch je näher der 100. Jahrestag des Armenozids rückt, desto schwerer lässt sich das Thema unter den Teppich kehren. Als der türkische Ministerpräsident Recep Tayyip Erdogan im Januar 2014 Deutschland besuchte, schwieg Merkel noch immer. Stattdessen forderte die Vorsitzende des »Bundes der Vertriebenen« und menschenrechtspolitische Sprecherin der CDU/CSU-Fraktion, Erika Steinbach, eine

Entschuldigung der Türkei für den Völkermord an den Armeniern: »Bis zum heutigen Tag verweigert sich Erdogan der Erkenntnis, dass Wahrheitsverdrängung nicht zur Versöhnung mit den Opfern führen kann«, erklärte die gebürtige Westpreußin. »Es ist Erdogans Pflicht, fast 100 Jahre nach dem Beginn dieses schrecklichen Genozids der Wahrheit ins Gesicht zu sehen und auch dafür zu sorgen, dass die türkischen Schulbücher diesen Teil türkischer Geschichte nicht länger verfälschen oder verdrängen.«[39]

Davon freilich ist man im Land der Täter noch weit entfernt. Obwohl der damalige Großwesir (etwa: Ministerpräsident) des Osmanischen Reiches, Damad Ferid Pascha, am 11. Juni 1919 den Völkermord an den Armeniern offen eingestand[40], wird in der modernen Türkei nicht etwa nur die Leugnung, sondern das Aussprechen der historischen Wahrheit mit schweren Strafen geahndet. Zum Einsatz kommt dabei der berüchtigte Paragraf 301 des türkischen Strafgesetzbuches, früher pathetisch mit »Beleidigung des Türkentums« überschrieben, der seit 2008 den folgenden Wortlaut hat:

> »Wer die türkische Nation, den Staat der Türkischen Republik, die Große Nationalversammlung der Türkei, die Regierung der Türkischen Republik und die staatlichen Justizorgane öffentlich herabsetzt, wird mit sechs Monaten bis zu zwei Jahren Gefängnis bestraft.«[41]

Ihm zum Opfer fielen bereits mehrere Journalisten und Schriftsteller, darunter der Literatur-Nobelpreisträger Orhan Pamuk, die gewagt haben, die Gräueltaten von 1915 zu thematisieren, ohne sich dabei an die staatlichen Vorgaben zu halten[42]. Danach darf der Genozid allenfalls als »armenisches Massaker« (mit intendierter Doppeldeutigkeit) oder als »behaupteter« bzw. »angeblicher Völkermord« bezeichnet werden. An der Spitze der Armenozid-Leugner steht Ministerpräsident Erdogan. Der selbst ernannte »Führer der Türken« ließ nicht nur 2011 den Abriss von Mehmet Aksoys »Denkmal der Menschlichkeit« in der osttürkischen Stadt Kars anordnen, das an den Völkermord erinnern sollte.[43] Er hatte bereits 2010 auf die Arbeit armenischer Aktivisten im Ausland mit der Drohung geantwortet, die in der Türkei lebenden Armenier ausweisen zu wollen: »Ich muss sie nicht in meinem Land behalten. Wenn nötig, sage ich ihnen: Auf geht's, zurück in euer Land.«[44] Nicht viel anders war die Logik der Mörder von 1915. Daran hat sich auch nichts geändert, als Erdogan am 24. April 2014, zum 99. Jahrestag des Armenozids, zynisch den Enkeln der Opfer »sein Beileid« aussprach – so als seien deren Großeltern Opfer einer Naturkatastrophe, aber eben nicht eines staatlich geplanten Völkermordes geworden.[45]

Die Frage bleibt, wie lange sich westliche Politiker von den uneinsichtigen Erben der Mörder noch etwas vorschreiben lassen wollen. Und die Antwort ist ernüchternd. Erst im Dezember 2013 gab ausgerechnet der Europäische Gerichtshof für Menschenrechte einer Klage des türkischen Rechtsextremisten und Armenozid-Leugners Dogu Perincek gegen die Schweiz statt. Perincek hatte auf mehreren Kundgebungen die von Historikern akzeptierte Darstellung der Ereignisse von 1915 als »internationale Lüge« und das Ergebnis einer »Verschwörung gegen die Türkei« bezeichnet. Daraufhin wurde er von einem Schweizer Gericht zu einer Geldstrafe verurteilt. Perincek ging in Berufung, doch das Eidgenössische Bundesgericht bestätigte das Urteil: Über den Völkermord bestünde ein wissenschaftlicher Konsens, der Türke habe aus rassistischen und nationalistischen Motiven die Opfer verhöhnt. In Straßburg, der nächsten von ihm angerufenen Instanz, gab man ihm dagegen recht; das Schweizer Urteil habe gegen das Grundrecht der freien Meinungsäußerung verstoßen. Gleichzeitig wies der Europäische Gerichtshof darauf hin, dass ein qualitativer Unterschied zum Holocaust bestünde; dessen Leugner würden »konkrete historische Fakten« wie die Existenz von Gaskammern in den Vernichtungslagern bestreiten.[46][47]

Was bleibt, ist der schale Beigeschmack, das üble Gefühl, es könne »Völkermorde erster und zweiter Klasse« geben. Natürlich war die Schoah, der Völkermord an sechs Millionen Juden, ein singuläres Ereignis. Nichts in der Geschichte der Menschheit lässt sich mit der industriellen Massentötung von Menschen vergleichen, wie sie von den Nazis eiskalt geplant und dann in den Todeslagern von Auschwitz-Birkenau, Majdanek, Treblinka, Sobibor und Belzec durchgeführt worden war. Der Armenozid war keinesfalls mechanisch, weniger systematisch und gar nicht industriell. Doch er war ebenso barba-

risch, geprägt von archaischer Gewalt und Grausamkeit, von bedingungslosem Vernichtungswillen und einer breiten Beteiligung der muslimischen Bevölkerung. Beide Katastrophen sind untrennbar miteinander verbunden. Die Idee, ein ganzes Volk auszurotten, wurde in der Türkei geboren. Wäre es den Türken nicht so erfolgreich gelungen, den Genozid an den Armeniern totzuschweigen, hätte Hitler es vielleicht nie gewagt, die Gräuel der Vernichtung fast eines ganzen Volkes im Herzen Europas zu wiederholen.
Deutschland hat für die Verbrechen seiner Vergangenheit die Verantwortung übernommen, hat echte Reue gezeigt und sich geschworen, zukünftig um jeden Preis zu verhindern, dass sich die schrecklichen Folgen von Rassismus und Antisemitismus wiederholen. Durch eine schonungslose Aufarbeitung seiner unseligen Vergangenheit ist es wieder zu einem respektierten Mitglied der Völkerfamilie geworden. Unsere Generation, begünstigt durch die »Gnade der späten Geburt«, trifft keine Schuld mehr an den Verbrechen der Väter, doch wir tragen die Verantwortung und haben die Verpflichtung, die aus ihnen erwächst. Die Türkei entschied sich für einen anderen Weg, der nicht akzeptabel ist, weil er die Opfer verhöhnt.
Im Fall des Armenozids sind wir Deutschen zwar keine Mittäter, aber Augenzeugen und Mitwisser der ersten Stunde. Schon deshalb sind wir den Opfern gegenüber verpflichtet, alles daranzusetzen, dass die Ereignisse von 1915 lückenlos aufgeklärt werden. Auf die Wünsche oder den Druck der Vertuscher darf dabei keine Rücksicht genommen werden. Denn nur eine schonungslose Aufarbeitung der Verbrechen kann verhindern, dass sich eine solche Katastrophe wiederholt.
Bereits vor zehn Jahren veröffentlichte der *Spiegel*-Journalist Wolfgang Gust in seinem Buch *Der Völkermord an den Armeniern 1915/16* auf 674 Seiten die wichtigsten Dokumente aus dem Politischen Archiv des deutschen Auswärtigen Amtes. Sie lassen keinen Zweifel mehr daran, dass man in Berlin von Anfang an bestens über diese schrecklichen Ereignisse informiert war. Schließlich war das Osmanische Reich der wichtigste Verbündete der Mittelmächte, also des Deutschen Reiches und Österreich-Ungarns.
Dieses Buch behandelt einen anderen Aspekt. Denn ähnlich wie der Holocaust nicht nur einen rassistischen, sondern auch einen religiö-

sen Hintergrund hatte (wie ich in meinem Buch *Hitlers Religion* aufzeige), war der Armenozid eben nicht allein die Vernichtung einer Ethnie, aus welchen Gründen auch immer. Er war auch die größte und blutigste Christenverfolgung der Neuzeit. Dass es um Religion und nicht um Rasse ging, zeigt allein, dass auf den Völkermord an den Armeniern ein zweiter Völkermord an den syrischen Christen und ein dritter an den orthodoxen Griechen des Osmanischen Reiches folgte. Damit sank der Anteil der Christen an der Gesamtbevölkerung in der heutigen Türkei von 19 % im Jahre 1914[48] auf jetzt nur noch 0,2 %[49].
Natürlich rekapituliert dieses Buch die Ereignisse rund um das Jahr 1915, wie sie auf dem neuesten Stand der historischen Forschung auf der Grundlage Tausender offizieller Dokumente und Augenzeugenberichte rekonstruiert werden können. Vor allem aber fügt es der Armenozid-Forschung einen neuen Quellenschatz hinzu. Erstmalig gibt es Einblick in die Berichte und Dokumente, die seit fast einem Jahrhundert in den Archiven des Vatikans ruhen. Sie bestätigen weitgehend die bekannte Darstellung, fügen ihr aber wichtige neue Aspekte hinzu. Vor allem lassen sie keinen Zweifel daran, dass sich Ungeheuerliches in den Dörfern und Städten der Osttürkei, in den Steppen des »anatolischen« Hochlandes und der Wüste Nordsyriens zugetragen hat. Sie belegen die verzweifelten Versuche des Papstes und der vatikanischen Diplomatie, das Morden zu stoppen und den Verfolgten beizustehen, und dokumentieren doch die Niederlage der Menschlichkeit im Wettstreit mit der Barbarei. Mögen sie dazu beitragen, dass Hitlers zynisches Wort unwahrer denn je wird: Dass die Welt wieder von der Vernichtung der Armenier redet und aus ihr eine Lehre für die Zukunft zieht.
Verfolgte Minderheiten, vor allem, wenn es sich um unsere christlichen Brüder und Schwestern handelt, haben unsere Solidarität verdient. Gestern, heute und morgen – zu jedem Zeitpunkt der Geschichte!
Darin liegt, heute mehr denn je angesichts der erschreckenden Nachrichten über die Situation der Christen im Nahen Osten, unsere Verantwortung.

Rom, 30. November 2014
Michael Hesemann

I. »Gräuel vor Gott«

Der Weg in den Himmel führte für sie durch die Hölle. Natürlich wussten die sieben deutschen Ordensschwestern von der Gemeinschaft der Missions-Benediktinerinnen, dass ihre Aufgabe keine leichte sein würde. Der Erste Weltkrieg war ausgebrochen, sie sollten sich jetzt um die Kranken und Kriegskrüppel in den Lazaretten an der Front kümmern. Dass sie dabei täglich ihr Leben riskieren würden, war ihnen bewusst. Doch sie waren auch bereit, jedes Risiko auf sich zu nehmen, um bedingungslos »an der Sorge Jesu um das Heil und die Heilung von Menschen«[50] teilzuhaben. Nicht ahnen konnten sie, dass sie dabei auch zu Zeugen der schrecklichsten Christenverfolgung der Neuzeit, ja vielleicht sogar der Geschichte werden würden.
Wir kennen ihre Namen, von einigen auch ihre Lebensgeschichte. Etwa von Schwester Clodesindis (Clara) Lüken (1880–1945), die elf Jahre später zur Generalpriorin ihrer Gemeinschaft gewählt wurde. Sie war das siebte der elf Kinder eines Bahnangestellten aus Dortmund, eines fleißigen, sparsamen Mannes, der es immerhin dazu brachte, ein eigenes Haus zu erwerben und seine Kinder auf gute Schulen zu schicken. Als einer ihrer Brüder sich zum Priester berufen fühlte, verspürte Clara den Wunsch, in ein Kloster einzutreten. Nur auf Drängen ihres Vaters schlug sie zunächst einen anderen Weg ein und wurde Lehrerin. Nach wie vor las sie Missionsschriften, reiste heimlich in das Kloster der Missionsschwestern in St. Ottilien. Nach dem Tod des Vaters beschloss sie, ihren Lebenstraum zu verwirklichen. Und so war sie glücklich, als sie vier Jahre später ihre Einkleidung erleben, 1909 schließlich ihre Ewigen Gelübde ablegen durfte und den Ordensnamen Clodesindis wählte. Zunächst wurde sie als Lehrerin in der Schule und dem Institut ihrer Gemeinschaft eingesetzt. Dann aber brach der Erste Weltkrieg aus.

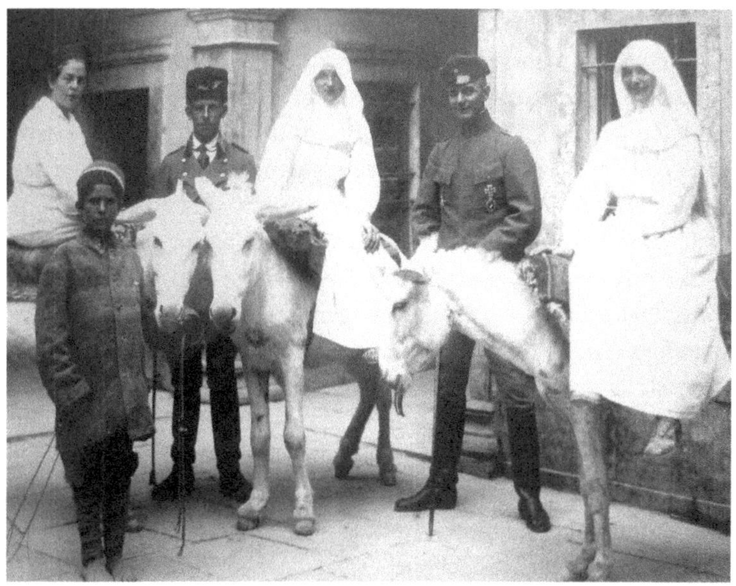

Drei der sieben deutschen Missions-Benediktinerinnen in Mossul; in der Mitte Schwester Clodesindis Lüken

Immer mehr ihrer Mitschwestern wurden für den Dienst in Lazaretten und Soldatenheimen an der West- und Ostfront eingesetzt. 1916 traf in St. Ottilien schließlich die Bitte ein, Schwestern buchstäblich ans Ende der Welt zu entsenden, wo deutsche Soldaten Seite an Seite mit dem osmanischen Verbündeten kämpften. In Mossul am Tigris, unweit der Ruinen der biblischen Stadt Ninive, sollte für sie ein Lazarett eröffnet werden. Für diese ebenso gefährliche wie opfervolle Mission wurden Sr. Clodesindis und sechs Gefährtinnen ausgewählt. Drei weitere Schwestern sollten in Kayseri, dem antiken Caesarea in Kappadozien, ein Lazarett übernehmen.

Am 1. Juli 1916 brachte der Balkanexpress die zehn Reisenden von München nach Konstantinopel. Mit dabei waren neben Schwester Clodesindis noch die Kandidatin Maria Pulcheria von Dalwigk-Lichtenfels, eine Nichte des Kölner Erzbischofs Felix Kardinal von Hartmann, sowie die Schwestern M. Pia Cramer, M. Ubalda Hecht, M. Erbenburga Stehle, M. Emmanuela Weber, M. Asalla Spannagel,

M. Radegundis Behr, M. Remigia Burger und M. Wereburg Kohler.[51] Auf einem Schiff überquerten sie den Bosporus und landeten in Skutari, von wo aus sie mit der Anatolischen Eisenbahn erst Kleinasien, dann das karge Hochland Kappadoziens durchquerten. In Bozanti, zu Füßen des mächtigen Taurusgebirges, endete die Trasse. Die drei Schwestern, die für die Missionsstation in Kayseri bestimmt waren, hatten bereits in Ulu-Kischla die Gruppe verlassen, um ihren Weg nach Nordosten fortzusetzen. Die sieben Schwestern, die nach Mossul wollten, stiegen auf Maultierwagen um, die sie über verschlungene Wege zunächst nach Dorak bei Tarsus, der Heimatstadt des Apostels Paulus, bringen sollten. In Osmaniye folgte eine zweite Unterbrechung der Trasse, musste das Amanus-Gebirge bis Islahiye überquert werden. Doch nicht wegen der verwegenen Bergpfade, auf der einen Seite begrenzt durch mächtige Steilwände aus nacktem Fels, auf der anderen durch düstere Schluchten, wurde es zu einer Reise in die Unterwelt, auch nicht wegen der Lebensgefahr, die allerorten lauerte. Sondern wegen der Gräueltaten, deren Zeugen die Schwestern auf dieser gefährlichen Reise wurden.
Glauben wir ihren Berichten, so lag ein Todesodem über den felsigen Pfaden. In den Schluchten, so mussten die Schwestern bald feststellen, türmten sich Abertausende Leichen, deren süßlicher Verwesungsgeruch die Luft verpestete. Es waren die sterblichen Überreste von armenischen Christen: Männern, Frauen und Kindern, die teils Wochen, teils Monate zuvor in Scharen durch diese Schluchten in ihr Verderben getrieben worden waren. Immer wieder stießen die Schwestern auf verwüstete Dörfer und zerstörte Kirchen, die vom Hass ihrer Feinde zeugten. Viele Male begegneten sie auch den Überlebenden dieser Gräuel: Zerlumpten Frauen, Kindern und Greisen, die, oft völlig verstört, ja dem Wahnsinn nahe, um ein wenig Brot bettelnd durch die karge Landschaft zogen, die ihnen einst Heimat war, jetzt aber ihren Nächsten und bald auch ihnen selbst zum Friedhof werden sollte. Für die deutschen Schwestern war es, als seien sie in Dantes Inferno ausgestiegen. Doch so sehr ihr Herz blutete, als sie die Verzweifelten sahen, so sehr es sie empörte, als sie einen Zug von Wankenden beobachteten, die von berittenen Türken wie Vieh zum Schlachthof getrieben wurden, sie konnten, sie durften nicht helfen.

Die deutschen und türkischen Soldaten, die sie zu ihrem Schutz begleiten sollten, untersagten ihnen strikt jeden Kontakt zu den Armeniern. Ein deutscher General habe ihre »kriegsnotwendige Umsiedelung« genehmigt, hieß es lakonisch. Schwester Clodesindis und ihre Begleiterinnen ahnten, dass es eine Umsiedelung ins Totenreich war. Am 14. Juli erreichten die sieben Benediktinerinnen Aleppo, wo sie bei deutschen Borromäerinnen freundliche Aufnahme fanden. Von dort aus ging es weiter mit der Bagdadbahn über Harran, von wo aus Abraham in das Heilige Land aufgebrochen war, nach Ras al-Ain, dessen Bahnstation gerade fertiggestellt worden war. Dort warteten bereits drei Militärwagen auf die sieben Schwestern. In Mossul war die Cholera ausgebrochen, sie wurden dringend gebraucht. Deutsche Soldaten mit aufgepflanztem Bajonett sollten für ihre Sicherheit garantieren. Überfälle von arabischen und kurdischen Räuberbanden waren an der Tagesordnung. Längst hatten die Benediktinerinnen sich auf den Tod vorbereitet, auch wenn sie auf der Fahrt durch Nacht- und Morgenstunden fröhliche und fromme Lieder sangen. Man brach nachts um 2.00 Uhr auf und errichtete schon um 10.00 Uhr früh das Lager, um sich vor der unerträglichen Hitze und den Moskitos zu schützen. Die ganze Nacht über heulten nah und fern die Schakale. An einer Raststelle trauten sich arabische Kurden mit kranken Augen und entzündeten Arm- und Beinwunden, die fremden Frauen um Hilfe zu bitten, und wurden mit einer Medizin und einem frischen Verband dafür belohnt. Ein anderes Mal lud ein türkischer Pascha die Ordensfrauen und ihre Begleiter in sein Zelt und bewirtete sie freundlich mit Mokka und süßem Gebäck. Doch als sie wieder gehen wollten, hielt er eine von ihnen zurück; sie sei jetzt sein Eigentum, der Preis für das freie Geleit der anderen! »Das ist unmöglich«, erwiderte ihm die resolute Schwester Clodesindis: »Wir sind alle mit Allah (arab. »Gott«) vermählt!« Das schien der Türke zu begreifen; trotzdem waren die Schwestern froh, als die Nacht vorübergegangen war, ohne dass er die Begehrte verschleppt hatte.
Am 5. August 1916 trafen sie endlich in Mossul ein. Der greise Patriarch Thomas Emanuel, der syrisch-chaldäische Bischof von Mossul, ließ es sich nicht nehmen, ihnen, in einen roten Talar gekleidet, auf seinem Schimmel entgegenzureiten. Sie sollten seiner väterlichen

Sorge und Hilfe versichert sein. »Diese Strecke hat noch keine Dame gemacht!«, begrüßte sie der Herzog von Mecklenburg, der hier im Generalstab diente. Ihre Hände waren von den Mücken zerstochen, die Erschöpfung ihnen ins Gesicht geschrieben. Doch sie lebten und könnten bald Kranken helfen und das war alles, was für sie zählte. Sie wussten noch nicht, dass zwei von ihnen, darunter Schwester Clodesindis, sich mit der Malaria infiziert hatten und davon nur schwer erholen sollten.

Doch auch in Mossul holten sie die Albträume aus den Taurus- und Amanusschluchten wieder ein. Vorübergehend wohnten sie im Kloster der arabischen Nonnen des Patriarchen, besuchten gerne auch seine Liturgien in der Kathedrale, die ihnen gleichermaßen fremd wie vertraut erschienen; schnell erkannten sie in den orientalischen Christen Brüder und Schwestern im Glauben. Umso mehr erschütterten sie die Berichte vom Schicksal der Armenier, die bis nach Mossul getrieben worden waren, um dort in der Wüste zu sterben. »Auf den Straßen wimmelte es von armen Armeniern«, heißt es im Nekrologbuch des Ordens[52], »manchmal nahm Marie (Pulcheria von Dalwigk-Lichtenfels) Kaffee und Milch in Flaschen mit, um sie bei Ausgängen Halbverhungernden zuzustecken.« Als sie dann in das Zeltlager der Deutschen umzogen, »drang so manches Mal durch das Schweigen der Nacht bis zum Schlafzelt der Schwestern das Jammergeschrei der immer noch von den Türken zur Niedermetzelung aus ihren Dörfern vertriebenen Christen«, wie es in der Vita von Schwester Clodesindis heißt, die eine Mitschwester auf Grundlage der wenigen erhaltenen Aufzeichnungen niederschrieb. Und an einer anderen Stelle heißt es:

> »Welch furchtbare Begebenheiten erzählte unter strömenden Tränen der weißbärtige Patriarch: über hundert seiner Dörfer lagen verwüstet und menschenleer. Die besten seiner wenigen Priester hatte islamitischer Hass wortwörtlich in Stücke zerhauen. Und hier versagte auch für Sr. Clodesindis, die sonst unentwegt gegen jedes Unrecht auftrat, die Möglichkeit zu helfen. Hätte ein Deutscher gewagt, sich den Wüten der Mordenden in den Weg zu stellen, so würde deren Christenhass den bisherigen Verbündeten nicht geschont haben.«[53]

Während die Zeugnisse, die sich in den Annalen der Missions-Benediktinerinnen erhalten haben, nur einen oberflächlichen Eindruck von der menschlichen Tragödie vermitteln, deren Zeugen sie wurden, ist uns der sehr viel ausführlichere Bericht eines deutschen Franziskanermönches erhalten, der etwa zeitgleich mit ihnen dasselbe Ziel hatte. Pater Joseph Kiera, OFM war als Divisionspfarrer der VI. deutsch-türkischen Armee in Bagdad und Mossul zugewiesen worden und berichtet in seinen Kriegserinnerungen *Ins Land des Euphrat und Tigris*, die 1935 in Breslau erschienen, von seiner Begegnung mit den sieben deutschen Ordensfrauen in der Missionsstation am Ufer des Tigris. Ihm verdanken wir auch den Hinweis, dass der Kölner Erzbischof, Kardinal von Hartmann, das Soldatenheim von Mossul »auf seine Kosten (hatte) einrichten lassen.«[54] Auf elf Seiten beschreibt der Franziskanerpater in bewegenden Worten den »Todesgang des armenischen Volkes«, der auch ihn zutiefst erschütterte. Da er auf dem gleichen Weg nach Mossul kam wie die sieben Benediktinerinnen, hilft uns sein Zeugnis auch, zu erahnen, welche Gräueltaten sich ihnen darboten.

»Vom Todeszug eines ganzen Volkes will ich erzählen, den ich mit eigenen Augen während meines zweieinhalbjährigen Aufenthaltes in der Türkei schauen musste, und den kein deutscher Soldat jemals vergessen wird, den aber auch kein rechtlich fühlender Mensch entschuldigen kann, er mag noch so sehr an der Turkomanie leiden«[55], beginnt er seinen Bericht, verfasst in der ebenso pathetischen wie poetischen Literatursprache seiner Zeit.

> »Als wir über den Taurus und Amanus zogen, fing sich der Vorhang zu heben an, der dieses … Drama der größten Barbarei … verhüllte. In langen Reihen kauerten im glühenden Sonnenbrande armenische Männer und Jünglinge am Wegesrande der staubigen Bergstraße, die mit kraftlosen Armen und verstörten Augen die harte Arbeit der Steinklopfer auszuüben sich bemühten. (…) Kaum, dass sie ein Stücklein Brot von der türkischen militärischen Behörde bekamen; umso unbarmherziger wütete die Knute und der Kolben der gefühllosen Gendarmen und Askaris (Soldaten, d. Verf.) auf Rücken und Brust dieser Todgeweihten. Wie viele ihres Volkes waren von den Küsten des

Schwarzen Meeres diese Straße gezogen, um in den Konzentrationslagern von Ras el Ain, von Meskene, von Rakka, von Sadinda (Sheddede, d. Verf.), von Deir el-Zor an Flecktyphus, Dysenterie (Ruhr, d. Verf.), an Hunger und Kälte zu sterben? Wie viele lagen in den schwindelnden Tiefen zu beiden Seiten des Karawanenweges, der ihre Verzweiflung geschaut und ihr Todesstöhnen gehört, da die Gendarmen die zu Tode erschöpften in die Tiefe fallen ließen. Wer von uns Deutschen hätte sich bei diesem Anblick nicht gefragt: Wie lange wird es dauern, bis auch der letzte aus diesen Arbeiterkolonnen, die der barmherzige Tod immer mehr lichtete, dort unten sein offenes Grab finden wird? (…) Auch zarte Kinder mit wundgelaufenen Füßen; vornehme Frauen aus den ersten Gesellschaftskreisen von Sinope und Trapezunt, von Angora (Ankara, d. Verf.) und Konia; mühsam einherwankende Greise, Mütter und Töchter derselben Familie vermodern im Taurusgebirge im grausen Durcheinander, während man die Männer und Jünglinge aus der Totenkarawane herausgeholt und sie einige Kilometer vor der Stadt niedergemetzelt und den Vögeln der Luft und den Tieren des Gebirges zum Mahle überlassen hatte.«[56]

»Als der Weg durch das Gebirge zuende war, bot uns die Ebene von Aleppo dasselbe Bild in ihren Städten und Dörfern dar. Gott weiß allein, wie viele Armenierinnen in jenen Jahren durch das ›Komitee für Einheit und Fortschritt‹, das Komitee der jungtürkischen Revolution, aller Zivilisation zum Spott umgekommen, und durch die schimpflichste Knechtschaft in den Harems, durch den Weitertransport in die Wüste, durch gewaltsamen Tod oder durch die Schrecken des Hungers dem Hasse und der barbarischen Rache der türkischen Regierung zum Opfer gefallen sind. (…)

Den Höhepunkt der furchtbaren Tragödie, die mit der Vernichtung eines der intelligentesten Völker des Orients endigte, sah ich in den Konzentrationslagern der Wüste in Meskene, Rakka und Deir el Zor (…) Der Weg führte mich durch das Biwak dieser zusammengetriebenen Massen, die zeitweilig 20 000 bis 30 000 wohl betragen haben mögen. Welch schrecklicher Anblick bot sich uns da! Die einen liegen auf dem kalten, feuchten Boden der Wüste, um ihren Erlöser, den Tod zu erwarten; die anderen, wandelnden Skeletten vergleichbar, strecken uns ihre dürren Hände entgegen, wenn sie sich von den mitleidslosen

Gendarmen unbeobachtet wähnten; diese hier sind mit dem letzten Dienst beschäftigt, den sie einem Menschen erweisen, der soeben ausgelitten hat; jene dort reißen, am Boden kniend, die spärlichen Grashalme aus der Erde, um den Hunger zu betäuben. Die einen suchen sich in dem weichen Erdreich am Euphrat, der in majestätischer Breite an diesem Ort des Grauens rasch vorübereilt, Löcher zu graben, um wenigstens bei Nacht vor der empfindlichen Kälte geschützt zu sein; denn Stroh oder Decken oder dergleichen gibt es hier nicht. Die anderen, ausgemergelte Greise, denen der Wahnsinn aus den starren Blicken funkelt, bemühen sich mit halbnackten Kindern, die unverdauten Gerstenkörner aus dem Pferdemist zum Munde zu führen. Hier liegen gegen 400 an schwerer Dysenterie darnieder, die infolge mangelnder Pflege binnen weniger Tage der Tod dahinrafft; dort erheben sich dunkle Erdhügel, die in ihrem Schoße viele Hundert der glücklichen Unglücklichen bergen …, die vor vier oder acht Wochen an dieser Stätte ihren müden Lauf beschlossen haben, während ihre lebenden Mitgefährten weiterziehen müssen, bis sie irgendwo niedersinken. Denn endlos ist der Todeszug des armenischen Volkes, das über den Taurus herabwankt, und auch diese sollen nach wochenlanger Wanderung hier in Meskene ihre letzte Rast halten. Und über die ganze Ebene zieht ein Odem des Todes dahin, ein furchtbarer Verwesungs- und Pestgeruch, der allein schon genügen würde, mit seinen Miasmen (Ausdüstungen, d. Verf.) gesunde Menschen zu vergiften (…) die schwarzen Erdhügel von Meskene bergen gegen 60 000 Armenier, die hier den mühevollen Weg ihres Lebens beschlossen.«[57]

»Nach achttägiger Fahrt machten wir im zweiten Konzentrationslager, in Deir el Zor, halt. Es war am Karsamstag 1916. (…) Deir el Zor bildet vielleicht den traurigen Höhepunkt in diesem Drama der gewaltsamen Ausrottung eines Volkes; durch mehrere Wochen führte man täglich 400 Männer aus dem Lager einige Kilometer in die Wüste hinein, an den Chabur. Was mit diesen Männern geschah, ahnte man wohl, sollte es aber später durch deutsche Soldaten und Offiziere einwandfrei erfahren und feststellen. Diese ›Erlesenen‹ wurden draußen am Chabur wie Schafe hingeschlachtet; weite Strecken waren mit ihren Leichnamen besät.«[58]

Diese eindrucksvollen Schilderungen aus dem Munde eines Augenzeugen mögen genügen, um einen Eindruck davon zu vermitteln, welch schreckliche Szenen sich auch vor den Augen der sieben Benediktinerinnen abgespielt haben müssen. Vieles mögen sie auch von Pater Kiera selbst erfahren haben, als er sie in Mossul und später in Tell el Helif besuchte. Mehr als einmal werden sie diskutiert haben, was man tun könnte, um das Morden an den Armeniern zu beenden. Von einigen Versuchen berichtet der Franziskaner in seinem Buch:

> »Der Diplomingenieur K. D. (Kaiserlich Deutscher, d. Verf.) Oberleutnant Bünte sandte ... an den Herrn Konsul Rößler in Aleppo (eine) Aufzeichnung seiner Beobachtungen, die nebst zahllosen anderen dem deutschen Reichskanzler und der Obersten Heeresleitung zugeschickt wurden, ohne dass es diesen Stellen trotz der energischsten Vorstellungen möglich war, die Türken von ihrem grausamen Vernichtungswerke abzubringen.«[59]

Es ist davon auszugehen, dass es einer so resoluten Ordensfrau wie Schwester Clodesindis Lüken gewiss nicht genügte, nur von anderen zu hören, die versuchten, an das Gewissen des Reichskanzlers zu appellieren. Sie wusste allerdings auch, dass ihren Worten weniger Gehör geschenkt werden würde als denen eines deutschen Offiziers oder gar des Konsuls in Aleppo. So mag der Plan aufgekommen sein, an den Mann zu appellieren, der das Soldatenheim von Mossul gestiftet hatte, den Mann, der darüber hinaus noch der Onkel ihrer Kandidatin Maria Pulcheria von Dalwigk-Lichtenfels war[60]: Sie musste den Kölner Erzbischof Felix Kardinal von Hartmann (1851–1919; Kölner Erzbischof seit 1912) erreichen. Als Vorsitzender der Fuldaer Bischofskonferenz (heute: DBK) war er die gewichtigste Stimme der katholischen Kirche im Deutschen Kaiserreich.

Von Hartmann entstammte einer westfälischen Adelssippe, die seit Generationen im preußischen Beamtentum verwurzelt war. Ihn selbst hatte es stattdessen schon früh in den Dienst der Kirche gezogen. Er galt als konservativ, gleichermaßen romtreu wie nationalistisch. Dem Haus Hollenzollern war er treu ergeben. »Aus vollem, freudigen, warm ergebenem Herzen«[61] leistete er den Eid auf Kaiser

Wilhelm II., 1916 wurde er zum »Mitglied des preußischen Herrenhauses« ernannt. Die Rolle Deutschlands im Ersten Weltkrieg verteidigte er so heftig, dass ihn die Reichsregierung eigens nach Rom schickte, um vor dem Papst den Einmarsch in Belgien zu rechtfertigen. Umso stärker engagierte er sich in der Militärseelsorge – nicht nur an der Westfront, die er 1916 bereiste, sondern bis an den Tigris. Als Präsident des *Deutschen Vereins vom Heiligen Lande*, der in Syrien und Palästina aktiv war, fühlte er sich für die Länder der Bibel besonders verantwortlich. Deshalb hatte ihn bereits im Herbst 1915 der katholische Zentrums-Abgeordnete Matthias Erzberger über die Vorgänge in Armenien unterrichtet, von denen dieser wiederum durch die Arbeit des evangelischen Armenien-Experten Dr. Johannes Lepsius erfahren hatte. Im März 1916 suchte Erzberger den Erzbischof in Köln auf und übergab ihm eine mehrere Seiten umfassende Denkschrift zur Lage der Christen und speziell der katholischen Armenier in der Türkei, in der bereits von den Deportationen, den Massakern sowie den Todesmärschen und der völligen Vernichtung von elf katholischen Diözesen berichtet wurde.[62] Die Reaktion des Erzbischofs ist nicht überliefert, doch aus den vorhandenen Dokumenten des Heiligen Stuhls geht hervor, dass Kardinal von Hartmann und das Erzbistum Köln spätestens seit Juli 1917 den armenischen Katholiken in Angora (Ankara) großzügige finanzielle Unterstützung zukommen ließen.[63]

Wahrscheinlich kontaktierte Schwester Clodesindis den Kardinal, als sie im Herbst 1917 für zwei Monate zu einem Besuch in ihrem Mutterhaus nach Deutschland zurückkehrte. Ob sie ihn in diesem Zeitraum persönlich aufsuchte, ob sie ihm schrieb oder ihm einen Brief seiner Nichte Pulcheria Maria übermittelte, wissen wir nicht. »Die fünfjährige und mit dem I. Weltkrieg nahezu deckungsgleiche Amtszeit von Kardinal Hartmann ist dürftig dokumentiert…«, teilte mir der Leiter des Kölner Diözesanarchivs, Prof. Dr. Dr. Reimund Haas, mit[64]. Auch sein Privatarchiv ist nicht erhalten, wie mir der Archivar versicherte. Doch wir können davon ausgehen, dass ihn die Informationen aus der syrischen Wüste tief aufgewühlt haben. Denn obwohl er als kaisertreuer Nationalist galt, obwohl seine Risiko- und Konfliktscheue buchstäblich waren, stammte die vielleicht mutigste Anklage an die deutschen Mitwisser dieses Menschheitsverbrechens aus seiner Feder. Sie wurde am 2. April 1918 verfasst, als vier Wochen nach dem Friedensvertrag von Brest-Litowsk neue Massaker drohten. Der Vertrag hatte geregelt, dass die Russen den von ihnen besetzten Nordosten Anatoliens räumen mussten, womit sie die dort ansässigen Armenier schutzlos zurückließen. Die Gefahr türkischer Vergeltungsmaßnahmen wuchs täglich (siehe Kapitel *Ein gefährliches Nachspiel*). Umso dringlicher erschien es Kardinal von Hartmann, jetzt an die deutsche Reichsregierung zu appellieren, sich bei dem türkischen Verbündeten für die armenischen Christen einzusetzen. Sein Schreiben an Reichskanzler Georg Graf von Hertling jedenfalls lässt an Deutlichkeit nichts zu wünschen übrig.

> »Aus der Türkei kommen sehr beunruhigende Nachrichten, die fürchten lassen, dass sich die Armenier-Greuel erneuern werden.
> Mit Bestimmtheit verlautet, dass die türkische Regierung vor Wochen schon an die verbündeten und neutralen Regierungen Berichte über aufständische Banden geschickt hat, welche sich türkischen Einwohnern gegenüber grausam benommen haben sollen. In den christlichen Kreisen herrscht darüber große Beunruhigung, da man fürchtet, dass es sich bei diesen Berichten um eine Erfindung oder wenigstens eine sehr starke Übertreibung handele, die der türkischen Regierung als Vorwand dienen solle zur Vernichtung der noch übrig gebliebenen armenischen oder gar christlichen Bevölkerung im Inneren des Landes.
> Schon bei der Verfolgung der Armenier im Jahre 1915, die an Grausamkeit den Christenverfolgungen der ersten christlichen Jahrhunderte nicht nachsteht, wurde vielfach die Meinung laut, dass die Deutsche Regierung und besonders die deutschen Katholiken für diese Greuel vor Gott und der Geschichte mit verantwortlich gemacht werden würden, wenn sie nicht alles aufböten, um nach Kräften diese Ausschreitungen zu verhindern. (…)
> Eure Exzellenz bitte ich daher, nachdrückliche Schritte zu tun, um eine drohende neue Verfolgung von den Armeniern abzuwenden und alles aufzubieten, damit die bei der ersten Verfolgung angerichteten himmelschreienden Greuel sich nicht wiederholen.«[65]

 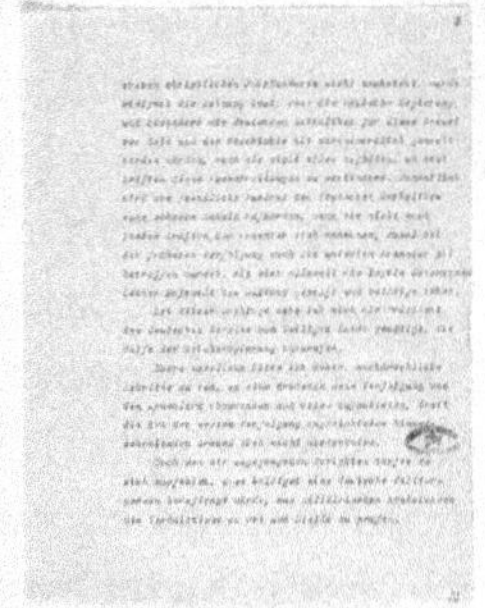 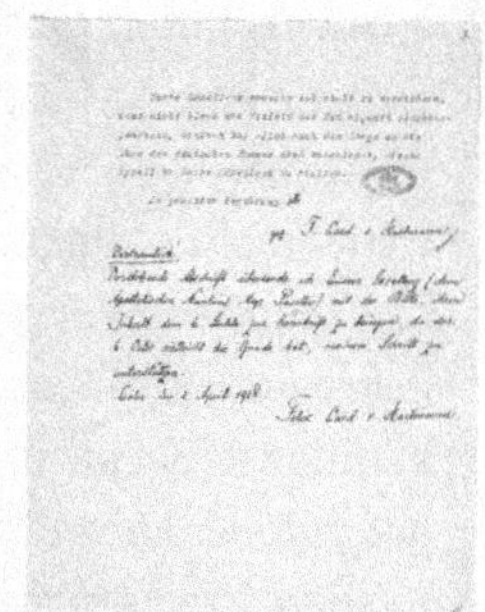

Das Schreiben Kardinals von Hartmann an Reichskanzler Graf v. Hertling (A.S.V., Arch. Nunz. Monaco d.B. 385, Fasc. 7, p. 21-23)

Als ich eine Kopie dieses Briefes 2010 im Geheimarchiv des Vatikans entdeckte, ahnte ich noch nicht, dass er mir den Weg zu einem wahren Schatz historischer Dokumente weisen würde. Dokumente, die unserem Wissen um den ersten Völkermord des 20. Jahrhunderts wichtige, ja entscheidende neue Aspekte hinzufügen.
Wer lediglich die fragwürdigen Romane Dan Browns gelesen hat, der muss einen etwas abenteuerlichen Eindruck vom *Archivio Segreto Vaticano* – so der offizielle Name – haben. Tatsächlich besteht es natürlich nicht aus meilenweiten klimaüberwachten unterirdischen Gängen, sondern ist in einem Seitenflügel des ehemaligen Papstpalastes, gleich zwischen den Vatikanischen Museen und der *Biblioteca Apostolica Vaticana* untergebracht. Sein Eingang liegt auf dem *Cortile del Belvedere*, der Index- und der Arbeitsraum (»*Sala Studio*«) sind im dritten Stock zu finden. Außer einer etwas strengeren Kleiderordnung unterscheidet es sich in keiner Weise von anderen Staatsarchiven, etwa dem Bundesarchiv in Koblenz und Berlin oder dem *National Archive* in Washington D.C. Sein »geheimnisvoller« Name ist allein dem Umstand zu verdanken, dass sich hier eben die internen Korrespondenzen, nicht die öffentlichen Dokumente der Päpste und ihrer Dikasterien befinden. Und trotzdem ist es der Lebenstraum eines jeden Historikers, hier arbeiten zu dürfen. Wer zugelassen wird, ist freilich streng geregelt. Die Zahl der Mitarbeiter ist ebenso begrenzt wie die der Arbeitsplätze (sprich: Tische) für die forschenden

Historiker, und so sind es in erster Linie logistische Zwänge, die den Zugang zum Vatikanarchiv auf einige wenige, scheinbar Auserwählte beschränken. Auswahlkriterium ist dabei keineswegs die Glaubenstreue, nicht einmal das Taufbuch, sondern allein die wissenschaftliche Kompetenz. Wer nachweisen kann, dass er ein Thema ernsthaft bearbeitet und noch dazu ein Empfehlungsschreiben einer anerkannten Hochschule oder Forschungseinrichtung vorweisen kann, hat gute Chancen, den begehrten Zugangsausweis (»*Tessera di ammissione*«) zu erhalten. Ich bekam ihn im November 2008, als ich für ein Buch über Papst Pius XII. recherchierte, der von 1917 bis 1925 Apostolischer Nuntius in Bayern war. Damals gab es noch keine Nuntiatur in Berlin, es bestanden keine diplomatischen Beziehungen zur preußischen Regierung, alles, was das Deutsche Reich betraf, wurde über München abgewickelt. Als ich die Dokumente der *Nunziatura di Monaco* durchstöberte, stieß ich auf eine Akte (*Arch. Nunz. Monaco 385, Fasc. 7*), die sich mit der »*Armenischen Frage*« beschäftigt; in ihr befindet sich der oben erwähnte Brief, der an dieser Stelle erstmals im Faksimile gezeigt wird.

Es waren die ersten von insgesamt rund 400 Seiten, die ich zunächst im päpstlichen Geheimarchiv lokalisieren konnte. Ich war mir der Tatsache bewusst, dass auch sie nur die Spitze eines Eisberges sind. Wichtige Sammlungen wie das Inventar 1246B »*Turchia*« oder das »*Archivio della Nunziatura in Iraq*« fehlten zunächst im offiziellen Bestand, weil sie auch Akten aus der Zeit nach 1939 enthalten – der nach wie vor »geschlossenen Sektion« des Pontifikats Pius XII., die demnächst Historikern zugänglich gemacht werden soll. Erst am 15. Februar 2014 erhielt ich, nach einer Reihe von Anfragen, die erhoffte Antwort von Seiner Exzellenz, dem Präfekten des *Archivum Secretum Vaticanum*, Msgr. Sergio Pagano. »Ich freue mich, Ihnen mitteilen zu können, dass Ihnen die Dokumente des *Arch. Deleg. Turchia* für die von Ihnen angefragte Periode zur Konsultation bereitgestellt werden können«, teilte mir Bischof Paganos Sekretär, Dr. Marco Grilli, per E-Mail mit. »Im Indexraum der Päpstlichen Archive wird für Sie ein provisorisches Inventar dieser Quellen bereitgestellt.« Als ich fünf Tage später, am 20. Februar, das Archiv erneut aufsuchte und Dr. Grillis Schreiben hoffnungsvoll präsentierte, war tatsächlich alles vorbereitet. Die nächste Woche verbrachte ich damit, fünf umfangreiche Dokumentensammlungen mit über 1600 Seiten durchzuarbeiten, um mir schließlich von 610 Seiten digitale Kopien anfertigen zu lassen. Sie wurden mir am 11. März 2014 zugestellt und bilden den Hintergrund zu diesem Buch. Eine dritte Lieferung wichtiger Dokumente erhielt ich Anfang April nach einem weiteren Besuch im Geheimarchiv. Ich hoffe, sie und die anderen Dokumente einmal vollständig in einer wissenschaftlichen Edition publizieren zu können.

Die Akten der Apostolischen Nunziatur im (späteren) Irak, die ausgerechnet in Mossul, einem der Ziele der armenischen Todesmärsche, beheimatet war, konnten mir dagegen leider nicht zugänglich gemacht werden. Dr. Grilli musste mir mit Bedauern mitteilen, dass »die Dokumente dieses Archivs völlig ungeordnet sind und zunächst erst noch zusammengestellt und katalogisiert werden müssen, bevor sie freigegeben werden können: Es gibt für sie auch keine deskriptive Findungshilfe.«[66]

Doch auch jene Bestände, die ich einsehen konnte – insgesamt an die 2000 Seiten! – und deren wichtigste Dokumente in diesem Buch erstmals veröffentlicht werden, sprechen eine eindeutige Sprache. »*Persecuzione contro gli Armeni*« sind einige der Ordner überschrieben: Die *Verfolgung* der Armenier. Es ist der gleiche Begriff, der für die unseligen Christenverfolgungen der ersten Jahrhunderte gebraucht wird. Und genau das ist es, was sich zwischen 1915 und 1918 im Osten der heutigen Türkei ereignet hat: die blutigste Christenverfolgung der Neuzeit, ein religiös motivierter Völkermord.

Zugleich aber ist es der dramatische Höhepunkt der tragischen Geschichte eines der ältesten Kulturvölker der Erde, jenes Volkes, das, vor allen anderen, das Kreuz annahm.

II. Eine Nation unter dem Kreuz

Es ist eine archaische Landschaft, die heute den Reisenden erwartet, der sich in den schwer zugänglichen Nordosten der Türkei vorwagt, dramatisch und verwegen, kahl und rau, oft wüst und leer wie am ersten Schöpfungstag. Keine satten Auen mehr, keine Wiesen voll bunt blühender Blumen, keine grasenden Rösser und auch keine schattenspendenden Wälder. Stattdessen karge Felsen, steinübersäte Ebenen und mattgrüne Weiden, denen nur das Licht der Sonne, das zwischen den eilig vom Wind zusammengetriebenen Wolken erstrahlt, ein wenig Anmut verleiht. Erst abends taucht sie der Sonnenuntergang in ein wärmeres Licht, ersetzen Rosa, Blau und Violett die sonst omnipräsenten Braun- und Grautöne, um bald darauf durch das kalte, fahle Mondlicht abgelöst zu werden. Der Wind lässt den Besucher schon im Sommer frösteln, im Winter zerschneidet er sein Fleisch. Disteln und Sträucher wachsen hier. Zwischen hohen Bergflanken liegen tiefe Täler mit weiten Weiden, die nur durch schwierige Pässe verbunden sind, in einigen von ihnen haben sich Seen gebildet. Nur vereinzelte Pappeln bieten Schutz und Schatten am Ufer eiskalter Bäche und Flüsse, gesäumt von zackigen Felsen, über die flinke Eidechsen oder hungrige Nager huschen. Eine giftige Viper könnte sich unter den Steinen verbergen, vielleicht auch ein Skorpion.

Ruinen von Kirchen und Klöstern verleihen der kargen Einöde des vulkanischen Hochlandes etwas Postapokalyptisches und zeugen davon, dass sie nicht immer so gottverlassen war, wie sie heute erscheint. *Hajastan* nennen die Menschen, die hier einst lebten und starben, ihre Heimat, über die der Wind wie ein alles durchdringender Trauergesang heult, deren Boden mit Blut getränkt und deren Felsen von Millionen Tränen gewaschen wurden. »Land der Dunkelheit und des Todes« taufte es einer seiner größten Dichter. Westarmenien hieß es auf unseren Karten, bis die Mörder auch noch diese

Erinnerung an seine einstigen Bewohner auslöschten und es in »Ostanatolien« umbenannten. Durch sie wurde es zu einem einzigen, riesigen Friedhof. Doch es sind nicht die Trümmer der verlassenen Häuser und die geschändeten Kirchen, die zum Wahrzeichen dieses Landes wurden, es ist das Kreuz, dieses Zeichen des Todes und der Hoffnung auf Auferstehung. Überall, wo einst Armenier lebten, ist die Erde mit Kreuzsteinen übersät. Seit Jahrhunderten sollten unzählige Kreuze, mit phantasievollen Ornamenten zu Lebensbäumen stilisiert, davon Zeugnis ablegen, dass hier ein Volk vor allen anderen Völkern zu Christus fand. Denn Armenien, das alte Hajastan, rühmt sich, die älteste christliche Nation der Erde zu sein. Gewiss nahm kein Volk es so ernst mit der Christusnachfolge in Leid und Tod. Seine Geschichte ist eine einzige, lange Passion. Doch das Kreuz gab ihm den Halt, das Grauen zu überwinden und auf Erlösung zu hoffen. So stehen die Kreuze in der kargen Landschaft, als wollten sie den endlosen Kreuzweg markieren, den dieses Volk einst ging, jene Via Dolorosa, die zu seinem Golgota in der syrischen Wüste führte.
Dabei war Armenien bereits ein uraltes Reich, ja eine antike Großmacht, bevor sein Volk kollektiv zu Kreuzträgern wurde. Seine Täler waren einst grün und fruchtbar, ließen Pferde grasen und fleißige Bauern üppige Obstgärten anlegen, während an den heute so kargen Hängen süßer Wein wuchs. Seine Geschichte reicht zurück bis an den mythenumwobenen Anfang der Zeit. Es gibt sogar Forscher, die hier das verlorene Paradies, die Heimat unserer Ureltern Adam und Eva vermuten. Dafür spricht, dass in Armenien tatsächlich wie dort vier Flüsse entspringen. Neben Euphrat und Tigris – in Genesis 2,14 ausdrücklich als Paradiesströme genannt – sind dies der Arax und der Kura, der an das Goldland *Kolchis* (Georgien) grenzt, das vielleicht mit dem biblischen *Hawila* identisch ist. Selbst das Wort »Paradies« scheint aus dem Armenischen zu stammen, wo *Bardez* »Garten« bedeutet.
Doch erst im achten Kapitel des Buches *Genesis* wird Armenien zweifelsfrei erwähnt. Am Ende der Sintflut, so heißt es dort, »ruhte die Arche (Noahs, d. Verf.) auf den Bergen von Ararat« (Gen 8,4). Dabei kann man streiten, ob, wie es im Urtext heißt, das Bergland von Urartu gemeint ist, jenes Ur-Armenien, das sich vom nördlichen Tigris-

ufer bis in das Gebiet nördlich der heutigen türkisch-armenischen Grenze erstreckte. Oder, wovon die Armenier überzeugt sind, ganz konkret der 5137 Meter hohe Hauptgipfel ihres heiligen Berges Ararat, eines erloschenen Vulkans, der die höchste Erhebung Urartus war. Die Armenier nennen ihn noch heute *Massis*, was als »Mutter der Berge«, aber auch als »Berg der Mutter« übersetzt werden kann. Denn sie glaubten, dass *Ma*, die Stammmutter der Götter, auf diesem Berg ihren Sitz hatte.[67] Doch gleich, welche Lesart man bevorzugt, in beiden Fällen ist das Bergreich die Urheimat der nachsintflutlichen Menschheit. Eine These lautet, dass hier die Völker der indogermanischen Sprachfamilie ihren Ursprung hatten, die bald nach Europa, aber auch nach Vorderasien und auf das Persische Hochland zogen, von wo aus sie gegen 2000 v. Chr. in Indien einfielen. Noch heute verblüfft die Ähnlichkeit vieler armenischer Wörter auch mit dem Deutschen: *tur* ist Tür, *lujs* = Licht, *vost* = Ast, *kov* = Kuh, *schun* = Hund und *muk* = Maus, um nur ein paar Beispiele zu nennen.

Tatsächlich gehört Armenien zu den ältesten Siedlungsgebieten der Menschheit. Schon vor 100 000 Jahren schlugen unsere Vorfahren hier Faustkeile aus dem harten vulkanischen Obsidian, später hinterließen sie Höhlenmalereien etwa im Geram-Gebirge unweit von Jerewan. Gegen 10 000 v. Chr. lösten Ackerbauern die Jäger und Sammler ab, während Nomaden ihre Herden durch die höher gelegenen Ebenen trieben. Ab dem 6. vorchristlichen Jahrtausend bauten ihre Bewohner Kupfererz ab, das bald auch nach Mesopotamien und Ägypten exportiert wurde. Steinkreise, vor allem aber mit kunstvollen Reliefs verzierte Stelen zeugen noch immer von ihrem einstigen Glauben. Mal stellen sie übergroße Fischkörper dar, mal auch kräftige Stiere – beides Symbole der Fruchtbarkeit; *Wischapner*, »Drachen-Schlangen«, werden sie im Volksmund genannt. Die Schlange, Symbol der Weisheit, war das Totemtier der frühen Armenier. Sie ist nie ganz verschwunden; noch heute werden viele armenische Kreuze wie auch ihr alter mythischer Lebensbaum von zwei stilisierten, sich aufbäumenden Schlangen gesäumt.

Erste Städte entstanden bereits zu Ende des 3. vorchristlichen Jahrtausends, errichtet auf Hügeln und Tafelbergen, die sich gut verteidigen ließen. Ihre Erbauer waren die Churriter, ein kaukasisches Volk, das sich bald mit den indoeuropäisch-iranischen Hethitern und Luwiern vermischte, die in Zentral- bzw. Südwestanatolien ihre Reiche errichteten.

Den Hethitern, der ersten westasiatischen Großmacht, verdanken wir die ersten Schriftzeugnisse, in denen von *Hajassa* und seinen Einwohnern die Rede ist; sie stammen aus dem 15.-13. Jahrhundert v. Chr. *Haj* (plural: *Hajer*) ist noch heute die Selbstbezeichnung der Armenier, der Bewohner von *Hajastan*. Ihr Reich, das mit *Hatti* (dem Hethiterreich) verbündet war, lag im Dreieck der heutigen Städte Trapezunt, Erzurum und Erzincan. Bei den Assyrern, deren König Salmanasser I., 1273 v. Chr. einen Feldzug nach Nordanatolien unternahm, hieß die Region der »acht Länder« und »51 Städte« *Uruarti*, worin wir das biblische Urartu erkennen.

Offenbar führte die assyrische Bedrohung dazu, dass sich das Städte- und Länderbündnis von Urartu bald zu einem Reich vereinte und sich einen König wählte. Der erste Herrscher von Urartu, dessen Name überliefert ist, lebte gegen Mitte des 9. Jh. v. Chr. und hieß Aramu; er könnte den Armeniern ihren heutigen Namen gegeben haben. Er verstand sich als Diener, Hohepriester und Vollstrecker des Staatsgottes Chaldi, in dessen Namen er und seine Nachfolger Kriege führten, Städte gründeten und Burgen errichteten. Zu den großen Leistungen der Urartäer zählte nicht nur der Bau von Straßen, sondern auch eines Netzes von Stauseen, Zisternen, Deichen und Kanälen, die oft kilometerlang durch das Felsgestein getrieben wurden, um das karge Land fruchtbar zu machen. Ein zentralistisches Staatssystem mit einheitlichem Kalender, genormten Maßen und einer Verstaatlichung weiter Ackerflächen entstand, verwaltet durch die Beamten- und Priesterschaft des Königs. Aus seinen gewaltigen Viehbeständen und Kornspeichern wurden die rund 20 000 Krieger seines Heeres samt ihrer Familien ernährt. Besonders gefürchtet waren die Streitwagen der Krieger aus den Bergen. So wurde Urartu zu einer frühen Großmacht, die bald Teile des Hethiterreiches unterwarf und Assyrien Paroli bieten konnte. Als Rom gerade gegründet wurde, gegen Mitte des 8. Jahrhunderts v. Chr., erstreckte es sich bereits über 800 Kilometer in der Länge und 500 Kilometer in der Breite. Sein Zentrum bildete der Van-See, an dessen Ostufer König Sarduri I. auf dem heute Van Kale (»Van-Festung«) genannten Felsen unweit des Heiligtums von Tuschpa (Van) seine Burg errichten ließ. Von seiner Stadt Ulhu heißt es in den Schriften der rivalisierenden Assyrer, ihr Bild »bestimmten freundliche Gärten, die mit Obstbäumen und Weinstöcken bestanden waren, sodass sie von Früchten so reichlich tropfen wie ein Regenguss des Himmels.«[68] Auch Wein habe es dort »wie Flusswasser« gegeben. Das wichtigste Exportgut des Landes, neben seinen stolzen Pferden, war jetzt das Eisenerz, das zur Herstellung von härteren Waffen benutzt wurde. Es sollte bald, getränkt in Blut, in seine Heimat zurückkehren.

Die große Zeit von Urartu endete 714 v. Chr. mit einem Überfall des assyrischen Königs Sargon II., der die größte Streitmacht seiner Zeit befehligte. Die Bevölkerung des Van-Beckens wurde massakriert, Städte, Siedlungen und Ernten wurden verbrannt, Obstbäume gefällt und Weinstöcke ausgerissen, die Felder verwüstet. Doch erobern ließ sich das Reich der Bergzüge, Schluchten und gut geschützten Täler nicht. So existierte Urartu noch zweieinhalb Jahrhunderte lang, jetzt vor allem von Skythen und Medern bedrängt.

Erst die persischen Großkönige machten sich das Reich, das jetzt erstmals in den Inschriften *Arminia* genannt wurde[69], dauerhaft tributpflichtig. Der Westen erfuhr erstmals durch den griechischen Geographen Hekataios von Milet (ca. 560–480 v. Chr.) von den *Armenoi*. Doch nicht unter den Nachfolgern Alexanders des Großen, den Seleukiden, sondern erst unter dem Protektorat Roms erlebte Urartu, jetzt *Armenia magna* (Großarmenien) genannt, seine Auferstehung. Mit der Niederlage des Antiochos III. Seleukios (»des Seleukiden«) in der Schlacht von Magnesia 189 v. Chr. erklärten sich zwei Statthalter armenischer Herkunft, Sareh und sein Sohn Artasches, zu unabhängigen Königen und baten um Anerkennung durch Rom, die ihnen ein Jahr später vom Senat gewährt wurde. Fortan führte Artasches (189–159 v. Chr.), auf Griechisch *Artaxias* genannt, Armenien zum Zenit seiner wirtschaftlichen und politischen Macht und in die glanzvollste Epoche seiner Geschichte. Ein Jahrhundert später, unter Tigranes II. (95–55 v. Chr.), der sich »König der Könige« nannte, erstreckte sich das Reich der Artaxiden von Judäa bis nach Kolchis (Georgien), von Kappadozien bis nach Medien (Nordpersien). Erst

eine Niederlage gegen die Weltmacht machte in zum tributpflichtigen Vasall Roms. So wurde das Land zur Pufferzone zwischen dem *Imperium Romanum* und seinem Erzfeind, den Parthern.
Der Überlieferung nach haben zwei Apostel, Judas Thaddäus und Bartholomäus, schon im ersten Jahrhundert in Armenien das Evangelium verkündet und das Martyrium erlitten. Doch die Gemeinden, die auf sie zurückgehen, blieben in der Minderheit. Die breite Mehrheit der Armenier folgte damals der Religion des Zarathustra oder blieb den alten Göttern treu. So gilt der Parther Gregor, ein Adliger aus dem alten Fürstenhaus der Suren-Pahlav, als der eigentliche Missionar Armeniens. Sein Vater Anak hatte 252 im Auftrag seines Herrn, des sassanidischen Großkönigs Schapur I. (240–270/2), den armenischen König Chosroes II. ermordet. Zur Strafe wurde seine gesamte Familie ausgerottet; nur zwei Söhne, der zwölfjährige Gregor und sein Bruder, wurden von ihren Dienerinnen in Sicherheit gebracht. In Caesarea (heute: Kayseri) in Kappadozien erzog ein Priester den Jungen im christlichen Glauben. Nach seiner Heirat und der Geburt zweier Söhne lebte Gregor eine Zeit lang als Einsiedler, um Frieden zu finden. Doch das Verbrechen seines Vaters plagte seine Seele. So beschloss er, Sühne zu leisten und in den Dienst Trdats III. zu treten, als der Sohn des Ermordeten an der Spitze eines römischen Heeres dabei war, seine Heimat zurückzuerobern. Zunächst wurden die beiden Männer Freunde. Doch als Trdat nach dem Sieg von seinen Untertanen verlangte, dass sie der zoroastrischen Göttin Anahita opferten, bekannte Gregor seinen christlichen Glauben. Im Zorn über den »Verrat« ließ der König ihn erst grausam foltern, dann in eine Schlangengrube werfen. Doch die Tiere verschonten ihn, während fromme Frauen ihn heimlich mit Brot versorgten. Am Ende wurde er in ein Verließ in der uralten Festung von Artaxata gesperrt, über dem sich heute das Kloster von Chor Virap erhebt. Fast fünfzehn Jahre lang verharrte Gregor dort im Gebet, bis der König schwer erkrankte und in seiner Verzweiflung nach dem Bekenner rufen ließ. Gregor heilte ihn und bekehrte ihn zum Christentum, das fortan den Rang einer Staatsreligion einnehmen sollte; die heidnischen Kulte wurden verboten. Über dem einstigen Feuertempel entstand die erste Kathedrale der Hauptstadt Vagharshapat, die er in *Etschmiadzin*,

»Der Sohn Gottes ist herabgestiegen«, umbenannte. Nach der armenischen Tradition geschah dies alles 301, auch wenn Historiker die Taufe des Trdat erst auf das Jahr 315/16[70] datieren, in dem auch Gregor, der jetzt »der Erleuchter« genannt wurde, die Bischofsweihe empfing. Er wurde zum ersten *Katholikos*, zum Patriarchen der Armenischen Kirche; ein Amt, das zunächst auf seine Söhne, dann auf deren Nachkommen vererbt wurde. Seitdem gilt Etschmiadzin am Fuße des Ararat als heilige Stadt der Armenier und ist bis heute (mit Unterbrechungen) Sitz des Katholikos; seit 1999 ist es Karekin II., der zuvor sieben Jahre in Österreich und Deutschland gewirkt hat.

Die Entstehung der ersten und ältesten Staatskirche der Welt führte zu einer intensiven Mission. Die Bibel und die Schriften der Kirchenväter wurden in die armenische Volkssprache übersetzt, was die Entwicklung eines eigenen Alphabets notwendig machte; der Mönch und ehemalige Hofsekretär Mesrot Machtoz (363–440) machte sich 405 an diese Aufgabe. Eine eigene christliche Architektur mit den charakteristischen Kreuzkuppelkirchen entstand. In den reich verzierten armenischen Kreuzen fanden, wie gesagt, heidnische Symbole wie der Lebensbaum, die Schlange und die Spirale als Symbol der Unendlichkeit ihre Aufnahme. Ansonsten wurde konsequent mit der Vergangenheit gebrochen, wurden Heiligtümer der alten Götter zerstört, verschwand das Erbe der Vorfahren bald aus der kollektiven Erinnerung.

Mit dem Niedergang Roms endete auch Armeniens große Zeit. Ein erneuter Krieg mit den Parthern führte 387 zum *Zweiten Friedensvertrag von Nisibis*, der die Teilung Großarmeniens zur Folge hatte. Ein Viertel des Arsakidenreiches gehörte fortan zum oströmischem, drei Viertel zum sassanidischen Machtbereich. Dort blieben die Nachkommen der großen Könige noch ein halbes Jahrhundert lang Statthalter der Parther, bevor das Land ganz seine Eigenständigkeit verlor. Erst der Aufstand der Armenier unter Vardan Mamikonian und dem Katholikos Hovsep, die sich 451 bei Awarajt mit 66 000 Männern, Frauen und Jugendlichen einer 90 000 Mann starken multinationalen Streitmacht samt einem Dutzend Kriegselefanten entgegenstellten, wendete das Blatt. Zwar erlitten die Christen eine verheerende Niederlage, doch die vielen Märtyrer spornten sie an, ihren

Kampf für die Glaubensfreiheit als »Guerillakrieg« fortzusetzen, bis sie ihr Ziel erreicht hatten: Das Christentum wurde auch von den Parthern als Armeniens Staatsreligion akzeptiert.

Doch jetzt rangen die Armenier darum, wie der wahre Glauben zu definieren sei. Der »Partisanenkrieg« hatte die armenischen Bischöfe daran gehindert, 451 am Konzil von Chalcedon teilzunehmen, das zur Spaltung zwischen den vier Patriarchensitzen der alten Kirche, Rom und Konstantinopel auf der einen, Alexandria und Antiochia auf der anderen Seite geführt hatte. Offiziell ging es um die theologische Frage, ob Jesus »*von* zwei Naturen«, gemeint ist sein göttliches und menschliches Wesen, oder »*in* zwei Naturen unvermischt, unverändert, ungeteilt und ungetrennt zu erkennen« sei. Tatsächlich aber spielten im Hintergrund politische Fragen und alte Rivalitäten eine Rolle. Der Aufstieg der neuen Reichshauptstadt Konstantinopel zum Patriarchat von des Kaisers Gnaden war den traditionellen, von den Aposteln begründeten Patriarchensitzen des Ostens ein Dorn im Auge; sie drängten auf Unabhängigkeit und Eigenständigkeit. Dass dies zu einer mittlerweile seit über anderthalb Jahrtausenden andauernden Kirchenspaltung führen würde, konnte damals noch niemand erahnen. Erst 506 studierten der damalige Katholikos und seine Bischöfe auf einer eigens einberufenen Synode die Akten des Konzils und entschieden, seine Beschlüsse abzulehnen. Sie erschienen ihnen als Annäherung an die Theologie des Nestorius, der auf dem Konzil von Ephesus 431 der Ketzerei bezichtigt und verbannt worden war, aber in Persien eine neue Heimat und Anhänger gefunden hatte. Er hatte gelehrt, Maria habe lediglich den menschlichen Körper Jesu geboren, und könne daher nicht *theotokos*, »Gottesgebärerin« (also Gottesmutter), genannt werden. In den Augen der armenischen Bischöfe aber war das eine schlimme *Häresie* (Irrlehre). Während sich die Nestorianer durch Chalcedon bestätigt fühlten, mussten die Armenier schon deshalb das Konzil ablehnen. Seitdem zählt ihre Kirche zu den altorientalischen Kirchen, denen fälschlich vorgeworfen wurde, »Monophysiten« (»die Christus nur in einer, seiner göttlichen Natur definieren«) zu sein.

Bei den Byzantinern galten sie deshalb als Schismatiker; ein Kainsmal, das ihnen auch in einigen Vatikan-Dokumenten noch anhaftet.

Immer wieder versuchten der Kaiser und seine Kleriker, die Armenier zur Annahme der Konzilsbeschlüsse zu zwingen. In Westarmenien wurden zusätzliche Steuern erhoben, junge Männer zu Frondiensten eingezogen, was auch hier zu Aufständen führte. So gestört war das Verhältnis zwischen den christlichen Nationen, dass die oströmische Großmacht sich selbst dann noch weigerte, ihren Glaubensgeschwistern zu Hilfe zu eilen, als der Islam wie ein Sturmwind über ganz Vorderasien hinwegfegte.
Im Jahre 628 hatte der *Prophet* Muhammad (570–632) Briefe an den byzantinischen Kaiser, den Schah von Persien, den christlichen König von Ghassan, den Patriarchen von Alexandrien und den Negus von Äthiopien geschickt und sie aufgefordert, sich zum Islam zu bekehren. Die ausbleibenden oder negativen Antworten, die er erhielt, führten zum ersten *dschihad* oder »Heiligen Krieg«. Der Befehl dazu ist noch heute in Sure 9, Vers 29 des *Qur'an* zu finden:

> »Kämpft gegen diejenigen, die nicht an Gott und den jüngsten Tag glauben und nicht verbieten, was Gott und sein Gesandter verboten haben, und nicht der wahren Religion angehören – von denen, die die Schrift erhalten haben – (kämpft gegen sie), bis sie kleinlaut aus der Hand Tribut entrichten!«

Diese Worte Muhammads wurden zum Freibrief für die islamischen Eroberungszüge, die 630 mit einem Angriff auf das Byzantinische Reich begannen. Die Muslime, überzeugt, im Besitz der letzten und damit einzig gültigen Offenbarung Gottes zu sein, verlangten fortan von allen Völkern, sich dem Islam zu unterwerfen.[71] Für »Schriftbesitzer«, worunter die Muslime die Gläubigen der ihrer Ansicht nach »veralteten« Offenbarungen verstanden, also Juden und Christen, gab es allenfalls noch die Alternative, sich das Recht auf eine eingeschränkte Religionsausübung teuer zu erkaufen. Sie hatten fortan die *dschizya* (»Ungläubigensteuer«) zu entrichten und galten als *dhimmis* (»Schutzbefohlene«), die der Willkür ihrer neuen Herren ausgeliefert waren.
Im Herbst 640 fiel die islamische Streitmacht in Vorderasien ein. Das Persische Reich, das unter dem Sassanidenherrscher Chosrau II.

(590–628) bis nach Ägypten vorgedrungen war, hatte sich in einem jahrzehntelangen Krieg mit Byzanz zermürbt und unterlag schließlich. Doch auch das Oströmische Reich war nach den vielen Kämpfen geschwächt und nicht mehr in der Lage, den Vormarsch der arabischen Kämpfer aufzuhalten. Ein Hilferuf aus Armenien wurde ignoriert, es gab keine Solidarität mit »Schismatikern«. So war der Adel Ostarmeniens schließlich 652 zu Verhandlungen gezwungen. Gegen eine dreijährige Steuerbefreiung und den Verzicht auf Garnisonen erkannte er die arabische Oberhoheit an.

Wie in den anderen Ländern, die sie unterworfen hatten, fühlten sich die Muslime nur kurzfristig an solche Vereinbarungen gebunden. Es dauerte kaum ein halbes Jahrhundert, da zwangen sie die Armenier bereits, beim Bau ihrer Garnisonen Frondienste zu leisten. Die Steuerlast war zwischenzeitlich so unerträglich geworden, dass es zu Aufständen kam, die von den neuen Herren blutig niedergeschlagen wurden. Die Ansiedlung muslimischer Nomadenstämme in den fruchtbaren Ebenen zwang die Armenier, sich in das karge Bergland zurückzuziehen, unfähig, die hohen Steuern zu bezahlen und daher regelmäßig blutigen Strafexpeditionen ausgesetzt.

Erst als sich innerhalb der muslimischen Welt die Dynastien untereinander bekriegten, sahen die Armenier ihre Stunde gekommen, das Joch des Islam abzuschütteln. So rief ein Fürstenrat 875 die Unabhängigkeit Armeniens aus und schlug dem Kalifen in Bagdad vor, seinen Vorsteher, Aschot Bagratuni, zum König zu erheben. Zehn Jahre später erhielt Aschot I. von dort seine Krone und auch Byzanz erkannte seine Herrschaft an. Der Kalif hatte verstanden, dass man die Armenier nur gefügig machen konnte, wenn man ihnen einen Teil ihrer Autonomie zurückgab.

Fast zwei Jahrhunderte lang blühte das neue Reich, dessen Hauptstadt Ani unweit von Kars im Nordosten der heutigen Türkei war. Auf einer Felszunge am Zusammenfluss zweier Ströme gelegen, geschützt durch eine tiefe Schlucht, war die »Stadt der tausend Kirchen« an der nördlichen Seidenstraße praktisch uneinnehmbar. Über 100 000 Menschen lebten hier. Erst ein feiger Verrat, die Ermordung ihres letzten Königs im Auftrag der Byzantiner, beendete 1045 ihr goldenes Zeitalter und führte zu einem Massenexodus.

Tausende wanderten auf die Krim, nach Polen oder zur Moldau, schließlich nach Transsylvanien, Ungarn und Galizien aus. Neue Heimat der armenischen Elite aber wurde Kilikien an der türkischen Südküste, das sich jetzt »Fürstentum Kleinarmenien« nannte. Seine Herrscher verbündeten sich ab 1098 mit den Kreuzfahrern gegen die Byzantiner, denen beide nicht mehr trauten, und einen neuen Feind, der gerade über Vorderasien hergefallen war: die seldschukischen Türken.
Bis ins 10. Jahrhundert hinein waren die Ur-Türken (Turkmenen und Oghusen) Nomaden, die durch die heutige Kasachensteppe zogen. Erst durch den Übertritt ihres Khans (Anführers) Seldschuk zum Islam um das Jahr 1000 wurde aus ihnen ein Stamm eroberungshungriger Krieger. 1055 zogen sie in Bagdad ein und erklärten sich zur Schutzmacht des Kalifats. Ihr Anführer erhielt dafür vom Kalifen den Titel eines Sultans verliehen. Ziel der Seldschuken, wie sie fortan hießen, war es jetzt, mit roher Gewalt die Einheit der zwischenzeitlich zersplitterten islamischen Welt wiederherzustellen und den Eroberungszug der Erben Muhammads fortzusetzen. 1071 griff Alp Arslan (1063–72) das Oströmische Reich an und besiegte bei Manzikert nördlich von Van die Truppen des byzantinischen Kaisers Romanos IV. Die Schlacht wurde zum Wendepunkt in der Geschichte Kleinasiens und zum Dammbruch für den Islam. Jetzt rächte sich, dass Byzanz das neu-armenische Reich zugrunde gerichtet hatte, statt es als Pufferstaat zu stärken. Praktisch ungehindert fielen die Seldschuken über ganz Kleinasien her. Die alte Konzilsstadt Nicaea, nur neunzig Kilometer Luftlinie von Konstantinopel entfernt, wurde zur Hauptstadt ihres *Sultanats Rum*, mit dessen Namen sie ihren Anspruch auf das gesamte Reich der Oströmer anmeldeten.
Der verzweifelte byzantinische Kaiser Alexios I. Komnenos bat schließlich den Papst um Hilfe, bot sogar an, die 1054 erfolgte Kirchenspaltung wieder rückgängig zu machen und sich Rom zu unterwerfen. Berichte von Überfällen der Seldschuken auf christliche Jerusalem-Pilger, die akute Bedrohung der Heiligen Stätten, aber auch seine Solidarität mit den Christen des Ostens führten dazu, dass Urban II. 1095 auf der Synode von Clermont zum Kreuzzug aufrief. Nur ein Jahr später stand bereits ein Teil des wohl um

die 60 000 Mann starken Kreuzfahrerheeres vor den Toren Konstantinopels.
Doch die Arroganz, die Intrigen und die Unzuverlässigkeit der Byzantiner wurden zum größten Hindernis für die ersehnte Rückeroberung des vormals christlichen Nahen Ostens. Mehrfach verbündeten sich die Oströmer sogar mit den Moslems, um die abendländischen, nichtorthodoxen Eindringlinge aus ihrem Reich zu vertreiben. Im Vierten Kreuzzug 1204 kämpften die Franken und Venezianer schließlich nicht mehr gegen die Muslime im Heiligen Land, sondern eroberten kurzerhand die oströmische Hauptstadt. Als ihr »Lateinisches Kaiserreich« nach nur 57 Jahren kollabierte, war auch Konstantinopel nur noch ein Schatten seiner selbst. Zwei Jahrhunderte lang versuchten jetzt wieder oströmische Kaiser, es zu halten, dann fielen seine Mauern 1453 unter dem Ansturm der Türken. Fast alle der 50 000 verbliebenen Bewohner der Stadt wurden entweder niedergemetzelt oder in die Sklaverei verkauft. Das einstige Fürstentum Kleinarmenien in Kilikien, das der deutsche Kaiser Heinrich VI. 1199 zum »Königreich Neu-Armenien« erhoben hatte, war bereits 1375 von den ägyptischen Mamluken erobert worden. Zuvor hatte ein Aufstand verhindert, dass seine Kirche ganz mit Rom uniert wurde. Als Relikt aus dieser Zeit gibt es noch heute in der (nach dem heiligen Gregor) als »gregorianisch« bezeichneten *Armenisch-Apostolischen Kirche* neben dem Katholikos, d.h. dem Patriarchen von Etschmiadzin, auch den *Katholikos des Hohen Hauses von Kilikien*, der heute in Antelia bei Beirut residiert. Den mit Rom unierten Gläubigen der *Armenisch-Katholischen Kirche*, die ihren Ursprung ebenfalls in Kilikien hat, steht dagegen der *Patriarch von Kilikien der Armenier* vor, der seinen Sitz seit 1867 in Konstantinopel hatte, bevor er 1928 in das Kloster Bzommar im Libanon verlegt wurde.
1515 wurde das kilikische Neu-Armenien Teil des Osmanischen Reiches. Seine Christen waren zu diesem Zeitpunkt längst auf dem Wasserweg nach Zypern, Rhodos und Italien geflohen oder hatten sich in den Bergen verschanzt. Dort, in den zerklüfteten Höhen des Taurus, hielten sich bis zum Völkermord von 1915 noch armenische Enklaven, die nahezu autonom geblieben waren. Das alte Stammland der Armenier dagegen hatten zu diesem Zeitpunkt längst Osmanen und Perser unter sich aufgeteilt.

Nach der Eroberung Trapezunts und des Pontischen Reiches 1461 zog es die Osmanen weiter zum Kaspischen Meer. Wieder einmal wurde das armenische Hochland bei den Kämpfen gegen die Perser in Schutt und Asche gelegt. 1603 ließ Allahwerdi, der General des Schah, 23 000 Armenier aus dem Gebiet um Van nach Isfahan und Kaschan, Hamadan und Schiras deportieren, weitere 100 000 aus der Region um Jerewan folgten ein Jahr später. Gut ein Fünftel von ihnen ertrank bei der Überquerung des Arax in seinen eisigen Fluten, andere starben auf dem unendlichen Marsch durch das karge Bergland. Um den Türken »verbrannte Erde« zu hinterlassen, wurden die Brunnen, Obstbäume und Weinstöcke zerstört. Die Armenier lernten dennoch, sich mit der neuen Situation zu arrangieren, und konzentrierten sich fortan auf den Handel, speziell mit Seide, und das Handwerk. Viele zog es über die Handelswege ins Ausland, wo bereits Flüchtlinge aus dem kilikischen Kleinarmenien den Grundstein für eine weit gestreute armenische Diaspora gelegt hatten. Erst der Friedensschluss von 1639 zwischen dem Osmanischen Reich und Persien sicherte die Grenzen und erlaubte den persischen Armeniern die allmähliche Rückkehr in ihre ostarmenische Heimat. Durch den fast dreißigjährigen Russisch-Persischen Krieg wurde diese 1828 zu einer Provinz des Zarenreiches, die im neunten Russisch-Türkischen Krieg 1877/78 um die vormals türkischen Besitzungen Kars und Ardahan erweitert wurde. Zusehends unzufriedener mit ihrer eigenen Lage, verfolgten die Armenier im Osmanischen Reich, wie ihre Glaubensbrüder im christlichen Russland zumindest von religiöser Diskriminierung verschont blieben.

III. Die Knute des Halbmonds

»Nichts Besseres weiß ich mir an Sonn- und Feiertagen,
Als ein Gespräch von Krieg und Kriegsgeschrei,
Wenn hinten, weit in der Türkei,
die Völker aufeinander schlagen.
Man steht am Fenster, trinkt sein Gläschen aus
Und sieht den Fluss hinab die bunten Schiffe gleiten:
Dann kehrt man abends froh nach Haus.
Und segnet Fried und Friedenszeiten.
Herr Nachbar, ja! So lass ich's auch geschehen:
Sie mögen sich die Köpfe spalten,
Mag alles durcheinander gehen:
Doch nur zu Hause bleibt's beim Alten.«[72]

Was Johann Wolfgang von Goethe in seinem 1808 veröffentlichten *Faust* einen deutschen Spießbürger sagen lässt, zeigt anschaulich, wie gleichgültig den Europäern bis ins 19. Jahrhundert hinein das Schicksal der Armenier »hinten, weit in der Türkei« war. In erster Linie nahm man sie, den Juden ähnlich, als versprengtes Volk von Kaufleuten und geschickten Handwerkern wahr, die sich längst nicht nur in ganz Osteuropa, in Polen und Ungarn, sondern auch in den Städten Italiens, Frankreichs sowie in Amsterdam niedergelassen hatten. Die gebildeteren Schichten und die Hierarchie der katholischen Kirche wussten zumindest um das Schicksal des kilikischen Neu-Armeniens, das einst die Kreuzfahrer so gastfreundlich aufgenommen hatte. Sein letzter König, Leon VI. aus dem Hause Lusignan, war nach Paris geflohen, wo er 1393 verstarb und in Saint Denis beigesetzt wurde. Als seine Linie 1493 erlosch, beanspruchte das Haus Savoyen seine Krone und den längst eher hypothetischen Titel »König von Armenien«.

Aufwertung erhielt die mit Rom unierte *Armenisch-Katholische Kirche* auch noch im Exil. Papst Pius IV. schenkte ihr 1563 mit S. Maria Egiziana eine eigene Nationalkirche in Rom und machte die Ewige Stadt damit zum beliebten Zufluchtsort unierter armenischer Mönche, Priester und Bischöfe, während Venedig und Wien zu Zentren des Mechitaristen-Ordens wurden. Seit 1713 hatte Rom sogar einen eigenen armenischen Weihbischof. Seitdem verfolgten die Päpste aufmerksam das Schicksal der Unierten; doch für die »schismatische« Mehrheit der gregorianischen Armenier zeigten sie nur wenig Interesse. Allenfalls ging es darum, auch sie zur Anerkennung des römischen Primats zu bewegen.

Das armenische Mutterland zu beiden Seiten des Ararat aber schien in Europa weitgehend vergessen. So bedurfte es erst mehrerer Kriege und Aufstände, bis man hierzulande begriff, dass es am Ostrand des Osmanischen Reiches ein christliches Volk gab, das unter schwierigsten Bedingungen, selbst um den Preis seines Blutes, seinem Glauben und seiner Kultur treu geblieben war.

Tatsächlich gaben sich die Osmanen nach außen hin nur scheinbar tolerant. Das islamische Recht, die Scharia, teilt die gesamte Menschheit in zwei Klassen ein, das »Haus des Islam« (*dar ul-islam*), auch die *umma* (Gemeinschaft der Gläubigen) genannt, und das »Haus des Krieges« (*dar ul-harb*) zu dem alle *kafir* (Ungläubigen) zählten, mit denen es keinen echten Frieden geben darf. Hier wird nur noch zwischen »Götzenanbetern«, die es in jedem Fall zu töten gilt, und den »Völkern des Buches«, also Christen und Juden, unterschieden, mit denen durchaus unter den genannten Bedingungen (der Zahlung der *dschizya*) ein »Waffenstillstand« möglich ist. Für die Armenier bedeutete dies: Sie blieben damit zwar als *dhimmis* Menschen zweiter Klasse, aber sie durften zumindest im nicht öffentlichen Raum ihrer Religion nachgehen. Verboten war es ihnen allerdings, Staatsämter zu bekleiden, ein Pferd zu reiten, Waffen zu tragen oder vor Gericht gegen einen Moslem auszusagen. Wer als Adliger oder Landbesitzer seine alten Privilegien behalten wollte, musste zwangsweise zum Islam konvertieren.

Der Grund für die scheinbare Toleranz war offensichtlich, wie der französische Historiker Frédéric Macler treffend feststellte: »Man wollte auf Kosten der christlichen Bevölkerung leben, sie zur Zahlung der Kopfsteuer zwingen … von Zeit zu Zeit die Zügel anziehen, um jedes ›übermäßige‹ wirtschaftliche oder politische Erstarken zu verhindern. Das waren die durchaus nicht philanthropischen Überlegungen, die der scheinbar liberalen und toleranten Haltung der türkischen Herrschermacht zugrundelagen.«[73] Oder, wie Yves Ternon es formulierte: »Die angebliche Toleranz der Osmanen gegenüber den Armeniern war in Wirklichkeit jedoch Heuchelei. Die Osmanen waren die Herren; sie räumten den unterjochten Völkern keinerlei nationale, sondern nur religiöse Selbständigkeit ein. Im Übrigen standen die Unterworfenen nicht unter dem Schutz des Gesetzes. Man konnte sie nach Belieben ausbeuten.«[74] Es gehörte sogar zu den verbrieften Rechten eines muslimischen Türken, die Schärfe seines Schwertes am Hals eines Christen zu testen.

Noch drastischer formulierte es Henry Morgenthau, der von 1913–16 als amerikanischer Botschafter in Konstantinopel lebte:

> »Im Laufe der Zeit mochten die Türken gewisse Dinge von ihren europäischen und arabischen Nachbarn lernen, aber es gab eine Idee, die sie nicht einmal entfernt verstanden. Sie konnten sich nicht vorstellen, dass ein unterworfenes Volk etwas anderes als Sklaven sein konnte. Wenn sie ein Land eroberten, fanden sie es von einer bestimmten Anzahl an Kamelen, Pferden, Büffeln, Hunden, Schweinen und Menschen bewohnt. Und von all diesen Lebewesen war ihnen jenes, das ihnen physisch am meisten ähnelte, am wenigsten wichtig. Es gab ein Sprichwort unter ihnen, dass ein Pferd oder ein Kamel wertvoller sei als ein Mensch; diese Tiere kosten Geld, während es ›ungläubige Christen‹, die zur Arbeit gezwungen werden konnten, zur Genüge in den osmanischen Ländern gab.«[75]

Doch die Osmanen begriffen bald, dass in ihrem Reich nichts ohne die Christen ging. Zum einen stellten sie in einigen Gegenden noch immer die Mehrheit oder zumindest einen beachtlichen Anteil an der Bevölkerung: rund 40 % waren es um 1800 im gesamten osmanischen Herrschaftsgebiet, 1914, nach den Balkankriegen, immerhin noch 19,1 %. Ganze 451 Klöster und 2530 Kirchen nannten allein die Armenier ihr Eigen.[76] Zum anderen waren sie den Einwanderern aus Zentralasien auch bildungsmäßig überlegen, stellten sie bis zum Völkermord neben den Juden die intellektuelle Elite des Reiches. Schon Sultan Mehmed II., der Eroberer von Konstantinopel, holte die Armenier in seine neue Hauptstadt und verlieh dem Bischof von Bursa den Titel eines »Patriarchen aller Armenier in der Türkei« mit Sitz in der Hauptstadt. Als Ärzte, Architekten, Münzmeister, Bankiers und Kaufleute waren sie geschätzt. Erfolgreiche Armenier stifteten nicht nur Kirchen, sondern auch Schulen und Krankenhäuser, die der gesamten Bevölkerung zugutekamen. Als Händler kamen sie mit der westlichen Kultur in Kontakt, lernten Sprachen und importierten Technologie, vor allem aber Bildung. Die erste weltliche Grundschule des Osmanischen Reiches wurde 1789 von einem Armenier gegründet, ebenso 1820 die ersten Grundschulen für Mädchen. Bis 1903 gab es mehr als 800 armenische Schulen mit rund 82 000 Schülerinnen und Schülern im Lande, aber nur 150 türkische Schulen mit 17 000 ausschließlich männlichen Schülern. Bis 1914 war die Zahl der armenischen Schulen sogar auf 1996 gewachsen[77], besuchten 120 000 Armenier und Armenierinnen eine Schule, aber nur 24 000 Türken; ein Verhältnis von 5:1, obwohl erstere nur rund 10 % der Gesamtbevölkerung ausmachten. An europäischen, amerikanischen und russischen Universitäten studierten etwa 15 000 Armenier, aber nur einige Hundert Türken. In der Industrialisierung des Landes dominierten die Christen ebenso wie im Handel. Vor dem Ersten Weltkrieg tätigten armenische Unternehmen rund 90 % des Binnenhandels, 60 % des Imports und 40 % des Exports. In der Hauptstadt Konstantinopel machten die Armenier zu diesem Zeitpunkt gut ein Viertel der Gesamtbevölkerung aus. Dort stellte die armenische Familie Tusian (oder Tusoglu) von der Mitte des 18. bis zum Ende des 19. Jahrhunderts durchgehend den Chef der osmanischen Münze, deren Bücher auf Armenisch geführt wurden. Die Familie der Dadians gründete bis zur Mitte des 19. Jahrhunderts fast alle Fabriken, die Kavafyans beherrschten die Schiffswerften. Architektur und Theater waren ebenfalls eine Domäne der Armenier, selbst der »Reichsarchitekt« Krikor Balian war ein Christ. In Provinzstädten wie Van waren 98 % des Handels und 80 % der Landwirtschaft in armenischen Händen, ebenso zum großen Teil das Handwerk. Auch die Ärzte, Apotheker und Rechtsanwälte waren, mit ganz wenigen Ausnahmen, Armenier.

Armenische Lehrerinnen-Schule in Erzurum, 1910

Das zwang die Osmanen bald zu einem Kompromiss zwischen islamischen Prinzipien und einer Anpassung an die Realität. So erfanden sie schon früh das »Millet-System«, das Armenier (*ermeni*), Griechisch-Orthodoxe (*rum*) und Juden (*musevi*) als »Glaubensnationen« definierte, die zwar nach wie vor als *dhimmis* galten, aber doch über bestimmte Privilegien, etwa eine gewisse Eigenständigkeit und Selbstverwaltung, verfügten. Ihre drei *millet basi* genannten Oberhäupter, d.h. der Oberrabbiner, der Ökumenische Patriarch von Konstantinopel und der Patriarch der Armenier, vertraten ihre Glaubensgemeinschaften vor dem Sultan, der sie freilich nach Belieben ein- und absetzen konnte.

Das »Millet-System« hatte allerdings für die Muslime noch einen weiteren Vorteil. Glauben wir Morgenthau, so sollte es den »Ungläubigen« nicht etwa Unabhängigkeit und Wohlstand sichern, sondern sie vor allem vom osmanischen Staat und der osmanischen Gesellschaft isolieren, »die sie für unwürdig, für Abschaum hielt«. Ausländern, die in Konstantinopel siedelten, etwa um Handel zu treiben, wurden die sogenannten Kapitulationen, d.h. ein eigener Rechtsstatus eingeräumt: Sie durften ihre eigenen Gerichte, Gefängnisse, Schulen und Postämter unterhalten. Doch auch diese Privilegien, so der Botschafter, wurden ihnen von den Sultanen »nicht aus einem Geist der Toleranz heraus gewährt, sondern weil sie die Christen für unrein hielten und nicht qualifiziert, an der osmanischen Verwaltung und Gerichtsbarkeit teilzuhaben.«[78]

So waren auch die Armenier für die Osmanen »Menschen zweiter Klasse«: ein Sklavenvolk, das so lange leben durfte, wie es den Interessen seiner Herren diente, aber auch unbarmherzig hingeschlachtet wurde, wenn es nicht mehr nützlich war. Ein Christenleben galt wenig im Osmanischen Reich, es diente, bestenfalls, als Zahlungsmittel, als Tribut. »Die Kirche diente dem Staat als ›Raya‹, als billiges und gut organisiertes Verwaltungsinstrument des christlichen Bevölkerungsteiles«[79], schreibt der Historiker Wilhelm Baum, wobei *raya* nichts anderes bedeutet als »Vieh«. Wie wenig übertrieben diese Sicht ist, zeigt der jährlich erhobene *devsirme* (Knabenzins), den auch die Armenier zu leisten hatten: Jedes Jahr mussten sie eine festgesetzte Anzahl männlicher Kinder abliefern, die zwangsislamisiert wurden, um fortan als *Janitscharen* im Heer des Sultans oder als Sklaven im Harem zu dienen.

Doch die Osmanen fanden noch andere Wege, um die Armenier stets daran zu erinnern, dass sie lediglich Geduldete waren, deren Leben an einem seidenen Faden hing – der Gunst des Sultans und der muslimischen Herren. Etwa, als Sultan Selim I. in der Heimat der Armenier gezielt sunnitische Kurden ansiedelte, Angehörige eines iranischen Nomadenvolkes, die das Land gegen Übergriffe aus dem schiitischen Persien verteidigen sollten. Für die armenischen Bauern, die als Christen unbewaffnet bleiben mussten, wurden sie zur Geißel Gottes. Jetzt erzwangen auch die Kurden von ihnen Schutzgelder und Tribute, reagierten auf jeden Widerstand mit Plünderung, Brandschatzung und Vernichtung der Ernte. Zudem mussten die Armenier sie den Winter über in ihren Dörfern aufnehmen und mit allem, was sie benötigten, versorgen. Die Folge war zunächst eine Verarmung der Bauern, dann eine massenhafte Landflucht vor den neuen Ausbeutern und der von ihnen praktizierten Schutzgelderpressung. Ihre Heimat hieß jetzt auch nicht mehr (West-)Armenien, sondern wurde zu *anadolu* (»Land der aufgehenden Sonne«) gerechnet, wie das Hochland Kleinasiens nach einem aus dem Griechischen entlehnten Begriff (nämlich *anatole:* Osten) fortan genannt wurde. Schließlich teilten die Osmanen sie in sechs *vilayets* (Provinzen) auf: Sivas, Erzurum, Harput, Bitlis, Diyarbekir und Van. Damit war jede Erinnerung an das erste christliche Reich der Erde zumindest auf den Landkarten ausgelöscht.

Erst der russische Vorstoß auf dem Kaukasus veränderte den mühsam bewahrten Status quo für immer. Plötzlich standen ihre Glaubensbrüder nicht mehr unter der nicht minder harten Knute der Perser, sie waren jetzt Untertanen einer christlichen Großmacht. Die Türken ahnten, dass die Treue ihrer armenischen Untertanen jetzt geprüft würde. Doch als die Friedensverträge von Adrianopel und Turkmantschaj 1829 den Armeniern des Osmanischen Sultanats die Möglichkeit gaben, auf russisches Hoheitsgebiet überzusiedeln, machten nur 90 000 von ihnen, meist Bewohner der Regionen Erzurum und Alaschkert, davon Gebrauch. Umgekehrt flohen eine halbe Million muslimischer Tscherkessen und Tschetschenen aus dem jetzt russischen Kaukasus in das Reich ihrer türkischen Glaubensbrüder. Die Osmanen siedelten diese *muhacirler* (»Glaubensflüchtlinge«) in regelrechten Wehrdörfern in den Grenzregionen an, wo diese ihrer Wut und ihrem Hass auf Christen immer wieder Luft machten.

Der Grund, weshalb die Bewohner des überwiegend bäuerlich geprägten Westarmeniens trotzdem in ihrer Heimat blieben, lag auf der Hand. Sie wollten das wenige, was sie besaßen, nicht auch noch verlieren. Man kann ihre Einstellung schon als kollektives »Stockholm-Syndrom«, als Solidarisierung des Opfers mit dem Täter, bezeichnen. In einer Mischung aus Fatalismus und glaubensstarker Duldsamkeit hatten sie gemäß dem heiligen Paulus auch die Obrigkeit des Sultans als »von Gott gegeben« akzeptiert und gelernt, sich mit allen Widrigkeiten des *dhimmi*-Daseins zu arrangieren. Die Russen, die sich als Erben des Byzantinischen Reiches und als Schutzherren aller orthodoxen Slawen verstanden, interessierten sich ohnehin mehr für ihre »Brüdervölker« auf dem Balkan, um deretwegen der Russisch-Osmanische Krieg geführt wurde, als für die »schismatischen« Armenier. Der Kaukasus war für sie nur ein zweitrangiger Kriegsschauplatz,

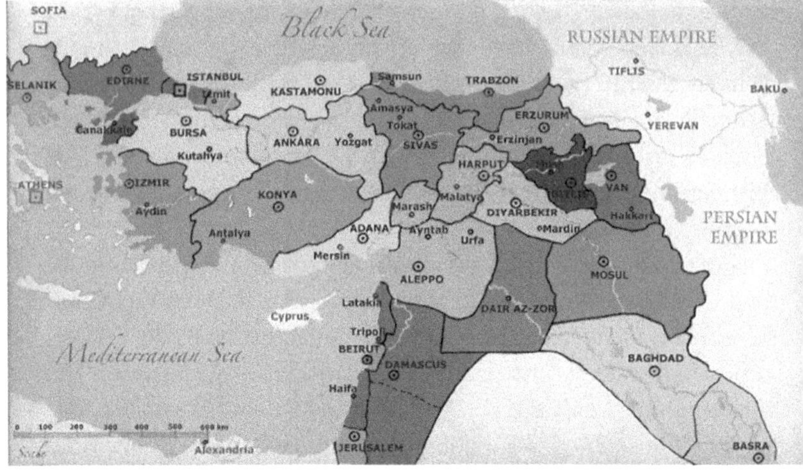

Karte des Osmanischen Reiches mit seinen *vilayets* (Provinzen)

allenfalls dazu geeignet, die verhassten Osmanen zu schwächen. Aber darauf konnten die Armenier nicht setzen. Sie befürchteten sogar, von den Russen für die Orthodoxie vereinnahmt zu werden und dadurch ihren angestammten Glauben und ihre Nationalkirche, ja ihre Identität zu verlieren. So gerieten sie eher zwischen die Fronten, während ihr Patriarch demonstrativ zur Staatstreue aufrief. Die Türken lohnten es ihnen, indem sie den Armeniern jetzt den Status einer *millet-o-saadika*, einer »loyalen Glaubensnation« verliehen.

Im Krimkrieg 1853–56 zeigte sich wieder einmal die Uneinigkeit der Christenheit. Während Russland die Türken nicht nur aus Europa, sondern auch aus dem Heiligen Land vertreiben wollte, waren den liberalen Kräften Westeuropas die Osmanen näher als die orthodoxe Zarenmacht. Speziell Frankreich warf den Russen vor, sich zum erzkonservativen »Gendarmen Europas« aufzuspielen und die Errungenschaften der Französischen Revolution, also den Liberalismus und Säkularismus, zu bedrohen. Der »Weg nach Byzanz«, den Zarin Katharina die Große 1787 noch in der Inschrift ihres Triumphbogens beschworen hatte, als sie die Eroberung der Schwarzmeergebiete feierte, sollte ihnen verbaut werden. Ein »neubyzantinisches Kaiserreich«, das sich vom Polarkreis bis ans Rote Meer erstrecken könnte, war so gar nicht im Interesse der anderen europäischen Mächte, denn es hätte das Gleichgewicht der Kräfte, vor allem aber die britischen Ambitionen, entschieden gestört. Die Engländer fürchteten, die Russen könnten ihnen durch ein Vorrücken nach Konstantinopel den Weg nach Indien versperren oder sich über Armenien und Persien Zugang zum Persischen Golf verschaffen. Stattdessen glaubte man in Paris und London, das Osmanische Reich im liberalen Sinne reformieren zu können. So kämpften bald französische und britische Soldaten Seite an Seite mit den Türken gegen das christliche Russland. Schließlich griffen sie russische Besitzungen auf der Krim an, während die Russen vom Kaukasus aus ins Osmanischen Reich einmarschierten und große Teile Westarmeniens besetzten. Dabei ging es ihnen nur darum, bessere »Karten« für einen angestrebten Friedensschluss zu haben. Auf dem »Frieden von Paris« 1856 wurde die Integrität des Osmanischen Reiches von den westeuropäischen Mächten garantiert. Im Gegenzug gelobte die *Hohe Pforte* (türk.: *Bab-Ali*), wie die Regierung der Türken nach dem Eingang zum Sultanspalast genannt wurde, ihren christlichen Untertanen neue Rechte einzuräumen. So verkündete ein »Kaiserlicher Erlass« (*Islahat Fermani*) 1856 die »Gleichheit aller osmanischen Untertanen ungeachtet ihrer Rasse oder Religion.«[80] Doch der Widerstand islamischer Kreise sorgte dafür, dass diese nur auf dem Papier bestand.

Für die Osmanen war der Pariser Frieden ein Gewinn. Erstmals wurde ihr Reich in das europäische Staatensystem aufgenommen, durfte es beim »europäischen Konzert« mitspielen. Der Erzfeind Russland dagegen war in seinen Ambitionen wirkungsvoll gestoppt worden. Nur an der Idee des Panslawismus hielt das Zarenreich weiterhin fest. Sein Ziel blieb es, die slawischen Völker auf dem Balkan vom türkischen Joch zu befreien.

So war es zunächst Frankreich, das sich für die Armenier engagierte, als es in Kilikien zu Unruhen kam. Schauplatz des Geschehens war Zeitun, eine Enklave im Taurusgebirge mit 20 000 Einwohnern, in die sich die Christen nach der Eroberung von Kleinarmenien 1515 zurückgezogen hatten, gelegen in einem Bergtal, das praktisch uneinnehmbar war. Am Abhang eines natürlichen Amphitheaters erbaut, wurde es nach Norden hin von mehr als dreitausend Meter hohen

Zeitun zu Ende des 19. Jahrhunderts

Gipfeln beschützt, im Süden war der Zugang nur über schmale Felsenpfade und durch tiefe Schluchten möglich. Zwölf Stunden dauerte der Fußmarsch nach Marasch (heute: Kahramanmaras), in die nächstgelegene Stadt. Umgeben war es von armenischen Klöstern und Dörfern, die ihren Teil dazu beitrugen, dass Zeituns vier regierende Fürsten über ein stehendes Heer von 15 000 Mann verfügten. Sie verstanden sich als Schutzmacht aller lokalen Christen, gleich welcher Konfession, und genau das wäre ihnen fast zum Verhängnis geworden.[81]

1858 steckten fanatische Türken das Haus des britischen Konsuls in Marasch in Brand, der darin, zusammen mit seiner Frau, den Tod fand. Als die osmanischen Behörden versäumten, die Schuldigen zu bestrafen, führten die Fürsten von Zeitun eine Strafexpedition durch, bei der eine Anzahl von Türken ums Leben kam. Sofort reagierte die Hohe Pforte mit der Entsendung von 12 000 Soldaten, die jedoch bei dem Versuch, Zeitun anzugreifen, schwere Verluste erlitten.[82]

Vier Jahre später kam es zu einem weiteren Vorfall. Zwei türkische Familien, die sich um einen Landbesitz stritten, verlangten den Schiedsspruch des armenischen Bürgermeisters ihres Nachbardorfes. Doch als dieser sich auf den Weg machte, überfiel ihn eine der beiden Parteien und tötete einen seiner armenischen Begleiter. Einer der vier Fürsten von Zeitun, zu dessen Herrschaftsbereich das Dorf gehörte, ließ daraufhin einige der Angreifer hinrichten. Ein Verwandter von ihnen beschwerte sich beim türkischen Gouverneur von Marasch, der die Gunst der Stunde erkannte. Mit einer Armee von 40 000 Soldaten zog er in das Tal, ließ die umliegenden Dörfer plündern und niederbrennen, um schließlich Zeitun zu belagern. Obwohl zahlenmäßig weit unterlegen, gelang es den Armeniern auch jetzt wieder, die Angreifer abzuwehren. Die Hohe Pforte erteilte daraufhin einem 100 000-Mann-Heer den Marschbefehl. Die Zeituniter ahnten, dass sie dieser Übermacht nicht standhalten konnten, und schickten Delegierte zu den Armeniervertretern in Konstantinopel und nach Paris. Dort erinnerten sie Kaiser Napoleon III. daran, dass sie die Erben eines einstmals französischen Kolonialreiches waren. Auf das Gesuch des französischen Botschafters und der *amiras*, der armenischen Würdenträger, hin war die Hohe Pforte bereit, ihre Regimenter zurückzurufen und eine Untersuchungskommission unter französischer Kontrolle nach Zeitun zu entsenden. Sie lud die vier Fürsten nach Konstantinopel, wo sie jedoch gleich in Haft genommen wurden. Erst auf Druck der Franzosen, die im Gegenzug verlangten, dass die vier zum Katholizismus konvertierten, kamen sie wieder frei. Es war das erste Mal, dass sich eine europäische Nation so direkt für die Armenier eingesetzt hatte.[83]

Doch auch anderswo im Reich der Osmanen brodelte es bald. In Van protestierten armenische und kurdische Bauern gemeinsam gegen die unerträgliche Steuerlast, was zumindest ein Novum war; bislang waren sich Kurden und Armenier spinnefeind und würden es, von solchen Ausnahmen abgesehen, auch in Zukunft bleiben. Nur ein Jahr später beschwerten sich Armenier aus Musch bei der Hohen Pforte über die Überfälle der Kurden auf ihre Dörfer und drohten mit der Auswanderung nach Russland. Als zwei Jahre später eine Abordnung von vierundzwanzig Armeniern nach einem Angriff der Kurden die Behörden um Schutz für ihr Dorf bat, wurde sie eine Woche lang eingesperrt und dann erst nach Hause geschickt. »Wenn es den Armeniern in unseren Provinzen nicht gefällt, dann sollen sie eben das Land verlassen«, erklärte der Großwesir des Sultans bei erneuten Protesten zwei Jahre später. »Wir werden es mit Tscherkessen bevölkern.«[84]

Kein Wunder also, dass Stimmen laut wurden, die nicht mehr an die vom Sultan verheißene »Gleichheit aller Osmanen« glauben wollten und bald nach mehr Eigenständigkeit verlangten. Die treibende Kraft dahinter waren junge Armenier aus reichen Familien, die gerade ihr Studium im Ausland, meist in Italien und Paris, absolviert hatten. Dort waren sie Zeugen der Revolutionen von 1830 und 1848 geworden, hatten Demokratiebewegungen und die Idee von Nationalstaaten kennengelernt. Zwei von ihnen, Nicolas Balian und Nahabed Russinian, erstellten in Paris den Entwurf für eine armenische Verfassung, die freilich in Konstantinopel auf gemischte Reaktionen stieß. Nach heftigen Debatten, in denen sich neben dem Patriarchen sogar der Katholikos von Etschmiadzin zu Wort meldete, und mit dem Einverständnis des Sultans kam es schließlich 1863 zur Verabschiedung einer Armenischen Nationalkonstitution. Sie legte die Verwaltung in die Hände des Patriarchats sowie eines religiösen und eines zivilen Rates, deren Mitglieder von einer armenischen Generalversammlung bestimmt wurden. Damit war der Patriarch der offizielle Sprecher des Volkes, hatte sich die *ermeni millet* (armenische Nation) innerhalb des Reiches neu definiert, ohne die Macht der Osmanen infrage zu stellen.[85]

Zwölf Jahre später brachte ausgerechnet der Balkankonflikt die Armenische Frage erneut auf die Agenda der europäischen Großmächte. Nicht in Armenien, sondern in Bosnien-Herzegowina hatten die Menschen gegen die drückende Steuerlast demonstriert und damit eine Kettenreaktion ausgelöst. Bald kam es auch in Serbien und Montenegro zu Unruhen. In Bulgarien nutzten Patrioten die Gelegenheit zu einem »Nationalen Befreiungsschlag«. Überall im Land brachen Aufstände aus und wurden Regierungsgebäude gestürmt, während die Hohe Pforte 100 000 Mann – reguläre Kräfte, aber auch Tscherkessen und osmanische Freischärler – mobil machte. Als in der Kleinstadt Batak die Unabhängigkeit ausgerufen wurde, schlugen die Türken blutig zu. Unter dem Vorwand, ihnen freies Geleit zu gewähren, entwaffneten sie die Aufständischen, um gleich darauf über sie und die wehrlose Zivilbevölkerung herzufallen. Über 7000 der 9000 Einwohner wurden grausam hingerichtet, die meisten geköpft. »In den Gräueltaten gibt es in der Welt einen Punkt, den man nicht überschreiten kann«, kommentierte ein Augenzeuge des Massakers, der amerikanische Journalist MacGahan. »Die Türken haben ihn in Batak weit überschritten.«[86] Doch nur Russland kam den Bulgaren zu Hilfe, während der britische Premierminister Benjamin Disraeli offen für die Osmanen Partei ergriff. Als alle Verhandlungen scheiterten, erklärte das Zarenreich dem Sultan den Krieg, befreite Bulgarien und näherte sich bis auf 60 Kilometer der Hauptstadt Konstantinopel. Im Osten drangen russische Truppen bis nach Kars und Erzurum vor. Wo sie von den Osmanen zurückgeworfen wurden, folgte die blutige Rache der Türken und Kurden an den völlig unbeteiligten Armeniern. In Bayazid wurden 165 christliche Familien von 6000 Kurden niedergemetzelt, im ganzen Kampfgebiet fanden Tausende Armenier den Tod.

Nach der Kapitulation der Türken wurden auf dem *Frieden von San Stefano* 1878 die Unabhängigkeit Serbiens, Montenegros, Rumäniens und Bulgariens beschlossen, die eroberten Gebiete Westarmeniens teilweise den Russen zugesprochen und den Armeniern eine Verwaltungsautonomie garantiert.[87] Erst durch die Intervention des Deutschen Reiches, Österreich-Ungarns und Frankreichs, die alle eine Vergrößerung der russischen Einflusssphäre fürchteten, wurde dieses Ergebnis drei Monate später auf dem *Berliner Kongress* revidiert. Obwohl Reichskanzler Otto von Bismarck versprochen hatte, als »ehrlicher Makler«[88] vermitteln zu wollen, ignorierte er die dringende Bitte der Armenier, in Russland verbleiben zu dürfen oder zumindest als Pufferzone »dem Schutz und den Garantien des Kaisers aller Russen«[89] unterstellt zu werden. Die Russen mussten sich aus Westarmenien zurückziehen und auch Teile des Balkans bekamen die Türken zurück. Als Gegenleistung für seine Unterstützung gegen den Zaren und dafür, dass es die territoriale Unversehrtheit des Osmanischen Reiches garantierte, erhielt Großbritannien gegen einen jährlichen Tribut die Insel Zypern zugesprochen. Zur Armenischen Frage hieß es in Artikel 61 des Berliner Vertrages vom 13. Juli 1878 nur noch:

> »Die *Hohe Pforte* verpflichtet sich, ohne weiteren Zeitverlust die Verbesserungen und Reformen ins Leben zu rufen, welche die örtlichen Bedürfnisse in den von den Armeniern bewohnten Provinzen erfor-

> dern, und für die Sicherheit derselben gegen die Tscherkessen und Kurden einzustehen. Sie wird in bestimmten Zeiträumen von den zu diesem Zwecke getroffenen Maßregeln den Mächten, welche die Ausführung derselben überwachen werden, Kenntnis geben.«[90]

Das war ein unbefriedigendes Ergebnis für die Armenier, die am Verhandlungstisch in Berlin wie Stiefkinder behandelt worden waren. Einige von ihnen setzten fortan auf Kampf und Rebellion, gründeten revolutionäre Komitees, um zumindest die versprochenen Reformen durchzusetzen. Andere vertrauten auf den Druck aus Europa. Sie konnten nicht ahnen, dass es 36 Jahre dauern würde, bevor sich die europäischen Mächte und die Hohe Pforte auf ein Reformprojekt einigten, dessen Umsetzung der Ausbruch des Ersten Weltkriegs dann doch wieder verhinderte. So wurde der Berliner Vertrag für sie nicht etwa zu einem Schritt hin zu mehr Unabhängigkeit, zu Rechten und Freiheit. Er wurde vielmehr zum Auftakt zu ihrer Vernichtung.
Doch zumindest hatte er ein Gutes: Endlich wurde das Schicksal der Armenier in Europa wahrgenommen.

IV. Der rote Sultan

Man kann sagen, dass er den Orient im Blut hatte. Schließlich hatte er den Begründer der modernen Ägyptologie, den Berliner Gelehrten Karl Richard Lepsius (1810–1884) zum Vater. Vier Jahre lang war Lepsius sen. im Auftrag des preußischen Königs Friedrich Wilhelm IV. durch das Land am Nil gereist und hatte unterwegs zahlreiche Altertümer erworben, die zum Grundstock der berühmten ägyptischen Abteilung des Königlichen Museums wurden. Er war dabei mit den Kopten, der christlichen Minderheit Ägyptens, in Kontakt gekommen, hatte das orthodoxe Katharinen-Kloster auf dem Sinai besucht und war über Syrien nach Konstantinopel gereist. Dort war er Armeniern begegnet, auch solchen, die, von westlichen Missionaren bekehrt, zu seinem eigenen, protestantischen Glauben übergetreten waren und mit denen ihn bald eine enge Freundschaft verband. Wieder in Berlin, trat Lepsius sen. einer Hilfsorganisation bei, die eben jene armenischen Protestanten unterstützte. Seine Erzählungen faszinierten Johannes (1858–1926), den jüngsten seiner fünf Söhne, der bald davon träumte, ebenfalls den Orient zu bereisen. Als in Berlin der Kongress tagte und über das Schicksal des Osmanischen Reiches befand, verfolgte der damals Zwanzigjährige umso aufmerksamer die Diskussion über die Lage der christlichen Minderheiten. Wohl um dem hohen Anspruch seines Vaters gerecht zu werden, studierte Lepsius jr. zunächst Mathematik und Philosophie, um dann, nach der Promotion durch eine zudem noch preisgekrönte Arbeit, seiner Berufung zu folgen. Er wollte jetzt evangelische Theologie studieren, um Pastor zu werden. Gleich nach Abschluss seines zweiten Studiums machte er seine erste Orienterfahrung: Er ging als Hilfsprediger und Lehrer an die evangelische Schule in Jerusalem.

Dort lernte Johannes Lepsius nicht nur seine spätere Frau Margarethe kennen, die als Tochter eines lutherischen Missionars und Enkelin des zweiten evangelischen Bischofs von Jerusalem, Samuel Gobat, in Nazareth zur Welt gekommen war. Er kam auch mit der armenischen Gemeinde in Jerusalem in Kontakt, die noch heute ein eigenes Viertel in der Altstadt bewohnt, rund um die Residenz ihres Patriarchen. Zudem gehörte Lepsius dem Vorstand des Syrischen Waisenhauses von Jerusalem an, das nach Massakern an der christlichen Bevölkerung des Libanons gegründet worden war. So lernte er drei Jahre lang, von 1884 bis 1886, die Lage der christlichen Minderheiten im Osmanischen Reich kennen. Erst als ihm seine Landeskirche ein Pfarramt anvertraute, kehrte er ins Deutsche Reich zurück.

Doch auch in Friesdorf im idyllischen Südharz konnte er den Orient nicht vergessen. Um die Region wirtschaftlich zu beleben, gründete er dort eine Teppich-Manufaktur, in der vierzig Frauen Arbeit fanden. Die Gewinne aus dem Verkauf kamen der Missionsarbeit unter den Muslimen zugute, für die er schließlich 1896 die Deutsche Orient-Mission (DOM) gründete. Im gleichen Jahr erreichten ihn Nachrichten aus dem Osmanischen Reich, die ihn so sehr beunruhigten, dass ihn bald nichts mehr in seinem Harzdorf hielt. Er wollte nach Konstantinopel und von dort aus in den Osten Anatoliens reisen, um seinen armenischen Freunden zu Hilfe zu eilen.

Abdülhamid II. (1842–1918; Sultan von 1876–1909) war ein kleiner, gedrungener Mann, dessen glattes Gesicht und gezupfte Augenbrauen ihm in seiner Jugend etwas Mädchenhaftes verliehen hatten. Zwischen schweren Augenlidern ragte eine mächtige Nase hervor, die so häufig zur Zielscheibe von Lästereien wurde, dass er, einmal an der Macht, zuerst jede Anspielung auf sein Riechorgan, dann sogar die Benutzung des Wortes *burun* (türk. für »Nase«) in seinem Reich bei Strafe verbot.[91] Er war ein Neffe des grobschlächtigen Sultans Abdülaziz (1861–1876), der für die blutige Niederschlagung des bulgarischen Aufstandes verantwortlich gewesen war und durch seine Verschwendungssucht dem Osmanischen Reich den Staatsbankrott beschert hatte. Als dieser von seinem Kriegsminister Hüseyin Avni Pascha und dem späteren Großwesir Midhat Pascha, einem türkischen Freimaurer, gestürzt und nur fünf Tage später ermordet wurde, gelangte zunächst sein weichlicher Neffe Murad V. auf den Thron, der ebenfalls Mitglied der türkischen Großloge war. Doch nach nur

Sultan Abdülhamid II. (1842–1918; Sultan von 1876–1909)

93 Tagen wurde der alkoholkranke Freimaurer-Sultan wegen psychischer Schwäche abgesetzt und durch seinen Halbbruder Abdülhamid ersetzt, den Sohn einer Tscherkessin aus dem Harem von Abdülaziz.

Der Sultan verstand es, den Westen glauben zu machen, dass er liberal, reform- und fortschrittsfreudig sei, doch hinter dieser Fassade verbargen sich eiskalte Skrupellosigkeit und ungehemmte Brutalität. Abdülhamid II. litt unter Verfolgungswahn, ließ sich nachts Krimis übersetzen und lebte in ständiger Furcht vor Attentätern. Stets trug er gleich mehrere Revolver bei sich; Höflinge, die ihm irgendwie verdächtig erschienen, wurden sofort hingerichtet. Als der bereits hochbetagte General Fuad Pascha einmal bei den obligaten drei Verbeugungen vor dem Sultan über seinen Säbel stolperte, glaubte dieser sofort an einen Anschlag und erschoss den alten Mann. Seinen Halbbruder Mehmed Reschad, Sohn einer Albanerin, ließ er für die nächsten 33 Jahre einsperren, um ihn als Thronrivalen auszuschalten. Der reine Verdacht, mit ihm in Kontakt zu stehen, genügte, um den Betreffenden spurlos verschwinden zu lassen. Der Großwesir Midhat Pascha hatte 1876 im Auftrag des Sultans eine Verfassung für das Osmanische Reich ausgearbeitet. Doch Abdülhamid setzte sie nach nur einem Jahr außer Kraft und verbannte Midhat in den Hedschas, wo er ihn 1883 ermorden ließ. Den abgeschnittenen Kopf seines Opfers ließ er zur Sicherheit nach Konstantinopel bringen. Eine vermeintliche Verschwörung von Kadetten beendete er, indem er die Verdächtigen auf ein Dampfschiff laden und dieses versenken ließ. Die Einfuhr explosiver Chemikalien wurde von ihm verboten, Apotheker durften kein chlorsaures Kali verwenden, da man bei Hof befürchtete, dass daraus Bomben gebaut würden. Nicht einmal den Ausbau eines Telefonnetzes erlaubte der Sultan in Konstantinopel, da er sicher war, Attentäter könnten es für Absprachen nutzen. So wurde das Osmanische Reich unter ihm zu einem Überwachungsstaat, das Wort »Denunziation« zum »Symbol der Ära Abdülhamids«[92], wie es der russische Diplomat Andrej Nikolajewitsch Mandelstam ausdrückte. Ein Redakteur, der die Worte »Verfassung«, »Freiheit«, »Attentat«, »Tyrannei«, »Anarchist«, »Revolution«, »Thronfolger«, »Armenien« oder »Bosnien« in seinen Artikeln benutzte, musste damit rechnen, verhaftet oder ermordet zu werden. Überall sah der Sultan Verschwörer am Werk, auch und gerade unter den Armeniern, die für ihn abwechselnd Agenten der verhassten Russen oder der noch weniger geliebten Engländer waren.

Das Wort »Reform« erschien ihm wie ein direkter Angriff auf seine innere Unsicherheit, stellte es doch sein gleichermaßen archaisches wie absolutistisches Amtsverständnis infrage. Es klang für ihn, der immer im Spannungsfeld zwischen Größenwahn und Selbstzweifel lebte, wie eine narzisstische Kränkung[93], und führte zur Freisetzung von Wut und Aggression. Er wusste, dass die nach wie vor ungelöste Armenische Frage den Russen wie dem Westen als Vorwand für Übergriffe dienen könnte, also wollte er sie auf seine Weise beantworten: durch Dezimierung der Armenier. Dabei durfte sich seine Armee wegen seines Ansehens im Westen die Hände nicht schmutzig machen. Vielmehr galt es, den religiösen Fanatismus seiner muslimischen Untertanen für die eigenen Zwecke zu nutzen.

Nach außen hin gab sich Abdülhamid II. jedoch als besorgter Landesvater. »Vielleicht wird der Tag kommen, an dem ich nicht mehr imstande sein werde, die verständliche Wut meiner Untertanen zu zügeln, die erleben müssen, wie ihre Glaubensgenossen in Bulgarien und Armenien abgeschlachtet werden«, heuchelte er in einem Gespräch mit dem britischen Botschafter Sir Austen Henry Layard – der einst als junger Archäologe die biblischen Städte Nimrud (Kalah) und Ninive bei Mossul ausgegraben hatte –, um gleich darauf unverhohlen zu drohen: »Wenn ihr Fanatismus einmal erwacht, dann wird die westliche Welt – vor allem das Britische *Empire* – Anlass zu Angst und Sorge haben.«[94] Mit Unschuldsmiene erklärte er ausländischen Diplomaten, dass die geforderten Reformen gerade durchgeführt würden. Lieferte man Beweise für das Gegenteil, redete er sich heraus mit der Nachlässigkeit seiner Beamten. Denn sein Plan war ein anderer. Statt die verschiedenen ethnischen Gruppen zu stärken, wollte er sie schwächen, indem er sie aufeinanderhetzte. Dabei achtete er peinlich genau darauf, dass alles stets wie ein lokaler Konflikt erschien, um den Großmächten bloß keinen Vorwand zum Eingreifen zu liefern.

Einer, der sich besonders gerne von Abdülhamids Listenreichtum einwickeln ließ, war der deutsche Kaiser Wilhelm II. Hatten sich die Deutschen zunächst nicht für die Osmanen interessiert, führte der Berliner Kongress 1878 zu einer Annäherung der beiden Reiche. Die Türken glaubten, dass der Kaiser in Vorderasien keine territorialen Ambitionen verfolgen würde und eher nach einem Handelspartner und potenziellen Verbündeten suchte, was ihnen in jeder Hinsicht zugutekäme. So erhielt der preußische General Colmar Frhr. von der Goltz (1843–1916) 1883 den Auftrag, die osmanische Armee nach westlichem Standard zu modernisieren, während die Osmanen bei den Deutschen ihre Waffen kauften. Fortan standen Kanonen aus dem Ruhrgebiet am Bosporus, kamen Gewehre aus Berlin und Württemberg und Torpedos aus Holstein in Kleinasien zum Einsatz. 1888 erhielt ein Konsortium unter Führung der *Deutschen Bank* die Konzession, quer durch Anatolien eine Eisenbahnlinie zu bauen, die Konstantinopel mit Angora (Ankara) verbinden sollte. 1896 wurde die Trasse bis nach Konia erweitert, zur Jahrhundertwende reifte der Plan, sie weiter bis nach Bagdad zu führen.

So setzte der Sultan große Hoffnungen in Kaiser Wilhelm II., dem er, als dieser 1889 Konstantinopel besuchte, einen prachtvollen Empfang bereitete. Zuvor wurde die marode Hauptstadt wochenlang herausgeputzt, wurden Straßen gepflastert und die Fassaden halb zerfallener Häuser mit Gips ausgebessert und übertüncht, um den allerbesten Eindruck zu machen. Die Bevölkerung bekam frei und durfte mitfeiern, als der Kaiser und der Sultan in einem nur zu diesem Anlass errichteten Bankettsaal speisten. Das Festmahl hatte ein eigens engagierter französischer Koch einer Speisenfolge aus dem Palast der britischen Königin Victoria nachempfunden. Die Osmanen wollten weltoffen und europäisch wirken, bevor ein prächtiges Feuerwerk doch noch ein wenig »Tausendundeine-Nacht«-Romantik über dem Bosporus zauberte. Der eitle Preuße ließ sich blenden und belohnte das orientalische Theater mit lebenslanger Nibelungentreue. Nur Bismarck amüsierte sich heimlich über das politische Liebeswerben Abdülhamids, den er spöttisch zum »größten Diplomaten der Weltgeschichte«[95] erklärte.

Doch der Plan ging auf. Das Bündnis mit der aufsteigenden Großmacht Deutschland war für den Sultan ein Freibrief, fortan alle britischen und französischen Forderungen nach Reformen getrost zu ignorieren. Er konnte auf das Wohlwollen der Westmächte gerne verzichten, denn er wusste, dass sein deutscher Verbündeter keine Intervention dulden würde. Umso größer war seine Verärgerung, als die armenische Gemeinde Konstantinopels es wagte, Kaiser Wilhelm II. eine Petition zu überreichen und ihn an den Artikel 61 des Berliner Vertrages zu erinnern. Es war wirklich an der Zeit, »dieses lästige Armenierproblem« endlich zu lösen – aber auf *seine* Weise, der jetzt nichts mehr im Wege stand.

Schon zu Anfang des Jahres hatte der Sultan im Grenzgebiet nach Russland ein kurdisches Kavallerie-Corps, nach ihm *hamidiye* genannt, aufstellen lassen, das aus 48 Regimentern von je 500 bis 600 Reitern bestand und von Offizieren des regulären Heeres befehligt wurde. Nur der Sold wurde den rund 25 000 Kurden verweigert; ihn sollten sie sich gewaltsam von den Armeniern holen.

Niemand hat je gezählt, wie viele Armenier in den folgenden Jahren Opfer ihrer Überfälle, wie viele Männer mit dem Bajonett niedergemacht, erschossen oder aufgehängt, wie viele Frauen vergewaltigt, entführt oder ermordet wurden. Jedenfalls sprach der britische Konsul von Erzurum schon 1890 von einem »Prozess zur Vernichtung der christlichen Bevölkerung«[96]. Doch alle Proteste, ob nun von der britischen oder französischen Botschaft oder der Armenischen Nationalversammlung, wurden von der Hohen Pforte konsequent ignoriert. Solange die Armenier sich nicht wehrten, terrorisierte man sie weiter. Als sie schließlich auf die Barrikaden gingen, hatte Abdülhamid II. endlich den ersehnten Vorwand, um gegen sie vorzugehen.

»Man hat den Armeniern so lange eingeredet, dass sie einen Aufruhr planten, bis sie es wirklich taten«[97], berichtete der französische Botschafter in Konstantinopel, Paul Cambon, am 20. Februar 1894 nach Paris. Doch auch er war ein Opfer der türkischen Propaganda geworden. Zwar gab es wirklich Armenier, die nicht mehr alles erdulden wollten und, notfalls mit Gewalt, die Durchsetzung des Artikels 61 forderten. Aber sie waren eine verschwindend kleine Minderheit im Vergleich zu der schweigend leidenden Masse des Volkes. Erst als die Türken 1890 in Erzurum die Kathedrale stürmten, angeblich um sie nach Waffen zu durchsuchen, regte sich dort ein bewaffneter Widerstand. Was wiederum die Osmanen so darstellten, als sei ein landesweiter Aufstand ausgebrochen, um neue Gewalttaten zu legitimieren.

Zu den wenigen Befürwortern einer »Erlangung des Selbstbestimmungsrechtes der Armenier durch Revolution«[98] gehörte auch die 1885 in Van gegründete *Armenakan*-Partei, die schließlich sogar Selbstverteidigungsgruppen organisierte und aus Persien Waffen schmuggelte. Doch nach drei Attentaten war ihr Widerstand am Ende, während das gesamte Volk dafür den Preis bezahlen musste. Die 1890 in Russland gegründete *Daschnak*-Föderation (Armenische Revolutionäre Föderation, *Daschnakzuthiun*) träumte von einem »Volkskrieg gegen die Türken«[99], konnte aber mangels politischer und finanzieller Unterstützung ihre Pläne nie realisieren. Auch die ebenfalls revolutionäre *Hintschak*-Partei, die zwischen 1890 und

1893 zu Demonstrationen gegen die Unterdrückung aufrief, verfehlte ihr Ziel. Überall dort, wo sie aktiv geworden war, riefen Islamgelehrte die Muslime auf, gewaltsam gegen die Christen vorzugehen. Nach dem islamischen Recht, der Scharia, und dem türkischen Millet-System wurde eine »Glaubensnation« nur dann geschützt, wenn diese sich bedingungslos der muslimischen Herrschaft unterwarf. Eine Gleichberechtigung der Volksgruppen, wie sie der *Berliner Vertrag* forderte, war mit dem Islam nicht zu vereinbaren. Als die Armenier Rechte und Reformen forderten, brachen sie nach türkischer Auffassung ihren »Vertrag« mit den Machthabern und verloren ihren »geschützten Status«. Die Muslime hatten wieder das »gottgegebene« Recht, diese *dhimmis* zu töten und ihr Eigentum zu plündern. Grausame Szenen waren die Folge, die wiederum der Regierung einen Vorwand lieferten, »die Ordnung wiederherzustellen«[100].
Doch der eigentliche Funke, der zum Großbrand führte, entzündete sich in der Region von Sassun im Südosten Anatoliens, die zum Bezirk von Musch im *vilayet* Bitlis gehörte. Die Bürger dort hatten gegen die willkürlich festgesetzten Steuern des Provinzgouverneurs von Bitlis protestiert, woraufhin die osmanische Regierung den Kurden erlaubte, hier auf Kosten der armenischen Bauern zu überwintern. Als die Kurden plötzlich, von den Türken ermutigt, die doppelten Abgaben verlangten, kam es zu Unruhen. Die Anhänger der Hintschak-Partei nutzten diese, um zum landesweiten Widerstand aufzurufen. Gerade einmal 25 Dörfer schlossen sich der Steuerrevolte an, als die osmanische Regierung Truppen entsandte. 15 000 reguläre Soldaten wurden durch 3000 kurdische Reiter der *hamidiye*-Einheiten unterstützt, die am 19. August 1894, dem Fest der Verklärung Christi, über die Dörfer Sassuns herfielen.[101]
Drei Wochen dauerte das Gemetzel (nämlich bis zum 10. September), dem zwischen 8000[102] und 16 000 Armenier[103] zum Opfer fielen. 32 der 40 Dörfer der Region wurden verwüstet, während sich furchtbarste Szenen abspielten.
Die Regierungen der Westmächte reagierten mit Entsetzen, als erste Berichte über das Massaker von Sassun die Öffentlichkeit erreichten. Eine Vor-Ort-Begutachtung, die der britische Vizekonsul in Van forderte, verhinderten die Türken noch durch die Behauptung, dort sei

eine Epidemie ausgebrochen. Dann hieß es offiziell, »kriminelle armenische Räuberbanden, die Dörfer plünderten und verwüsteten«[104], sowie die »berechtigten« Vergeltungsmaßnahmen der Kurden hätten ein Eingreifen der Regierungstruppen erforderlich gemacht. Dem widersprach der Generaldirektor des französischen *Œuvre des écoles d'Orient*, der Dominikanerpater Félix Charmetant, mit Nachdruck. In seiner erschütternden Dokumentation der Massaker, dem »Martyrologe arménien«, stellte er fest:

> »Die türkische Regierung will die europäischen Mächte glauben machen, die gregorianischen Armenier hätten den Aufstand und die Massaker provoziert. Das ist nicht wahr... es waren die Türken, die zuerst die Massaker provoziert und dann durchgeführt haben, die Frauen schändeten und zum Verrat ihres Glaubens zwangen; es waren die Türken und nicht die Kurden, die die Kirchen entweihten, die Altäre schändeten und zahlreiche gregorianische Bischöfe und Priester folterten...«[105]

Der britische Ministerpräsident i.R., William Ewart Gladstone, damals 86 Jahre alt, war so empört über diese Vorgänge, dass er kurzfristig in die Politik zurückkehrte. In einer flammenden Rede nannte er Abdülhamid II. den »blutigen Sultan« und »verdammten Attentäter«[106] und verlangte eine internationale Untersuchung der Vorfälle. Als die Türken ankündigten, eine Kommission nach Sassun zu entsenden, bestanden drei Diplomaten – der Brite Shipley, der Franzose Vilber und der Russe Prjevalski – darauf, sie als neutrale Beobachter zu begleiten. Wie sie erfuhren, gab es einen *firman*, ein Dekret des Sultans, der die Truppen angewiesen hatte, »die Dörfer mit Feuer zu zerstören und die Rebellen mit dem Säbel niederzumachen«[107]. Doch was ihnen die 190 Augenzeugen der Massaker berichteten, die sie zwischen dem 24. Januar und dem 16. Juli 1895 befragten, ließ die Untersucher in die tiefsten Abgründe der menschlichen Seele blicken. »Dem Ältesten eines Dorfes wurden die Augen ausgestochen. Dann haben sie ihn gehäutet und mit ihren Bajonetten malträtiert«, berichtete die entsetzte Frau des italienischen Apothekers Carlo Goliti, »die Kaltblütigkeit und Gründlichkeit, mit der Angst und Schrecken verbreitet werden sollten, ließen uns erschaudern.«[108] »Ich sah, wie sie viele Kinder erschlugen«, erklärte ein gewisser Khagar aus Erzurum, »und ich sah, wie meine Cousine mit ihrem zweijährigen Sohn auf den Schultern floh. Sie wurde durch eine Kugel verwundet, ein Soldat holte sie ein und stach mit seinem Bajonett auf den Jungen ein, der in ihren Armen Zuflucht genommen hatte. Dann kam ein zweiter Soldat, spießte ihn mit seinem Bajonett auf und hielt ihn in die Höhe, während zwei weitere Soldaten den Vater überwältigten … schließlich erlebte ich noch das Martyrium unseres Priesters (Ohannes), dem sie die Augen ausstachen, an seinem Bart rissen und ihn zwangen, vor ihnen zu tanzen«, bevor sie ihn »erdrosselten und seinen Leichnam auf ihren Bajonetten hochhielten.«[109] Auch ein Zeuge namens Hebo »sah den Körper des Priesters Ohannes mit einem Seil um die Kehle, den Bart ebenso abgeschnitten wie die Lippen und die Ohren, die Augen ausgestochen und teilweise die Haut abgezogen.«[110] Ein anderer Armenier namens Ghiragos erinnerte sich:

> »Etwa sechshundert Personen suchten Zuflucht in der Kirche von Surp-Merapan, in die Offiziere, kurdische Anführer und Soldaten eindrangen. Sie suchten sich die sechzig schönsten Frauen aus, mit denen sie abzogen. Die anderen wurden den Soldaten übergeben, denen gesagt wurde, sie könnten mit ihnen machen, was sie wollten. Sie metzelten sie nieder und töteten sie, bis das Blut aus der Tür der Kirche floss. Dann zerstörten sie das Gebäude, das die Leichen der Getöteten, darunter viele Frauen und Kinder, unter sich begrub.«[111]

Die Zeugin Anna schließlich berichtete, zwei türkische Soldaten hätten bei toten Schwangeren »auf das Geschlecht des Kindes in ihrem Leib gewettet, sie dann aufgeschlitzt und den Fötus mit dem Bajonett herausgeholt.«[112] Der Leiter der amerikanischen Missionsstation in Bitlis, P. Knapp, bestätigte die unvorstellbare Brutalität, mit der die Türken gegen die wehrlose armenische Zivilbevölkerung vorgegangen waren. »Die Verstümmelung der Leichen war bei ihnen Routine. Den Männern haben sie die Genitalien abgeschnitten und in den Mund gestopft«, wie es in seinem schriftlichen Zeugnis vom 14. März 1895 heißt.[113] Am »Tag des Sultans«, dem 25. August, sei man besonders brutal vorgegangen, um ein blutiges Exempel zu statuieren. Auch das grausame Schicksal des Priesters Ohannes wurde von Knapp bestätigt. So kam die Kommission nach 106 Sitzungen zu dem Schluss, dass »Armenier ohne Ansehen ihres Alters oder Geschlechtes ermordet und in der Zeit vom 12. August bis zum 4. September wie wilde Tiere gejagt und getötet wurden, wo immer sie sich befanden. Dass die Zahl der Getöteten nicht größer ist, ist dem Umstand zuzuschreiben, dass es vielen gelang, sich in die Berge zu flüchten.« Ziel der Angriffe sei nicht etwa »die Niederschlagung einer Pseudo-Revolte« gewesen, sondern »die Ausrottung der Armenier in den Distrikten Göligüzan und Talori.«[114]

Nicht nur in den Hauptstädten Europas, in London, Paris und Moskau, sorgte der Bericht der Untersucher für Empörung über das barbarische Vorgehen der Türken. Auch in den Akten des Heiligen Stuhls ist von Sassun die Rede. Das erste Dokument, das sich mit den Massakern befasst, findet sich allerdings nicht in den Akten der Apostolischen Delegation in Konstantinopel, sondern in der Korrespondenz der Wiener Nuntiatur. Von dort vermeldete Erzbischof Antonio Agliardi am 13. Dezember 1894 dem Staatssekretär von Papst Leo XIII. (1878–1903), Kardinal Mariano Rampolla del Tindaro (1843–1913; Kardinalstaatssekretär von 1887–1903), was gerade in der Hauptstadt des Kaiserreiches Österreich-Ungarn bekannt geworden war:

> »Es besteht kein Zweifel, dass sie große Fässer mit Öl trugen, mit dem sie ganze Dörfer in Brand setzten, während die Frauen und Kinder in der Kirche Zuflucht suchten. Zuerst wurden die Frauen in die Gefängnisse gesteckt und dort geschändet, dann wurden ihre Kinder massakriert; die Zahl der Toten wird mit 2000 angegeben, obwohl es wahrscheinlicher ist, dass es 8000 sind, wenn nicht noch mehr. Die Hauptverantwortung für diese Schrecken liegt bei der *Hohen Pforte*, nicht bei den Kurden, einem halbwilden Volk, das an der Grenze nach Armenien lebt, denn es waren reguläre Soldaten, die bloß die Befehle ihrer Vorgesetzten ausführten.«[115]

Der katholische Priester Giovanni da Ozzuno Monferrato, der als »Pilger in das Heilige Land« unterwegs war, berichtete Papst Leo XIII.

persönlich von den schrecklichen Ereignissen und schlug die Errichtung »eines Hospizes für die unglücklichen Kinder«[116] vor, die das Morden überlebt, aber ihre Eltern verloren hatten. Kardinalstaatssekretär Rampolla bestätigte im Namen des Papstes den Erhalt des Briefes. Schließlich brachte die Vatikanzeitung *L'Osservatore Romano* einen viel beachteten Beitrag über die Ergebnisse der Untersuchung des Massakers von Sassun, den eine Reihe europäischer Zeitungen nachdruckte. Er nahm so eindeutig gegen die Türken Stellung, dass der armenisch-katholische Patriarch, Stephan Bedros X. Azarian (1829–1899; Patriarch seit 1881), Repressalien befürchtete und sich genötigt fühlte, einen Leserbrief zu verfassen.[117] Auch der diplomatische Vertreter des Osmanischen Reiches beim Heiligen Stuhl intervenierte; die Folge war, dass die Vatikanzeitung am 8. Dezember wieder zurückruderte und die türkische Darstellung zitierte: Die Armenier seien für das Massaker von Sassun verantwortlich, sie hätten die Europäer zu einer Intervention nötigen wollen.[118]

Als gewiefter Diplomat bemühte sich Sultan Abdülhamid, den Papst auf seine Seite zu ziehen. Könne er nicht »Druck auf England und Russland ausüben, dass diese ihre Forderungen in Bezug auf (Reformen in, d.Verf.) Armenien reduzieren«[119], fragte er einem italienischen diplomatischen Dokument zufolge an. Leo XIII., so die gleiche Quelle, schmeichelte die Anfrage, zumal der Heilige Stuhl »direkt interessiert sei, alles Mögliche zu tun, um das katholische Element in dieser Region nicht an die Orthodoxie zu verlieren.«[120] Noch wohlwollender sah es der Vatikan, dass der Patriarch der griechisch-katholischen Melkiten, Gregorius Youssef, am 1. Dezember 1894 vom Sultan »mit allen Ehren empfangen«[121] wurde. Drei Tage später schrieb der Großwesir Djevad Pascha an den armenisch-katholischen Patriarchen Stephan Bedros X. Azarian: »Monsignore, wir wollen einen Gefallen vom Heiligen Vater und von Ihnen, um diesen Sturm zu besänftigen und ich kann Ihnen versichern, dass Seine Kaiserliche Majestät, der Sultan, und die Hohe Pforte im Gegenzug dem Katholizismus die wertvollste Dienste erweisen können.«[122] Die Antwort aus Rom ließ nicht lange auf sich warten; mit Schreiben vom 19. Dezember 1894 versicherte Kardinalstaatssekretär Rampolla dem Patriarchen Azarian, der Heilige Vater wolle »innerhalb der Grenzen,

in denen dies in angemessener Weise ablaufen kann, seinen Einfluss auf die christlichen Regierungen geltend machen«, um eine »für alle Seiten friedliche und zufriedenstellende Lösung« zu finden. Schon jetzt könne er »einen offensichtlichen Unterschied in den Einstellungen der katholischen und der gregorianischen Armenier feststellen«[123], so fragwürdig diese Differenzierung auch war.
Sie war allein von strategischer Bedeutung, und das für beide Seiten.
Im 18. Jahrhundert war es zu einer Erneuerung der Armenisch-Katholischen Kirche gekommen, die ihre Wurzeln im kilikischen Kleinarmenien hatte. Ihr erster Patriarch, Abraham Bedros I. Ardzivian, hatte 1742 aus den Händen von Papst Benedikt XIV. sein Pallium erhalten, das Symbol für die Gemeinschaft eines Metropoliten (Erzbischofs) mit Rom. Residierte er zunächst im Libanon, verlegte ein Jahrhundert später, nämlich 1867, sein Nachfolger Andon Bedros IX. Hassunian seinen Amtssitz nach Konstantinopel. Dort hatte es bislang lediglich einen armenisch-katholischen Erzbischof gegeben. Schon 1829 hatte der Sultan die armenischen Katholiken als eigene »Glaubensnation«, als *Katolik millet*, anerkannt. Die meisten Gläubigen lebten in der Hauptstadt, in Kilikien und im Libanon. Ihr Oberhirte glaubte, sie vor der Willkür der Muslime zu schützen, wenn er demonstrativ seine Treue zum Sultan bekundete. Abdülhamid II. wiederum nutzte die armenischen Katholiken als Alibi vor den Westmächten. Noch am 26. Dezember 1894 und am 4. Januar 1895 drückte er dem Patriarchen während zweier Audienzen »seine lebhafte Dankbarkeit« aus: Er schätze »den Vorteil der hohen Freundschaft Seiner Heiligkeit und den Wert seines erhabenen moralischen Ansehens«, während die Briten »die Gelegenheit der Ereignisse in Sassun« zu »einem großen Schlag gegen die Türkei ausschließlich in eigenem Interesse« ausgenutzt hätten. Die britische Einmischung in die Armenierfrage habe doch nur das Ziel, die Armenier zum anglikanischen Glauben zu bekehren, eine Unabhängigkeit der armenischen Provinzen würde zu ihrer Einverleibung durch die Russen führen. Beides, so wollte er Azarian weismachen, sei »ein Desaster für die katholischen Interessen« in der Region.[124] Selbst vor Bestechungsversuchen machte der Sultan nicht halt. Als er am 11. Januar 1895 den

Apostolischen Delegaten, Msgr. Augusto Bonetti, im Palast empfing, überreichte er ihm als Geschenk »einen Bischofsring mit einem großen Brillanten, der von allen, die ihn gesehen haben, als sehr teuer eingeschätzt wurde. Alle lokalen Zeitungen berichteten über die Audienz und das Geschenk des Sultans«, wie Bonetti, leicht beschämt, nach Rom berichtete.[125] »Nehmen Sie das Geschenk an«, erwiderte der Kardinalstaatssekretär, denn eine Zurückweisung hätte den Sultan brüskiert und zu einer diplomatischen Eiszeit führen können.[126] Stattdessen war es der Patriarch, der den Großwesir des Sultans, Djevad Pascha, darauf hinwies, »dass der Zeitpunkt für dieses Geschenk schlecht gewählt war«, da doch »die armenische Nation so schwer verletzt«[127] sei. Allmählich begannen der Delegat, der Patriarch und auch der Papst Abdülhamids falsches Spiel zu durchschauen. Am 21. Januar 1895 mahnte Kardinalstaatssekretär Rampolla über den armenisch-katholischen Patriarchen Azarian beim Großwesir des Sultans Reformen an, darunter die Nominierung christlicher Generalgouverneure, Gouverneure und Untergouverneure für die mehrheitlich von Christen bewohnten Provinzen sowie die Bildung einer aus Christen und Muslimen zusammengesetzten Gendarmerie; sein Vorstoß wurde ignoriert.

Während der Heilige Stuhl um Reformen und der Sultan um die Fürsprache des Papstes bei den Westmächten rangen, hatten die Armenier gerade ihren großen Beschützer verloren. Am 1. November 1894 war der russische Zar Alexander III. (1881–1894) verstorben. So blieb das Memorandum, das der britische Botschafter Sir Philipp Currie am 11. Mai 1895 bei der Hohen Pforte einreichte und das von seinen französischen und russischen Kollegen unterstützt wurde, folgenlos. Es fehlte der politische Druck, um seine Forderung nach Umsetzung der auf dem Berliner Kongress beschlossenen Reformen durchzusetzen. Der Sultan machte sich nicht einmal die Mühe, die Ablehnung des Ersuchens diplomatisch zu verklausulieren, als er am 3. Juni antwortete. Für ihn kam nur noch eine »endgültige Lösung« des »Armenierproblems« infrage.

Als den ganzen Sommer 1895 über Berichte über Ausschreitungen gegen Armenier im anatolischen Hinterland die Hauptstadt erreichten, wurden ihre Glaubensgenossen in Konstantinopel langsam unruhig. Im September 1895 waren sie sich einig, dass gehandelt werden musste. In einem Schreiben an die Hohe Pforte, von dem Kopien an die diplomatischen Vertretungen der Westmächte gingen, kündigten sie für den 30. September eine friedliche Demonstration an, die »ihren Forderungen nach Reformen in den armenischen Provinzen Nachdruck«[128] verleihen sollte. Auch der neu gewählte gregorianische Patriarch Matheos III. Izmirlian unterstützte ihre Initiative unter der Voraussetzung, dass sie gewaltlos blieb. Ausgangspunkt der Demonstration sollte seine Kathedrale in Kum-Kapu sein, wo man zuvor gemeinsam die Liturgie feierte. Ihr Ziel war die Hohe Pforte, wo man dem Großwesir ein Memorandum übergeben wollte, das die Massaker von Sassun und die Ausschreitungen von Anatolien, kurdische Übergriffe, die Willkür der Steuereintreiber und Misshandlungen von Häftlingen anprangerte und die versprochenen Reformen einforderte. Weil die Straßen zu schmal waren, teilte man den Demonstrationszug in drei Gruppen auf, von denen jede aus ein- bis zweitausend Personen bestand. Man fühlte sich sicher, weil gerade ein englisches Kriegsschiff in den Hafen von Konstantinopel eingelaufen war, und rechnete fest mit der Unterstützung der Briten. Keiner der Verantwortlichen ahnte, welch tragischen Verlauf der Protestmarsch nehmen würde.

Einem der drei Züge stellte sich Major Servert Bey, der Ordonnanzoffizier des Polizeiministers, in den Weg. Ein Teilnehmer, ein heißblütiger armenischer Student, fragte ihn, mit welchem Recht er die friedliche, angemeldete Demonstration aufhielte. Als Antwort erhielt er einen Schlag mit dem Säbel, gefolgt von wüsten Beleidigungen. In einer Kurzschlussreaktion zog der junge Armenier einen Revolver und schoss den Polizeioffizier nieder. Die Rache war furchtbar. Sofort stürzten sich einige Hundert Soldaten und Polizisten auf die Demonstranten, entwaffneten die meisten von ihnen, töteten zwanzig und verletzten viele. Hunderte Armenier wurden verhaftet, fünfzig davon im Hof des Polizeiministeriums der *Bastonade* unterzogen; man klemmte ihre Füße zwischen zwei Balken und schlug bis zu vierhundert Mal mit einem Rohrstock auf die entblößten Sohlen, bis diese völlig zerschunden waren. Fünf Männer wurden nach einem Schnellverfahren hingerichtet.[129]

In einer anderen Straße nahe der ehemaligen Hagia-Sophia-Kathedrale fielen mit Knüppeln und Keulen bewaffnete *softas* (Islamstudenten) und Kurden über die armenischen Demonstranten her. Unter den Augen der untätigen Polizei erschlugen sie Dutzende, einige Hundert wurden, oft schwer, verletzt. »Die verschiedensten Quellen stimmen darin überein, dass das Massaker größtenteils auf geheime Befehle aus dem Palast zurückgeht«, schrieb der deutsche Botschafter in Konstantinopel, Anton Graf Saurma von der Jeltsch, am 19. November 1895 an das Auswärtige Amt in Berlin. Die Polizei selbst hätte den Mob mit eisenbeschlagenen Stangen und »dicken Knütteln« ausgerüstet.[130]

Der Überfall auf die Demonstration wurde zum Startschuss für eine Orgie der Gewalt in der Hauptstadt. Hunderte Armenier suchten vor dem plündernden und mordenden Mob in ihren Kirchen Zuflucht, die dann von Militär und Polizei umstellt wurden, um jede Versorgung der Verfolgten mit Lebensmitteln zu unterbinden. Erst ein Protest der Botschafter sechs westlicher Staaten bei der Hohen Pforte führte zu einem Ende der Belagerung. Insgesamt 1800 Flüchtlinge durften die Kirchen verlassen und an Bord ausländischer Schiffe gehen, die sie in Sicherheit brachten. Dreimal hintereinander, am 13., 14. und 15. Oktober 1895, mahnten der französische, der russische und der britische Botschafter eine *definitive* Durchführung der versprochenen Reformen an und hatten zumindest scheinbar endlich Erfolg. Am 17. Oktober 1895 unterzeichnete der Sultan ein Dekret, das die für die sechs *vilayets* des ehemaligen Armeniens geforderten Reformen zusagte. Sakir Pascha wurde zum Hochkommissar für ihre Durchführung ernannt, der Katholik Fethi Bey sollte ihm beiwohnen. Doch das war nur ein Ablenkungsmanöver für die Großmächte und den Papst. Abdülhamid II. dachte nicht daran, etwas zu ändern. Längst hieß es in einer Verbalnote des türkischen Außenministers vom 8. Oktober, man habe bei »armenischen Agitatoren« gewisse »subversive Schriften« gefunden, die darauf schließen ließen, dass ein Aufstand unmittelbar bevorstünde.[131] Daher müsse jetzt unverzüglich gehandelt werden.

V. Der erste »Holocaust«

Trapezunt (heute: Trabzon) wurde im 8. Jh. v. Chr. als griechische Hafenstadt gegründet und war von 1204 bis 1461 Hauptstadt eines byzantinischen Tochter-Kaiserreiches. Seine traditionsreiche armenische Kolonie bestand zu Ende des 19. Jahrhunderts aus über 70 000 Menschen. Dort griffen Unbekannte am 2. Oktober 1895 den ehemaligen *vali* (Provinzgouverneur) von Van, Bakri Pascha, und den örtlichen Truppenkommandeur, Ferik Pascha, an und verletzten beide leicht. Unter dem Vorwand, die »Attentäter« zu suchen, stürmten sofort 3000 bewaffnete Türken das Armenierviertel. Nach einer Demarche der lokalen Konsuln beruhigte sich die Lage wieder, doch aufmerksame Beobachter stellten bald darauf fest, dass an den Türen von Ausländern und ihren *dragomanen* (Dolmetschern) rote Markierungen angebracht worden waren. Am 8. Oktober erscholl gegen Mittag eine Trompete, die das Signal zum Angriff gab. Sofort fielen Tausende Bewaffnete, Banditen und Soldaten, über das Armenierviertel her, um seine Bewohner zu töten und ihre Häuser und Geschäfte auszurauben. Als am Abend erneut das Trompetensignal ertönte, war die tausendjährige armenische Gemeinde zerstört, hatten 600 ihrer Mitglieder ihr Leben gelassen. Doch das Morden und Plündern setzte sich noch ganze zwei Monate lang in den umliegenden Dörfern fort, von denen 34 zerstört und in denen 2100 Armenier getötet wurden.[132]

Erzurum im Nordosten des Landes war einst eine urartäische Siedlung, die der byzantinische Kaiser Theodosius im 5. Jahrhundert zu einer Festung ausbauen ließ. Ein Viertel seiner 40 000 Einwohner waren Armenier. Seit Mitte Oktober mordeten türkische und kurdische Banden im Umland, verwüsteten 175 Dörfer, zwangen die Überlebenden, zum Islam zu konvertieren. Am 30. Oktober begann das »Massaker von Erzurum« mit der Ermordung einiger Armenier im

Regierungspalast; wahrscheinlich wollte man ein Attentat vortäuschen. Den ganzen Tag und die ganze Nacht hindurch plünderte und mordete der Pöbel, stach mit Messern und schlug mit Knüppeln auf die Armenier ein, um ihre Leichen schließlich an Fleischerhaken aufzuhängen.[133] Vierhundert blutige und meist verstümmelte Leichen zählte man am nächsten Morgen. »Es war der schrecklichste Anblick meines Lebens«, schrieb der amerikanische Reporter William L. Sachtleben, der zwei Tage später nach Erzurum kam, wo die Leichen noch immer ihrer Bestattung harrten, »viele Körper waren furchtbar verstümmelt. Einem bereits Toten war das Gesicht mit einer schweren Waffe zerschlagen worden, andere wiesen Schwerthiebe im Nacken auf. Ich sah einen Mann, dessen gesamter Rumpf gehäutet war, die Unterarme abgeschnitten, die Haut der Oberarme ebenfalls entfernt. Ich fragte, ob Hunde dies getan hätten: ›Nein, die Türken waren das mit ihren Messern.‹ Ein halbes Dutzend Leichen war halb verbrannt.«[134]

Bitlis, an den Ausläufern des Taurusgebirges, nicht weit vom Westufer des Van-Sees gelegen, ist eine weitere urartäische Stadt aus dem 8. Jh. v. Chr., die bis zur Eroberung durch die Araber ein Zentrum des armenischen Reiches war. Hier lebten zu Ende des 19. Jahrhunderts etwa 30 000 Menschen, ein Drittel davon waren Armenier. Dass sie fünf Schulen für Jungen und drei für Mädchen unterhielten, zeugt vom hohen Bildungsstand der christlichen Minderheit; bei den Muslimen gab es lediglich eine Koranschule für Jungen. Auch Bitlis wurde zum Schauplatz eines Massakers, als am 25. Oktober 1895 mit Säbeln, Stöcken und Gewehren bewaffnete Türken über das armenische Stadtviertel herfielen. Bis zum Abend fanden 800 Armenier den Tod, Hunderte wurden verstümmelt, andere festgenommen. Unter Folter zwang man sie, ein Telegramm aufzusetzen, in dem sie die Verantwortung für den Massenmord übernahmen. Einen Monat später wurden die Dörfer um Siirt im *vilayet* Bitlis von Kurden geplündert und niedergebrannt. Armenische Priester und Lehrer wurden getötet, Frauen entführt und vergewaltigt, wer überleben wollte, musste zum Islam konvertieren. Ähnlich verliefen die Überfälle auf über 100 Dörfer bei Musch. Kirchen und Klöster wurden in Moscheen umgewandelt, die Überlebenden gezwungen, die Religion des *Pro-*

pheten anzunehmen.[135] Als am 30. Dezember endlich eine Untersuchungskommission eintraf, die den Fortschritt der Reformen überprüfen sollte, machte sie den Armeniern Vorwürfe: Sie hätten es versäumt, eine Dankadresse an den Sultan zu verfassen. »Die Kurden haben es falsch gemacht. Wir hatten ihnen befohlen, die Armenier aus dem Weg zu räumen«, beklagte sich währenddessen ein Behördenvertreter in Kavars, »doch sie plünderten nur, statt zu töten.«[136]
Im *vilayet* Van raubten Kurden und *hamidiye*-Regimenter 160 Dörfer aus, deren Bewohner in dem historischen Kloster von Agtamar Zuflucht suchten. Im *vilayet* Harput fielen sie am 4. November über das Armenierviertel her, brannten es nieder und hinterließen 3000 Tote. Von den 2400 armenischen Bewohnern der Stadt Palu fanden 1680 den Tod. Aus Arapkir wurde von einem zehntägigen Massaker berichtet, dem rund 2800 Armenier zum Opfer fielen. Viele von ihnen wurden in brennende Häuser geworfen, mit dem Kopf nach unten aufgehängt und gehäutet, zerstückelt, bei lebendigem Leibe begraben oder geköpft. Frauen wurden die Brüste abgeschnitten, dann vierteilte man sie. Die Kirchen wurden in Moscheen umgewandelt, Christen gezwungen, den Islam anzunehmen.[137] Zuvor hatte ein Plakat verkündet:

> »Alle Kinder Muhammads haben ihre Pflicht zu erfüllen und müssen sämtliche Armenier töten, ihre Habe an sich nehmen und ihre Häuser niederbrennen. Niemand darf verschont werden – das ist der Befehl des Sultans. Wer dem nicht Folge leistet, wird als Armenier betrachtet und getötet. Jeder Muslim wird also seinen Gehorsam gegenüber den Anordnungen der Regierung unter Beweis stellen, indem er zuerst diejenigen Armenier tötet, mit denen er befreundet war.«[138]

Auch die *muezzins* (Gebetsrufer) der Moscheen riefen zum Mord an den Christen auf.
Aus dem *vilayet* Diyarbekir, wo die Massaker am 1. November 1895 begannen, berichtete der französische Konsul Meyrier:

> »Die Muslime der Stadt haben ein Massaker an den Armeniern begonnen, ohne von ihnen provoziert worden zu sein. Der *vali*, der Militär-

> kommandant und der Polizeichef haben den Gräueln tatenlos zugesehen und nicht das Geringste unternommen, um ihnen Einhalt zu gebieten. Ich habe mit eigenen Augen gesehen, dass Soldaten und *Saptiehs* (Gendarmen, d.Verf.) sich zu den Muslims und Kurden schlugen und auf Christen schossen und dass die Christen sich nur dann ihrer Waffen bedienten, wenn sie keine andere Möglichkeit sahen, ihr Leben zu retten.«[139]

Innerhalb von drei Tagen wurden 5000 Armenier ermordet; die Muslime zählten 95 Tote, von denen 70 beim Kampf um die Beute starben.[140] Im *vilayet* Sivas wurden am 12. November bei Krawallen 1269 Armenier mit Beilen, Keulen und Eisenstangen erschlagen, zuvor waren 150 Dörfer geplündert worden[141]. In Caesarea (Kayseri) im *vilayet* Ankara kursierten schon Mitte November beunruhigende Berichte über bevorstehende »Aktionen«, wie die amerikanische katholische Wochenzeitung *The Tablet* am 15. Februar 1896 berichtete, die Briefe katholischer Missionare zitierend. Zwei Wochen später war »die unglückliche Stadt Szene eines blutigen Massakers, bei dem 79 Personen ermordet wurden.« [142] In Niezere, so vermeldete der Kapuzinerpater Raphael, »suchten der armenische Bischof und seine Priester bei uns Zuflucht. Schließlich kamen auch die Dorfbewohner und baten um Asyl, um ihren Schlächtern zu entkommen.« »Es gehört zu den ruhmreichsten Taten unserer Missionen, tausende Christen vor den Massakern bewahrt zu haben«[143], bestätigte Msgr. Henri Victor Altmayer (1844–1930), der römisch-katholische Erzbischof von Bagdad und Apostolische Delegat für Mesopotamien und Niederarmenien. In Gürün (*vilayet* Sivas) gewährte die katholische Mission 1200 gregorianischen und protestantischen Armeniern Zuflucht. 1400 Armenier der Kleinstadt, darunter drei Priester, wurden ermordet, 150 Mädchen von den Kurden verschleppt. »Mütter warfen ihre Kinder in den Fluss, um sie nicht in die Hände dieser Barbaren fallen zu lassen«, berichtete ein Missionspater. »Ein Bischof, der sich weigerte, zum Islam überzutreten, wurde in seinem Kloster lebendig verbrannt. 7000 Armenier aus Gürün, die ihre Häuser, Kleidung, ihr Bett und ihre Lebensmittel verloren haben, leben auf den Straßen und sind Hunger und Kälte ausgesetzt.«[144] In Malatya, wo 7500 Armenier ermordet, 1500 Häuser ausgeplündert und 375 niedergebrannt worden waren, fanden 3000 Armenier Zuflucht in den katholischen Kirchen und Schulen. Als sich der armenisch-katholische Erzbischof Leone Korkoruin (1822–1897) weigerte, die rund 2000 Orthodoxen unter den Armeniern an die Türken auszuliefern, wurden 29 Katholiken erschlagen sowie seine Kirche, sein Haus, eine Schule und das *Kloster der Unbefleckten Empfängnis* in Brand gesetzt. Der Erzbischof und seine Schützlinge verbrachten den Winter in einer halb zerfallenen Karawanserei.[145] Drei Wochen lang konnte er nicht einmal die Heilige Messe lesen, da er weder Messgewänder noch einen Kelch zur Verfügung hatte.[146] Im ganzen Land herrschte wochenlang Anarchie. Überall, wo Armenier lebten, wurden sie von Muslimen überfallen, ausgeplündert, gebrandschatzt, ermordet, gefoltert oder gezwungen, zum Islam zu konvertieren. Doch nirgendwo wütete der Mob des Sultans so sehr wie im *vilayet* Aleppo.

Edessa, heute Sanli Urfa, ist nicht nur über 4000 Jahre alt, es ist auch eines der frühesten Zentren des Christentums. König Abgar V. von Edessa (9–46 n. Chr.) persönlich, soll Jesus einst in seine Stadt eingeladen haben. So machte sich schließlich, gleich nach dem Pfingstereignis, der Apostel Judas Thaddäus auf den Weg, um den König zu taufen und den Bewohnern das Evangelium zu verkünden. Der Legende nach brachte er damals das *Mandylion* in die Stadt, ein geheimnisvolles, »nicht von Menschenhand gemachtes« Christusbild, das dann 944 nach Konstantinopel überführt und 1204 beim *Vierten Kreuzzug* von fränkischen Rittern erbeutet wurde. Viele Forscher halten es für identisch mit dem Grabtuch Christi, das seit 1578 in Turin verehrt wird.[147] Seit dem 7. Jahrhundert hat Edessa eine armenische Gemeinde, die zunächst gleichberechtigt neben jener der griechisch-orthodoxen und der syrischen Christen bestand. 1895 lebten in Urfa etwa 55 000 Menschen, ein Drittel davon waren Armenier.

Schon am 27. und 28. Oktober 1895 fielen kurdische *hamidiye*-Regimenter über die armenischen Christen von Urfa her und töteten 900 von ihnen. Der Bürgermeister versprach den Überlebenden, sie zu beschützen, wenn sie ihre Waffen ablieferten. Als ihr Bischof und der Klerus dem zustimmten, folgten die Armenier dieser Aufforderung.

Zunächst verschanzten sie sich in ihren Häusern, dann wagten sie sich allmählich wieder auf die Straße. Sie konnten nicht ahnen, dass ihr Tod längst beschlossene Sache war. Am Morgen des 28. Dezembers besetzte ein aus Aleppo angerücktes Reservistenbataillon die Zugänge zum Armenierviertel, verriegelte die Tore der Stadt. Zusammen mit bewaffneten Muslimen begannen die Soldaten das Morden. Der Reihe nach gingen sie die Straßen ab, in denen Christen wohnten, schlugen mit Äxten die Haustüren ein, töteten die Bewohner, plünderten ihre Häuser. Ein Scheich ließ hundert junge Armenier festnehmen, forderte sie auf, sich zum Islam zu bekennen. Als diese sich weigerten, zwang er sie, sich auf den Rücken zu legen. Während er Koranverse rezitierte, schnitt er jedem Einzelnen von ihnen nach dem Ritus des Hammelopfers mit einem Messer die Gurgel durch. Bei Sonnenuntergang ertönte eine Trompete und die Truppen zogen sich zurück. Doch kaum war am nächsten Tag der Morgen angebrochen, kehrten die Mörder beim Trompetensignal zurück. Als es Mittag war, konnten sie keine weiteren Opfer mehr finden. Rund 3000 Armenier hatten in ihrer Kirche, der tausendjährigen Kathedrale von Urfa, Zuflucht gesucht. Nach mehreren vergeblichen Versuchen, in das Gotteshaus einzudringen, machten die Türken kurzen Prozess. Beim nächsten Ansturm gossen sie Petroleum auf Möbel und Teppiche und zündeten es an. In kürzester Zeit erfasste das Feuer die Empore und das uralte Gebälk der Kathedrale. Fast alle Armenier erstickten oder fanden in den Flammen den Tod.[148] Eine Augenzeugin, die amerikanische Missionarin Corinna Shattuck, wählte einen Begriff aus der Bibel, um das Martyrium der 3000 Verbrannten zu beschreiben: *holokaustos*, »Ganzbrandopfer«[149]. Es war das erste Mal, dass dieses Wort in Verbindung mit einem ethnischen Massaker benutzt wurde.

Ein britischer Botschafterbericht vom März 1896 fasst die Opfer dieser ersten Welle der Verfolgung wie folgt zusammen: 88 243 Armenier wurden getötet, 2400 Dörfer geplündert, 568 Kirchen zerstört, 328 Kirchen zu Moscheen gemacht und 646 Dörfer zwangsislamisiert.[150] Etwa 500 000 Armenier, so ergänzte der armenisch-katholische Patriarch Azarian am 2. Januar 1896, waren zu diesem Zeitpunkt all ihrer Habseligkeiten beraubt und schutzlos Hunger, Kälte und Krankheiten ausgesetzt.[151]

Schon Ende 1895 hatte der deutsche evangelische Pastor Ernst Lohmann aus Frankfurt in einem Flugblatt die Verfolgung der Armenier angeprangert: »Tausende von Männern, Frauen und Kindern erwarten heimatlos und ohne Lebensmittel die Schrecken eines asiatischen Winters. Es ist unfasslich, es ist unerträglich, dass die Christenheit noch länger gleichgültig und ohnmächtig einem so entsetzlichen Schauspiel zusieht.«[152] Die deutsche Presse dagegen bezeichnete die Berichte als »englische Lügen«[153]. Um keinen Preis, auch den der Wahrheit nicht, wollte man des Kaisers Pläne im Orient gestört sehen. Nur bei Johannes Lepsius stieß der Appell seines Mitbruders auf fruchtbaren Boden. Gleich nach Gründung der Deutschen Orient-Mission machte er sich, sobald der Winter vorüber war, auf den Weg in die Türkei. Als Teppichhändler getarnt wollte er auch den Osten des Landes bereisen. Das Misstrauen der Türken verhinderte zwar einen Besuch im armenischen Kernland, doch in Kayseri und Urfa konnte Lepsius sich »aus dem Munde von Christen und Türken«[154] umfangreich über das Ausmaß der Verfolgung informieren. Er begriff, dass sofort gehandelt werden musste. So gründete er in Urfa ein Waisenhaus für armenische Kinder, die bei den Massakern ihre Eltern verloren hatten. Zurück in Deutschland, begann er zu schreiben. Zunächst eine Serie *Die Wahrheit über Armenien* für die Zeitung *Der Reichsbote*, dann das Buch *Armenien und Europa*, das im Herbst 1897 erschien. Damit war der Schweigevorhang gelüftet, erfuhren die Deutschen und die Welt erstmals vom ganzen Ausmaß der schrecklichen Ereignisse im Osten der Türkei.

»Und das sollen die christlichen Mächte ruhig mit ansehen?«, hatte Kaiser Wilhelm II., bislang der treueste Freund des Sultans, am 11. November 1895 auf einem Bericht seines Botschafters in Konstantinopel über die Massaker notiert: »Schande über uns alle«[155]. In einem weiteren Bericht vom Dezember 1895 hieß es glasklar: »Es scheint wirklich an höchster Stelle die Absicht bestanden zu haben und noch zu bestehen, die Armenier numerisch so weit zu reduzieren, dass sie der Regierung in Zukunft keine ernsten Verlegenheiten mehr bereiten können.« »Unerhört!«, kommentierte der Kaiser[156]. In ganz Europa sprach man jetzt vom »roten Sultan«, an dessen Händen Blut klebte.

Auch im Vatikan hatte man längst das Vertrauen in Abdülhamid verloren. Papst Leo XIII. würde »mit größtem Schmerz« die Ereignisse »in dem weiten Gebiet zwischen Konstantinopel und Jerusalem« verfolgen und jetzt »alles daran setzen, um eine Wiederholung der Massaker zu verhindern und das Leiden der betroffenen Bevölkerung zu lindern«[157], schrieb Kardinalstaatssekretär Rampolla am 21. November 1895 an Patriarch Azarian. »Der Sultan wollte die Verfolgung der Armenier, um den muslimischen Fanatismus zu befriedigen und um seinen Thron zu halten, und die Provinzgouverneure kannten diese geheime Absicht des Sultans, sodass sie zuließen, dass diese schrecklichen Massaker ungestraft vor den Augen der lokalen Behörden stattfinden konnten«, berichtete der Apostolische Delegat Bonetti am 19. November 1895 dem Staatssekretariat des Heiligen Stuhls. Zunächst war er sich nicht sicher, ob der Sultan aus Angst vor dem muslimischen Fanatismus nicht eingreife »oder ob er die Übergriffe heimlich begünstigte.«[158] Erst die Fortsetzung der Massaker nach stets dem gleichen Schema, »mal in dieser, mal in jener Provinz«, und die Absetzung seines christenfreundlichen Großwesirs überzeugten den Delegaten davon, dass Abdülhamid II. ein falsches Spiel spielte: »Es scheint nun durch Beweise abgesichert, dass die Massaker von Trapezunt, Erzurum und Diyarbekir, die niemand zu verhindern versuchte, nicht von der Hohen Pforte, sondern vom Sultan persönlich angeordnet worden sind.« Die Gouverneure hätten von Abdülhamid II. die Anweisung erhalten, »das schreckliche Blutbad, das dort stattfand«, zuzulassen und sogar zu unterstützen.[159] Er wolle damit »den Armeniern eine Lektion erteilen«[160], bestätigte Patriarch Azarian. »Die Gouverneure und die Sicherheitskräfte des Staates« seien »Komplizen in diesen schrecklichen Massakern«, während der Sultan »seinen Plan verfolgte, die Armenier durch Massenmord und Plünderungen zu vernichten.«[161]

VI. »Mit großem Schmerz«

Am 2. Dezember 1895 um 10.00 Uhr morgens war der Vertreter des Papstes in Konstantinopel, der Apostolische Delegat Msgr. Augusto Bonetti, von Abdülhamid II. zu einer Audienz in den Yildiz-Palast geladen worden. Wie wir seinem ausführlichen Bericht, den er am nächsten Tag nach Rom schickte, entnehmen, versuchte der Sultan nach wie vor, dem Papst Sand in die Augen zu streuen. Natürlich seien die Armenier die Schuldigen an den Massakern gewesen, denen sie so zahlreich zum Opfer fielen, erklärte er jetzt dem Delegaten. Schon bei der Demonstration am 30. September seien sie die Provokateure gewesen, hätten das Feuer eröffnet, wären gut zehntausend Armenier, mit Pistolen bewaffnet, durch die Stadt gelaufen, um die Muslime zu massakrieren. Nur seltsam, dass fast alle Opfer Armenier waren, dachte sich Bonetti. In Trapezunt hätten Armenier auf den Gouverneur ein Attentat verübt, in Erzurum sechs Türken auf dem Markt erschossen, in Bitlis die Muslime auf dem Friedhof bei einer Beerdigung angegriffen, sie in Diyarbekir in der Moschee beim Gebet überfallen. »Das, so der Sultan, würde die Undankbarkeit dieses Volkes (der Armenier, d. Verf.) demonstrieren, das so bösartig auf die vielen Zugeständnisse reagierte, die ihnen die türkische Regierung gewährt hätte (…) Seine Majestät hielt sich noch einige Zeit bei diesem Punkt auf«, berichtete der Delegat nach Rom, »und ich hielt es für klug, dazu zu schweigen, da jeder Einwand nicht gut aufgenommen worden wäre.«[162] Es muss ein wahres Martyrium gewesen sein, so regungslos die vielen Lügen Abdülhamids II. zu ertragen.

Nachdem er mit Bonetti gesprochen hatte, schickte der Sultan seinen Kämmerer Bekir Bey zum Patriarchen Azarian, um ihm sein Beileid dafür auszusprechen, dass auch armenische Katholiken »Opfer des muslimischen Fanatismus« seiner Untertanen geworden seien.[163] Offenbar wollte er es sich wirklich mit dem Papst nicht verscherzen. Doch der Zeitpunkt, diesen damit noch zu beeindrucken, war längst verstrichen.

Tatsächlich entstammten die Geschichten, die der Sultan dem Apostolischen Delegaten erzählte, allesamt dem Repertoire von »Tausendundeiner Nacht«; mit einer Ausnahme: Es hatte tatsächlich einen einzigen Aufstand von Armeniern gegeben, und der ereignete sich ausgerechnet in Zeitun, jener Enklave im Taurusgebirge, die sich seit den Kreuzzügen ihre Eigenständigkeit bewahrt hatte. Nach den Unruhen von 1862 und einem weiteren Konflikt 1878 hatte der britische Konsul von Aleppo, Colonel Chermside, seine Einwohner überzeugt, ihre Waffen bei den Türken abzuliefern. Als Gegenleistung wurden Reformen versprochen. Tatsächlich aber baute die Regierung auf einem Hügel über der Stadt eine Kaserne, deren Besatzung über die Jahre immer wieder verstärkt wurde. Im Herbst 1895 drohte die Lage zu eskalieren. Gerüchte von einem unmittelbar bevorstehenden Massaker machten sich breit, als die Regierung wieder einmal das Munitionsdepot aufstockte. Immer provokanter erschien das Benehmen der Soldaten. Mal riefen sie einem armenischen Priester das »osch, osch!« zu, mit dem die Türken Straßenhunde vertreiben. In den Geschäften verlangten sie Waren, ohne sie zu bezahlen, während junge Frauen von sexuellen Belästigungen berichteten. Ein junger Armenier musste sich anhören, wie ein türkischer Soldat ihm zurief: »Du ungläubiger Hund, Deine Zeit läuft bald ab. Dann werden wir kommen und Dich töten!«[164]

Als die Regierung auch noch den armenierfreundlichen Bezirksgouverneur ablöste und durch einen erklärten Christenhasser ersetzte, als erste Dörfer im Umland ausgeplündert und niedergebrannt wurden, sah man in Zeitun die Zeit zum Handeln gekommen. Am 24. Oktober 1895 griffen die Armenier, angeführt von sechs Mitgliedern der Hintschak-Partei, die türkische Kaserne an. Dabei genügte es, ihr das Wasser abzudrehen, um die 500 Mann starke Besatzung zur Kapitulation zu zwingen. Sie wurden in die Gefängnisse der Stadt gesperrt, dort aber gut behandelt. Dann setzten sich die Zeituniter unter Vorsitz der vier Fürstenfamilien zusammen, um eine provisorische Regierung zu bilden.

Es dauerte ganze sechs Wochen, bis die Hohe Pforte reagierte. Ein Heer von 20000 Soldaten, unterstützt durch 30000 Kurden und Tscherkessen, marschierte ausgerechnet beim ersten hohen Schnee durch das enge Tal, das Zeitun mit der Außenwelt verband, und begann mit der Belagerung der Stadt. Unzureichend auf das schlechte Wetter vorbereitet, ohne warme Kleidung und ausreichende Versorgung mit Lebensmitteln, schrumpfte die Truppe mit jedem Tag, während die Zahl der Kranken und Deserteure, aber auch der Opfer armenischer Ausfälle rapide zunahm. So waren die Türken dankbar, als die Westmächte sich anboten, Vermittler zu entsenden. Das Ergebnis, auf das man sich am 12. Februar einigte, wurde als Sieg der Widerständler gewertet: Generalamnestie für die Zeituniter, Exil in Frankreich für die vier wichtigsten Anführer des Aufstandes, Verzicht auf Eintreibung von Steuerrückständen und Einsetzung eines christlichen Bezirksgouverneurs. Nur ihre Waffen sollten die mutigen Rebellen abliefern. Durch ihren Aufstand war die Bergfestung von Massakern verschont geblieben.[165]

Stattdessen ereignete sich praktisch vor den Toren Zeituns eine Tragödie, die auch beim Heiligen Stuhl für Trauer und Betroffenheit sorgte[166]. In Yenicekale unweit von Marasch unterhielt der Franziskanerorden drei Klöster, die unter Leitung des italienischen Priors Pater Salvatore Lilli standen. Beunruhigt von den Übergriffen, bat er Ende Oktober den neuen *mutessarif* (Bezirksgouverneur) um Hilfe. Als am 17. November 1895 türkische Soldaten vor seinem Kloster Stellung bezogen, glaubte er zunächst, sie kämen zu seinem Schutz. Doch er sollte sich irren. Auf Befehl des Obersts Mazhar Bey drangen die Türken in sein Kloster ein, plünderten es und verletzten ihn schwer. Den beiden anderen Klöstern waren dagegen die Zeituniter zu Hilfe gekommen, die den Mönchen zur Flucht verhalfen, bevor die Regierungstruppen anrückten, um sie zu plündern und zu verwüsten.

Fünf Tage später erklärte der Oberst dem Prior, er wolle ihn und elf seiner Mönche zu ihrem Schutz nach Marasch bringen. Nichts ahnend gingen sie mit, als der Offizier auf halber Strecke anhielt und sie aufforderte, ihrem Glauben abzuschwören und Muslime zu werden. Als sich die zwölf Christen weigerten, wurden sie von den Soldaten ermordet und ihre Leichen verbrannt. Erst Monate später entdeckte eine Untersuchungskommission ihre verkohlten Überreste am Ort des Verbrechens. Die Westmächte, vor allem aber Italien, die Heimat des Paters, verlangten eine Verurteilung der Mörder, doch es kam zunächst nur zu einem Schauprozess. Mazhar sollte sich vor einem Offizier seines eigenen Regimentes verantworten, wohnte dabei im besten Hotel der Stadt und nutzte die Pausen zwischen den Sitzungen des Gerichts für Einkäufe auf dem Basar. Erst als die Franzosen drohten, ihre Flotte zu entsenden, wurde der Oberst auf Befehl des Sultans zu lebenslanger Haft verurteilt.[167]

Doch anderswo ging das Morden weiter. Im *vilayet* Van, wo im November bereits Dörfer verwüstet worden waren, kam es jetzt zu einem gewaltsamen Übergriff in der Provinzhauptstadt. Am Ostufer des gleichnamigen Sees gelegen, war Van, damals Tuschpa genannt, schon im 9. Jh. v. Chr. die Hauptstadt des Urartäer-Reiches. Seine Festung, der Legende nach von der babylonischen Königin Semiramis erbaut, galt als uneinnehmbar. Ihre Keilschrift-Inschriften des Perserkönigs Xerxes sind weltberühmt. »Wan[168] ist eine Stadt von Gärten und Weinbergen, die inmitten einer von hohen, prächtigen Bergen umgebenen Ebene am Wansee liegt«, beschrieb es Johannes Lepsius. »Die von Mauern umgebene Stadt enthält den Bazar und den größten Teil der öffentlichen Gebäude. (...) Die Vorstadt Aigestan, die ›Gärten‹ genannt (weil jedes Haus seinen Garten oder Weinberg besitzt), erstreckt sich vier (engl.) Meilen ostwärts der umwallten Stadt und ist 2 (engl.) Meilen breit.«[169] Von den 50 000 Bewohnern von Van waren 30 000 Armenier; die meisten von ihnen lebten in der *Gartenstadt*. Im Sommer 1896 bewiesen sie der Welt, dass sie sich nicht so einfach abschlachten ließen.

Dem »großen Ereignis von Van«, wie es die Armenier seitdem nennen, ging ein Feuergefecht mit türkischen Schmugglern voraus, bei dem ein Soldat und ein Gendarm ums Leben kamen. Sofort behaupteten die Türken, armenische Revolutionäre hätten die Patrouille überfallen, was die Armenier alarmierte. Die drei armenischen Parteien gründeten einen Verteidigungsrat und teilten rund 700 junge Männer dazu ein, an 33 strategisch wichtigen Punkten Wachen zu bilden. Besonders geschützt wurde das Gartenviertel der Stadt, in dem sich neben den Häusern und Villen der wohlhabenderen Armenier auch die Konsulate der Großmächte und die amerikanische Mission befanden. So waren sie gerüstet, als am 15. Juni vier türkische Bataillone unter dem Kommando von Marschall Saadeddin Pascha, unterstützt von 15 000 *hamidiyes*, offiziell Vergeltung üben sollten. Tatsächlich gelang es den Armeniern, die ihr Viertel durch Barrikaden geschützt hatten, die Regierungstruppen zurückzuschlagen. Erst am dritten Tag sammelte sich ein muslimischer Mob in der lokalen Moschee, um mit Äxten, Hämmern, Knüppeln und Messern bewaffnet über die Armenier in den gemischten Stadtteilen herzufallen. Wer es noch irgendwie schaffte, floh jetzt in die Gartenstadt, die längst zu einer kleinen Festung geworden war.

Erste Verhandlungen mit dem französischen Konsul als Vermittler scheiterten, als die Türken mehrere Kanonen auffuhren und mit dem Beschuss der Siedlung begannen. Als den Armeniern die Munition ausging und die Befestigungen den neuen Waffen nicht standhielten, erklärten sie sich bereit, einem Kompromiss zuzustimmen, den ihnen der britische Konsul übermittelt hatte. Alle Angehörigen des Widerstandes, so hieß es darin, sollten sicher außer Landes gebracht werden. Doch kaum hatten die Aufständischen die Stadt verlassen, wurden sie von türkischen Soldaten und kurdischen Hilfstruppen umringt und niedergemetzelt; nur 35 von 983 Mann überlebten. Dann wüteten die Türken in den Dörfern des *vilayets*, zerstörten 350 von ihnen und töteten über 20 000 Armenier. Sämtliche Kirchen und Klöster dieser historisch bedeutsamen Provinz wurden verwüstet, darunter das berühmte Kloster Varag aus dem frühen 11. Jahrhundert. Der Schlächter von Van, Saadeddin Pascha, wurde in dankbarer Anerkennung seiner Gräueltaten vom Sultan persönlich zum »Osmanischen Großoffizier« und neuen *vali* des *vilayets* ernannt.[170]

Am 6. Juni 1896, kurz vor dem Angriff auf Van, hatte Abdülhamid II. erneut den Apostolischen Delegaten, Msgr. Bonetti, in seinem Palast empfangen. Es ging wieder einmal darum, Leo XIII. zu schmeicheln und ihn auf seine Seite zu ziehen. »Ich möchte dem Papst danken für alles, was er gerade während der jüngsten Ereignisse für das Reich getan hat«, säuselte der Sultan. »Ich gestehe, dass es in der Niederschlagung der armenischen Aufstände zu Exzessen kam, aber diese sind

auf die öffentliche Empörung über die Armenier zurückzuführen und gehen nicht auf die staatliche Ordnungsmacht zurück«, versicherte er wahrheitswidrig.
»Tatsächlich hat Seine Heiligkeit mit großem Schmerz die traurigen Tatsachen über Armenien aufgenommen«, erwiderte der vatikanische Diplomat mit versteinerter Miene, »und schon nach den Massakern (...) im letzten März erhielt ich die Anweisung, Seiner Majestät mitzuteilen, dass, wenn es zu weiteren Zwischenfällen dieser Art käme, der Heilige Vater seine Stimme erheben würde, doch Gott sei Dank blieben damals weitere Massaker aus, sodass gewiss die Loyalität und Weisheit des Heiligen Vaters zu bewundern sind.«[171]
Das war, in höfliche Diplomatenfloskeln verpackt, eine handfeste Drohung. Noch hielte sich der Papst zurück, um die angeblich so guten Beziehungen zum Osmanischen Reich, tatsächlich aber die dort lebenden Katholiken nicht zu gefährden. Sollte es jedoch zu weiteren Massakern kommen, so wäre deren öffentliche Verurteilung durch Leo XIII. unausweichlich.
Der Papst hielt sein Wort. Nur fünf Tage nach dem Angriff auf Van, am 20. Juni 1896, schrieb er selbst an Abdülhamid II. Sechs Tage später übergab Msgr. Bonetti den handschriftlichen, versiegelten Brief, verfasst in der Diplomatensprache Französisch, persönlich dem Sultan:

> »Majestät!
>
> (...) Das spontane Empfinden unseres Herzens und das Bewusstsein der Pflichten des erhabenen Amtes, das Uns die göttliche Vorsehung übertragen hat, erdrücken uns. (...)
> Auch können Wir den Schmerz nicht leugnen, den Wir empfunden haben, als Wir von den jüngsten Ereignissen zum Nachteil der Christen in zahlreichen Provinzen Ihrer Majestät erfuhren, von der großen Zahl der Opfer und der Not der zerstörten Familien, die den Gefahren immer neuer Unruhen ausgesetzt sind.
> Wir überlassen es Ihrer Hoheit, zu verstehen, welche Schmerzen und Trauer diese Vorgänge, die für die ganze zivilisierte Welt und ganz besonders für die westlichen Großmächte Grund zu Besorgnis und

Beunruhigung sind, Unserem Herzen als Vater der Christenheit bereitet haben müssen.

Auf den Gerechtigkeitssinn und die Weisheit Ihrer Majestät vertrauend, bitten wir Sie inständig, diese schmerzliche Situation zu beenden, Maßnahmen zur Verbesserung der Lage der christlichen Bevölkerung Ihres Reiches einzuleiten und Ihre Autorität wirksam dafür einzusetzen, dass die freie Ausübung der christlichen Religion überall (in Ihrem Reich, d. Verf.) wieder garantiert ist.

Ihre Hoheit seien versichert, dass dies das größte Zeichen Ihrer Achtung und Ihrer Freundschaft sein würde, das Sie Uns geben könnten und Sie dafür Unsere höchste Anerkennung finden würden. (…)

– Leo XIII pp.«[172]

Das Schreiben führte zu einer mittleren diplomatischen Krise. »Hätte ich den Inhalt des Briefes gekannt, hätte ich nicht zugelassen, dass Sie ihn dem Sultan übergeben«, erklärte Abdülhamids Sekretär Izzet Bey dem päpstlichen Delegaten, »denn der Heilige Vater schreibt alle Ausschreitungen in Kleinasien den Muslimen zu und nicht jenen, die sie in allen Fällen provoziert haben.« In »keinem Land der Welt«, so der Sekretär, würde »die Religionsfreiheit großzügiger gewährt als im Reich Seiner Majestät« – nackter Hohn angesichts der Tatsache, dass Christen dort nur rechtlose, »schutzbefohlene« Untertanen waren, die brav und gehorsam immer höhere, willkürlich festgesetzte Steuern zahlen sollten, um sich das Privileg zu erwerben, nicht brutal abgeschlachtet zu werden. »Selbst wenn die Armenier provoziert hätten, standen die darauf folgenden Repressionen in keinem Verhältnis dazu«, erwiderte Bonetti kühl, »und das beweisen öffentliche und eindeutige Dokumente.« Gäbe es eine uneingeschränkte Religionsfreiheit bei den Türken, »warum werden dann so viele Armenier dazu gezwungen, den Islam anzunehmen? Der Heilige Vater spielt in seinem Brief auf die Fakten an, die in ganz Europa bekannt sind. Er hätte auch energisch gegen diese Fakten protestieren können, etwa in einer Rede vor dem Kardinalskollegium«; nur aus diplomatischer Rücksicht auf den Sultan habe er bislang darauf verzichtet, so Bonetti. »Die Katholiken waren nicht betroffen und werden als die besten Untertanen des Reiches angesehen«, erwiderte Izzet Bey. »Aber bei den

Massakern in Kleinasien litten auch armenische und syrische Katholiken nicht weniger (als ihre Glaubensgenossen)«, stellte der Apostolische Delegat fest:

> »Der Appell des Heiligen Vaters an den Großmut des Sultans bezieht sich nicht nur auf die Katholiken, sondern auf alle Christen des (Osmanischen) Reiches. Er spricht im Namen der gesamten Christenheit, ja der Menschheit. Er ist zwar das Oberhaupt der katholischen Kirche, aber er betrachtet alle Christen, ja alle Menschen als seine Kinder, auch wenn viele ihn nicht als Vater anerkennen.«[173]

Das Antwortschreiben des Sultans, auf den 20. Juli 1896 datiert und in türkischer Sprache verfasst, wurde noch am gleichen Tag Bonetti übergeben, der es persönlich auf den Weg nach Rom brachte. Am 4. September 1896 wurde sein Eingang im päpstlichen Staatssekretariat unter der Protokollnummer 32918 registriert. Doch der Brief enttäuschte, denn der Absender zeigte keinerlei Einsicht. Nach wie vor bezichtigte Abdülhamid II. die Armenier, ihm gegenüber undankbar zu sein und die Massaker provoziert, sprich: selbst verschuldet zu haben. Das Morden ging unterdessen weiter. Als der armenisch-orthodoxe Patriarch Matheos III. Izmirlian erneut protestierte, demokratische Reformen und die Wahrung der Rechte der Armenier einforderte, setzte der Sultan ihn am 4. August kurzerhand ab und verbannte ihn nach Jerusalem. *Locum tenens* (wörtlich: Platzhalter) wurde der Ex-Bischof von Bursa, Bartolomeo Tschamtschian, laut Yves Ternon »ein von der Polizei bezahlter Spion«[174]. Seine Servilität dem Sultan gegenüber erreichte ihren traurigen Höhepunkt, als er öffentlich Abdülhamid II. ebenso schwülstig wie devot als »Schatten Gottes, Seine Seele, Sein Leben und Sein Sklave selbst«[175] pries. Die Absetzung des beliebten »eisernen Patriarchen« Izmirlian war für viele Armenier der letzte Tropfen, der das Fass zum Überlaufen brachte. In einem Schreiben an die europäischen Botschafter kündigten sie an, jetzt aus ihrer Verzweiflung heraus zu »extremen Maßnahmen«[176] greifen zu müssen. Mit einem gezielten Schlag wollten sie Europa aus seiner Passivität reißen. Er würde dort ansetzen, wo es auch für die Europäer, die in das Reich des Sultans investierten, schmerzhaft sein könnte.

Verantwortlich für den Plan und seine Durchführung zeichneten Mitglieder der Daschnak-Partei. Am »Tag des Sultans«, dem 31. August 1896, wollten sie die *Ottomanische Bank* von Konstantinopel besetzen. Doch als die Polizei am 25. August ein geheimes Munitionslager in der Mädchenschule des armenischen Viertels entdeckte, wussten sie, dass jemand sie verraten hatte. So wurde die Aktion auf den 26. August vorverlegt. Gegen 13.00 Uhr betraten zwei der fünfundzwanzig beteiligten Armenier die Schalterhalle unter dem Vorwand, Geld wechseln zu wollen. Als sie feststellten, dass alles ruhig war, gaben sie ihren Komplizen das Zeichen zum Angriff. Beim Sturm auf die Bank kamen sämtliche Wachen, aber auch einer der Armenier ums Leben. Sofort war die Polizei zur Stelle, wurde jedoch von den Rebellen zurückgeschlagen, die sich jetzt zusammen mit den 140 Angestellten der Bank verbarrikadierten. Dem englischen Bankdirektor Sir Edgar Vincent gelang die Flucht, sein Stellvertreter, der Franzose Gaston Auboyneau, verhandelte mit den Daschnaken, die fließend Französisch sprachen und ihn beruhigten: Ihr Angriff gelte weder der Bank noch seien sie an deren Geld interessiert. Sie wollten lediglich die Aufmerksamkeit Europas auf ihre Forderungen lenken: Gewährleistung des Friedens im ganzen Land unter Mithilfe des Auslands, Verzicht auf Gewaltanwendung gegen sie und sicherer Abzug aller, die sich in der Bank befanden. Sollten diese Forderungen nicht erfüllt werden, würden sie die Bank mitsamt aller Akten, dem Geld und den Geiseln in die Luft sprengen. Doch auch dafür entschuldigten sie sich: »Wir sind leider gezwungen, diese extremen Maßnahmen zu ergreifen. Die kriminelle Gleichgültigkeit der Menschen lässt uns keine andere Wahl.«[177]

Als er sich bereit erklärte, diese Botschaft zu überbringen und als Vermittler aufzutreten, durfte auch Auboyneau die Bank verlassen. Während mehrere Kompanien Soldaten rund um das Gebäude Stellung bezogen und sich hysterisch brüllende Mullahs und Islamschüler davor zusammenrotteten, hielten die Armenier, mit Sprengkörpern und Revolvern bewaffnet, die Stellung. Auboyneau begab sich zunächst in den Palast, wo ihm der Sekretär des Sultans, Izzet Bey, Straffreiheit für die Aufständischen zusicherte, wenn sie die Bank räumten. Bankdirektor Vincent und je ein Vertreter der russischen und der französischen Botschaft überredeten die Besetzer schließlich, ihren Sprengstoff – elf Kilogramm Dynamit und fünfundvierzig Bomben – abzuliefern und das Gebäude zu verlassen. Die Nacht verbrachten sie auf Vincents Jacht, am nächsten Abend durften sie an Bord des französischen Passagierschiffes *La Gironde* das Land Richtung Marseille verlassen. Während sie von der europäischen Presse wie Helden gefeiert wurden – sie hatten tatsächlich nicht einen einzigen Geldschein der Bankreserven angerührt, einen offenen Tresor eigenhändig verschlossen und einen Container mit 10 000 türkischen Goldpfund-Münzen und einer großen Anzahl Banknoten dem Vizedirektor anvertraut –, kochte Sultan Abdülhamid II. vor Wut über den Gesichtsverlust – und hatte längst zum Vergeltungsschlag ausgeholt.[178]

In den nächsten 48 Stunden wurde Konstantinopel selbst zum Schauplatz eines Massakers. Schon zuvor waren die Häuser, in denen Armenier lebten, von Unbekannten mit Kreide markiert worden. Das große Morden begann damit, dass eine Horde von mit Messern und Knüppeln bewaffneten Kurden in die Armenierviertel der Hauptstadt einfiel. Sie töteten alle männlichen Armenier, derer sie habhaft wurden, und verwüsteten systematisch alle armenischen Häuser und Geschäfte. Es folgten *softas* (islamische Studenten), mit Turbanen und langen weißen Gewändern bekleidet, alle mit den gleichen, eisenbeschlagenen Schlagstöcken ausgerüstet. Polizei und Militär feuerten die Schlächter nicht nur an, sondern beteiligten sich auch an den Überfällen, statt die friedlichen und unschuldigen Bürger zu beschützen. Ganze Familien flüchteten sich in die Botschaften, Hunderte Leichen trieben auf den Wellen des Bosporus. Im Gefängnis von Galataserai wurden alle armenischen Insassen, 750 an der Zahl, ermordet, ihre Leichname auf Schiffe verladen und auf offener See versenkt. »Alles schien gründlich geplant und vorbereitet … als habe man nur auf den passenden Anlass gewartet«[179], schrieb später ein französischer Diplomat. »Es gibt Hinweise darauf, dass die Behörden den Mob organisierten und bewaffneten, der das Massaker durchführte«, berichtete der britische Botschafter dem Premierminister in London am 2. September 1896: »Als der Sultan nach zwei Tagen dem Mob befahl, es zu beenden, gehorchte er sofort.«[180] Der österreichische Militärtattaché Wladimir von Giesl gelangte sogar in den Besitz einer Kopie des »Sultansbefehls«, der vor dem Massaker ausgegeben worden war:

> »Auf das gegebene Signal darf für 48 Stunden jeder Armenier, ohne Unterschied des Alters und Geschlechts, getötet werden. Wer einen Nichtarmenier oder einen Fremden verwundet, wird mit zehn Jahren Kerker, wer einen solchen ums Leben bringt, mit dem Tode durch den Strick bestraft.«[181]

Die Mörder hielten sich präzise an diesen Befehl. Als einige Lastträger in der 49. Stunde noch Armenier erschlagen wollten, wurden sie von türkischen Wachhabenden kurzerhand erschossen.
Ein erschütterndes Zeugnis dieses Massakers verdanken wir dem päpstlichen Delegaten Msgr. Bonetti, der seinen Bericht am 5. Oktober 1896 an Kardinalstaatssekretär Rampolla schickte:

> »Von Tage zu Tag bin ich immer mehr davon überzeugt, dass die Ereignisse von Istanbul von außergewöhnlicher Schwere waren und dass all das, was in den Zeitungen Europas darüber stand, bei weitem nicht übertrieben war, sondern nur annähernd der (schrecklichen) Wahrheit gerecht wurde. Es ist unbestritten, dass das armenische Komitee der Anstifter war und dass es einen verheerenden Plan gegen die Türken ausgebrütet hatte, der, wäre er zur Ausführung gelangt (…), zu Umbruch und Revolution geführt und vielleicht die ganze Hauptstadt ruiniert hätte. Doch die Unterdrückung durch die Türken war barbarisch. Volle vier Tage lang (sic! d. Verf.) wurden die Armenier nicht nur von Polizisten und Soldaten verfolgt, sondern, was noch schlimmer war, der Wut eines wilden und blutrünstigen Pöbels ausgesetzt, der, gierig nach Blut und Beute, mit Gewehren, Revolvern und Prügeln bewaffnet durch die Straßen zog und alle Armenier massakrierte, auf die er stieß, in ihre Häuser eindrang, deren Bewohner tötete und ihren Besitz raubte. Jeden Tag bei Sonnenuntergang zogen lange Reihen von Karren der öffentlichen Straßenreinigung, mit den Leichen der Erschlagenen beladen, zu den beiden armenischen Friedhöfen; aber die größte Anzahl von Leichen wurde einfach in das Goldene Horn gewor-

> fen. Es ist daher nicht möglich, die Anzahl der Opfer genau zu bestimmen, aber nach der vorsichtigen Schätzung von Augenzeugen wird sie bei weit über 8000 liegen. »[182]

Doch Abdülhamid II. hatte sich verrechnet. Es war ein Unterschied, ob ein Massaker im fernen Anatolien stattfand oder in der Hauptstadt, wo Blut vor den Augen europäischer Botschafter vergossen wurde. So sandten die Vertreter der Großmächte gleich am 28. August ein Telegramm an den Sultan, in dem sie ihn dringendst aufforderten, den Massakern Einhalt zu gebieten, die sonst »für sein Reich die verhängnisvollsten Folgen haben könnten«[183]. Fünf Tage später überreichten sie der Hohen Pforte ein förmliches Protestschreiben, in dem sie die Regierung der Organisation des Massakers bezichtigten und eine sofortige Untersuchung der Vorfälle verlangten.[184] Noch am Abend des gleichen Tages lud der Sultan einige Diplomaten in seinen Palast ein und erklärte die Massaker damit, dass seine Untertanen »sich mit Schlagstöcken gegen die Armenier verteidigten«. Dann prahlte er: »Das Holz dieser Prügel stammt aus unseren persönlichen Wäldern.«[185]

Seine Politik der »kollektiven Bestrafung durch Massenmord«[186] aber verlangte noch nach weiteren Opfern. Kaum hatte die Weltöffentlichkeit den Schreck über die Massaker von Konstantinopel überwunden, ließ er Egin in der Provinz Harput, den Heimatort des Anführers der Geiselnehmer, von seinen Soldaten überfallen. Nach dem Bericht des französischen Botschafters wurden »über 2000 Armenier«, darunter »viele Frauen und Kinder«, umgebracht, zwei Drittel der 1500 Häuser des armenischen Viertels niedergebrannt.[187]

Trotzdem wurde der Überfall auf die Ottomanische Bank zum Wendepunkt in der traurigen Geschichte der »Abdülhamid-Massaker«, der ersten Welle des Völkermordes an den Armeniern. Im Deutschen Reich veröffentlichte Johannes Lepsius seinen erschütternden Augenzeugenbericht und sammelte Geld für die Opfer der Massaker, in Frankreich berichteten die katholischen Medien über den Appell des Papstes an den Sultan. England und Österreich-Ungarn schlugen die Ausarbeitung eines Reformplans und Strafmaßnahmen gegen Abdülhamid II. vor, sollte er dessen Umsetzung verweigern. Russland,

Frankreich und, vor allem, Deutschland hielten das allerdings für »abenteuerliche Kreuzzugspolitik«[188] und rieten zu vorsichtigeren Schritten. Schließlich gelangte die Lage der Armenier am 3. November 1896 auf die Tagesordnung der französischen Nationalversammlung und führte zu einer zunächst vorsichtigen Wende in der bislang protürkischen Politik der *Grande Nation*. Entsprechend dem Wunsch des Papstes, wie er von Kardinal Domenico Ferrata übermittelt worden war, und unterstützt durch den proarmenischen neuen Zaren Nikolaus II., wies endlich der eigentlich turkophile französische Außenminister Gabriel-Albert-Auguste Hanotaux seinen Botschafter in Konstantinopel an, Druck auf den Sultan auszuüben, um weitere Massaker zu verhindern.[189] Aus seiner eigenen Korrespondenz mit Leo XIII. wusste Abdülhamid, dass der Nachfolger Petri in dieser Frage keine Kompromisse kannte. Wie der *San Francisco Call* vom 19. Oktober 1896 meldete, »schickte der Papst, in Antwort auf ein Gesuch von Msgr. Azarian, dem katholischen Patriarchen der Armenier, einen großen Geldbetrag zu Hilfe der notleidenden Armenier.«[190] Weitere Unterstützung kam aus den Vereinigten Staaten, die zum ersten Mal in der Geschichte, allen bisherigen Gepflogenheiten zuwider, in einer Frage der eurasischen Politik intervenierten. Offen verurteilte Präsident Grover Cleveland (1837–1908; Präsident 1885–89 und 1893–97) »die Wut der wahnsinnigen Bigotterie und des grausamen Fanatismus« der Türken und bezeichnete die Armenier als »Märtyrer ihres christlichen Glaubens«.[191] Eine militärische Intervention lehnte er zwar ab, bot aber den Verfolgten Asyl in den USA an und veranstaltete Sammlungen für die Angehörigen der Opfer.

Der internationale Druck verfehlte seine Wirkung nicht. Am 5. November 1896 willigte Abdülhamid II. ein, eine Amnestie für gefangene Armenier zu erlassen, den brutalen *vali* von Diyarbekir, Aniz Pascha, seines Amtes zu entheben, in den sechs armenischen *vilayets* Reformen durchzuführen und den Armeniern die Wahl eines neuen Patriarchen zu erlauben. Schließlich musste die Botschafterkonferenz, die vom 26. Dezember 1896 bis 10. Februar 1897 in Konstantinopel tagte, feststellen, dass sich sehr wohl einiges geändert hatte. Als es im Februar 1897 in Tokat erneut zu Massakern an Armeniern kam, wurden erstmals die Täter, 60 Türken, vor Gericht gestellt. Im Osmanischen Reich hatte man offenbar begriffen, dass das Ausland keine weiteren Massenmorde mehr hinnehmen würde. Abdülhamids Plan, die Armenierfrage »endgültig« zu lösen, war vorerst gescheitert. Doch der Hass gegen die Christen gärte noch immer und sollte sich nur acht Jahre später erneut entladen.

Die scheinbare Beruhigung der Lage ließ das europäische Interesse an der Armenischen Frage, wie es der französische Botschafter in Konstantinopel, Paul Cambon, ausdrückte, »bald wieder einschlafen«.[192] Frankreich konzentrierte sich auf seine kolonialen Interessen in Madagaskar, Großbritannien auf Mesopotamien und Indien, Russland auf China und Japan, während Deutschland nach wie vor und trotz allem auf die Freundschaft mit dem Sultan setzte. Es sei die »einzige befreundete Macht in der gegenwärtigen Krise«, stellte Abdülhamid II. fest, »es hat nie Englands Bemühen unterstützt, die Hohe Pforte zu Reformen in Armenien zu zwingen.«[193] So reiste Kaiser Wilhelm II. im November 1898, nur zwei Jahre nach den letzten Massakern, erneut nach Konstantinopel mit dem festen Ziel, die Handelsbeziehungen mit den Osmanen zu intensivieren und den Bau der Eisenbahnlinie bis nach Bagdad fortzusetzen. Der Empfang, den ihm der Sultan bereitete, war noch herzlicher als neun Jahre zuvor. Auf die Frage nach den Armeniern präsentierte Abdülhamid II. dem Kaiser eine Verschwörungstheorie: »Die Armenier hätten vom *Armenischen Comitee* in London den Befehl erhalten, einen Aufstand zu inszenieren, damit die Brit. Regierung die Möglichkeit habe, ihn als Vorwand zum militärischen Einschreiten … zu benutzen«, erinnerte er sich dreißig Jahre später im niederländischen Exil, »aber die *Redcoats* blieben aus und die Armenier wurden erschlagen.«[194] Als Wilhelm II. schließlich auch das Heilige Land besuchte, machte er einen Abstecher nach Damaskus, um am Grab des legendären Sultans Saladin einen Kranz niederzulegen. »Möge der Sultan und mögen die 300 Millionen Mohammedaner, die, auf der Erde zerstreut lebend, in ihm ihren Kalifen verehren, dessen versichert sein, dass zu allen Zeiten der deutsche Kaiser ihr Freund sein wird«[195], erklärte er in einer Ausgeburt an Blauäugigkeit und Opportunismus. Abdülhamid II. und die Türken bejubelten ihn, während nicht nur die Christen seiner deutschen Heimat mit Betroffenheit und Unverständnis reagierten. Einer davon war Johannes Lepsius. Schon nach seiner Rückkehr aus Ostanatolien im Juni 1896 hatte er erleben müssen, wie unerwünscht sein Engagement im Kaiserreich doch war. Das Auswärtige Amt ersuchte ihn, seine »proarmenische Agitation« einzustellen, und übte Druck auf seine evangelische Landeskirche aus. Nicht nur Vorträge und Informationsveranstaltungen, sondern auch Kollekten für die Opfer der Massaker waren unerwünscht und wurden, wenn irgendwie möglich, untersagt. Als Lepsius im Herbst 1896 um Urlaub bat, um sein armenisches Hilfswerk aufzubauen, wurde ihm dieser von seiner Kirche kurzerhand verweigert. Ihm blieb nichts anderes übrig, als sein Pfarramt niederzulegen und im Oktober 1896 wieder nach Berlin zu ziehen. Fortan konnte er sich ganz seiner neuen Aufgabe widmen und 1897 und 1899 erneut für mehrere Monate in den Orient reisen, um die sinnvolle Verwendung der gesammelten Gelder vor Ort zu überwachen.[196]

Das Fazit aus dieser ersten Verfolgungswelle unter Abdülhamid II. war verheerend, wenn auch die Opferzahlen nicht exakt zu bemessen sind. Während Johannes Lepsius die Zahl der Toten wohl viel zu niedrig mit 100 000 ansetzte, schätzte das armenische Patriarchat von Konstantinopel sie auf 300 000, was ein Achtel der auf 2,4 Millionen geschätzten armenischen Bevölkerung gewesen wäre. Zwischen 100 000 und 180 000 Armenier waren vor den Massakern in das Russische Reich, auf den Balkan und in die USA geflohen, sodass die Gesamtzahl der armenischen Bevölkerung im Osmanischen Reich um mindestens 400 000, vielleicht auch um eine höhere Zahl, gesunken war.[197] Etwa 500 000 Armenier hatten ihren gesamten Besitz verloren und irrten bettelnd durch das Land; es ist unbekannt, wie viele von ihnen Hunger und Seuchen zum Opfer fielen. Allein 50 000 Waisenkinder zählte das armenische Patriarchat.[198] Es waren Zahlen, die erschreckten, die betroffen machten; nie zuvor in der jüngeren Geschichte waren in Friedenszeiten so viele Menschen auf so brutale Weise ermordet worden. Es konnte noch niemand ahnen, dass die »Abdülhamid-Massaker«, wie sie fortan genannt wurden, nur gewissermaßen das Vorspiel, der Auftakt zu einer noch grausameren, noch systematischeren Vernichtung dieser christlichen Minderheit sein würden.

VII. Die Revolution der Jungtürken

Am Abend des 3. August 1908 hatte fast jeder in Smyrna (heute: Izmir) die Gräueltaten zwölf Jahre zuvor vergessen. Es war ein Tag der Freude, von dem man glaubte, er markiere den Beginn einer neuen Ära in der Beziehung zwischen Türken und Armeniern: Ein Karneval der Versöhnung, ein Volksfest der Brüderlichkeit. In einer großen Parade gingen die gerade erst freigelassenen armenischen Gefangenen vorweg, dann folgten die Festwagen, über und über mit Blumen geschmückt. Auf einem waren ein türkischer Soldat und ein Armenier dargestellt, die sich an der Hand hielten, beide bekränzt von einer armenischen Schönheit im Sonntagskleid. Auf einem anderen Wagen umarmten sich ein Moslem, ein Grieche und ein Jude. Osmanische Flaggen, mit der Aufschrift »Freiheit, Gleichheit, Brüderlichkeit« versehen, flatterten im warmen Sommerwind. Eine Militärkapelle spielte zum Abschluss der Parade die Marseillaise.
Auch in anderen Städten der Türkei wurde in diesen Tagen die Wiederinkraftsetzung der Verfassung von 1876 gefeiert, einer Verfassung, die zumindest theoretisch allen Bewohnern des Osmanischen Reiches gleiche Rechte garantierte. In Konstantinopel riefen die Kadetten der Militärschule die Menge sogar dazu auf, öffentlich Abbitte für die Massaker von 1896 zu leisten. Gemeinsam zogen die Massen am 9. August zum armenischen Friedhof Feriköy und fielen vor dem Hügel, unter dem die Opfer dieser blutigen achtundvierzig Stunden begraben lagen, auf die Knie. Die Armenier reagierten vier Tage später mit einer Einladung in die Taxim-Gärten. Dort wurden, unter den Klängen des osmanischen Nationalmarsches und der seit dreißig Jahren verbotenen »Hymne an die Freiheit« des Sultans Abdul-Aziz, Reden gehalten, die an die allgemeine Solidarität und Brüderlichkeit appellierten. Die armenischen Märtyrer wurden Seite an Seite mit den in Notwehr getöteten Türken gestellt. Es ging nicht

mehr um Gerechtigkeit und Sühne, sondern nur noch um Frieden und Freundschaft.[199]

Der Freudentaumel war freilich nur ein sommerliches Zwischenhoch, eine Station auf einem Weg, der letztendlich ins Verderben führte. Doch er signalisierte tatsächlich auch eine Zeitenwende: Das Ende der Ära Abdülhamids II., den Beginn einer Übergangsphase, aus der schließlich die moderne Türkei hervorging – aber auch die geradezu satanische Täuschung vor einem Sündenfall, der die schlimmsten Gräuel des 20. Jahrhunderts vorwegnahm.

Seit den Massakern der Jahre 1895/96 war es im Osmanischen Reich nur noch zu vereinzelten Ausschreitungen gegen Armenier gekommen, meist infolge lokaler Unruhen. Um die Zivilbevölkerung nicht schutzlos zu lassen, hatte die Daschnak-Partei einen Kader von gut ausgebildeten Kämpfern ins Leben gerufen, die sogenannten *fedai*, eine Art mobile Bürgerwehr im Untergrund. »Die Ergebenen« – das bedeutete ihr Name – waren jederzeit bereit, für ihr Volk zu sterben. Zu ihrer Ausrüstung gehörte, neben einem Mausergewehr und zwei Patronengürteln, einem Stock und einem Rucksack für die nötigsten persönlichen Gegenstände, auch ein Stück einer konsekrierten Hostie. So konnten sie im Angesicht des Todes noch einmal kommunizieren. Ihr Befehl lautete, sich im Fall einer Verhaftung das Leben zu nehmen, damit sie nicht unter Folter ihre Kameraden verrieten.[200]

Besonders litten damals die Bewohner der Region von Sassun, die bereits 1894 gnadenlos verwüstet worden war. Für sie war es ein deutliches Alarmsignal, als ausgerechnet einer der Organisatoren des Massakers von Konstantinopel, ein gewisser Ferid Bey, 1903 zum *vali* der Provinz Bitlis (zu der Sassun gehörte) ernannt wurde. Gemeinsam mit Marschall Zeki Pascha, der nach wie vor die in Erzincan stationierten Regimenter befehligte, plante er die Ausrottung der Armenier von Musch und Sassun. Um einen Vorwand zu haben, begann er, die Zahlung von über zehn Jahre alten Steuerrückständen einzufordern. Als die Bevölkerung dazu nicht in der Lage war und mit furchtbaren Konsequenzen rechnete, rief sie die *fedais* zu Hilfe. Daraufhin befahl Zeki Pascha achtzehn Bataillonen der gefürchteten *hamidiye*-Kavallerie den Angriff auf Sassun. Am 5. Februar 1904 wurden sämtliche Bewohner des Dorfes Hunan massakriert. Als der armenische

Bischof von Musch sich hilfesuchend an den Patriarchen in Konstantinopel wandte, ließen die türkischen Behörden ihn wegen »Verrats« festnehmen. Doch dieses Mal wehrten sich die Armenier. 1000 *fedais* und 3000 Bewohner von Sassun stellten sich todesmutig den 10 000 regulären Soldaten und 7000 bis an die Zähne bewaffneten Kurden entgegen. Zunächst überfielen die Türken die Dörfer in der Ebene von Musch, dann warfen die Armenier sie zurück und fügten ihnen schwere Verluste zu. Tagelang leisteten die Dorfbewohner heldenhaften Widerstand und mussten doch mit ansehen, wie Türken und Kurden der Reihe nach ihre Häuser und Siedlungen niederbrannten. Als sich die Bewohner von fünfundvierzig Dörfern in Göliguzan versammelten, wurden sie von der Übermacht blutig niedergemetzelt. Die Überlebenden flohen in die Berge, versteckten sich in Höhlen, doch viele wurden auch dort noch von den Soldaten aufgespürt und getötet. Zweihundert Armeniern gelang es zunächst, einen ganzen Monat lang den Türken standzuhalten und ihre Dörfer zu beschützen; dann wurden auch sie niedergemacht. Am Ende des zweimonatigen Widerstandes hatten 3000 Armenier ihr Leben gelassen, war Sassun endgültig zerstört. Noch einmal hatte der »Blut-Sultan« seine furchtbare Fratze gezeigt. Doch die Armenier hatten endlich bewiesen, dass sie sich auch wehren konnten. Nur dabei wollten es die sozialistischen Daschnaken nicht belassen. Sie waren darauf aus, Rache zu üben und Sultan Abdülhamid II. zu töten.[201]

Den Plan dazu heckte Daschnak-Gründer Christapor Mikaelian persönlich aus, bevor er bei Versuchen mit einer Bombe im Alter von nur sechsundvierzig Jahren ums Leben kam. Seine Anhänger sahen in seinem Tod eine Verpflichtung, diesen Plan zu verwirklichen.

Die Attentäter wussten wie fast jeder im Reich, dass der Sultan an jedem Freitag die Yildiz-Moschee aufsuchte, um dort zu beten. Da er sie stets um die gleiche Zeit auch wieder verließ, hatten sie vor, die vielleicht erste »Autobombe« der Welt zu bauen – freilich noch ohne Automobil. Eine mit Sprengstoff und Zeitzünder ausgestattete Kutsche sollte vor der Moschee geparkt werden und just in dem Moment explodieren, wenn der Sultan seinen eigenen Wagen bestieg. Doch an jenem 21. Juli 1905, an dem das Attentat stattfinden sollte, verspätete sich Abdülhamid II.; ein Gespräch mit dem *Scheich-ül-Islam* – dem geistlichen Oberhaupt der türkischen Muslime – hatte ihn aufgehalten. So explodierte die Bombe zu früh und riss nicht den Sultan, sondern sechsundzwanzig Männer seines Gefolges, den Attentäter selbst und ein gutes Dutzend Passanten in den Tod.[202]

Schließlich sollten nicht die Armenier das Ende des verhassten »Blut-Sultans« herbeiführen, sondern die Türken selbst. Genauer gesagt eine junge türkische Bewegung, in die auch die Armenier zunächst ihre Hoffnung setzten, bis sie von ihr umso bitterer enttäuscht wurden.

Die Jungtürken gingen aus der 1865 gegründeten und 1876 verbotenen Bewegung der »Jungosmanen« des türkischen Dichters und Freimaurers Mehmed »Namik« Kemal hervor. Auch die Neugründung war stark freimaurerisch geprägt, einige ihrer führenden Mitglieder gehörten Logen an, die im Osmanischen Reich über eine lange Tradition verfügten. Die erste Freimaurerloge der Türkei war bereits 1721 von Franzosen in Konstantinopel gegründet worden, 1738 folgte eine zweite Loge in Smyrna. 1856 traten britische Freimaurer auf den Plan, im gleichen Jahr wurde in Mazedonien die erste türkische Großloge ins Leben gerufen.[203] In den folgenden Jahren schlossen sich zahlreiche liberal gesinnte Türken der Freimaurerei an, darunter Mitglieder der Elite des Landes. Mit Sultan Murad V. brachten sie kurzfristig einen der ihren auf den Thron, doch seine Herrschaft währte nur drei Monate. Sein Halbbruder Abdülhamid II. dagegen war ein erklärter Gegner der Logenbrüder, die er für potenzielle Verschwörer und Agenten der verhassten Briten hielt. So ging die Bruderschaft während seiner Regentschaft größtenteils in den Untergrund.

Die Jungtürken verdanken ihren Namen dem Umstand, dass ihre Gründer junge Männer waren, meist aus türkischen Beamtenfamilien stammend, die das Privileg hatten, in Paris zu studieren, wo sie mit liberalen, aufgeklärten und republikanischen Ideen in Kontakt kamen. Die noch immer absolutistisch regierte Türkei erschien ihnen bald wie ein Anachronismus, die mangelnde Bildung der Bevölkerung, deren muslimische Mehrheit zum weitaus größten Teil aus Analphabeten bestand, als Grund für ihre Rückständigkeit. In der Pariser Großloge[204] fanden sie Kontakt zu gleich gesinnten Franzosen, ohne wegen ihres muslimischen Glaubens – der meist nur noch in der Theorie existierte – diskriminiert zu werden. Die Freimaurer glauben an ein Höheres Wesen, lehnen aber organisierte Religionen und ihren Wahrheitsanspruch ab. Stattdessen propagieren sie die Selbsterlösung des Menschen durch Erkenntnis (»Gnosis«), womit sie an christliche Häresien der ersten Jahrhunderte und antike heidnische Mysterienreligionen anknüpfen. Den christlichen Kirchen haben sie schon früh den Krieg erklärt. Sie werfen ihnen die »Entmündigung« des Menschen vor, den sie ihrerseits dazu einladen, von der Frucht des »Baumes zur Erkenntnis« zu kosten. Die katholische Kirche reagierte mit der Exkommunikation der Freimaurer durch Papst Clemens XII. (1730–40), festgehalten in der Bulle *In eminenti apostolatus specula* vom 28. April 1738[205], die noch immer gültig ist. Auch die orthodoxen Kirchen untersagen bis zum heutigen Tag ihren Gläubigen den Eintritt in eine Loge. So ist in den Vatikan-Dokumenten zum Armenozid immer wieder von der »masonischen Regierung«[206] der Jungtürken die Rede, was nicht gerade als Kompliment gemeint war.

Als einer der »Väter« der Jungtürken kann Ahmed Riza (1858–1930) gelten, ein türkischer Staatsbeamter, der 1889 mit dem Regime des Sultans brach und nach Paris ins Exil ging. Dort wurde er ein Schüler von Pierre Laffitte, dem Meisterschüler Auguste Comtes, dessen positivistische Philosophie mit ihrer Betonung von Ordnung, Fortschritt und Altruismus gewissermaßen zur Theologie der Freimaurer des 19. Jahrhunderts wurde. Später hielt Riza selbst an der Sorbonne Vorlesungen über Naturgeschichte und Positivismus, wobei er die Evolutionslehre Charles Darwins auch zur Maxime einer »naturwissenschaftlich ausgerichteten« Politik erklärte. Zu seinen Vorbildern wurde dabei Charles Maurras, ein antisemitischer Schriftsteller, der die protofaschistische *Action Française* entscheidend prägte. Maurras propagierte, was er »integralen Nationalismus« nannte: eine Verbindung von Positivismus und Nationalismus und den ideologisch geeinten, starken Staat, dessen Bürger eine gemeinsame Staatsreligion verbindet. Obwohl er selbst Agnostiker war, wollte Maurras in Frankreich den Katholizismus in dieser Rolle sehen, gehörten ihm doch die meisten Franzosen an. Das wiederum inspirierte Riza, der sich ebenfalls als Agnostiker definierte, seine Einstellung zum Islam zu überdenken. Immerhin konnte die Lehre des *Propheten* die osmanischen Muslime zusammenschweißen und setzte sie zugleich vom Westen ab. So wurde ein »positiver Islam« – vergleichbar mit Hitlers »positivem Christentum« zweieinhalb Jahrzehnte später – für ihn zur Quelle einer weltanschaulich begründeten Politik. Fortan veröffentlichte Riza nicht nur Schriften gegen Abdülhamid II., sondern warb auch in seiner Zeitung *Mesveret* (»Beratung«) für den rechtsmodernistischen Staat, während er gleichzeitig seine türkischen Studenten gegen das *Ancien Régime* von Konstantinopel mobil machte.[207]

Im selben Jahr, in dem Riza in die Emigration gegangen war, gründeten fünf Studenten der Militärischen Medizinschule in Istanbul, darunter der kurdische Dichter, Freidenker und spätere Arzt Abdullah Cevdet, das *Ittihat-i Osmani Cemiyet*, das »Komitee der osmanischen Einheit«. Es propagierte den sogenannten *Osmanismus* und trat für die Gleichberechtigung aller Staatsbürger ungeachtet ihrer Religion, eine liberale Verfassung und die Umgestaltung des Reiches zu einem säkularen Staat nach den Idealen der Französischen Revolution ein. Zu den frühesten Mitgliedern des Komitees zählte der Mediziner Dr. Bahattin Schakir. Der oppositionsfreundliche Prinz Yusuf Izzeddin machte ihn nicht nur zu seinem Leibarzt, er begann auch, die Bewegung großzügig finanziell zu unterstützen.[208]

Bald kamen beide Gruppierungen in Kontakt miteinander und beschlossen, ihre Kräfte zu vereinen. An ihrem ersten Kongress in Paris vom 4. bis 9. Februar 1902 nahmen auch Vertreter anderer türkischer Oppositionsgruppen, darunter die armenischen Daschnaken, teil. Prominentester und zugleich einflussreichster Redner auf dem Kongress war Prinz Sabaheddin, der Sohn des ins Exil geflohenen Schwagers von Sultan Abdülhamid. Er plädierte für die Einrichtung einer konstitutionellen Monarchie, eine Dezentralisierung der Verwaltung und eine neue Verfassung, in der die Rechte aller Völker und Gruppen des Reiches garantiert würden. Doch er setzte sich nicht durch. »Autonomie ist Verrat und bedeutet Separatismus«, stellte Riza fest. Es war die erste Spaltung der osmanischen Exilopposition, eine klare Weichenstellung in Richtung eines autoritären Zentralismus und eines Einheitsstaates mit dem türkischen Bevölkerungselement als Garanten für Homogenität.[209]

Auf einem zweiten Kongress 1907 in Thessaloniki wurde der Zusammenschluss der Gruppe um Riza und des *Ittihat-i Osmani Cemiyet* zu einer Partei beschlossen, die sich *Ittihat ve Terraki* (»Einheit und Forschritt«, kurz: *Ittihat*) nannte, was ihre pantürkische wie positivistische Ausrichtung zum Ausdruck brachte.[210]

Dass sich der Widerstand in Mazedonien formierte, hatte einen Grund. Schon 1903 wurde die Provinz unter internationale Aufsicht gestellt; der Sultan war nicht mehr länger in der Lage, die Unabhängigkeitsbestrebungen ihrer Bewohner zu unterdrücken, ein weiteres Blutbad, noch dazu auf europäischem Boden, hätten die Westmächte nicht geduldet. Das wiederum wurde von den dort lebenden Türken als Demütigung empfunden und ließ immer mehr osmanische Offiziere zur Opposition wechseln.

Das spezielle Milieu Thessalonikis prägte die Bewegung der Jungtürken noch mehr als der Umgang mit den Logenbrüdern in Paris. Nirgendwo sonst im Osmanischen Reich waren die Freimaurer so präsent. Schon um die Jahrhundertwende war dort die Logenorganisation *Macedonia Risorta* (»Das auferstandene Mazedonien«) gegründet worden, deren Vorbild die italienischen *Carbonari* waren. Ihr Direktor, Emanuel Karasso, stellte den Jungtürken die lokalen Logenhäuser für ihre geheimen Sitzungen zur Verfügung.[211] Ihre wichtigsten Dokumente wurden dort aufbewahrt, damit sie nicht in die Hände der osmanischen Geheimpolizei fielen. Bald setzte sich der gesamte Führungskader der Jungtürken aus lokalen Freimaurern zusammen, Männern wie Talaat Bey (ab 1917: Talaat Pascha), der später zum Großmeister der Freien und Angenommenen Maurer der Türkei gewählt wurde, der junge Hauptmann Enver Bey (später: Enver Pascha) und der promovierte Chirurg und junge Offizier Ahmed Cemal (später: Cemal Pascha). Ihr Komitee expandierte in nur zwei Jahren zu einer großen Organisation mit gut 15 000 Sympathisanten und geheimen Sektionen in vielen größeren Städten. Dieser schloss sich auch die Geheimgesellschaft *Vatan* (»Vaterland«) an, die der Generalstabsoffizier Mustafa Kemal (der spätere Staatsgründer Atatürk) in Damaskus gegründet hatte.[212]

So hatte die *Ittihat*-Partei bald einen Zentralrat, den »Inneren Zirkel«, der alle Merkmale einer Loge aufwies. »Diese okkulte Gruppe«, so erklärte der britische Botschafter in seinem Jahresbericht für 1908, »hat sich von Anfang an wie eine Geheimorganisation verhalten.«[213] Weder die Namen ihrer Drahtzieher noch ihre Pläne und Beschlüsse wurden der Öffentlichkeit, ja nicht einmal den Mitgliedern der eigenen Partei, bekannt gemacht. »Dieser Rat hatte immer etwas Mysteriöses«, beschrieb ihn der deutsche General Liman von Sanders, der ab 1913 die heruntergekommene osmanische Armee modernisieren sollte: »Ich habe nie in Erfahrung bringen können, wie viele Mitglieder er hatte, noch wer sie – mit Ausnahme der Führenden, die jedermann kannte – waren.«[214] Acht Mitglieder sollen es 1908 gewesen sein, sieben im Jahre 1910, zehn ein Jahr später, zwanzig bis 1913. Sowohl das Thessaloniker Komitee wie der Innere Zirkel hatten das gleiche Aufnahmeritual. Mit verbundenen Augen wurde das neue Mitglied in einen Raum geführt, wo es die eine Hand auf einen *Qur'an* oder eine Bibel, die andere auf einen Revolver oder ein Messer legte. Dann musste der Betreffende schwören, am Erfolg des Komitees mitzuarbeiten und den Tod zu akzeptieren, sollte er gegen seine Regeln verstoßen oder es an seine Gegner verraten.[215]
Wie wichtig der masonische Einfluss auf die Jungtürken war, stellte der deutsche Bankier Hjalmar Schacht fest, der später zum Reichsbankpräsidenten und zu Hitlers Wirtschaftsminister aufsteigen sollte. 1906 war Schacht der Berliner Loge *Urania zur Unsterblichkeit* beigetreten. Drei Jahre später bereiste er gemeinsam mit den Orientkennern Ernst Jäckh, ebenfalls Freimaurer, und Paul Rohrbach im Auftrag des *Deutschen Bagdadkomitees* das Osmanische Reich, um die Voraussetzungen für den Bau eines Krankenhauses in Adana zu sondieren. In Thessaloniki lernte Schacht türkische Freimaurer kennen, die ihn mit Logenbrüdern im ganzen Land in Kontakt brachten. In vielen Gesprächen ließ er sich davon überzeugen, »dass die ganze jungtürkische Revolution von Freimaurern getragen und in den Logen vorbereitet worden ist«, wie die *Frankfurter Allgemeine Zeitung* vom 20. August 2008 seine unlängst entdeckten privaten Aufzeichnungen zitiert: »In den Logenräumen haben die Zusammenkünfte stattgefunden, die die politischen Ereignisse vorbereiteten.« So war

Schacht, der ab 1931 auch Adolf Hitler tatkräftig unterstützen sollte, überzeugt, es seien »die besten Elemente des türkischen Volkes gewesen, die jenes Regime gestürzt haben«. Den Jungtürken bescheinigte er: »Was die heutigen Leiter der türkischen Regierung treiben, ist bewusst maurerische Kulturpolitik«.[216]

Vor dem Kongress in Thessaloniki hatte Ahmed Riza in seiner Schrift »Die Krise des Orients« gewissermaßen ein Inventar der jungtürkischen Träume und Hoffnungen erstellt. Es war die türkische Lesart der positivistischen Philosophie, ihre Anpassung an eine unaufgeklärte islamische Nation. Die meisten Jungtürken waren Atheisten, doch sie wussten, dass ihr Volk das weder verstehen noch akzeptieren würde. Das Reich Abdülhamids war ein vom Islam beherrschter Vielvölkerstaat. Die Jungtürken würden den Islam nur noch benutzen, um das Volk zu vereinigen, ihr Ziel aber war der säkulare Staat, der einer eigenen Doktrin, quasi einer politischen Religion, folgt. Sie propagierten einen türkischen Nationalstaat, in dem die Ideologie des *Panturkismus* an die Stelle des *Panosmanismus* trat, die Idee einer herrschenden Rasse das Konzept von der beherrschten Völkerfamilie ersetzte.

Der Panturkismus oder *Turanismus* wurde von Ziya Gökalp repräsentiert, einem der ersten Mitglieder des damals noch geheimen *Ittihat-i Osmani Cemiyet* an der Militärischen Medizinschule in Konstantinopel und ebenfalls überzeugten Freimaurer. Der Sohn eines Journalisten, der bereits den Jungosmanen nahegestanden hatte, interessierte sich zeitlebens für das Spannungsfeld zwischen Glauben, Mystik und moderner Wissenschaft. Sozialistische und rein materialistische Ideologien lehnte er ab. Sein Denken war nationalistisch, sein Bestreben die Definition einer genuin türkischen Weltanschauung. Mit seinem Credo »Die neue Zivilisation wird von der türkischen Rasse geschaffen werden, die im Unterschied zu anderen Rassen nicht durch Alkohol und ein ausschweifendes Leben verdorben ist, sondern sich in ruhmreichen Kriegen gestärkt und verjüngt hat«[217] brachte er es bald zum Chefideologen der Bewegung. Sein Buch *Der rote Apfel*, das 1914 erschien, verdankt seinen Namen dem Symbol der türkischen Sultansmacht, das zugleich für das jeweilige Ziel ihrer Eroberungen stand. Bei den Osmanen repräsentierte der

»rote Apfel« zunächst Konstantinopel, dann Budapest, Rom und schließlich Wien. In der Ideologie des Turanismus aber war er ein Symbol für das mythische Ursprungsland der Türken, von dem eine alte persische Sage berichtet.[218]

Dieser Sage zufolge teilte Fereydun, der sechste mythische Ur-König, die Welt unter seinen drei Söhnen Iradsch, Salam und Tur auf: Iradsch erhielt mit dem Iran das Kernstück des Reiches, Salam den ganzen Westen mit Kleinasien, Tur alles Land jenseits des Oxus (Amudarja), die Steppe im Norden: »Dann gab an Tur er Turan hin, und macht' ihn zum Herrn von Turk und Tschin«, heißt es im »Königsbuch« *Schahnama.* Doch, was zunächst wie eine nette Sage klingt, die allenfalls die persischen Expansionswünsche nach Norden und Westen legitimieren sollte, wurde für die Pantürken zum Schlüssel zu ihrer verlorenen Heimat. »*Vatan ne Türkiyedir Türkler'e ne Türkistan Vatan büyük ve müebbet bir ülkedir: Turan*«[219] (»Das Vaterland der Türken ist nicht die Türkei, ist nicht Turkestan. Es ist ein weites, ewiges Land: Turan«), dichtete Gökalp. So wurde der Turanismus das türkische Gegenstück zum Panslawismus der Russen oder dem arischen Mythos, der zeitgleich in Westeuropa auf fruchtbaren Boden stieß. Stand, wie es Adolf Hitler angeblich im Gespräch mit Hermann Rauschning[220] erklärte, der Deutsche »mit einem Fuß in jenem bekannten Lande Atlantis« (oder, müsste man ergänzen, auf der ebenso mythischen Insel Thule), sehnte sich der Türke nach der verlorenen Steppe seiner sagenhaften turanischen Heimat. Seinen Ursprung hat der Begriff »Turanismus« in den Schriften des ungarischen Turkologen Ármin Vámbéry, der den (bis dahin unbekannten) Turaniern in seinen *Sketches of Central Asia* (1868) ein ganzes Kapitel widmete. Vámbéry hielt die Turkvölker für eine eigenständige »turanische Rasse«, zu der er auch die Ungarn zählte. Obwohl er ein persönlicher Freund Abdülhamids II. war, fand er auch unter den Jungtürken zahlreiche Anhänger. Der Turanismus erklärte die Türken zu einem Volk mit einer geradezu heilsgeschichtlichen Sendung. Sein Ziel war es, die Turkvölker aus jeder Fremdherrschaft – insbesondere der des Erzfeindes Russland – zu befreien und wieder zu einem neuen Riesenreich zu vereinen, das, wie zu Fereyduns Zeiten, von der Adria bis nach China reichen sollte.

Als der Franzose Léon Cahun, der ab 1890 an der Sorbonne Seminare zur Geschichte Vorderasiens hielt, den Turanismus vorstellte, fand er bei den Schülern Ahmed Rizas offene Ohren.[221] In Paris kamen die Jungtürken auch mit den Theorien des Diplomaten und Schriftstellers Arthur de Gobineau in Kontakt, der die Vermischung von Rassen für den »Untergang aller Kulturen« verantwortlich machte. Die Anhänger Gobineaus führten die Schwäche des osmanischen Vielvölkerstaates auf seine Heterogenität zurück. Der Osmanismus konnte die unterschiedlichen Ethnien integrieren, der Panturkismus aber schloss sie zwangsläufig aus. Die Notwendigkeit, »Fremdkörper« zu entfernen, wurde bald als Voraussetzung für die Wiedererlangung verlorener Größe betrachtet, als notwendiger, wenn auch schwieriger Heilungsprozess für den »kranken Mann am Bosporus«, als den nicht nur Bismarck und der Zar das Osmanische Reich[222] verspotteten.
So setzte sich auch bei den Jungtürken immer mehr ein türkischer Rassismus durch, verbunden mit einem radikalen Nationalismus, der alle echten und eingebildeten Separationsabsichten nicht muslimischer Minderheiten als Bedrohung verstand. Sein Sprachrohr wurde bald die 1903 in Kairo gegründete Zeitschrift *Türk*, die erstmals die »türkische Rasse« zum Thema machte und »die Idee eines türkischen Nationalismus, der auf ethnischen Prinzipien beruht«, propagierte. Da Ägypten längst als osmanische Provinz unter britischer Verwaltung stand, konnte hier die Opposition ungehindert agieren und publizieren. *Türk* verherrlichte die »Ruhmestaten« der Türken, eines »kleinen Stammes«, der »sich auf das Schwert verließ« und damit selbst »das glanzvolle Zentrum Europas, Wien« in Angst und Schrecken versetzte. Für den Niedergang des Osmanischen Reiches aber hatte das Blatt den Schuldigen bald ausgemacht: Die »armenische Ausbeuterrasse«, die, »einem Parasiten gleich«, den »türkischen Volkskörper« »ausgeblutet« habe: »Der Reichtum, den sie erworben, und die Fertigkeiten, die sie sich angeeignet haben, verdanken sie allesamt der Tatsache, dass sie auf unsere Kosten gelebt haben«, behauptete *Türk*, um unter seinen Lesern eine Kampagne zu starten: »Kauft nicht bei Armeniern!«[223]
Auch Bahattin Schakir, der 1905 ins Exil nach Paris ging, als der Transfer größerer Geldsummen aus der Kasse des Prinzen aufflog,

vertrat bald immer radikalere Positionen. Schließlich spielte er »für das Komitee eine ähnliche Rolle wie Josef Stalin zur gleichen Zeit für die bolschewistische Partei«, wie Rolf Hosfeld in seinem exzellenten Buch *Operation Nemesis* schreibt: »Er erfüllte die jungtürkische Bewegung in Paris mit neuem Leben«[224]. In einem Memorandum, das er 1906 verfasste, erklärte Schakir die »Türkifizierung« zum Hauptziel jungtürkischer Politik. Den osmanischen Vielvölkerstaat lehnte er ab: »Die nichtmuslimischen Bürger sind bereit, Osmanen zu werden, weil sie hoffen, dass sie dadurch ihre Nationalität bewahren und sie zu einem Bestandteil des Osmanentums machen können. Christliche Türken zu werden, indem sie ihre Ursprünge allmählich vergessen, würde ihnen allerdings nicht zusagen.«[225] Folgerichtig hätten sie in der »neuen Türkei« auch keinen Platz. Schakir forderte eine Politik der kompromisslosen Stärke, wollte Kampfverbände für das Komitee aufbauen, »Verräter« und »Feinde des Vaterlandes« vor ein Femegericht stellen lassen. Wichtigste Voraussetzung aber sei die Insistenz auf türkische »Reinheit«: »Unser Komitee ist ein rein türkisches Komitee«, teilte er Parteifreunden in Bulgarien mit. »Es wird nie von den Ideen der Feinde des Islam und des Türkismus beherrscht sein.« Nur »rassisch reine« Türken muslimischer Herkunft durften ihm angehören.[226]

Doch bevor es so weit war, bevor man die Türken zu einer homogenen Nation zusammenschmieden konnte, galt es zunächst einmal, die Macht im Reich zu erlangen. Dazu mussten die Jungtürken, und das wussten sie, zunächst alle nur möglichen Bündnisse schließen, mit allen oppositionellen Kräften zusammenarbeiten, um ihr Ziel, den Sturz des *Ancien Régime*, zu erreichen. So schlugen sie zunächst gemeinsames Handeln von Muslimen und Christen vor, forderten die Ablösung des Absolutismus durch ein parlamentarisches System, die Wiedereinsetzung der Verfassung. Um diese Ziele zu erreichen, riefen sie zu bewaffnetem Widerstand, Steuerboykott, Streik und einem Generalaufstand auf – Seite an Seite mit den armenischen Daschnaken.

Schon bald bot sich ihnen die Gelegenheit, ihre Ziele durchzusetzen. Im Juli 1908 verschanzte sich ein Mitglied des Komitees von Thessaloniki, Major Ahmed Niazi Bey, mit einer kleinen Gruppe Partisanen und der erbeuteten Kasse seines Bataillons im mazedonischen Bergland. Ein paar Tage später ging auch der mittlerweile zum Vize-Major beförderte Enver Bey mit 150 Mann in den Untergrund, nicht ohne zuvor die Revolution auszurufen. Als der Sultan 800 Soldaten entsandte, um die Revoluzzer festzunehmen, verweigerten diese den Befehl und ermordeten ihren Offizier. Auch ein zweites Truppenkontingent meuterte, in ganz Mazedonien erklärten Soldaten ihre Solidarität mit den Rebellen und auch albanische Bauern schlossen sich ihnen an. In der Nacht vom 22. auf den 23. Juli besetzte das Komitee von Thessaloniki das Telegrafenamt und rief für den nächsten Morgen die Dorfbürgermeister zusammen. Ein Telegramm nach dem anderen ging in dieser Nacht an den Yildiz-Palast, in dem wieder und wieder die Wiederinkraftsetzung der Verfassung von 1876 gefordert wurde.[227]

Am Morgen des 23. Juli 1908 versammelten sich die Menschen vor dem Gouverneurspalast von Thessaloniki, in dem die zivilen und geistlichen Vertreter der Bevölkerung tagten. Dann, gegen 10.00 Uhr morgens, erschienen sie vor der Menge. Die griechischen und bulgarischen Bischöfe gaben sich den Bruderkuss, Türken, Griechen und Bulgaren fielen sich in einem Rausch der Versöhnung in die Arme. Ein Sprecher verkündete, dass man gerade dem Sultan ein Ultimatum gestellt habe: Wenn er die Verfassung nicht innerhalb von 24 Stunden in Kraft setze, würden das 2. und 3. Armeekorps auf Konstantinopel marschieren. Abdülhamid II. erteilte zunächst den Befehl, die Mitglieder des Komitees zu verhaften. Erst als sein Großwesir ihn davon überzeugte, dass es dann zur Revolution kommen würde, gab der Sultan nach. Am Morgen des 24. Juli verkündete er, die 1878 »aus gewissen Gründen widerrufene« Verfassung sei ab sofort wieder in Kraft. Das Osmanische Reich sei fortan eine konstitutionelle Monarchie, schon bald würde das erste Parlament gewählt werden. Er hatte damit buchstäblich seinen Kopf gerettet. In Konstantinopel wurde er jetzt als Retter des Vaterlandes gefeiert, zusammen mit Ahmed Niazi Bey und Enver Bey, den neuen Freiheitshelden. Abdülhamid II. sei nur Opfer einer korrupten, verräterischen Hofkamarilla gewesen, hieß es offiziell. Die Revolution durfte nicht stattgefunden haben, obwohl die Türkei von einem Tag auf den an-

deren wie neugeboren schien. Sogar unverschleierte Frauen waren plötzlich auf den Straßen zu sehen, nicht nur Christinnen, sondern auch Muslimas. Noch 1901 hatte eine kaiserliche Verordnung nicht nur den Schleier für alle weiblichen Untertanen vorgeschrieben, sondern auch dessen Länge und Dicke bestimmt.[228] »Menschenmengen marschierten tagelang mit Fahnen und Musik in den Straßen, jubelten der Armee zu, die sie befreit hatte, und dem Sultan, den, wie sie sagten, Verräter von ihnen ferngehalten hatten«, vermeldete der amerikanische Journalist H.G. Dwight aus Konstantinopel. Überall wurde ihm versichert, »dass es von nun an im Osmanischen Reich keinen Unterschied zwischen Armeniern, Griechen, Juden und Türken geben würde: Alle waren Osmanen, alle waren frei.«[229]
Sogar im fernen Urfa fand im Hof der wiederaufgebauten armenischen Kathedrale eine Gedenkfeier für die Opfer des ersten »Holocaust« (Corinna Shattuck) statt, jene 3000 Armenier, die hier im Dezember 1895 bei lebendigem Leibe verbrannt worden waren. »Das Regime, das sich die Völker des Osmanischen Reichs zu Todfeinden machte, das – auch in dieser Kirche! – so viel Bruderblut vergoss … dieses Regime hat jetzt ein Ende«[230], verkündete feierlich ein Offizier. »Von heute an dürfen die Christen nicht mehr Hunde genannt werden«[231], versicherte ein *vali* dem österreichischen Militärattaché von Giesl. »Ich habe es in meinem Leben nicht mehr erwartet, dass sich Türken, Armenier und Griechen so brüderlich begegnen«[232], staunte ein amerikanischer Missionar, Rev. James I. Fowle. 60 000 Exilanten, darunter der abgesetzte armenische Patriarch, aber auch einer der Geiselnehmer aus der Ottomanischen Bank, kehrten in den folgenden Wochen in ihre Heimat zurück. In Konstantinopel formierte sich das erste postrevolutionäre Parlament, in dem sogar zehn Armenier, allesamt Mitglieder der Daschnak-Partei, vertreten waren. Fast hätte man glauben können, die Türkei sei auf dem Weg, eine moderne Demokratie zu werden. Doch das, so kommentierte es H.G. Dwight mit gesunder Skepsis, wäre dann doch »zu schön gewesen, um wahr zu sein.« [233]

VIII. Ein Sturm braut sich zusammen

Es dauerte nur ein paar Monate, da begriff jeder in der Türkei, dass der »osmanische Frühling« mit seiner Versöhnungseuphorie nur ein Trick, eine Finte des gerissenen Sultans war, mit dem einzigen Ziel, Zeit zu gewinnen und an der Macht zu bleiben. Doch auch die Jungtürken brauchten nicht lange, um sich zu demaskieren. Schon bald jedenfalls zeigte sich, dass sie keineswegs planten, die Türkei in eine demokratische Gesellschaft zu verwandeln. Ihr Ziel war es vielmehr, eine Parteiendiktatur zu errichten, hinter der als omnipotenter Drahtzieher das geheime Zentralkomitee der *Ittihat* stand. Die Jungtürken »hatten eine Regierung an die Macht gebracht«, kommentierte der britische Journalist Charles Roden Buxton im August 1908, »und jetzt kontrollierten sie, was diese Regierung tat«[234]. Ihre Partei verstand sich als »Seele des Staates« und »Retter des Vaterlandes«, über dem nur eines wachte: Das, so wörtlich, »heilige Komitee«. Die Mitglieder der Abgeordnetenkammer, des türkischen Parlamentes, wurden nicht etwa gewählt, sondern von diesem Zentralkomitee eingesetzt. Alle anderen Parteien galten als potenzielle »Verräter« und »Separatisten«. Fortan kontrollierte dieses ominöse Komitee bald alles im Land, die Presse ebenso wie die Telegraphenämter. Jedes verschlüsselte Telegramm, das in einem türkischen Postamt abgeschickt wurde, musste zuerst den Komitee-Zensoren zur Überprüfung vorgelegt werden. Selbst die Theater mussten die Partei befragen, welche Stücke sie aufführen durften. Jeder, der sich den Beschlüssen des Komitees widersetzte, sollte laut einer öffentlichen Verlautbarung, »auf der Stelle hingerichtet«[235] werden.

Dabei fiel die Bilanz der Jungtürken nach den ersten Monaten an der Macht mehr als bescheiden aus. Waren sie einst angetreten, um das Osmanische Reich zu retten, erschienen sie jetzt als seine Totengräber. Unterstützt von den Westmächten nutzten die Balkanländer den

Umbruch, um sich vom Joch des Halbmonds zu befreien. Am 5. Oktober 1908 erklärte Bulgarien seine Unabhängigkeit, dessen König Ferdinand sich als Zar proklamierte und auf Briefmarken als byzantinischer Herrscher darstellen ließ. Einen Tag später besetzte Österreich-Ungarn Bosnien und die Herzegowina, während Kreta seinen Anschluss an Griechenland bekannt gab. »Das neue Regime der Jungtürken, die den Zusammenhalt des Reiches auf ihre Fahnen geschrieben hatten, musste in kürzester Zeit weit mehr Territorien abtreten als der Sultan in seiner gesamten Regierungszeit bis zur Revolution«[236], stellt Wolfgang Gust fest. Der britische Historiker Bernard Lewis ergänzt: »Die direkte Antwort Europas und der Christen des Balkans auf die erregenden Ereignisse vom Juli 1908 konnte aus türkischer Sicht nur als Aggression und Verrat beschrieben werden.«[237] Die Wut auf die Christen im eigenen Land, denen man doch sogar Bürgerrechte eingeräumt hatte, wuchs mit jedem Tag.

Abdülhamid II. beobachtete die allmähliche Entzauberung der Jungtürken mit stetig wachsender Genugtuung. Auf dem Land, so teilten ihm seine Spitzel mit, konnte die *Ittihat*-Partei keinen Fuß fassen, dort herrschten nach wie vor die alten skrupellosen Statthalter. Konservative Muslime lehnten die neue Regierung, die zumindest nach außen hin noch die Gleichberechtigung aller Volksgruppen und Religionsgemeinschaften auf ihre Fahnen geschrieben hatte, ohnehin ab. Die republikanischen Ideale waren ihnen fremd, sie wollten die Scharia, die ihnen so viele Privilegien gegenüber den verhassten Christen einräumte. Dass die Armenier mit der neuen Zeit gingen und Selbstbewusstsein entwickelten, muss ihnen wie eine ständige Provokation erschienen sein.

Den Zeitpunkt, wieder die bedingungslose Macht an sich zu reißen, sah der Sultan immer näher kommen. In seinem Auftrag begann die ihm nach wie vor treu ergebene Geheimpolizei, im Untergrund ein konterrevolutionäres Netzwerk aufzubauen und die Unzufriedenen zu bewaffnen. Dann, keine neun Monate nach der »Revolution der Jungtürken«, schlug diese Koalition aus konservativen Soldaten und muslimischen Extremisten zu. In der Hauptstadt veranstaltete die islamisch-konservative Reaktion Großkundgebungen, auf denen sie die Wiedereinführung der Scharia verlangte. Ganz offen protestierte sie »gegen die Privilegien, die durch die Konstitution den Christen zugekommen waren«[238], wie die Wiener *Arbeiterzeitung* am 4. April 1909 meldete. Diese Proteste sollten nur den Aufstand der Soldaten und *softas* (Islamstudenten) vorbereiten, der am 12. April ausbrach. Einen Tag später wurde das Parlament besetzt. Die Anführer der Jungtürken mussten sich jetzt verstecken, um ihren Häschern zu entgehen; und das taten sie oft bei armenischen Freunden, die glaubten, dass sie ihnen die ersehnte Freiheit zu verdanken hatten.

Während es in Konstantinopel zu schweren Unruhen kam, war der Schauplatz der dramatischsten Ereignisse dieser Tage das *vilayet* Adana, das alte Kilikien. Hier war die Bevölkerung systematisch gegen die Armenier aufgehetzt worden. Doch zunächst holten die 50 000 meist türkischen und kurdischen Arbeiter wie immer die Ernte ein und füllten die Kornspeicher der arglosen armenischen Grundbesitzer. »Wir warten, bis der Bienenstock mit Honig gefüllt ist; dann kommt die Gelegenheit, ihn zu leeren«[239], erklärte ein türkischer Beamter. Als ein junger Armenier am 6. April in Notwehr zwei Türken tötete, entlud sich erneut der aufgestaute Hass. Die Bevölkerung verlangte die Auslieferung des »Mörders«, der *vali* verteilte Waffen an die Türken, »damit sie sich vor den Armeniern schützen konnten«[240]. Die türkischen Häuser wurden markiert, um nicht versehentlich überfallen zu werden, auf christlichen Häusern dagegen war das verächtliche Wort *kafir* (»Ungläubiger«) zu lesen. Am 13. April, während in Konstantinopel die Konterrevolutionäre putschten, waren die Moscheen auch in Adana voller bewaffneter Männer, die den weißen Turban trugen, das Zeichen der Gläubigen, die in den *dschihad*, den »Heiligen Krieg«, zogen. In der folgenden Nacht, so berichtete der deutsche Konsul in Adana, H. Christmann, dem deutschen Botschafter in Konstantinopel, Adolf Marschall von Bieberstein, rief ein *hodscha* (islamischer Religionsgelehrter) vom Minarett einer Moschee aus dazu auf, »man müsse jetzt die Armenier töten«[241]. In der ganzen Stadt breitete sich eine Progromstimmung aus. Die Behörden taten nichts, um einzugreifen, im Gegenteil. »In Gegenwart des *vali* und der Spitzen der türkischen Behörden«, so Konsul Christmann, wurde »der angesehene Armenier Schadirik *zur Ehre Mohammeds*, diese Worte wurden gesprochen, mit einer Axt erschlagen. Gleichzeitig ertönte aus der Dampfmühle der Gebrüder Bosnali das verabredete Signal mit der Dampfpfeife, das den Anfang der Metzeleien andeutete, welche von nun an ihren Gang nahmen.«[242] Gegen Mittag fielen die ersten Schüsse. Soldaten besetzten die Minarette der Moscheen und feuerten von dort auf die Armenier, die sich in ihrem Stadtviertel verschanzten. Christliche Häuser und Magazine wurden geplündert und niedergebrannt. Erst als ihnen Widerstand geleistet wurde, zogen sich die Türken zurück und forderten bei den umliegenden Stützpunkten Hilfe an. Am 16. April vereinbarten die Armenier, kurz bevor ihnen die Munition ausging, einen Waffenstillstand. Sie konnten nicht ahnen, dass zur gleichen Zeit im Umland 200 Dörfer verwüstet, die Ernte vernichtet oder von den Türken gestohlen und Tausende Menschen ermordet wurden. Das bedeutete für ganz Kilikien den wirtschaftlichen Ruin. In Tarsus stand das christliche Viertel in Flammen, in Antiochia fand ein Massaker statt, Kessab wurde in eine »Masse schwarzer Ruinen«[243] verwandelt, wie ein Augenzeuge berichtete.

Während am gleichen Tag die in Thessaloniki stationierten Truppen gegen Konstantinopel zogen und acht Tage später die Konterrevolution niederschlugen, herrschte in Adana Totenstille. Erst als am 24. April die Kommandanten zweier in Mersin liegender Schiffe, ein britischer und ein französischer Marineoffizier, den *vali* von Adana wegen der jüngsten Massaker zur Verantwortung zogen, endete diese. Jetzt beschuldigten auch die Jungtürken die Armenier, »in einer inneren Angelegenheit eine Intervention des Auslands verursacht«[244] zu haben. Gerüchte kursierten, die Armenier hätten die Gunst der Stunde nutzen wollen, um mit Hilfe der Westmächte ihr altes kilikisches Königreich aus der Zeit der Kreuzzüge neu zu errichten.

»Man erwartete, dass diese jungtürkischen Truppen die Ordnung herstellen würden«, meldete Konsul Christmann entgeistert, doch

> »diese Truppen sind es gewesen, welche der Stadt Adana den Rest gegeben haben, die die gesamten armenischen Quartiere, auch das Quartier unschuldiger chaldäischer Christen, niederbrannten, die Bewohner erschossen und im Verein mit den wilden Horden plünderten, welche auch das Leben der Griechen und christlichen Syrer nicht

> schonten. (…) Reguläre türkische Truppen waren es, nicht der Pöbel, welche die große französische Jesuitenschule vollständig ausplünderten, einen Jesuitenpater, der sein Eigentum retten wollte, mit gefälltem Bajonett angriffen und nachdem das Gebäude einäscherten.«[245]

Das Christenviertel sah danach aus wie von einem Erdbeben verwüstet, während die muslimischen Viertel völlig unversehrt blieben. Doch was den deutschen Konsul regelrecht schockierte, war die sadistische Gewalt, mit der gegen die Christen vorgegangen wurde:

> »Dass mit viehischer Grausamkeit gemordet wurde, beweisen die entsetzlichen Verwundungen, welche ärztlicher Behandlung unterstehen. Man hat, bevor man die Opfer tötete, sie oftmals verstümmelt, ihnen Nase, Ohren, Hände abgeschnitten, schwangeren Frauen schlitzte man den Leib auf. Man hat Mädchen geschändet und ihnen dann die Brüste abgeschnitten, Knaben kastriert. Frauen und Kinder sind keineswegs verschont worden. Die vielen Tausende von Toten warf man in den Fluss und täglich treiben an den Kriegsschiffen die Leichen Ermordeter vorüber.«[246]

»Alle Augenzeugen sind sich einig: Niemals hat man ähnliche Greuel gesehen wie in Adana«, schreibt Yves Ternon, während er den Bericht des Konsuls noch um einige schreckliche Details erweitert: »Flüchtende werden erschossen, man durchschneidet ihnen die Kehle, fesselt sie, übergießt sie mit Petroleum und zündet sie an wie Fackeln. Gehäutete Leichen werden vor Fleischerläden aufgehängt, Menschen auf Pfähle gespießt, andere an Türen oder Brettern gekreuzigt, Kinder in Stücke geschnitten, Säuglingen hackt man die Finger ab … Ein Wirbelsturm von Feuer und Blut fegt über Adana.«[247] Mehr als 20 000 Armenier fielen der »kilikischen Apokalypse« zum Opfer.

Wenn Adana die Jungtürken etwas lehrte, dann, dass keine europäische Macht bereit war, zugunsten der Armenier zu intervenieren. Es blieb bei dem einmaligen Protest der beiden Schiffskommandanten. Auch die Besatzungen des deutschen Kriegsschiffes *Loreley* und des Kreuzers *Hamburg*, die zum Zeitpunkt der Massaker im kilikischen

Hafen Mersin festgemacht hatten, durften nicht eingreifen. Ihr einziger Befehl lautete, im Fall einer Bedrohung Deutsche an Bord zu nehmen. Dass sie dann doch Hunderte von verletzten Armeniern versorgten, geschah ausdrücklich ohne Billigung des Kaisers. »Regierung Adana schafft mit jungtürkischen Truppen grausame Rache«, funkte der Kommandant der *Hamburg* an die deutsche Admiralität: »Greuel unmenschlich. Elend unbeschreiblich. Türkische Offiziere sagen, kein Armenier soll leben bleiben.«[248] Doch Wilhelm II. befand lakonisch: »Die Armenier gehen uns nichts an!«[249].

So zog man es im Westen vor, die Schuld an dem Massaker, wenn es denn überhaupt Beachtung fand, dem Sultan zuzuschreiben. Dessen Tage waren ohnehin gezählt, seit die Truppen aus Mazedonien den konterrevolutionären Putsch erfolgreich niedergeschlagen hatten. Jetzt ging Abdülhamid II. nach Thessaloniki ins Exil, während die Jungtürken seinen durch die lange Gefangenschaft apathischen und siechen Halbbruder Mehmed Reschad als Sultan Mehmed V. (1844–1918) auf den Thron hoben. Er war die perfekte Marionette des geheimen Zentralkomitees der Jungtürken.

Eine seiner ersten Taten war es, das Massaker an den Armeniern von Adana als »Betriebsunfall« herunterzuspielen. Ein internationales Hilfskomitee für die Opfer wurde gegründet, dessen Vorsitz sein Großwesir und dessen Patronat er selbst übernahm. Plötzlich war die Rede von »reaktionären, kriminellen Schurken, welche die Armenier in einem Überraschungsangriff massakrieren und ausplündern wollten«[250]. Zwischen Juni 1909 und Dezember 1910 wurden 124 Anführer des Mobs zum Tode verurteilt und gehängt. Es war das erste Mal in der Geschichte des Osmanischen Reiches, dass Muslime für den Mord an Christen zur Verantwortung gezogen wurden. Das trug erfolgreich dazu bei, das Ansehen der neuen Regierung in der westlichen Welt wieder wachsen zu lassen.

»Die wirkliche Konsequenz, die das Komitee aus den Ereignissen zieht, ist aber eine andere«[251], stellt Rolf Hosfeld treffend fest. Am 27. September 1909 trat das »Gesetz zur Verhinderung von Bandentum und Separatismus« in Kraft. Politische Vereinigungen, die den Namen ethnischer oder nationaler Gruppen führten, waren fortan verboten. »Jagdbataillone«, deren Mitglieder aus der Armee rekrutiert wurden, sollten fortan im Kampf gegen »die bewaffneten Guerillabanden der christlichen Minoritäten«[252], zunächst auf dem Balkan, eingesetzt werden. Die Weichen für eine »Türkei der Türken«, einen »völkisch« und religiös einheitlichen Nationalstaat, waren gestellt. »In Wahrheit kann es für verschiedene Völker kein gemeinsames Zuhause und Vaterland geben«[253], hatte Zentralkomitee-Mitglied und Jungtürken-Chefideologe Ziya Gökalp seinem Freund und Schüler Talaat Bey ins Stammbuch geschrieben. Er lieferte damit die Begründung für die geplante »ethnische Säuberung«. So wurde – laut dem türkischen Historiker Taner Akcam – auf der Versammlung der *Ittihat* in Thessaloniki Ende Juli/Anfang August 1910 »auch erstmals als Alternative die Deportation christlicher Bewohner aus den Randgebieten ins Landesinnere oder auch ein gewaltsames Vorgehen gegen sie«[254] diskutiert.

»Dass das Komitee überhaupt nicht mehr daran denkt, all die nichttürkischen Elemente auf friedlichem und verfassungsmäßigem Weg zu osmanisieren, ist seit langem deutlich geworden«, stellte in erstaunlicher Klarsicht auch der britische Außenminister Sir Edward Grey fest. »Für sie bedeutet ›osmanisch‹ offensichtlich ›türkisch‹, und ihre gegenwärtige Politik der Osmanisierung läuft darauf hinaus, alle nichttürkischen Elemente in einem türkischen Mörser zu zerstampfen.«[255]

Ganz anders sahen das die Anhänger der armenischen Daschnak-Partei. Sie vertrauten den Jungtürken. Sie hatten deren Anhänger während der Konterrevolution versteckt und rechneten fest damit, den Lohn für ihre Treue, ja Komplizenschaft zu erhalten. Als Sozialisten betrachteten sie den europäischen Imperialismus, allen voran aber das russische Zarentum, als natürlichen Feind. Eine junge revolutionäre Bewegung wie die der Jungtürken dagegen, die zumindest nach außen hin eine Gleichberechtigung der Völker propagierte, lag ganz auf ihrer Linie. Auch die armenische Nationalversammlung, die am 21. März 1912 in Konstantinopel tagte, bestätigte die Solidarität aller armenischen Parteien mit der jungtürkischen Regierung. In den Balkankriegen 1912/13 kämpften die Armenier, die nach der neuen Verfassung endlich auch Kriegsdienst leisten und Waffen tragen durften, Seite an Seite mit den Türken gegen christliche Serben, Bulgaren, Montenegriner und Griechen, die sich zum »Balkanbund« zusammengeschlossen hatten. Sie ahnten nicht, dass dieser Krieg das Vorspiel zu ihrer eigenen Vernichtung sein würde.

Dass der für das Osmanische Reich verlorene Kampf um den Balkan zu katastrophalen Gebietsverlusten führte, hatte zwei unmittelbare Folgen. Die erste war eine Spaltung des Offizierskorps und schließlich ein jungtürkischer Militärputsch Anfang 1913, der zur Radikalisierung der *Ittihat*, zur Ausschaltung aller liberalen Kräfte und zur Machtübernahme des ultrarechten Flügels der Partei führte. Die neue »Speerspitze« der Bewegung bildete ein Triumvirat mit geradezu diktatorischen Vollmachten: Innenminister Talaat Bey, Kriegsminister Enver Pascha und Marineminister Cemal Pascha. Sie hatten schon im Komitee von Thessaloniki führende Rollen gespielt. Alle drei waren Parvenüs, politische Dilettanten, die ihren Mangel an Bildung und staatsmännischem Geschick durch »grobe Energie, brutale Rücksichtslosigkeit und selbst Grausamkeit ersetzten«[256], wie der österreichische Militärattaché in Konstantinopel, Joseph Pomiankowski, damals treffend schrieb. Talaat Bey (eigentlich: Mehmed Talaat) stammte, wie jeder der drei, aus kleinen Verhältnissen und hatte sich in einer Mischung aus grenzenlosem Ehrgeiz und eiskalter Skrupellosigkeit hochgearbeitet. Seine Vorfahren waren Pomaken, Angehörige der muslimischen Minderheit in Bulgarien, die schon früh zu treuen Helfershelfern der türkischen Besatzer geworden waren. In Adrianopel hatte er den Fernschreiber bedient und noch als Innenminister bewahrte er das Gerät als Trophäe seines Aufstiegs auf. Umso mehr bewunderte Henry Morgenthau, wie sicher Talaat sich auch auf gesellschaftlichem Parkett bewegte. Physisch war er von einer beeindruckenden Gestalt, die manchen Zeitgenossen an die eines Ringers erinnerte. Er hatte ein breites Kreuz, massige Schultern, einen Bizeps, der jede Anzugjacke zum Platzen bringen konnte, und Handgelenke, »doppelt so groß wie die eines gewöhnlichen Mannes, die fest und sicher auf dem Tisch lagen«[257], wie der US-Botschafter schrieb. Talaat war ein Macht- und Kraftmensch und in jeder Hinsicht der Kopf des Triumvirats, der eigentliche »starke Mann« der neuen Regierung, der peinlich darauf geachtet hatte, dass alle, die nominell über ihm standen, seine gefügigen Marionetten waren. Das

Die »starken Männer« der Jungtürken: Talaat Bey, Enver Pascha, Cemal Pascha

galt für den schwachen, durch die lange Haft mental und psychisch gebrochenen Sultan ebenso wie für den Großwesir, dessen Rang und Rolle der eines deutschen Reichskanzlers entsprach. Mehmed II. »war einfach ein stiller, unkomplizierter, alter Gentleman«, beschrieb Morgenthau den Sultan, »jeder mochte ihn und ich glaube nicht, dass er einer einzigen menschlichen Seele etwas Böses wollte.« [258] Trotzdem verlangten die Jungtürken von ihm, dass er nach der Niederschlagung der Konterrevolution dreizehn Todesurteile unterschrieb, darunter auch das eines kaiserlichen Schwiegersohnes. Obwohl er regelrecht darum bettelte, ihn begnadigen zu dürfen, ließen sie ihm keine Wahl. Seitdem, so Morgenthau, »versuchte der Sultan nie mehr, sich in Staatsgeschäfte einzumischen. Er wusste, was mit Abdülhamid geschehen war, und er fürchtete ein noch schrecklicheres Schicksal.«[259] Sein Großwesir Said Halim war ein ägyptischer Prinz, »ein Mann von Reichtum und Kultur, der ein Schmuckstück einer jeden Gesellschaft in der Welt gewesen wäre«, aber auch »ein Mann von grenzenloser Eitelkeit und Ehrgeiz«, wie ihn der US-Botschafter charakterisierte. Er sprach fließend Englisch und Französisch »so fließend wie seine eigene Muttersprache, Arabisch«[260], aber kaum ein Wort Türkisch. In seinem Ehrgeiz, eines Tages zum *Khediven* (Vizekönig) von Ägypten ernannt zu werden, hatte er die Bewegung der Jungtürken schon früh großzügig finanziell unterstützt. Zum Dank war er für das zweithöchste Amt im Staate ausgesucht

worden, von Talaats Gnaden freilich, mit vielen Würden ausgestattet, aber ohne jede wirkliche Macht.
Ganz anders Enver Pascha (eigentlich: Ismail Enver), der zweite Mann des Triumvirats. Der Sohn eines Eisenbahnarbeiters hatte sich in Thessaloniki den Titel »Held der Revolution« erworben, was allein schon erklärt, weshalb Talaat und das Komitee ihn zum Kriegsminister machten. Tatsächlich hielt er sich für einen großen Soldaten und geborenen Feldherrn, ohne freilich je einen militärischen Erfolg vorgewiesen zu haben. Als er im Zweiten Balkankrieg an der Spitze seiner Truppen Adrianopel erreichte, hatten sich die Bulgaren bereits aus der Stadt zurückgezogen, ohne dass ein Tropfen Blut vergossen werden musste. Doch dieser einmalige Glücksfall machte seinen Ruhm aus. »Seine Rücksichtslosigkeit, seine unbarmherzige, kaltblütige Zielstrebigkeit standen im Widerspruch zu seinem sauber rasierten, hübschen Gesicht, seiner kleinen aber kräftigen Figur und seinen guten Manieren«, berichtete Morgenthau. »Seine Erscheinung hatte etwas Geziertes, ja Weibisches ... während Frauen ihn gerne als ›fesch‹ bezeichneten. Sein Gesicht wies keine einzige Falte auf und offenbarte nie seine Gefühle oder Gedanken. Er wirkte immer ruhig, eiskalt und unbeirrbar. Seine Freunde bezeichneten ihn als ›Napoleonlik‹ – ›der kleine Napoleon‹ –, und dieser Spitzname verriet viel über sein Selbstverständnis. Ich erinnere mich, wie ich eines Abends mit Enver in seinem Haus saß; auf einer Seite hing ein Bild von Napoleon, auf der anderen eines von Friedrich dem Großen, und dazwischen saß er selbst! Das vermittelte nicht nur einen Eindruck von seiner Eitelkeit, diese beiden Staatsmänner waren auch seine großen Helden und Enver glaubte wohl, dass ihm eine Laufbahn ähnlich jener dieser beiden vorbestimmt war.«[261] Er hielt sich für einen »Mann der Vorsehung«, auserwählt, die Türkei zu neuer Größe zu führen und sie eines Tages als Diktator zu beherrschen. Sein Haus glich einem Palast, seine Frau war eine kaiserliche Prinzessin. In seiner Zeit als Militärattaché in Berlin war er zum Bewunderer des Preußentums geworden. Er sprach nahezu perfekt Deutsch und zwirbelte seinen Schnäuzer, wie es sein Idol, der Kaiser, tat. So wuchs mit seiner Ernennung zum Kriegsminister der deutsche Einfluss auf das Triumvirat, während Talaat als eher frankophil galt.

Der Dritte im Bunde, der Kurde Cemal Pascha (eigentlich: Ahmed Cemal, alternative Schreibweise: Djemal), stammte als einziges Mitglied des Triumvirats aus bürgerlichen Verhältnissen; sein Vater war Militärarzt auf der Insel Lesbos. Doch das hieß nicht, dass sein Ehrgeiz weniger grenzenlos war. »Es gab wenig an Cemal, das gefällig wirkte«, beschrieb Morgenthau ihn. Er habe nie ein Gesicht gesehen,

> »das so offensichtlich Grausamkeit mit Machtgier und Eindringlichkeit verband. Enver konnte durchaus grausam und blutdürstig sein, aber er versteckte diese dunkle Seite hinter einer Fassade, die schmeichelnd, glatt und sogar liebenswürdig wirken konnte. Cemal aber verbarg diese Eigenschaften nie, sein Gesicht spiegelte sein Innerstes wider. Seine Augen waren schwarz und durchdringend, die Schnelligkeit, mit der sie von einem Objekt zum anderen huschten und ihn buchstäblich alles mit ein paar blitzschnellen Blicken erfassen ließen, signalisierte Gerissenheit, Unbarmherzigkeit und extreme Selbstsucht. Selbst sein Lachen, das seine weißen Zähne enthüllte, war unangenehm und tierhaft. Sein schwarzes Haar und sein schwarzer Bart, die in Kontrast zu seinem blassen Gesicht standen, verstärkte diesen Eindruck. Auf den ersten Blick wirkte Cemals Gestalt unspektakulär – er war klein, untersetzt und hatte fast hängende Schultern, doch sobald er sich bewegte, wurde deutlich, dass sein Körper voller Energie war. Wenn er meine Hand ergriff, sie wie ein Schraubstock drückte und mir mit diesem durchdringenden Blick in die Augen schaute, wirkte seine Kraft beeindruckend. Doch schon nach der ersten kurzen Begegnung war ich nicht überrascht, als ich erfuhr, dass Cemal ein Mann war, zu dessen Tagesgeschäft Anschläge und Justizmorde gehörten«.[262]

Cemal galt wie Talaat als frankophil, alles Deutsche war ihm verhasst. Wenn er mit deutschen Offizieren zusammenkam, beschimpfte er sie auf Türkisch. Er war ein leidenschaftlicher Anhänger des Panturkismus und »verachtete alle Untertanen des osmanischen Reiches: Araber, Griechen, Armenier, Tscherkessen, Juden; es war sein Ziel, das ganze Reich zu turkisieren … notfalls mit Gewalt.«[263] Erfahrung mit den Armeniern hatte er bereits gesammelt, als er unmittelbar nach

den Massakern von Adana 1909 zum Gouverneur dieser Provinz ernannt worden war, um die Spuren der Gräueltaten zu verwischen. Mit der Machtergreifung des Triumvirats Talaat – Enver – Cemal, einer »Säuberung« des Offizierskorps und der massenhaften Verhaftung politischer Gegner begann die Zeit des »jungtürkischen Terrors«. Selbst Prinz Sabaheddin, der ehemalige Mitstreiter, wurde festgenommen, Hunderte Oppositionelle erwartete die Deportation. Die zweite Folge des verlorenen Balkankrieges war eine regelrechte Völkerwanderung. Zehntausende von *muhacirs*, aus Thrazien und Mazedonien geflohene türkische Muslime, suchten nach einer neuen Heimat und wurden zumeist in Anatolien angesiedelt. Sie veränderten maßgeblich das Klima im Land. Von tiefem Hass auf alle Christen erfüllt, die sie für ihr Schicksal verantwortlich machten, sannen sie auf Rache. In den Moscheen ihrer neuen Heimat hetzten sie ihre Glaubensbrüder gegen die lokalen Christen auf, die sie bezichtigten, mit den Feinden der Osmanen zu paktieren. Für die Niederlage wurde vermeintliche Sabotage armenischer Soldaten verantwortlich gemacht. Die Dolchstoßlegende vom »christlichen Verrat« machte ihre Runden durch die Kaffeehäuser Anatoliens: die Armenier seien »das Unglück des Reiches«. »Im Osmanischen Reich verbreitete sich Endzeitstimmung und die Jungtürken schürten sie nach Kräften«[264], schreibt Wolfgang Gust. »Die Panik um Zerfall und Spaltung hat unweigerlich den Einheitsgedanken in den Vordergrund gestellt«, ergänzt der türkische Historiker Taner Akcam und fährt fort: »Unter der Angst, der Vereinsamung und Vernichtung empfand man die nationalen, demokratischen Forderungen der christlichen Minderheiten als Bedrohung der eigenen Existenz.«[265] Immer häufiger kam es zu Ausschreitungen, sahen auch die Kurden sich wieder berechtigt, die Armenier zu überfallen, auszurauben und zu erpressen. Ein Land sann auf Rache, ein Gewitter zog auf, mit immer dunkleren Wolken, die sich über dem uralten Land rund um den Ararat zu entladen drohten. Man wartete nur noch auf eine günstige Gelegenheit, um die Vision der jungtürkischen Chefideologen von einer starken, da rassisch reinen und religiös geeinten Türkei umzusetzen.
Im Juni 1913 besuchte Johannes Lepsius wieder das Osmanische Reich, um vor Ort zu überprüfen, ob die neue Regierung ihre Re-

formversprechen umgesetzt und den Armeniern die in der Verfassung und im Berliner Vertrag von 1878 garantierten Rechte gewährt hatte. Die Reise wurde zu einer der größten Enttäuschungen seines Lebens. »Die Zustände in Armenien sind unter der jungtürkischen Regierung ebenso unerträglich geblieben wie zur Zeit des Sultans Abdülhamid«, schrieb er noch in Konstantinopel. »Alle Versprechungen, die armenische Bevölkerung vor den Raubüberfällen der Kurden zu schützen und die notwendigen Reformen in der Verwaltung, der Justiz, der Gendarmerie und dem Polizeiwesen durchzuführen, Versprechungen, die die (Hohe, d. Verf.) Pforte im Berliner Vertrag allen Großmächten gemeinsam und in der zyprischen Konvention noch einmal England insbesondere gegeben hat, sind bis auf den heutigen Tag, also in einem Zeitraum von 35 Jahren, auf dem Papier geblieben.«[266]

Noch einmal verstärkten die Großmächte ihren Druck auf die Türkei und mahnten die Umsetzung der zugesagten Reformen an. Russland, das sich einen Zugang zum Mittelmeer sichern wollte, warb am lautesten um die Gunst der Armenier. In der bislang eher vernachlässigten Provinz Russisch-Armenien wurden die Lebensverhältnisse deutlich verbessert, politische Gefangene reihenweise freigelassen. Mit der Erklärung, man wolle Unruhen an der eigenen Kaukasusgrenze verhindern, plädierten die Russen in Paris und London dafür, gemeinsam einen Reformplan auszuarbeiten und ihn der Hohen Pforte zu präsentieren. Das alarmierte die Türken und führte dazu, dass sie im März 1913 eine umfangreiche Verwaltungsreform ankündigten. Sämtliche *vilayets* sollten sechs Inspektionszonen zugeordnet, zudem die alten *hamidiye*-Truppen entlassen werden. Talaat sicherte sogar zu, 7000 türkische Soldaten zum Schutz der Armenier in die östlichen Provinzen zu entsenden. Europäische Beobachter wurden eingeladen, die Durchführung der Reformen zu überwachen. Schließlich unterzeichneten der russische Beauftragte K. N. Gulkewitsch und Großwesir Said Halim am 8. Februar 1914 ein Abkommen, das den Artikel 16 des *Vertrages von San Stefano* wieder in Kraft setzte und England aus der Mitverantwortung für die armenischen Belange entließ. Man plante, die sieben ostanatolischen *vilayets* in zwei Provinzen zusammenzufassen, die ausländischen Generalinspekteuren unterstanden. Diese würden alle Beamten bestimmen und über das Militär ihrer Provinz verfügen können. Zudem sollte eine türkisch-armenische Gendarmerie aufgebaut werden. Türken und Armenier, Christen und Muslime seien vor dem Gesetz gleich, die armenische Sprache wäre neben dem Türkischen als Amtssprache zugelassen, hieß es vielversprechend.[267]

Für die Armenier war es, als sei ein Traum wahr geworden, auch wenn es ihnen noch schwerfiel, an die Umsetzung dieser Pläne wirklich zu glauben. Sogar der jahrhundertealte Konflikt zwischen Russland und der Türkei schien mit einem Male begraben. Anfang Mai 1914 reiste Talaat auf die Krim und bot dem Zaren und seinem Außenminister Sergei Dmitrijewitsch Sasonow an, gegen eine Garantie der Integrität des Osmanischen Reiches Russland fortan freie Fahrt durch die Dardanellen zu gewähren.

Kurz darauf trafen die designierten Generalinspekteure, der Holländer Westenenk und der Norweger Major Hoff, in Konstantinopel ein. Nachdem sie ihren Vertrag mit Talaat Bey unterzeichnet hatten, wollte sich Westenenk auf den Weg nach Erzurum machen, während Hoff bereits in Van eingetroffen war. Es dauerte nicht lange, da wurde ihnen ihre Abberufung zugestellt. Mit dem Ausbruch des Ersten Weltkriegs fühlte sich das Osmanische Reich, obwohl es zu diesem Zeitpunkt noch kein Kriegsteilnehmer war, an keinen der internationalen Verträge mehr gebunden. Jetzt war die Zeit gekommen, das »Armenierproblem« seiner »Endlösung« zuzuführen, um den Weg in die pantürkische Zukunft zu ebnen.

Begonnen wurde jedoch mit den Griechen, die Großwesir Prinz Said Halim jetzt in einem Gespräch mit dem deutschen Botschafter in Konstantinopel, Hans Freiherr von Wangenheim, als »die eigentlichen Feinde der Türkei«[268] bezeichnete. Noch im Zweiten Balkankrieg 1913 hatte die Hohe Pforte dem neuen König Konstantin I. einen Bevölkerungstransfer angeboten, wollte »seine« Muslime gegen die im Osmanischen Reich lebenden Griechen austauschen. Der König hatte abgelehnt, also griff man zu anderen Mitteln. Unter dem Vorwand, »dass eine endgültige Auseinandersetzung für die nächste Zukunft bevorstehe«, als »vorbeugende Maßnahme, damit wir gegebenenfalls nicht den Verrätereien der Griechen im Innern des

Landes preisgegeben waren«[269] – so Marineminister Cemal Pascha – wurde mit einer Kampagne begonnen, ihre Auswanderung zu erzwingen. Den Geheimbefehl dazu hatte Innenminister Talaat Bey am 14. Mai 1914 ausgegeben und an die lokalen Parteibüros und Gendarmeriestationen geschickt:

> »Aus politischen Gründen ist es dringend erforderlich, dass die griechischen Einwohner der kleinasiatischen Küste gezwungen werden, ihre Dörfer zu räumen und … umgesiedelt werden. Falls sie sich weigern, geben Sie bitte Anweisung an die muslimischen Brüder, die Griechen durch jegliche Art von Handlung zu zwingen, sich freiwillig auszubürgern. Vergessen Sie in diesem Fall nicht, von den Migranten Bescheinigungen einzuholen, wonach sie ihre Heimat nach eigenem Willen aufgeben.«[270]

Diese Kampagne begann mit dem Aufruf »Kauft nicht beim Griechen!«. Karikaturen auf Plakaten und Flugblätter stellten die Griechen als christliche Ausbeuter und Blutsauger dar, die wie Parasiten auf Kosten der Türken lebten. Ausländische Firmen, etwa die Singer-Nähmaschinenwerke, wurden aufgefordert, griechische Mitarbeiterinnen zu entlassen und stattdessen türkische Muslimas einzustellen. Auf die Propaganda folgte der Terror. Schon im letzten Balkankrieg hatte das Komitee Todesschwadronen ins Leben gerufen, um den christlichen Widerstand in Mazedonien zu brechen. Jetzt wurden diese in die Städte an der Ägäisküste beordert, mit dem Auftrag, ausgewählte Griechen zu ermorden und Angst und Schrecken unter den Christen zu verbreiten. In Phocaea allein fielen ihnen mehr als fünfzig Griechen zum Opfer. Vorrangiges Ziel der Angriffe aber war ausgerechnet Smyrna (heute: Izmir), die alte Hafenstadt, in der sechs Jahre zuvor der Versöhnungs-Karneval seinen Höhepunkt erreicht hatte; hier bestand die Mehrheit der Bevölkerung aus Griechen, was der Stadt unter Türken den Spottnamen »das ungläubige Izmir« eingebracht hatte. Der Anführer der *komitadschi* genannten staatlichen Terroreinheiten war Kuschubaschi Esref, der Sohn des kaiserlichen Falkners und ein treuer Gefolgsmann Envers. »Wir waren dort wirklich nicht Herr und Meister, nicht einmal Wächter«, versuchte er später seine Aktionen zu verteidigen. »Als es nun primär darum ging, das Land von den inneren Tumoren zu säubern, wandte sich die nationale Aufmerksamkeit Smyrna zu.«[271] Selbst Schüler wurden dafür eingesetzt, die Pogromstimmung aufzuheizen; man trieb sie in Horden durch die Stadt, wo sie »Rache! Rache! Rache!« brüllten und skandierten: »Wir bringen sie um, wir schlagen sie in Stücke! Wir werden bis zu den Knien in ihrem Blut baden!«[272] 150 000 Griechen verließen aus Angst um ihr Leben in den folgenden Monaten das Osmanische Reich, bevor die Regierung schließlich damit begann, weitere 50 000 Griechen gewaltsam in das Innere Anatoliens zu deportieren. Insgesamt sollte sie über 1,185 Millionen Griechen vertreiben und über 500 000 ermorden.

Diese schnelle »Lösung der griechischen Frage« wurde im Zentralkomitee der Jungtürken als erster Erfolg gefeiert. Da Proteste aus dem Ausland ausgeblieben waren, war man bald entschlossen, diese Methode auch auf andere Minderheiten im Reich anzuwenden, wie Bedri Bey, der Polizeipräfekt von Konstantinopel, einem amerikanischen Botschaftssekretär gegenüber bestätigte. »Talaat erklärte mir seine Innenpolitik«, erinnerte sich US-Botschafter Morgenthau: »Diese unterschiedlichen Blöcke, so meinte er, hätten immer gegen die Türkei konspiriert. Wegen der Feindseligkeit dieser Urbevölkerungen hätte die Türkei eine Provinz nach der anderen verloren – Griechenland, Serbien, Rumänien, Bulgarien, Bosnien, Herzegowina, Ägypten und Tripolis. Dadurch sei das Türkische Reich fast bis zum Verschwinden geschrumpft. Wenn das, was von der Türkei übrig geblieben war, überleben wollte, so fuhr Talaat fort, dann müsste sie diese fremden Völker loswerden.« Dazu bot sich schon bald die ersehnte Gelegenheit. »Die Türkei den Türken« war jetzt Talaats Leitidee.[273]

IX. Der »Heilige Krieg«

Die Krise kam auf leisen Füßen und fast schien es, als würde das Osmanische Reich von ihr verschont. Die Nachricht von der Ermordung des Erzherzogs Franz Ferdinand von Österreich und seiner Gattin in Sarajevo wurde in Konstantinopel mit geradezu stoischer Ruhe zur Kenntnis genommen. Als sich der amerikanische Botschafter Henry Morgenthau zwei Tage später mit Innenminister Talaat Bey traf, war der Anschlag kein Thema. Es war, als wolle niemand wahrhaben, welche Gefahr längst in der Luft lag. Gleich am Morgen nach dem Attentat hatte Morgenthau dem österreichischen Botschafter in Konstantinopel, János Markgraf von Pallavicini, einen Kondolenzbesuch abgestattet. Dieser empfing ihn mit so staatstragender Würde und aufgesetzter Trauermiene, dass man denken konnte, er habe einen nahen Verwandten verloren. Als der Amerikaner ihm sein Beileid und das seiner Nation ausdrückte, wisperte der Österreicher lediglich: »Ja, ja, es ist schrecklich, sehr schrecklich.«[274] Das gesamte diplomatische Korps war versammelt, als am 4. Juli in der Kirche *Sainte Marie* das Requiem für den ermordeten Erzherzog gefeiert wurde. Das Gotteshaus lag an der *Grande Rue* von Pera (heute: Beyoglu), einem europäisch geprägten Stadtteil auf der Nordseite des Goldenen Horns, der aus der einstigen genuesisch-venezianischen Kolonie hervorgegangen war; hier befanden sich die Botschaften der meisten westlichen Staaten. Die Marienkirche, eigentlich *Santa Maria Draperis*, war die Pfarrkirche der ältesten, 1584 gegründeten, katholischen Gemeinde der osmanischen Hauptstadt und in ihrer Geschichte mehrfach niedergebrannt worden. Zu ihrem Eingang führen vierzig Stufen hinab, an deren Ende an diesem Tag Repräsentanten der österreichischen Botschaft in voller Uniform standen, um die Diplomaten zu ihren Plätzen zu geleiten. Zum letzten Mal saßen alle Botschafter einträchtig nebeneinander in der ersten

Bank. »Der Gottesdienst war würdig und schön und ich kann mich besonders lebendig an ihn erinnern, weil unmittelbar danach eine Kontrastveranstaltung stattfand«, hielt Morgenthau fest. Denn just als der würdevolle, in herrliche Brokatroben gehüllte Priester den Schlusssegen erteilt und die Trauergemeinde entlassen hatte, »schüttelten wir alle die Hand des österreichischen Botschafters, kehrten zu unseren Automobilen zurück und begannen unsere Acht-Meilen-Fahrt den Bosporus entlang zur amerikanischen Botschaft.«[275] Dort hatte Morgenthau zur Feier des 4. Julis geladen, des amerikanischen Unabhängigkeitstages. Nur einer der Diplomaten fehlte. Ausgerechnet der Botschafter des Deutschen Reiches, Hans Freiherr von Wangenheim, fiel durch seine Abwesenheit auf. Er war nur wenige Tage zuvor nach Berlin beordert worden, wo die Mächtigen des Reiches mit dem Kaiser über die Möglichkeit eines Vergeltungsschlages gegen Serbien berieten. Einen Tag später, am 5. Juli 1914, konnte dem österreichischen Gesandten in Berlin mitgeteilt werden, dass der Kaiser den Kriegskurs der Donaumonarchie unterstützte. Zwei Tage danach beschloss der österreichisch-ungarische Ministerrat, Serbien ein Ultimatum zu stellen, bei dessen Ablehnung militärisch vorgegangen werden sollte. Als es am 28. Juli ablief, erklärten sich Österreich-Ungarn und Serbien gegenseitig den Krieg. Nur drei Tage später traten das Deutsche Reich als zweite der Mittelmächte und Russland als zweite Macht der *Entente* in den Ersten Weltkrieg ein.

Am 10. August 1914 wartete Henry Morgenthau im Hafen von Konstantinopel auf die *Sicilia*, einen italienischen Passagierdampfer, der in Venedig abgelegt hatte. Mit ihr sollten seine Tochter und sein Schwiegersohn, Maurice Wertheim, mit ihren drei kleinen Töchtern von ihrer Europareise zurückkehren. Doch was das junge Paar von seiner Seereise berichtete, war mehr als der übliche Small Talk. Sie hatte zwei große deutsche Schlachtschiffe beobachtet, die gerade auf Nordkurs einem britischen Kreuzer entkommen waren.[276]

Einen Tag danach begriff Morgenthau, wie wichtig die Beobachtung seiner Tochter gewesen war. Der deutsche Botschafter, Baron von Wangenheim, war längst wieder aus Berlin zurückgekehrt und erwartete ihn zu einem Gespräch. Doch noch ungewöhnlicher als die Einladung selbst war das Verhalten des Deutschen. »Nie habe ich ihn so nervös und so aufgeregt erlebt«, vertraute der Amerikaner seinen Aufzeichnungen an, »er konnte nicht länger als ein paar Minuten in seinem Sessel sitzen, dann sprang er wieder auf, eilte zum Fenster und starrte hinaus auf den Bosporus.« Als Morgenthau wieder gehen wollte, bat der Deutsche ihn mit ungewohnter Heftigkeit, bitte zu bleiben: »Das wird ein großer Tag für Deutschland! Sie werden gleich eine wichtige Nachricht hören, die auch die Einstellung der Türkei zum Krieg maßgeblich beeinflussen wird.«[277]

Die war bislang noch unklar geblieben. Seit dem Sturz seines Freundes und Verbündeten, des »roten Sultans« Abdülhamid II., hatte der Kaiser bislang vergeblich um die Gunst der Jungtürken geworben. Offiziell hielt sich das Triumvirat alle Optionen offen. Talaat und Cemal galten als frankophil, Enver dagegen begeisterte sich für die Deutschen. Niemand wusste, wer sich durchsetzen würde. Das Verhältnis zu Großbritannien wiederum war nachhaltig gestört worden. Die Türken hatten bei den Briten zwei schwere Kreuzer bestellt, unter größten Opfern die letzte Rate bezahlt und ihre zukünftige Besatzung nach Bristol geschickt, um sie abzuholen. Doch dann war der Krieg ausgebrochen und England verleibte die beiden *Dreadnoughts* seiner eigenen Flotte ein, ohne den Türken auch nur ihre Zahlungen zurückzuerstatten. Die verständliche Empörung, zu der dieser »perfide Akt« der Briten am Bosporus führte, rief wiederum die Deutschen auf den Plan. In einem geheimen Treffen mit Talaat und Enver – den Deutschenhasser Cemal hatte man vorsichtshalber außen vor gelassen – machte Botschafter von Wangenheim den beiden am Abend des 1. August ein Angebot, das sie unmöglich ausschlagen konnten. Er wollte ihnen zwei deutsche Schlachtschiffe praktisch zum Nulltarif überlassen. Die Bedingung dafür war die Unterzeichnung eines Bündnisvertrages: Sollte Russland in den Krieg eintreten, würde die Türkei auf der Seite Deutschlands kämpfen.

Das Angebot war zu verlockend, um es abzulehnen, und so unterzeichneten Talaat und Enver, ohne das Parlament oder auch nur den dritten Mann ihres Triumvirats zuvor zu konsultieren. Die Gegenleistung erfolgte prompt, wie Wangenheim bei dem gemeinsamen Treffen dem Amerikaner voller Stolz demonstrieren wollte.

Es dauerte nicht lange, da legte ein kleines Beiboot am Steg vor der Botschaftervilla an. Der Baron eilte hinunter in das Erdgeschoss, um bald darauf mit einem Briefumschlag in den Händen in das Empfangszimmer im ersten Stock zurückzukehren. »Wir haben sie!«, offenbarte er Morgenthau. »Haben was?«, fragte dieser. »Die *Goeben* und die *Breslau* haben soeben die Dardanellen passiert«. Für einen Augenblick wirkte er auf den Amerikaner wie ein College-Junge, dessen Team einen Sieg im Football errungen hatte. Dann fasste er sich wieder, wurde feierlich, wedelte mit dem Zeigefinger, hob seine Augenbrauen an und erklärte, nicht ohne Ironie in der Stimme: »Natürlich haben wir diese Schiffe an die Türkei verkauft. Und Konteradmiral Souchon« – der Kommandant des Panzerkreuzers *Goeben* – »wird in den Dienst des Sultans treten.«[278] Gleich nach ihrer Ankunft im Hafen setzten die deutschen Seeleute türkische Feze auf, übertünchten die alten Namen ihrer Schiffe und tauften sie um in *Yawuz Sultan Selim* (später kurz *Yawuz*) und *Midilli.* Damit hatte die Türkei, auch wenn ihr offizieller Kriegseintritt erst am 29. Oktober erfolgte, formell aufgehört, neutral zu sein. Die Deutschen aber kontrollierten de facto den Bosporus, womit die russische Schwarzmeerflotte vom Mittelmeer abgeschnitten war. Auch ein Angriff der Russen auf Konstantinopel war damit ausgeschlossen.

Als der Großwesir und Cemal von dem Geheimvertrag erfuhren, stellten sie Talaat und Enver zur Rede. Sie waren nicht bereit, diese Kompetenzüberschreitung hinzunehmen, verlangten, das Abkommen unverzüglich rückgängig zu machen. Als Reaktion zog Enver seinen Revolver und legte ihn vor sich auf den Tisch. »Wenn jemand hier im Raum diesen Kauf infrage stellen möchte«, erklärte er mit ruhiger, eiskalter Stimme, »dann soll er mir jetzt entgegentreten.«[279]

Ein paar Wochen später empfing der türkische Finanzminister Djavid Bey einen belgischen Juristen in seinem Büro mit der Nachricht, die Deutschen hätten gerade Brüssel eingenommen. Der Belgier, der bereits darüber informiert worden war, reagierte ruhig und mit leichter Ironie. Er legte seinen Arm um die Schulter des Türken und führte ihn zum Fenster, von dem aus man den Bosporus sehen konnte. »Ich habe eine noch schlimmere Nachricht für Sie«, erklärte er fast flüsternd dem Minister: »Die Deutschen haben die Türkei eingenommen.«[280]

Ausgerechnet in diesen ersten Tagen der »Urkatastrophe des 20. Jahrhunderts«, wie der US-Historiker und Diplomat George F. Kennan den Ersten Weltkrieg nannte[281], am 20. August, starb der Papst nach einem Herzinfarkt. Pius X. (1903–1914), der nicht einmal ein halbes Jahrhundert später heiliggesprochen werden sollte, ahnte vielleicht, wie dieser Krieg Europa in seinen Grundfesten erschüttern würde. Die Kriegserklärung Österreichs, dessen Kaiser er persönlich schätzte, hatte ihn in eine schwere Depression fallen lassen, die durch den Kriegseintritt so vieler anderer europäischer Mächte nur verschlimmert wurde. »Ich will für die Soldaten auf den Schlachtfeldern sterben«, erklärte er seinen engsten Mitarbeitern. Als sie ihn im Angesicht des Todes baten, noch einmal der Welt seinen Segen zu erteilen, erwiderte er: »Ich segne den Frieden und nicht den Krieg« – und schloss für immer seine Augen.

Nur zwei Wochen später, am 5. September 1914, wählten die Kardinäle in einem schwierigen Konklave im zehnten Wahlgang den kleinen, dynamischen Grafensohn Giacomo Della Chiesa aus Genua zum neuen Papst. Der 59-Jährige, bis dahin Erzbischof von Bologna, hatte bereits bei Kriegsbeginn die Position und Aufgaben der Kirche definiert und sie dabei zur strikten Neutralität aufgerufen. Ihre Aufgabe sei es nicht, die Waffen zu segnen, sondern zum Frieden aufzurufen und das durch den Krieg entstandene Leid zu lindern. Nach Annahme seiner Wahl nannte Della Chiesa sich Benedikt XV., wobei der Gelehrtenpapst des 18. Jahrhunderts, Benedikt XIV., wohl eher wegen seiner Verbindung zu Bologna Pate stand. Die uralte Päpsteprophezeiung, die dem heiligen Malachias zugeschrieben wird, stellte sein Pontifikat unter das Motto *religio depopulata*, »Entvölkerte Religion«; nichts und niemand hätte treffender das Völkerschlachten des Ersten Weltkriegs, die Entchristlichung Russlands nach der Oktoberrevolution, vor allem aber die Völkermorde an den Christen im Osmanischen Reich in zwei Worten zusammenfassen können. Benedikts erste Amtshandlung war, angesichts des Krieges auf eine prunkvolle Krönungsfeier zu verzichten. Stattdessen erhielt er die Tiara, die Krone der Päpste, in der Sixtinischen Kapelle, von

Der »Friedenspapst«
Benedikt XV. (1914–1922)

wo aus er gleich das Wort an die Welt richtete. In seiner Botschaft *Ubi primum* beklagte er den Ausbruch eines Krieges, in dem das Blut von Christen fließe und Teile Europas durch das Feuer verwüstet würden. Als »Vater und Hirte« beschwor er die Krieg führenden Mächte, den Frieden zu retten. Die Priester forderte er auf, nie in der Sprache des Hasses und der Verachtung, sondern in der des Friedens und der christlichen Liebe zu predigen.[282]

Nur acht Wochen später, zum Hochfest Allerheiligen, präsentierte er der Krieg führenden Welt seine Antrittsenzyklika *Ad beatissimi Apostolorum Principis*, in der er sich erneut mit einem flammenden Appell für den Frieden an die Regierenden der Welt wandte. Wieder versuchte er, diese von der Sinnlosigkeit des Krieges zu überzeugen, und rief zur Überwindung von Hass und Menschenverachtung auf.[283] Doch so heftig er auch den nationalistischen Egoismus, Rassenhass, Klassenkampf und die Entchristlichung der Gesellschaft als Ursachen der Völkerschlacht anprangerte, er blieb ungehört. In einem geheimen Konsistorium legte er zusammen mit den Kardinälen die Richtlinien für sein weiteres Vorgehen fest: absolute Unparteilichkeit sowie jedweder mögliche Versuch, die Kriegsfolgen zu lindern, den

Kriegsopfern beizustehen und mit allen Mitteln auf eine baldige Beendigung der Kampfhandlungen hinzuarbeiten.
Zu diesem Zeitpunkt widmete Benedikt XV. auch dem Osmanischen Reich seine Aufmerksamkeit. Da der Posten des Apostolischen Delegaten bereits seit einigen Monaten vakant war, besetzte er ihn jetzt mit einem erfahrenen Diplomaten des Heiligen Stuhls. Erzbischof Angelo Maria Dolci (1867–1939)[284] war schon in der Schule positiv aufgefallen und mit nur zwölf Jahren in das Priesterseminar aufgenommen worden. Nach seiner Priesterweihe mit 22 Jahren hatte er die päpstliche Diplomatenschule besucht. Leo XIII. weihte ihn mit nur 32 Jahren zum Bischof, Pius X. entsandte ihn sechs Jahre später als Apostolischen Delegaten nach Ecuador, Peru und Bolivien. Danach hatte er drei Jahre lang das Erzbistum Amalfi geleitet, bevor der Papst ihn erneut für den diplomatischen Dienst freistellte. Am 13. November 1914 ernannte Benedikt XV. ihn zum Titularerzbischof von Hierapolis, kurz darauf trat er seinen Dienst in Konstantinopel an. Dolci war ein freundlicher, rundlicher Mann mit einer runden Nickelbrille, die seiner natürlichen Würde den Ausdruck eines Intellektuellen hinzufügte. Er konnte nicht ahnen, dass sein Dienst in Konstantinopel zur größten Herausforderung und Bewährungsprobe seines Priester- und Diplomatenlebens werden sollte.
Als Monsignore Dolci im Dezember 1914 in Konstantinopel eintraf, hatten sich die Ereignisse bereits überschlagen.
Die Ankunft der beiden deutschen Schlachtschiffe hatte ihre Wirkung nicht verfehlt. Alle Selbstzweifel, die nach den für sie so fatalen Balkankriegen die Türken befallen hatten, waren plötzlich wie hinweggefegt. Jetzt sahen die Jungtürken die Verwirklichung ihrer pantürkischen Ambitionen in greifbarer Nähe: Die Rückeroberung Ägyptens, das gerade unter britischem Protektorat stand, eine Expansion auf dem Kaukasus, vielleicht sogar neue Gebietsgewinne auf dem Balkan und in der Ägäis. Man fühlte sich stark und beschützt, zumal der Krieg die Karten neu gemischt hatte: Sämtliche Forderungen der Westmächte, einschließlich der nach Reformen in Armenien, waren plötzlich hinfällig, wenn man sich Seite an Seite mit dem Deutschen Reich in den Krieg gegen sie begeben konnte. Zudem bot der Krieg den perfekten Vorwand, innere Angelegenheiten nach ei-

genen Vorstellungen anzugehen, ohne dafür Rechenschaft ablegen zu müssen. Schließlich mussten die Botschafter und Bürger der Entente-Staaten bei Kriegseintritt das Land verlassen. Auch die »Kapitulationen«, jene uralten Sonderrechte, die ausländischen Handelskolonien im Osmanischen Reich gewährt worden waren, wurden schlagartig aufgehoben. Damit war man der Vision einer »Türkei allein der Türken« einen bedeutenden Schritt näher gerückt.[285]

Umso besser traf es sich, dass ausgerechnet am Tag nach dem Geheimabkommen mit den Deutschen, am 2. August 1914, im Theaterclub von Erzurum der zwölftägige Kongress (sprich: Parteitag) der armenischen Daschnak-Partei eröffnet wurde. Wollte Talaat dort ursprünglich persönlich auftreten, um über die bevorstehenden Reformen zu sprechen, hatte sich buchstäblich über Nacht alles verändert. An seiner statt erschien an einem der letzten Kongresstage, am 12. August, eine Delegation aus Konstantinopel, die Dr. Bahattin Schakir, Mitbegründer und Mitglied des Zentralkomitees der jungtürkischen *Ittihat*-Partei sowie engster Vertrauter Talaats, anführte. Statt mit Versprechen, kam er mit einer handfesten Forderung zu den Armeniern: Er wollte, dass sie bei ihren transkaukasischen Brüdern einen Aufstand gegen Russland anzettelten, damit die Türken als »Befreier« in Russisch-Armenien einmarschieren konnten. Armenische Freiwilligenbataillone mit türkischen Propagandisten sollten eine Art Guerillakrieg gegen die Russen führen. Als Gegenleistung winke ihnen – so Schakir – nach einem siegreichen Ausgang des Krieges ein autonomes Gebiet unter osmanischer Kontrolle, das die Provinzen Jerewan, Kars, Elisabethpol in Russisch-Armenien sowie einige Kreise der Provinzen Van, Bitlis und Erzurum umfassen sollte.

Für die Armenier war dieses windige Autonomieangebot inakzeptabel. Mit welchen Argumenten sollten sie ihre Verwandten jenseits des Ararat überzeugen, ein Leben unter osmanischer Knute der neu erblühten Freundschaft mit den orthodoxen Russen vorzuziehen? Die Ereignisse der letzten zwei Jahrzehnte hatten bei ihnen deutliche Spuren hinterlassen. Mochten sie auch selbst in geradezu hündischer Treue zu ihrer Heimat und den neuen Machthabern stehen, räumten sie einem Guerillakrieg jenseits der Grenze keine Chance ein.

Nach langer Diskussion gaben die Daschnaken dem Mann aus Konstantinopel die einzig mögliche Antwort. Sie versicherten ihm, treu zum Osmanischen Reich zu stehen. Gerne würden sie Seite an Seite mit den muslimischen Türken ihr Vaterland verteidigen, wie sie es bereits in den beiden Balkankriegen getan hatten. Aber für strategische Abenteuer im Dienste osmanischer Großmachtphantasien waren sie nicht zu haben.

»Das ist Verrat«, polterte ihnen Schakir entgegen, »ihr haltet es in einem so kritischen Augenblick mit den Russen, ihr weigert euch, die Regierung zu verteidigen, und vergesst wohl, dass ihr unsere Gastfreundschaft genießt.«[286] Für ihn war mit der armenischen Absage der Rubikon überschritten. Die verhassten Christen hatten damit ihr eigenes Todesurteil unterschrieben.

Die Armenier wiederum ließen sich nicht anmerken, was sie von einem Türken hielten, dessen Vorfahren vor gerade einmal vier Jahrhunderten über Erzurum hergefallen waren und der sich doch für den Gastgeber eines Volkes hielt, das dort seit mindestens vier Jahrtausenden seine Heimat hatte, ja sogar eine der großen Zivilisationen der Erde begründete. Trotzdem, so Johannes Lepsius, »wurde mit voller Aufrichtigkeit beschlossen, in diesem Falle strengste Loyalität gegen die osmanische Regierung einzuhalten und, gegen wen es immer sei, die Unabhängigkeit und Souveränität der Türkei mit bewaffneter Hand zu verteidigen.« Diese Entscheidung, so der deutsche Armenienkenner weiter,

> »beruhte auf folgendem Gedankengang:
> Das armenische Volk, das in der Türkei gegen 2 Millionen, in Rußland gegen 1 ¾ Millionen zählt, kann weder in Rußland noch in der Türkei auf eine Autonomie rechnen. Es muß daher die Vorteile des Gleichgewichts zwischen diesen beiden Ländern benutzen, um seine nationale Eigenart zu schützen, die durch ein völliges Aufgehen in Rußland gefährdet wäre. Keine Nation ist so sehr an der Existenz der Türkei interessiert als die armenische. Denn nur im Zusammenhang mit einem größeren Staatswesen vermöchte sie wirtschaftliche und kulturelle Bedeutung zu erlangen, vorausgesetzt, daß ihr normale Existenzbedingungen gegeben würden. Die Armenier selbst müßten eine Türkei

> schaffen, wenn sie nicht existierte, um an ihr einen Rückhalt gegen die russische Expansion zu haben.«[287]

Doch Loyalität genügte den Jungtürken nicht, die jetzt nur noch nach einem Vorwand suchten, um gegen die Armenier vorzugehen. Schakir befahl bei seiner Abreise, die Vorsitzenden der Daschnaken unverzüglich zu liquidieren. Der Anschlag scheiterte lediglich daran, dass die armenischen Delegierten im letzten Augenblick ihre Reisepläne geändert hatten.
Wovon die Armenier damals noch nichts wussten, das waren die Hintergründe von Schakirs perfidem Plan. Denn am gleichen 2. August, an dem der Parteitag der Daschnaken begonnen hatte, tagte auch das Zentralkomitee der *Ittihat*-Partei in Konstantinopel, um einen Krieg gegen Russland vorzubereiten.[288] Ihr Plan war, die unter russischer Herrschaft lebenden Muslime, die Tataren und Tschetschenen, Aserbaidschaner, Kasachen, Kirgisen, Tadschiken und Usbeken, sprich: alle muslimischen Turkvölker und »Erben Turans« für den Guerillakrieg im Hinterland des Feindes zu gewinnen. Zudem wollte man bewaffnete politische Banden ausheben, zu deren Aufgaben irreguläre Operationen jenseits der Grenze gehörten. Das Hauptquartier der *Teskilati Mahsusa* (»Spezialorganisation«) genannten Sonderkommandos sollte Erzurum sein, ihr oberster Befehlshaber Dr. Bahattin Schakir. Ihre »Selbstaufopferungskämpfer« unterstanden nicht dem Militär, sondern direkt der Partei und ihrem »heiligen Komitee«. Zu ihren Aufgaben gehörten auch terroristische Aktivitäten, die den Regierungstruppen strikt untersagt waren. Rolf Hosfeld beschreibt sie als

> »schwarze Elite der Partei, fest davon überzeugt, dass jeder Individualismus, jede Berufung auf die menschliche Gleichheit die Nation in den Abgrund führt, wie ihr Chefideologe Ziya Gökalp predigt, und dass alles, was das Vaterland verlangt, ohne Ansehen heilig und gerechtfertigt ist. ›Das Land des Feindes soll verwüstet, die Türkei vergrößert und zum Land Turan werden‹, diese Zeilen aus einem Poem Gökalps sind ihr Credo. Die Teskilati Mahsusa ist die Speerspitze einer aus der Erinnerung an die heroischen Zeiten in der asiatischen Steppe wiedererwachten türkischen ›Herrenrasse‹, eine pantürkische ›Totenkopforga-

> nisation‹, die sich mit der Zeit immer mehr zu einem ›Staat innerhalb des Staates‹ entwickelt hat …«[289]

Ihr späterer Leiter Hüsamettin Ertürk bestätigte: »Das Ziel dieser Organisation war, auf der einen Seite alle Moslems unter einer Flagge zu versammeln und so den Panislamismus einzuleiten. Auf der anderen Seite die türkische Rasse in eine politische Einheit zu bringen, aus dieser Sicht Pantürkismus zu verwirklichen.«[290] Rekrutiert wurden die Kämpfer der *Teskilati Mahsusa* meist aus amnestierten Sträflingen, die gründlich gedrillt wurden, und tschetschenischen Flüchtlingen aus dem Kaukasus.

Auch die Generalmobilmachung wurde an diesem Tag beschlossen, von der jetzt auch die Armenier betroffen waren. Es hätte keine fatalere Entscheidung für die Zukunft der Türkei geben können, und jeder im Lande, der nicht von den Großmachtphantasien der Machthaber infiziert war, spürte das Unheil, das mit ihr über das Land hereinbrach. Während in anderen Ländern der Kriegsausbruch euphorisch begrüßt wurde und Freiwillige in Scharen zu den Waffen eilten, fehlte es den Türken an solch patriotischer Begeisterung. Stattdessen schlurften durch die osmanische Hauptstadt zerlumpte Gestalten mit grimmigen Mienen, die lange Leinentaschen mit der vorgeschriebenen Fünftages-Ration über den Schultern trugen. Es waren Türken, Tscherkessen, Griechen, Kurden, Armenier und Juden, viele von ihnen zu arm, um sich Schuhe zu kaufen, und daher barfuß und nicht selten ausgehungert; wer immer es sich leisten konnte, zahlte eine Freistellungsabgabe von 47 Pfund, wer ganz verzweifelt war, der desertierte. Wer jedoch seinen Acker, seine Werkstatt oder seinen Laden verlassen hatte, um für den Krieg geschult zu werden, erschien ohne Hoffnung und gebeugt unter der Last des Unvermeidlichen. Auf die Einberufung folgte die Ausplünderung der Landbevölkerung. Alle Pferde, Esel, Maultiere, Kamele, Kühe und Schafe, deren Envers Männer habhaft werden konnten, eine Gesamtzahl von 150 000 Tieren, wurden beschlagnahmt. Waren schon kurz vor der Ernte alle Männer eingezogen, zerstörte die Beschlagnahmung des Viehs den letzten Rest der türkischen Landwirtschaft, was mittelfristig zu massiven Versorgungsengpässen führte und Hun-

derttausende in den Hungertod trieb. Unter dem Vorwand, kriegsnotwendige Güter zu konfiszieren, raubten türkische Offiziere in einer Mischung aus Gier, Skrupellosigkeit und religiösem Eifer bevorzugt Geschäfte aus, die Christen und Juden gehörten. Noch bevor er begonnen hatte, stand bereits fest, dass ein längerer Krieg unweigerlich zum wirtschaftlichen Ruin des Landes führen musste.
Trotzdem versicherte Enver Pascha dem deutschen Verbündeten, dass sein Land für den Krieg bereit sei. Ende September schlossen die Türken die Dardanellen, was sich als eine der folgenreichsten Handlungen im Kriegsverlauf erwies. Weder war Russland jetzt in der Lage, an seine Verbündeten Weizen zu liefern, noch erreichte britische und französische Munition die Häfen am Schwarzen Meer. Mit einer einzigen Handlung schien der Erzfeind schachmatt gesetzt, noch bevor die Türkei offiziell in den Krieg eingetreten war. Während sich die Schiffe im Bosporus stauten, holten die Deutschen zum nächsten Schlag aus. Mit der *Yawuz* und der *Midilli* (vormals *Goeben* und *Breslau*) drangen sie in den Hafen von Odessa ein, versenkten ein russisches Kanonenboot und beschädigten zwei Schlachtschiffe der Russen und Franzosen, bevor sie auch Sebastopol auf der Krim beschossen. Die Aktion, mit Enver Pascha abgesprochen, war auch in der Türkei umstritten und führte dazu, dass vier Minister aus Protest zurücktraten: der Finanzminister Djavid, ein zum Islam konvertierter Jude; der Arbeitsminister Mahmoud Pascha, ein Tscherkesse; der Handels- und Agrarminister Bustany Effendi, ein arabischer Christ; und der Postminister Oskan Effendi, ein Armenier. Der Großwesir drohte mit dem Rücktritt, zog es aber vor, Amt und Würden zu behalten. Damit war die Regierung ganz in den Händen muslimischer Türken. Die Macht teilten sich jetzt nur noch Talaat und Enver. Cemal Pascha hatte sich im November 1914 auf den Weg nach Syrien gemacht, wo er das Kommando über die Vierte Armee übernahm, mit dem festen Ziel, Ägypten zu erobern und eine Dynastie zu begründen.
Die Jungtürken wussten freilich, dass ihre pantürkische Ideologie, der Traum von der Wiedergeburt Turans, doch eine ziemlich exklusive war. Mit Gökalps Slogan »Türken aller Länder, vereinigt Euch« konnten sie vielleicht ein paar intellektuelle Romantiker, gewiss aber nicht die Turkvölker Russlands erreichen. So setzten sie, angestiftet durch

14. November 1914: Der *Scheich-ül-Islam* ruft in der Fatih-Moschee den *dschihad* aus

die Deutschen, auf eine andere Strategie und öffneten die Büchse der Pandora, um in der Tat einen Sturm von Dämonen zu entfesseln.
Als die Muslime Konstantinopels am 13. November 1914 zum Freitagsgebet in die Moscheen strömten, trugen ihnen die Prediger auf, am nächsten Tag in die Fatih-Moschee zu kommen, wo der *Scheich-ül-Islam*, der ranghöchste muslimische Würdenträger des Landes, eine Botschaft verkünden würde. Noch am gleichen Tag hatte der Sultan als Kalif des Islam »vor dem Mantel des Propheten« eine Erklärung unterzeichnet, in der er die Islamgläubigen aller Länder zum *dschihad*, zum »Heiligen Krieg« gegen die »Ungläubigen« aufrief. Diese Erklärung, ergänzt durch eine fünfseitige *fatwa*, ein islamisches »Rechtsgutachten« auf der Grundlage des *Qur'ans* und der Scharia, verlas der Scheich vor der fahnengeschmückten Fassade der Moschee. »Überall sieht man, wie die Feinde der wahren Religion, speziell die Engländer, die Russen und die Franzosen, den Islam unterdrücken und ihm auf jede mögliche Weise seine Rechte verweigern. Wir können die Beleidigungen nicht zählen, die wir aus den

Händen dieser Nationen empfingen, deren einziges Ziel es ist, den Islam zu zerstören und alle Muslime vom Angesicht der Erde zu vertreiben. Diese Tyrannei hat alle ertragbaren Grenzen überschritten, der Kelch unserer Unterdrückung ist voll und fließt über«, verkündete die Proklamation des Sultans. Weiter hieß es:

> »All dies geschieht, weil die Muslime den im *qur'an* offenbarten Plan aufgegeben haben, den *dschihad* ignorierten, den er befiehlt (...) Doch die Zeit für den Heiligen Krieg ist jetzt gekommen und mit ihm werden die Länder des Islam für immer befreit von der Macht der Ungläubigen, die sie unterdrücken. Dieser Heilige Krieg wird jetzt zur heiligen Pflicht. Wisst, dass jetzt das Blut von Ungläubigen in den islamischen Ländern ungestraft vergossen werden darf – bis auf jene, denen die muslimischen Mächte Sicherheit versprachen und mit denen sie verbündet sind. Das Töten der Ungläubigen, die über den Islam regieren wollen, aber wird jetzt zur heiligen Pflicht, ob es offen oder verborgen geschieht, wie es der *qur'an* befiehlt: ›(...) nehmt sie und tötet sie, wo immer ihr sie findet (...) Wisset, dass Wir sie euren Händen ausgeliefert und euch höchste Macht über sie gegeben haben.‹ Wer einen Ungläubigen von jenen, die über uns herrschen, tötet, ob im Verborgenen oder offen, der wird von Gott belohnt. So soll jeder Muslim, gleich, in welchem Teil der Erde er sich befindet, einen heiligen Eid schwören, mindestens drei oder vier der Ungläubigen zu töten, die über ihn herrschen, denn sie sind die Feinde Gottes und des Glaubens. Lasst jeden Muslim wissen, dass sein Lohn für diese Tat verdoppelt wird von Gott, der Himmel und Erde erschaffen hat.«[291]

Ein Pamphlet, das in der Moschee ausgegeben wurde, klärte die Details. Der »Heilige Krieg« könne auf dreierlei Weise geführt werden: Individuell durch die Einzeltat, für die das Messer oder Schwert als Tötungsinstrument vorzuziehen sei; in organisierten Banden, die loszögen, um Christen zu schlachten und die am nützlichsten wären, wenn sie geheim operierten; oder durch »organisierte Kampagnen«, sprich: im militärischen Einsatz.[292]

Der frisch entfachte religiöse Eifer forderte noch am gleichen Tag seine ersten Opfer. Ein Mob setzte sich in Bewegung, der zunächst ein französisches Geschäft und dann das Restaurant des berühmten *Tokatlian-Hotels* in Pera überfiel, das einem Armenier gehörte. Mit metallbeschlagenen Schlagstöcken Bewaffnete zerschlugen erst die Fenster, dann die Marmorplatten der Tische. Nach ein paar Minuten war das gesamte Lokal verwüstet.[293]

Todesopfer gab es zum Glück in Konstantinopel keine. Im persischen Täbris dagegen fielen Angehörige persischer Stämme über die russische Kolonie her und töteten 2000 Menschen.

Der Aufruf zum »Heiligen Krieg« öffnete tatsächlich die Büchse der Pandora. Doch so begeistert die deutschen Verbündeten von diesem Schachzug waren, der, wie Botschafter von Wangenheim dem Amerikaner Morgenthau eröffnete, in Berlin erdacht worden war[294], so kritisch sah ihn Österreich-Ungarn. Statt an eine »große Wirkung« in der »gesamte(n) mohammedanische(n) Welt« zu glauben, befürchtete k. u. k.-Botschafter Markgraf Pallavicini vielmehr, »daß etwaige Massacres in den neutralen Ländern und besonders in Amerika und Italien den schlechtesten Eindruck machen müßten.«[295]

Eines der beeindruckendsten Zeugnisse, die ich aus diesem Zeitraum im Vatikanischen Geheimarchiv fand, war ausgerechnet der Brief eines Deutschen. Hans Graf Blome, der auf dem Gut Salzau bei Plön beheimatet war, schrieb am 6. Februar 1915 aus Kadikenj bei Konstantinopel an den Dominikanerpater Esser in Rom, dessen Gast er kurz davor gewesen war. Ihm teilte er mit, auf welche Schwierigkeiten der neue Apostolische Delegat, Erzbischof Angelo Dolci, bei seiner Ankunft stieß, als er mit einiger Verspätung – bedingt durch die Dardanellenblockade, den Kriegseintritt der Türkei und die Ausrufung des *dschihad* – zum 1. Dezember 1914 endlich in Konstantinopel eintraf. In seinem Schreiben warnte Graf Blome vor den »subjectiv gefärbten günstigen Berichten, welche leider anfangs vorigen Monates in Rom cursierten und den Eindruck erwecken sollten, als ob der Sturm, der halbpolitisch, halbkirchlich (sic! Gemeint ist: islamisch religiös motiviert, d. Verf.) über Kirche und Klöster dahinbrauste, sich gelegt hätte und jetzt Ruhe herrsche.« Dem müsse er leider widersprechen. So könne er »nur constatieren, dass die Lage eine aeusserst kritische ist und Katholicismus und Christenthum Gefahr laufen, im Oriente vollständig unterzugehen, wenn nicht Seine Heiligkeit in Würdigung des Ernstes der Lage außergewöhnliche Schritte unternimmt, und zwar sofort (Unterstreichung im Original).« Wäre Msgr. Dolci »drei Wochen früher gekommen, hätte wohl manches vermieden werden können, was jetzt nicht mehr gut zu machen ist. Die Folgen der sedis-vacanz spürt man ständig auf Schritt und Tritt.« Die Flucht französischer Ordensleute aus der Hauptstadt habe die Situation der Katholiken in Konstantinopel verschlechtert. Ordenshäuser seien von der Regierung beschlagnahmt, christliche Schulen geschlossen worden. Ein neues Gesetz würde sogar »alle geistlichen Schulen« verbieten. Das Ordenshaus der *Dames de Sion*, das die französischen Schwestern übereilt verlassen hätten, sei jetzt ein Waisenhaus, in dem »Crucifixe und andere Devotionalien« von den türkischen Waisenkindern »als Spielzeug« benützt würden: »Kurz, der Kampf des Unglaubens gegen den Glauben ist entfesselt … Das Christenthum ist hier in der aeussersten Gefahr.«[296] Wie realistisch die Sorge des Grafen war, belegt ein Memorandum, das der Kapuziner-Superior von Erzurum, der aus Wien stammende Pater Norbert Hofer, OFMCap ein Jahr später dem Heiligen Stuhl zuleitete:

> »Alle christlichen Kirchen im Land, auch die katholischen, und alle dazugehörigen Gebäude sind geschlossen worden, mit Ausnahme einiger weniger im Heiligen Land. Was die Schulen und Wohlfahrtseinrichtungen betrifft, so wurden bislang nur jene, die den Deutschen oder den Österreichern gehören, respektiert, aber selbst sie werden von den Türken nicht gerne gesehen. Außerdem beschützen die deutschen Behörden zwar ihre protestantischen Institutionen, welche überall aufblühen, aber die katholischen Institutionen sind ihnen im Allgemeinen ziemlich gleichgültig.
> Trotz des Dementis in verschiedenen türkischen Zeitungen ist es wahr, dass sowohl in Jerusalem wie auch in der ganzen Türkei die Klöster der Ordensbrüder und -schwestern in Kasernen umgewandelt wurden. Viele andere religiöse Einrichtungen werden als türkische Schulen benutzt.«[297]

Tatsächlich wurde Msgr. Dolci bei seiner Ankunft gleich mit schwerwiegenden Problemen konfrontiert. Das erste davon betraf seine Residenz. Bislang hatte die Botschaft Frankreichs, das sich als Schutzmacht der katholischen Christen im Orient verstand, der Apostolischen Delegation Gastrecht und Amtshilfe gewährt. Doch bei Kriegseintritt der Türkei waren der französische Botschafter abberufen und seine Botschaft geschlossen worden. So fand Msgr. Dolci fortan bei der österreichisch-ungarischen Botschaft Aufnahme und konnte ihren (sicheren) Fernschreiber benutzen, was freilich dazu führte, dass sämtliche Berichte aus dem Osmanischen Reich den Umweg über Wien nahmen. Das galt auch für das zweite Telegramm, das er unmittelbar nach seinem Dienstantritt, am 2. Dezember 1914, nach Wien schickte. Der Apostolische Nuntius in Wien, Msgr. Scapinelli, leitete es umgehend nach Rom weiter. Es war ein Hilferuf:

> »Nach einer Meldung der Apostolischen Delegation in Konstantinopel ist die Situation in der Türkei ernst, die französischen Ordensleute sind abgereist und wir befürchten noch mehr Schwierigkeiten, wenn Italien in den Krieg eintritt.«[298]

Etwa zeitgleich übersandte Msgr. Frediano Giannini, der Apostolische Delegat für Syrien und den Libanon mit Sitz in Beirut, eine beunruhigende Nachricht an den Heiligen Stuhl. Dafür musste er sich des Fernschreibers des deutschen Konsultats bedienen und den Umweg über Berlin in Kauf nehmen:

> »An Seine Heiligkeit Benedikt XV.:
> Die türkische Regierung beabsichtigt, Priester und Schwestern, die aus den kriegsführenden Nationen stammen, festzunehmen und in Konzentrationslager im Landesinneren bringen zu lassen. Mögen Eure Heiligkeit bei der (Hohen, d. Verf.) Pforte intervenieren, um dieses Unglück zu verhindern und für diese eine Ausreisegenehmigung zu erwirken.«

Wie der anschließende Kommentar der an der Weiterleitung beteiligten deutschen Stellen besagt, landete eine Kopie des Fernschreibens bei der deutschen Botschaft in Konstantinopel und beim Auswärtigen Amt in Berlin, bevor es von der Königlich Preußischen Gesandtschaft in Rom dem Papst zugestellt wurde. Der Einfachheit halber hatte man es gleich kommentiert:

> »Das Auswärtige Amt in Berlin möchte dazu anmerken, dass nach Ansicht des deutschen Botschafters in Konstantinopel es unwahrscheinlich ist, dass die türkische Regierung einem solchen Gesuch nachkommt, da diese Geistlichen zur Französischen Armee gehören.«[299]

Alarmiert waren jetzt auch die Armenier. Noch bei Kriegseintritt hatte die Daschnak-Partei ihr Volk deutlich in die Pflicht genommen, dem Ruf zu den Waffen zu folgen. Der gregorianische Patriarch von Konstantinopel, Sawen Jerjajan, erklärte in einem Hirtenbrief, dass »die armenische Nation, deren jahrhundertelange Treue bekannt ist, in dem gegenwärtigen Augenblick, in dem sich das Vaterland mit mehreren Mächten im Krieg befindet, ihre Pflichten erfüllen und allen Opfern zustimmen müsse für die Erhöhung des Ruhmes des osmanischen Throns, mit dem sie fest verbunden ist, und für die Verteidigung des Vaterlandes.«[300] Sogar Gottesdienste für den Sieg der osmanischen Heimat wurden abgehalten. So kam es, dass vom ersten Tag an »die armenische Jugend, von Trommeln und Flöten begleitet, zu den Rekrutierungsbüros marschierte und öffentlich Zeugnis für ihren Patriotismus ablegte.«[301] In Konstantinopel meldeten sich sogar mehr Armenier als Türken zur Ausbildung als Reserveoffiziere. Die armenischen Soldaten bemühten sich nicht, in die Etappe kommandiert zu werden, sie wollten mit der Waffe an der Front ihren Dienst leisten. Bald aber wurde ihnen bewusst, wie aussichtslos ihr Bestreben war, als vollwertige Osmanen anerkannt zu werden. Da nutzte es wenig, dass ihr Patriarch sie jetzt anflehte, »jeden Anlass zu vermeiden, der zu Konflikten oder politischen Missverständnissen führen könnte.«[302] An dem Tag, an dem aus dem Ersten Weltkrieg ein muslimischer *dschihad* wurde, war an der Seite der Türken kein Platz mehr für sie.

X. Der Aufstand, der keiner war

Gleich nach dem Kriegseintritt der Osmanen hatte das russische Heer die türkische Kaukasusgrenze überschritten und mit dem Marsch auf Erzurum begonnen. Dort, in der jahrtausendealten Festung, sammelte Hasan Izzet Pascha, der Kommandant der türkischen Dritten Armee, seine Truppen. Sechs Tage später standen 22 russische Bataillone 26 türkischen Bataillonen gegenüber. Doch trotz ihrer zahlenmäßigen Überlegenheit verließen viele der schlecht ausgebildeten und undisziplinierten türkischen Soldaten ihre Stellungen, ließen ihre Ausrüstung zurück und suchten ihr Heil in der Flucht. Aber auch den Russen ging der Nachschub aus und so gewannen die Türken zumindest Zeit.

Als nach mehreren Vorstößen der osmanischen Armee noch immer kein Sieg zu vermelden war, übernahm Enver Pascha am 18. Dezember 1914 persönlich das Kommando. Vollmundig prahlte »der kleine Napoleon«, er könne die Russen in kürzester Zeit besiegen und die Muslime im Kaukasus »befreien«. Dann werde er, wie einst Alexander der Große, über Persien und Afghanistan bis nach Indien marschieren. Dass sein 120 000 Mann starkes Heer, im Gegensatz zu den rund 100 000 Russen, völlig unzureichend ausgebildet und ausgerüstet war, wollte der selbst ernannte »große Feldherr« nicht wahrhaben. Es fehlte an Proviant, an wintertauglicher Kleidung, ja sogar an Schuhen. Niemand hatte an eine hinlängliche medizinische Versorgung gedacht. Längst war der Winter eingebrochen, sanken die Temperaturen auf bis zu 25 Grad unter null, hatte anderthalb Meter hoher Schnee die einzige Straße der Region bedeckt.

Nur Enver Pascha strotzte vor Selbstvertrauen. »Soldaten, ich habe euch alle besucht«, lautete einer seiner Tagesbefehle, »ich habe gesehen, dass ihr barfuß und ohne Mäntel seid. Bald werdet ihr in den Kaukasus einfallen, wo allerlei Verpflegung und Reichtum auf euch warten.«[303] In einer Zangenbewegung wollte er die russischen Streitkräfte zum Gefecht zwingen.

Drei Wochen dauerte, was als die »Schlacht von Sarikamis« in die Geschichte eingehen sollte und zu den fatalsten Niederlagen dieses traurigen Krieges zählte. Am Ende hatten 30 000 Russen, aber 80 000 Türken ihr Leben verloren, weitere 12 000 gerieten in russische Kriegsgefangenschaft. Die größte Zahl osmanischer Soldaten fiel der Kälte zum Opfer. »In einem einzigen Abschnitt fanden russische Patrouillen die Leichen von 30 000 erfrorenen (türkischen, d. Verf.) Infanteristen, die sich eng aneinander gedrängt hatten, um dem Kältetod zu entgehen«[304], schrieb der französische Militärhistoriker Jacques Benoist-Méchin. Unter den Überlebenden aber breiteten sich wegen der mangelhaften hygienischen Verhältnisse Seuchen wie Typhus, Cholera und Ruhr aus.

»Wir gingen, griffen an und kehrten zurück«, fasste Enver Pascha lakonisch, auf Cäsar anspielend, den Schlachtverlauf zusammen. Auf dem Rückweg nach Konstantinopel war er ein gebrochener Mann, der bereits sein Testament aufsetzte und mit dem Gedanken spielte, sich das Leben zu nehmen. Erst Talaat holte ihn aus seiner tiefen Depression. Fortan war es im Osmanischen Reich bei Strafe verboten, über die Niederlage zu sprechen. Der deutsche Verbündete wurde frech belogen. »Feind geht fluchtartig zurück«, meldete der deutsche Botschafter, Freiherr von Wangenheim, offizielle Berichte zitierend, nach Berlin. Der »siegreiche« Enver wurde sogar zur Verleihung des Eisernen Kreuzes vorgeschlagen.[305]

Im Zentralkomitee der *Ittihat* dagegen waren bald die Schuldigen für die Niederlage gefunden: Es konnten nur die Armenier sein. Zwar waren auf türkischer Seite rund 10 000 armenische Soldaten gefallen. Doch auch das russische Heer hatte seine armenischen Einheiten; nicht nur solche aus Russisch-Armenien, die ihre Glaubensbrüder jenseits des Kaukasus befreien wollten, sondern daneben einige Tausend Überläufer, die zuvor in ein armenisches Freiwilligenkorps eingetreten waren.

Seit der Weltkrieg zum »Heiligen Krieg« erklärt worden war, hatte es in den armenischen *vilayets* immer wieder Übergriffe auf Christen gegeben. Besonders rabiat wurde bei den Requisitionen von

Vieh, Reittieren, Lebensmitteln und anderen mehr oder weniger »kriegsnotwendigen« Gütern mit den armenischen Bauern und Händlern umgegangen. Hatte man den Armeniern schließlich alles weggenommen, wurden sie zudem für Transporte an die Front und Zwangsarbeiten verpflichtet; »Aufgaben«, von denen nur wenige wieder zurückkehrten. Kam es zu Widerstand, wurde erbarmungslos zugeschlagen. Doch das waren bislang noch Einzelfälle gewesen.

Nach der vernichtenden Niederlage von Sarikamis aber kippte die Stimmung. Die pantürkischen Ambitionen, den Kaukasus zu unterwerfen und seine Turkvölker zu »befreien«, schienen mit einem Schlag zunichtegemacht. Die Nachricht, dass armenische Freiwillige aufseiten der Russen gekämpft hatten, ließ das gesamte armenische Volk als Verräter erscheinen. So wurde die Dolchstoßlegende geboren, wonach armenische Saboteure die Niederlage verschuldet hätten. In Erzurum kam es zu Ausschreitungen, als bekannt wurde, dass Armen Garo Pasdermadjian, ein ehemaliger Parlamentsabgeordneter, einer der Freiwilligen-Einheiten angehörte. Er war nach Tblissi geflohen, als er erfuhr, dass Dr. Schakir ihn ermorden lassen wollte. Als dann bei den Soldaten Ruhr, Cholera und Typhus ausbrachen, beschuldigte man armenische Soldaten und Bäcker, die Verpflegung der türkischen Armee vergiftet zu haben.[306]

Ende Januar 1915 ordnete Enver Pascha die Entwaffnung aller armenischen Soldaten und Gendarmen an, die fortan nur noch Frondienste verrichten durften. In Arbeitsdiensteinheiten von fünfzig bis hundert Mann zusammengeschlossen, mussten sie Straßen ausbauen oder den Soldaten als Lastträger dienen. Armenische Beamte wurden aus ihrem Dienst entlassen, ihre Pässe eingezogen. Diese Maßnahme, so ein Bericht an Talaat vom 13. Februar, erzeugte weiteres »Misstrauen gegenüber der armenischen Nation« und führte »zu gespannten Beziehungen zwischen Armeniern und Türken«[307]. Im ganzen Land sah man, wie die Armenier erniedrigt wurden. Doch auch Berichte, wie komplette Einheiten, zu je vier Mann aneinandergekettet, an einsame Orte gebracht und dort erschossen wurden, machten bald die Runde. Immer wieder hieß es, die gefürchteten *Teskilati Mahsusa* unter dem Kommando von Dr. Bahattin Schakir seien daran beteiligt; sie mussten sich nach der Niederlage im Kaukasus ein neues Betätigungsfeld suchen.

»Armenische Bevölkerung sehr beunruhigt befürchtet Massaker« hatte der deutsche Konsul Schwarz bereits Anfang Dezember 1914 aus Erzurum gemeldet; Mitglieder von Schakirs Milizen hatten in dem Dorf Osni einen gregorianischen Priester erschossen, in Tewnik die Männer vertrieben und Lösegelder erpresst. Schon damals, so Schwarz, wusste die Bevölkerung, »dass es sich um eine von der türkischen Partei *Ittihat* angezettelte Bewegung handle«[308]. In Alaschgerd wurden dreihundert Armenier ermordet, aus Baiburt und Passim wurden Misshandlungen und willkürliche Verhaftungen gemeldet. All das, so hieß es, sei das Werk von »Milizen der Regierung« gewesen. Ein paar Wochen später berichtete Botschafter von Wangenheim, den *Teskilati Mahsusa* würden »zahlreiche Plünderungen, Raubmorde und sonstige Ausschreitungen gegen die armenische Landbevölkerung zur Last gelegt«[309]. Als er die Hohe Pforte mit diesen Vorkommnissen konfrontierte, erklärte ihm Großwesir Said Halim, die Armenier trügen größtenteils selbst die Verantwortung dafür. Immerhin würden sie »in dem Kriege offen gegen die türkische Sache Partei nehmen«[310]. »Wir Türken müssen die Armenier entweder samt und sonders ausrotten oder wir müssen sie zur Auswanderung zwingen«[311], hatte Zentralkomitee-Mitglied Nefis Bey schon Mitte Dezember 1914 im Gespräch mit dem Schweizer Missionar Jakob Künzler festgestellt.

Ein Sündenbock wurde umso dringender benötigt, je mehr sich das Osmanische Reich an den Rand des Abgrunds manövrierte. Während auf dem Land Hunger herrschte, weil die jungen Bauern eingezogen und die Lagerbestände beschlagnahmt worden waren, kam auch der Handel in den Städten bald in ärgste Nöte. Die Blockade der Dardanellen und der Mittelmeerhäfen verhinderte die Einfuhr von Gütern und beraubte den Staat seiner Zolleinnahmen. »Zunehmend drohte der Zorn des Volkes gegen Talaat und seine Regierung loszubrechen«[312], erinnerte sich US-Botschafter Henry Morgenthau. Anfang Januar 1915 kursierte in der Hauptstadt das Gerücht, die Entente-Mächte hätten eine aus vierzig Kriegsschiffen bestehende Flotte ausgesandt, die den Befehl hatte, die Dardanellen freizuschießen und die Invasion Konstantinopels vorzubereiten.

Die ersten Züge zur Evakuierung der Regierung und des Diplomatischen Korps standen bereit, als der gerade von dem Kaukasus-Debakel zurückgekehrte Enver Pascha einen geradezu teuflischen Plan entwarf. Sollte es den britischen Landetruppen tatsächlich gelingen, auf Konstantinopel zu marschieren, würde er die Stadt zuvor in Schutt und Asche legen. Einige Hundert Benzinkanister waren zu diesem Zweck bereits herangeschafft worden, als er Morgenthau die Krönung seines Zerstörungsplans offenbarte: Er wolle die ehemalige Hagia-Sophia-Kathedrale sprengen, um die Christenheit zu provozieren. Ob das nicht ein Vergehen am Kulturerbe der Menschheit sei, versuchte Morgenthau ihn aufzurütteln. »Es gibt keine sechs Männer im *Komitee für Einheit und Fortschritt*, die sich für alte Sachen interessieren«, lautete Envers Antwort, »wir alle lieben Neues!«[313]

Tatsächlich griff ein Verband britischer und französischer Kriegsschiffe am 19. Februar türkische Artilleriestellungen entlang der Dardanellen an, doch weder dieser noch ein zweiter Angriff einen Monat später führten zu dem gewünschten Erfolg. Die Türken hatten die Gewässer zuvor vermint, weshalb drei Schiffe der Entente sanken und weitere vier schwer beschädigt wurden. Der britische Seerat beschloss, auf weitere Seeangriffe zu verzichten und stattdessen die türkischen Artilleriestützpunkte durch Landstreitkräfte auszuschalten. Doch auch die Invasion vom 25. April endete in einem Fiasko – der Schlacht von Gallipoli. Bis Ende August dauerte ein erbarmungsloser Stellungskrieg an, nachdem auf Entente-Seite 44 000, auf türkischer Seite sogar 57 000 Gefallene zu beklagen waren. 250 000 Soldaten wurden in einer der blutigsten und verlustreichsten Konfrontationen des Ersten Weltkriegs auf beiden Seiten verwundet. Das Osmanische Reich aber gewann schließlich durch den Sieg sein im Kaukasus verlorenes Selbstvertrauen zurück und feierte den jungen Kommandanten der Gallipoli-Truppen, Mustafa Kemal, was bei Enver Pascha freilich auf wenig Begeisterung stieß. Zugleich aber besiegelte der Sieg vor den Dardanellen das Schicksal der Armenier, von dem die Weltöffentlichkeit freilich durch die monatelange Schlacht von Gallipoli erfolgreich abgelenkt wurde. So wurde wahr, was der deutsche Botschafter von Wangenheim bereits im August 1914 nach Berlin berichtet hatte. Auf die Bedenken seines amerika-

nischen Kollegen, dass in Anatolien Massaker an den Christen stattfinden könnten, hätte er erwidert: »Solange England die Dardanellen oder eine türkische Hafenstadt nicht angreift … sei nichts zu befürchten. Im gegenteiligen Fall könnte man für nichts gutstehen.«[314]
Als die erste Nachricht von der Bombardierung der Meerenge von Canakkale die Hauptstadt erreichte, erklärte Talaat: »Wir beabsichtigen, für jeden getöteten Muslim drei Christen zu töten.«[315]
Um zu verstehen, was damals geschah, müssen wir uns ein wenig mit der Psychologie des türkischen Volkes befassen. Schließlich war die Niederlage der Entente für die Osmanen selbst die größte Überraschung. Seit Jahrhunderten war die britische Flotte bei ihnen zum Mythos geworden; sie galt als unbesiegbar. In Lepanto hatte die Flotte der *Heilige Liga*, die Vereinigung der venezianischen und der spanischen Flotten, ihnen nicht nur eine der schwersten Niederlagen ihrer Geschichte zugefügt, sie hatte auch ihre Träume von einer osmanischen Seemacht zerschmettert. Keine zwei Jahrzehnte später aber wurde die spanische Armada von der britischen Flotte nicht weniger vernichtend geschlagen. Seitdem war Englands Aufstieg zur Seemacht unaufhaltsam; britische Seeleute galten als die Besten der Welt. Nicht ohne Grund hatte das Osmanische Reich daher seine beiden Kriegsschiffe bei den Briten bestellt, und umso größer war die Enttäuschung gewesen, als die Übergabe verweigert wurde. Schon Gerüchte von einem Auslaufen der britischen Flotte hatten zur Panik geführt. Die Türken erwarteten buchstäblich die Apokalypse, wer die Mittel hatte, bereitete seine Flucht nach Kleinasien vor, während Enver bereit war, den Nero-Befehl zu erteilen, um dem Feind nichts als verbrannte Erde zu überlassen. Doch dann, nach erbitterten Kämpfen, waren sie wider Erwartens doch die Sieger. Obwohl die Niederlage der Commonwealth-Landetruppen de facto nur durch die massive Unterstützung seitens der deutschen Verbündeten, Hilfstruppen und Militärberater möglich gewesen war, nahmen die Türken sie als ihren eigenen nationalen Befreiungsschlag wahr. Zum ersten Mal seit zwei Jahrhunderten hatten sie die europäische Übermacht besiegt. »Ich kann nicht genug den Effekt betonen, den der Sieg über die alliierte Flotte auf die Türken hatte«, schreibt Henry Morgenthau: »In den ersten Augenblicken ihres Stolzes sahen die Führer der Jungtür-

ken die Vision einer kompletten Wiederauferstehung ihres Reiches. Was zwei Jahrhunderte lang eine Nation im Niedergang war, erwachte plötzlich zu einem neuen und glorreichen Leben.«[316]

Jetzt zeigte sich, dass all die großen Versöhnungsgesten der letzten Jahre nichts anderes als Theater gewesen waren, mit dem Ziel, vor dem Ausland als die »besseren Türken« zu erscheinen und sich damit die Unterstützung des eigenen Machtanspruches zu sichern. Die Armenier waren Opfer dieser Maskerade. Sie hatten in naiver Weise geglaubt, dass sie dem neuen Staat nur treu zu dienen brauchten, um endlich gleichberechtigt zu sein. Sie rechneten sich sogar größere Chancen in der »neuen Türkei« aus, hofften auf einen schnellen sozialen Aufstieg, zu dem ihre bessere Bildung und ihre Erfahrung in Handel und Industrie sie wohl auch befähigt hätten. Nach der Absetzung des Schlächters Abdülhamid II. und der Wiederinkraftsetzung der Verfassung fühlten sie sich zum ersten Mal seit einem halben Jahrtausend wirklich frei. Manche verband sogar eine persönliche Freundschaft mit den Führern der Jungtürken, die sie in den Tagen der Konterrevolution in ihren Häusern versteckt hatten. Sie konnten nicht ahnen, wie kurzlebig diese »Freundschaften« waren, wie schnell man vergaß, wie perfide man sie getäuscht hatte.

Denn verflogen waren alle demokratischen Ambitionen, seit Talaat, Enver und Cemal ihre Machtstellung gesichert hatten und sich teils wie kleine Sultane, teils wie mächtige Volkstribunen fühlten. Der Kriegseintritt hatte die totalitären Tendenzen des Triumvirats verstärkt, wirkte wie ein Freibrief zur Verwirklichung ihrer pantürkischen Visionen, sprengte alle Grenzen ihres Größenwahns. Führte die Niederlage Envers im Kaukasus zu einer geradezu narzisstischen Kränkung, die nur durch eine Verschwörungstheorie kompensiert werden konnte – die Armenier waren an allem schuld! –, so stimulierten die Siege vor den Dardanellen und in Gallipoli ihre Allmachtsphantasien. US-Botschafter Morgenthau: »Wir sahen jetzt, dass diese türkischen Führer, als sie über Freiheit, Gleichheit, Brüderlichkeit und den Verfassungsstaat sprachen, nur Kinder waren, die Phrasen nachplapperten; dass sie das Wort ›Demokratie‹ nur als Leiter benutzt haben, auf der sie an die Macht kletterten.« Kaum hatten sie diese Masken abgelegt, kam der gleiche Ungeist zum Vorschein, der schon die Sultane zu Schlächtern, Sklaventreibern und Mördern ganzer Völker werden ließ, »die angeborene Weltsicht eines Nomadenstammes, dass es nur zwei Arten Menschen auf der Welt gäbe: Die Sieger und die Besiegten.«[317] Der Fanatismus der Jungtürken und ihr eigenes enges, vom Aufstiegskampf bestimmtes Weltbild halbgebildeter Parvenüs, ließ sie dieses barbarische Konzept ihrer Vorfahren zu seiner extremsten Vollendung führen. Die Osmanen mögen ihre Sklavenvölker verachtet haben, doch sie erkannten auch, dass sie ihre Talente für sich nutzen konnten. Strafexpeditionen und einzelne Massaker sollten sie lediglich einschüchtern und daran erinnern, wer die Herren im Lande waren. Erst Abdülhamid dachte in den Kategorien eines Völkermordes, als er sich vom Druck der Westmächte befreien wollte, indem er sich der Armenier entledigte.

Die Jungtürken dagegen waren überzeugt, dass die Existenz christlicher Minderheiten das Land immer wieder destabilisieren und segmentieren würde. Mochten diese selbst auch noch so gefügig sein, sie könnten auch weiterhin europäischen Mächten als Vorwand für Interventionen dienen, wie es in den Balkankriegen der Fall gewesen war. Da galt es, die Reißleine zu ziehen, bevor auch der Osten des Landes aus der osmanischen Erbmasse herausgelöst würde. Daher ging es ihnen auch nicht um die Armenier allein. Sie begingen ihren Völkermord im Rahmen eines größeren Planes, der völligen Vernichtung aller christlichen Minderheiten im Reich.

Die Gelegenheit, die sich ihnen bot, war so günstig wie nie. Es war, als habe ihnen die Vorsehung des Teufels ein Fenster geöffnet, um ihren finsteren Plan auszuführen. England, Frankreich und Russland, die Abdülhamid daran gehindert hatten, waren für sie irrelevant geworden. Die Jungtürken glaubten nach Gallipoli, diese Nationen nachhaltig besiegt zu haben; nie mehr würden sie es wagen, sich in ihre Angelegenheiten einzumischen. Die Deutschen, ihre Verbündeten, interessierten sich nicht für die Armenier. Der gleiche Kaiser Wilhelm, der sie heute umwarb, hatte bereits Abdülhamid nach seinen Massakern mit Orden behängt und auf beide Wangen geküsst. Der deutsche Generalfeldmarschall Colmar Frhr. von der Goltz, der als Militärberater des Sultans nach Konstantinopel entsandt worden war, hatte sogar vorgeschlagen, die Armenier nach Mesopotamien umzusiedeln; auf ihn konnten die Türken sich notfalls berufen. Der Weg war damit frei für das Urverbrechen des zwanzigsten Jahrhunderts. Jetzt bedurfte es nur noch eines geeigneten Vorwands, um loschlagen zu können.

Der Zufall wollte es, dass sich gleich zwei Zwischenfälle ereigneten, die als solcher dienen konnten. Der erste trug sich ausgerechnet in Zeitun zu, jener armenischen Enklave in den kilikischen Bergen, die seit der Zeit der Kreuzritter ihre Eigenständigkeit bewahrt hatte. Als dort im August 1914 die Generalmobilmachung erfolgte, versuchten viele seiner Bewohner, sich mit Berufung auf diesen uralten Sonderstatus ihrer Wehrpflicht zu entziehen. Deserteure gab es im ganzen Reich, viel häufiger waren es Muslime als Christen, doch in diesem Fall wurde ihnen besondere Aufmerksamkeit geschenkt. Ein ganzes Heer zog aus, um eine Gruppe von Jugendlichen, die sich in den Bergen versteckt hatten, aufzuspüren. »Durch List und Wortbruch«, so heißt es im Bericht des deutschen Konsuls in Aleppo, Walter Rößler, gelang es schließlich, ihren Anführer zu fangen, der daraufhin »in grausamster Weise zu Tode gemartert«[318] wurde. Türkische Gendarmen führten in Zeitun eine Razzia durch, plünderten Läden und Vorratslager, misshandelten alte Menschen und entehrten Frauen. Die Zeituniter ahnten, dass man sie provozieren wollte, verhielten sich aber nach wie vor ruhig.

Im Dezember 1914 wurden den Bewohnern Zeituns die Waffen abgenommen, ohne dass es zu Widerstand kam. Der ganze Winter verlief ruhig. Erst als im März 1915 eine weitere Gruppe armenischer Deserteure verhaftet werden sollte, kam es zu einem Scharmützel, bei dem ein türkischer Gendarm erschossen wurde. Während, so Rößler, »die mohammedanische Bevölkerung von Marasch offenbar plante, Metzeleien (an den Zeitunitern, d. Verf.) zu veranstalten«[319], besänftigte ein Kriegsgericht den Volkszorn. Doch die Lage eskalierte, als einige Deserteure einen Angriff auf das Gefängnis von Zeitun unternahmen, um einen ihrer gefangenen Kameraden zu befreien. Auf beiden Seiten gab es Tote. Die Deserteure verbarrikadierten sich in einem verlassenen Kloster, das die Gendarmen angriffen. Bei dem Schusswechsel gab es zwanzig bis dreißig Todesopfer, darunter war auch der Gendarmeriekommandant von Marasch, Süleyman Bey.

Um eine Identifikation ihrer Kameraden und damit Vergeltungsaktionen gegen ihre Familien zu vermeiden, schnitten die armenischen Deserteure dreien ihrer Toten die Köpfe ab.
Geradezu absurd war, wie der Vorfall von den Türken dargestellt wurde. »In Zeitun ist eine Revolte ausgebrochen, die eine zur Zeit noch laufende Militäraktion notwendig machte«[320], erklärte Cemal Pascha am 16. März 1915. Im Vatikanarchiv fand ich das 1916 von der Hohen Pforte herausgegebene und den Botschaftern in Konstantinopel übersandte Weißbuch »Die Wahrheit über die armenische Revolutionsbewegung und die Maßnahmen der Regierung«. »Eine Bande aus Deserteuren und armenischen Briganten griff das Regierungsgebäude in Zeitun an und drohte, die muslimische Bevölkerung einschließlich der Frauen und Kinder auszurotten«[321], heißt es dort, ungeachtet der Tatsache, dass es in Zeitun gar keine »muslimische Bevölkerung« und somit auch keine »muslimischen Frauen und Kinder« gab. Bei dem Versuch, das Kloster zu stürmen, in dem sich die »armenische Bande« verbarrikadiert hatte, seien »der Kommandant der Abteilung sowie die Gendarmen, die ihn begleiteten«, allesamt getötet worden, »insgesamt 150 Personen.«[322] Dagegen freilich steht die Aussage des deutschen Konsuls Rößler, der eigens zur Untersuchung der Vorfälle nach Marasch gereist war und der in seinem Bericht vom 12. April 1915 an Reichskanzler Bethmann Hollweg den übereilten Angriff auf das Kloster scharf kritisierte. Süleyman Bey hätte »nur die Ankunft von Artillerie abzuwarten oder die Räuber auszuhungern brauchen. Stattdessen aber ließ er einen Angriff machen, wobei der Gendarmeriemajor aus Marasch auf das Haupttor des Klosters losritt und nebst einigen Soldaten erschossen wurde. Die Räuber, deren Zahl vielleicht 150 gewesen sein mag, brachen unter Verlust von einer Anzahl Toter und Verwundeter, die den Truppen in die Hände fielen, durch.«[323] Einen Aufstand, so Rößler, hätte es in Zeitun nie gegeben. Das bestätigte Botschafter von Wangenheim, der bereits am 26. März 1915 dem Reichskanzler nach einer Unterredung mit dem armenischen Patriarchen versicherte: »Obwohl die Leute von Zeitun von jeher als unabhängige und widerspenstige Charaktere bekannt sind, so handelt es sich doch jetzt um keinen vorbereiteten, allgemeinen Aufstand; hierzu fehlen ihnen vor

allem die Waffen; man hat ihnen sogar Messer und dergl. abgenommen.« Im Gegenteil: Als schließlich eine 6000 Mann starke Armeeeinheit von Aleppo nach Zeitun beordert wurde, hängte man in der ganzen Stadt weiße Fahnen aus, als Zeichen, dass man nicht an Widerstand denke. Am nächsten Morgen, dem 9. April, ließ der Kommandant der Truppe 300 Stadtväter zu einer Besprechung in sein Lager rufen. Da sie bis dahin in gutem Einvernehmen mit den Behörden gestanden hatten, schöpften sie keinen Verdacht und machten sich auf den Weg. Der Kommandant teilte ihnen mit, dass sie deportiert würden; sie durften weder in ihre Stadt zurückkehren noch etwas mitnehmen.

In den nächsten Tagen begann die gewaltsame Deportation der gesamten armenischen Bevölkerung von Zeitun, die etwa 24 000 Seelen umfasste. Einer nach dem anderen wurde abgeführt, Frauen und Kinder meist getrennt von ihren Männern und Vätern. Lediglich sechs armenische Handwerker durften bleiben. Als Mitte Mai die Räumung der Stadt abgeschlossen war, nannten die türkischen Behörden sie, nach dem erschossenen Gendarmeriekommandanten, in *Süleymanli* um. Die Häuser ihrer Bewohner wurden jetzt muslimischen Flüchtlingen aus Bosnien zur Verfügung gestellt. Damit endete die jahrhundertealte Geschichte dieser christlichen Enklave, der letzten Festung des kleinarmenischen Königreiches Kilikien.

»Bisher wurden der Bezirk Zeitun und das umliegende Gebiet komplett (von Christen) geräumt«, heißt es in einem Bericht, den Msgr. Pascal Keklikian, der armenisch-katholische Bischof von Adana, am 22. Juni an seinen Patriarchen Boghos Bedros XIII. Terzian (1910–1931) in Konstantinopel schickte und von dem eine Kopie an Msgr. Dolci weitergeleitet wurde, »Die (armenische, d. Verf.) Bevölkerung wurde, so heißt es, auf langen Märschen in die Ebene von Konia gebracht.«[324] Den Zeitunitern stand ein Todesmarsch bevor. Ein Drittel, meist Frauen und Kinder, wurde in das Sumpfgebiet von Karabunar zwischen Konya und Eregli geführt, zwei Drittel nach Deir el-Zor am Euphrat, in die Wüste. Man hatte weder für ihre Ernährung während des etwa 500 Kilometer langen Marsches durch das Taurusgebirge gesorgt, noch für ihre Unterbringung auf dem Weg oder am Ziel. Ein deutscher Augenzeuge, den Johannes Lepsius zitiert, beschrieb das Elend der Deportierten in einem Brief vom 10. Mai 1915 mit eindrücklichen Worten:

»Ich sah sie auf dem Wege. Ein endloser Zug, begleitet von Gendarmen, die sie mit Stöcken vorwärts trieben. Halb bekleidet, entkräftet, schleppten sie sich mehr, als dass sie gingen. Alte Frauen brachen zusammen und rafften sich wieder auf, wenn der Saptieh (Gendarm, d.Verf.) mit erhobenem Stock sich nahte. Andere wurden vorwärts gestoßen wie die Esel. Ich sah, wie eine junge Frau hinsank: der Saptieh gab ihr zwei, drei Schläge, und sie stand mühsam wieder auf. Vor ihr ging ihr Mann mit einem zwei- oder dreijährigen Kind auf dem Arm. Ein wenig weiter stolperte eine Alte und fiel in den Schmutz. Der Gendarm stieß sie zwei- oder dreimal mit seinem Knüttel. Sie rührte sich nicht. Dann gab er ihr zwei oder drei Fußtritte, aber sie blieb unbeweglich liegen. Zuletzt gab ihr der Türke noch einen kräftigeren Fußtritt, sodass sie in den Straßengraben rollte. Ich hoffe, sie war tot. Die Leute, die hier in der Stadt ankamen, hatten seit zwei Tagen nichts gegessen. (...) Man zwang die Deportierten, alle ihre Habe in Zeitun zu lassen, damit die Muhadjirs (Einwanderer, d. Verf.), muhammedanische Bosniaken, die man an ihrer Stelle ansiedeln will, sich gleich damit versehen konnten. (...) Als die Verschickten in Konia ankamen, hatten sie seit drei Tagen nichts gegessen. Die Griechen und Armenier der Stadt taten sich zusammen, um sie mit Geld und Lebensmitteln zu versorgen, aber der Wali von Konia weigerte sich, den Verschickten etwas zukommen zu lassen; ›sie hätten alles, was sie brauchten‹. So blieben sie noch weitere drei Tage ohne Nahrung.«[325]

Am 21. Mai schrieb derselbe Augenzeuge:

»Der dritte und letzte Zug von Leuten aus Zeitun ist durch unsere Stadt gekommen ... Sie waren alle zu Fuß und hatten zwei Tage lang, an denen es heftig regnete, nichts gegessen. Ich sah eine arme Kleine, die länger als eine Woche barfuß marschiert und nur mit einer zerfetzten Schürze bekleidet war. Sie zitterte vor Kälte und Hunger, und die Knochen standen ihr buchstäblich aus dem Leibe. Ein Dutzend Kinder mussten auf dem Wege liegen bleiben, da sie nicht weitermarschieren konnten. Ob sie vor Hunger gestorben sind? Wahrscheinlich.«[326]

Ihre neue »Heimat«, das Sumpfgebiet von Karabunar, beschreibt der Deutsche als

> »einen der ungesundesten Orte des Vilayets, (wo) täglich 150 bis 200 Hungers sterben. Die Malaria richtet Verheerungen unter ihnen an, da es vollkommen an Nahrung und Unterkunft fehlt. Welche grausame Ironie, dass die Regierung vorgibt, sie zu verschicken, damit sie eine Kolonie gründen; sie besitzen weder Pflug noch Saat, weder Brot noch Unterkunft, denn sie sind völlig mit leeren Händen verschickt worden.«[327]

Der zweite Vorfall, der als Vorwand für den Völkermord diente, ereignete sich ausgerechnet in Van, dem Schauplatz eines der blutigsten Massaker in der Ära des »roten Sultans« Abdülhamid.
Van, die 3000-jährige ehemalige Hauptstadt des urarmenischen Königreiches Urartu, hatte sich in der Vorkriegszeit längst wieder von den Schrecken des Jahres 1896 erholt. Sie galt, so die deutsche Missionsschwester Käthe Ehrhold, sogar als »Lieblingsplatz des armenischen Volkes, sein Rom und sein Paris.«[328] Dazu trugen die reiche Geschichte und die malerische Lage zwischen mächtigen Bergen und einem weiten See ebenso bei wie die Lebensqualität speziell in der »Gartenstadt«, dem überwiegend von Armeniern bewohnten grünen Vorort. Überragt wurde er vom Gelände der amerikanischen Mission, die auf einer kleinen Anhöhe lag. Sie bestand aus einer Kirche, modernen Schulen, vier Missionsgebäuden und einem Hospital, geleitet von dem Ehepaar Reynolds und dem Arzt Dr. Clarence D. Ussher. Gleich daneben befand sich die Kaserne der osmanischen Armee. Fünf Minuten zu Fuß entfernt lag die deutsche Missionsstation mit dem Armenischen Waisenhaus. Beide wurden von der protestantischen Missionsgesellschaft des Johannes Lepsius unterhalten und von dem Schweizer Johannes Spörri geleitet. Ihm standen drei Missionsschwestern zur Seite, darunter Käthe Ehrhold, die als Lehrerin die Waisenkinder unterrichtete. »Van war so etwas wie eine europäische Insel im fernen Osten des Osmanischen Reiches«, schreibt Rolf Hosfeld, »Auf den Straßen dominierte, für die orientalische Provinz ungewöhnlich, europäische Kleidung. Fahrräder waren ein

übliches Transportmittel, es gab lokale Zeitungen und ein funktionierendes örtliches Telefonnetz«[329], das einzige außerhalb der Hauptstadt. Als *vali* regierte der gemäßigte Hasan Tahsin, der Armenier Onnik Dersakian Vramian repräsentierte den Bezirk als Abgeordneter im Parlament. Laut einem Bericht in den Archiven der päpstlichen »Kongregation für die Evangelisierung der Völker« lebten 1914 in Van »25 000 Muslime und 28 000 gregorianische Armenier«.[330]
Doch diese Stimmung der Toleranz kippte mit dem Ausbruch des Krieges plötzlich um. Mit dem Eintreffen des norwegischen Generalinspekteurs Oberst Hoff im August 1914, der die Durchführung der zugesagten Reformen überprüfen sollte, brachen alte Gräben wieder auf. Tahsin, der seine eigene Macht schwinden sah, empfing den Norweger mit versteinerter Miene, um ihn nur ein paar Tage später auf Anweisung des Zentralkomitees unverrichteter Dinge wieder nach Hause zu schicken. Von den Armeniern wiederum wurde das als eindeutige Absage an jede Veränderung verstanden, für die sie seit 36 Jahren gekämpft hatten.
Kurz darauf wurde Tahsin abberufen und durch Cevdet Bey, den Schwager Enver Paschas, ersetzt. Waren die Armenier schon durch die Zurückweisung des norwegischen Generalinspekteurs beunruhigt, so läuteten jetzt bei ihnen alle Alarmglocken. Die Geschichte hatte sie gelehrt, dass der Austausch eines gemäßigten, toleranten *valis* durch die Hohe Pforte nie etwas Gutes zu bedeuten hatte. Cevdet hatte einen Großteil seines Lebens in Van verbracht und war wegen seines wechselhaften Charakters verrufen. Er galt als Heuchler, der zu Wut- und Gewaltausbrüchen neigte, »liebenswürdig im Umgang, aber mit geradezu tigerhaftem Armenierhass«[331], wie Käthe Ehrhold schrieb. »Ein wahres Ungeheuer in Menschengestalt«[332], präzisierte der österreichisch-ungarische Militärbevollmächtigte für die Türkei, Joseph Pomiankowski. Ein Machtmensch, besessen von dem Plan der Jungtürken, sich des christlichen Fremdkörpers baldmöglichst zu entledigen.
Der ganze Winter 1914/15 stand, wie gesagt, im Zeichen des verzweifelten Abwehrkampfes gegen die russische Armee, für dessen zahlreiche Verluste der gescheiterte Enver allein den »Verrat« armenischer Überläufer verantwortlich machte. Doch als sich die Soldaten des Za-

ren zwischenzeitlich zurückzogen, verzichteten die Türken darauf, dem Feind nachzustellen, wie es jede gute Streitmacht getan hätte. Stattdessen marschierten sie in das Gebiet von Van und nutzten die Gunst der Stunde, als die Armenier ihrer traditionellen Schutzmacht beraubt schienen und jetzt ganz der Gnade der Türken überlassen waren. US-Botschafter Henry Morgenthau: »Statt die gut ausgebildete russische Armee zu bekämpfen, richteten sie jetzt ihre Gewehre, automatischen Waffen und Bajonette gegen armenische Frauen, Kinder und Greise in den Dörfern des (*vilayet*) Van. Wie es bei ihnen Sitte war, teilten sie die schönsten Frauen unter den muslimischen Männern auf, plünderten und brandschatzten die armenischen Dörfer und massakrierten tagelang ihre Bewohner.«[333] »Sehr charakteristisch ist, dass vor allem christliche Kirchen und Schulen zerstört wurden«[334], stellte der Leiter der deutschen Missionsstation, Johannes Spörri, fest. Dabei fielen nicht nur Armenier dem Hass der Schlächter zum Opfer, sondern »auch andere Nichttürken«. Am 15. April 1915 wurden 500 junge Armenier aus Akantz aufgefordert, der Verlesung eines Sultan-Befehls beizuwohnen; bei Sonnenuntergang führte man sie vor die Stadt und erschoss sie kaltblütig. Dieses Vorgehen wiederholte sich in rund achtzig Dörfern im Gebiet nördlich des Van-Sees, bis nach drei Tagen 24 000 Armenier ihr Leben gelassen hatten. Zuvor hatte Cevdet Bey vier angesehene Daschnaken gebeten, ihre Leute zu ermahnen, sich an die Anweisungen der Obrigkeit zu halten. Doch selbst dazu kamen sie nicht mehr; auf halber Strecke wurden sie in einem kurdischen Dorf ermordet. »Wir ahnten im Voraus, dass es zu einem Zusammenstoß kommen würde«, schrieb eine Angehörige der amerikanischen Mission in Van, Grace Knapp, »aber die Daschnaken zeigten eine erstaunliche Zurückhaltung und Klugheit, beherrschten die heißblütige Jugend, patrouillierten in den Straßen, um Unruhen zuvorzukommen, und befahlen den Dorfbewohnern, lieber schweigend zu dulden, dass das eine oder andere Dorf niedergemacht werde, als durch Gegenwehr den Anlass für ein Massaker zu geben.«[335]

Als Nächstes forderte Cevdet die Armenier von Van auf, 4000 Kriegsfreiwillige zu stellen. Zutiefst beunruhigt über die Ereignisse der letzten Wochen, weigerten sie sich. Sie fürchteten, auch diese jungen

Männer könnten ermordet werden und sie wären dann schutzlos den türkischen Truppen ausgeliefert. Stattdessen boten sie an, 500 Soldaten zu stellen und für die übrigen 3500 das übliche Freistellungsgeld zu bezahlen. Für Cevdet war das bereits eine »Rebellion«, die er um jeden Preis zu »zerschlagen« drohte. »Unverhohlen erklärte er vor armenischen Würdenträgern: ›Ich habe auf meiner Expedition 35 000 Christen massakriert, ich werde auch alle hier umbringen lassen, wenn Sie mir nicht sofort die Rekruten herausgeben‹«, heißt es in einem Bericht des Superiors der örtlichen Dominikanermission, Pater Bernard Marie Govrmachtigh, an den Vatikan.[336]

Am 17. April bestellte der *vali* den arglosen armenischen Abgeordneten Wramian zu sich, um ihn dann zu verhaften, abführen und ermorden zu lassen. »Noch am gleichen Morgen«, so berichtet Lepsius, »bereitete der Wali Djevdet (Cevdet, d. Verf.) Bey den Angriff auf die armenischen Viertel vor und ließ Kanonen gegen sie in Stellung bringen«[337]. Aus Erzurum forderte er 6000 Mann Kavallerie an, ließ rund um das Armenierviertel Schützengräben ausheben. Aufs Höchste alarmiert, begannen die Armenier, wie 1896, ihre Gartenstadt zu befestigen. Sie hoben jetzt ebenfalls Gräben aus, schütteten Wälle auf, besorgten sich Waffen.

Noch einmal forderte der *vali* die Freistellung von 4000 Soldaten, drohte, er würde ansonsten die Stadt angreifen. Alle Versuche, mit ihm zu verhandeln, scheiterten. »Es müsse gehorcht werden«, gab die amerikanische Ärztin Dr. Reynolds später Cevdets Worte zu Protokoll, »sonst werde er diese Revolte um jeden Preis niederwerfen. Wenn die Armenier auch nur einen Schuss abfeuerten, würde er alle christlichen Männer, Frauen und Kinder töten.«[338] »Es kann gar nicht klar genug gesagt werden, dass es überhaupt keine Revolte gegeben hat«, stellte Grace Knapp später richtig, »Die Revolutionäre (Daschnaken, d. Verf.) wollten den Frieden bewahren.« Erst als der Angriff unabwendbar schien, »beschlossen die Armenier, ihre Haut so teuer wie möglich zu verkaufen.«[339] Ausschlag gab dabei ein Befehl Cevdets vom 19. April, der im gesamten *vilayet* verlesen wurde. Dr. Ussher überlieferte ihn uns im Wortlaut: »Die Armenier müssen ausgelöscht werden. Wenn ein Moslem einen Christen beschützt, soll zuerst sein Haus niedergebrannt, dann der Christ vor seinen Augen hingerichtet, schließlich seine Familie und dann er selbst getötet werden.«[340] Am Dienstag, dem 20. April, begann der »Kampf um Van«. Am frühen Morgen hatten türkische Soldaten mehrere armenische Frauen belästigt, die auf dem Weg in die Gartenstadt waren. Ein paar junge Armenier eilten ihnen zu Hilfe und wurden sofort erschossen. Dann eröffneten die Türken mit Gewehren und schwerer Artillerie das Feuer. Als ein Teil der Stadt in Flammen stand, wurde mit der Belagerung begonnen. Die Armenier hatten 1500 Mann im Kampfeinsatz, denen die vierfache Anzahl schwer bewaffneter Soldaten gegenüberstand, und sogar nur 300 Gewehre. Trotzdem gelang es ihnen, die türkische Armee 30 Tage lang aufzuhalten. In dieser Zeit wählten sie sich einen eigenen »Gouverneur«, den Lehrer und Daschnaken Aram Manukian, und organisierten ein regelrechtes Stadtregiment mit Bürgermeistern, Richtern und Polizisten: »Die Stadt wurde noch nie so gut regiert«[341], befand Grace Knapp. Weniger zivilisiert ging es auf türkischer Seite zu. »Während der Zeit der Belagerung«, so Johannes Lepsius, sich auf die Berichte der deutschen, Schweizer und amerikanischen Augenzeugen berufend, »hausten die türkischen Soldaten und ihre Gesellen, die wilden Kurden, fürchterlich in der ganzen Umgebung. Sie massakrierten Männer, Frauen und Kinder und brannten ihre Heimstätten nieder. Kleine Kinder wurden in den Armen ihrer Mütter erschossen, andere schrecklich verstümmelt, Frauen ihrer Kleider beraubt und geschlagen.«[342] Damals erwarb sich Cevdet den zynischen Titel »Der Hufschmied von Baschkale«, weil er in einem besonders sadistischen Moment befahl, die nackten Füße der Bewohner dieses widerspenstigen Dorfes mit Hufeisen zu beschlagen.[343]

Hinter all den Grausamkeiten steckte freilich eine Taktik. Man ließ bewusst die Ostflanke von Van frei, um den Zustrom von Flüchtlingen in die belagerte Stadt zu ermöglichen. Je mehr Menschen sie zu ernähren hatten, rechneten sich die Türken aus, umso schneller würden den Armeniern die Nahrungsmittelvorräte ausgehen, wären sie zum Aufgeben gezwungen. Am 8. Mai 1915 schließlich fielen die türkischen Soldaten über das uralte armenische Kloster Varak her, um seine wertvolle Bibliothek voll kostbarer antiker Handschriften niederzubrennen.[344] Zur gleichen Zeit wurden insgesamt 12 000 Granaten auf die Gartenstadt von Van gefeuert, was große Teile von Van in eine Trümmerwüste verwandelte. Am vierten Tag der Belagerung gelang es den Armeniern, die Hamid-Agha-Kaserne mit Hilfe einer Bombe in die Luft zu sprengen und niederzubrennen. Einige Soldaten kamen dabei ums Leben, die große Mehrheit suchte Schutz in der Nacht.

Erst Mitte Mai wendete sich das Blatt zugunsten der Belagerten. Die Russen hatten das Frühjahr für eine neue Offensive an der Kaukasusfront genutzt, im Gebiet östlich des Van-Sees bereits die türkischen Truppen vertrieben, jetzt stießen sie weiter in das Landesinnere vor. Als sie vom Anmarsch des Feindes erfuhren, beendeten die Türken die Belagerung von Van und flohen panikartig. Am nächsten Morgen inspizierten die Armenier die zwischenzeitlich fast völlig verlassene Altstadt, in der einst Moslems und Christen friedlich nebeneinander gelebt hatten. Bei der Durchsuchung armenischer Häuser stießen sie auf Männer, Frauen und Kinder »mit durchgeschnittenen Kehlen und Brunnen voller verstümmelter Körper«, wie Dr. Ussher später festhielt. »Auch alle armenischen Gefangenen und die russischen Kriegsgefangenen hatten die Türken vor ihrer Flucht getötet«. Erst jetzt, beim Anblick ihrer toten Verwandten, packte einige Armenier, die sich bislang äußerst zivilisiert verhalten hatten, die blinde Wut: Sie wollten Vergeltung üben. So »suchten sie in der Stadt nach versteckten Türken, von denen sie eine erhebliche Anzahl aufspürten. Männer wurden getötet, Frauen und Kinder verschont«, betont Dr. Ussher, »in dieser Hinsicht verhielten sich die Armenier menschlicher als die Türken.« Auch der Bericht des Dominikanerpriors an den Vatikan erwähnt zwar die Plünderung und Brandschatzung der meist verlassenen türkischen Häuser und auch, dass Türken währenddessen in seinem Kloster Zuflucht suchten, nennt aber keine Zahl der Toten. Realistisch ist es, von einigen Hundert Opfern auszugehen.[345]

Am 18. Mai traf die Vorhut der russisch-armenischen Freiwilligen in Van ein, die überrascht war, dass sich die Stadt bereits in armenischer Hand befand. Einen Tag später folgten die regulären Truppen. Als die Russen die Leichen der in der Provinz ermordeten Armenier einsammelten, um sie zu verbrennen, zählten sie 55 000 Tote. 258 Dörfer waren geplündert und zerstört worden.

Für Enver, Talaat und die übrigen Jungtürken diente die Rettung der Belagerten von Van jetzt als Vorwand für ihr weiteres Vorgehen, als

»Beweis« dafür, dass es sich bei den Armeniern um »Verschwörer« und »Verbündete der Russen« handle. Dabei wurde die armenische Vergeltung, die sich nach dem Abzug der Türken ereignete, gerne an den Anfang des Geschehens versetzt, um sie als Grund für die Belagerung erscheinen zu lassen. So heißt es etwa in dem bereits zitierten Weißbuch der Hohen Pforte: »In der Stadt Van agierte die aufständische Bewegung noch gewalttätiger; große Teile der Stadt wurden niedergebrannt; Hunderte von Personen, Soldaten wie Zivilisten, ermordet.«[346] Während man hier noch mit einer realistischen Zahl von einigen Hundert Toten während der gesamten Belagerung agierte und bloß verschwieg, wer die Stadt unter Feuer genommen hatte, wurde bald darauf von der türkischen Propaganda mit geradezu absurden Zahlen hantiert. »Von 180 000 Muslimen, die das *vilayet* Van bewohnten, haben sich kaum 30 000 retten können«, behauptete ein türkisches Kommuniqué vom 29. Juni 1915: »Der Rest blieb den Mordtaten der Russen und Armenier ausgesetzt«[347]. Die türkische Botschaft in Berlin sprach sogar von »einer Armenierrevolte im Rücken des türkischen Volkes, bei der nicht weniger als 180 000 Menschen umgebracht worden«[348] seien. Tatsächlich lebten in Van vor Ausbruch der Unruhen gerade einmal 25 000 Muslime, von denen ein Großteil schon bei Beginn der Kampfhandlungen in die Berge und benachbarte Dörfer geflohen war. Im gesamten *vilayet* gab es, dem Zensus von 1914 zufolge, neben 192 000 Armeniern, 98 000 Syrern und 150 000 Kurden nur 30 000 Türken. Die freilich waren vor den Russen geflüchtet, nicht vor den Armeniern.[349]

Doch selbst in dem ersten Bericht, den der päpstliche Delegat Msgr. Dolci zum Thema »*Armeni del Patriarco*« (Armenier des Patriarchats, d.h. katholische Armenier) am 27. Juni 1915 nach Rom schickte – nicht an das Staatssekretariat, sondern an den Präfekten der *Kongregation für die Verkündigung des Glaubens*, Kardinal Girolamo Gotti – spiegelt sich wider, wie unverfroren Enver die Diplomaten über die Vorgänge in Van belogen hatte:

> »Die Verschwörung der Armenier gegen die territoriale Integrität des osmanischen Reiches und ihr Bestreben nach Unabhängigkeit – eine Verschwörung, die von der Regierung immer befürchtet wurde – ex-

> plodierte im *vilayet* Van (Armenien, d. Verf.), wo eine Bombe im Palast des Gouverneurs gezündet und ein Armenier russischer Herkunft zum (neuen, d. Verf.) Gouverneur erklärt wurde.«[350]

Den Bericht des Dominikanerpriors Govrmachtigh, der keinen Zweifel daran lässt, dass es zwar eine Weigerung, die Rekruten herauszugeben, nie aber einen Aufstand oder eine Verschwörung gegeben hatte, konnte er damals noch nicht kennen; er wurde erst am 17. November 1916 verfasst. Lepsius dagegen, der immerhin über die Berichte neutraler Augenzeugen aus drei Nationen verfügte, stellte damals kategorisch fest,

> »dass, wie die amerikanischen Missionare und der Bericht über den Empfang der Russen übereinstimmend bezeugen, die Armenier von Wan in keiner Verbindung mit den Russen und den russisch-armenischen Freikorps standen, auch während der Belagerung nicht in der Lage waren, sich mit ihnen in Verbindung zu setzen. Der sogenannte ›Aufstand von Wan‹ war ein Akt der Selbstverteidigung und eine Episode in der Geschichte der Massakers, nicht Landesverrat (...) Die beiden Ereignisse, die Selbstverteidigung der Wan-Armenier gegen das ihnen drohende Massaker und der Vormarsch der Russen stehen in keinem kausalen Zusammenhange zueinander.« [351]

Auch die von den Türken verbreitete Behauptung, Cevdet Bey sei »durch eine armenische Bombe lebensgefährlich verwundet worden und zur Vergeltung dafür sei das Strafgericht über die Armenier verhängt worden«, erwies sich bei genauerer Überprüfung als, so Lepsius wörtlich, »frei erfunden: Dschevded Bey hat drei Tage vor dem Einmarsch der Russen in voller Gesundheit Van verlassen und sich mit seinen Truppen nach Bitlis zurückgezogen.«[352]
Und trotzdem war Dolci präzise, als er die richtige Schlussfolgerung aus der türkischen Propaganda zog: »*Si teme però che l'Autorità turca ordini un massacro generale degli armeni*«: »Es wird jedoch befürchtet, dass die türkischen Behörden ein allgemeines Massaker an den Armeniern anordnen.«[353]

XI. Der 24. April 1915

Noch einmal feierten die Armenier in Konstantinopel 1915 mit ihrem Patriarchen das Osterfest, gedachten der Passion, der Kreuzigung und der Auferstehung Jesu Christi. Doch in diesem Jahr wurde die österliche Freude von einer tiefen Sorge überschattet. Sie hatte weniger etwas mit dem Schicksal ihrer Glaubensbrüder in Zeitun und Van zu tun, von deren Überlebenskampf dank kriegsbedingter Zensur nur wenige außerhalb der politischen Kreise etwas erfuhren. Stattdessen rechnete man jetzt, wo die Frühlingsstürme sich beruhigt hatten, jederzeit mit einer Landung der Entente-Bodentruppen an den Stränden bei Gallipoli. Würde dort die türkische Verteidigungsfront durchbrochen werden, drohte Konstantinopel selbst zum Kriegsschauplatz zu werden. Jeder, der die Mittel dazu hatte, traf Vorkehrungen für seine Flucht, während Kriegsminister Enver Pascha, wie gesagt, den Nero-Befehl erwog: Er wollte die 1600-jährige Stadt der byzantinischen Kaiser und osmanischen Sultane, das Rom des Ostens, lieber niederbrennen, als sie dem Feind zu überlassen.[354] Bereits am 10. April hatten die Behörden 22 000 in Gallipoli lebende Christen, meist Griechen, ohne Vorankündigung auf Fahrzeuge verladen und über Umwege in das Innere Anatoliens verschleppt.[355] Man fürchtete, sie könnten zum Feind überlaufen. »Wir wollen nicht mehr leben, wenn wir besiegt werden«, erklärten Talaat und Enver öffentlich. Man sah sich einer Übermacht an Feinden gegenüber und wähnte sich im »Existenzkampf der türkischen Nation«.[356]

Die Armenier ahnten zu diesem Zeitpunkt noch nicht, dass das Damoklesschwert, das über ihnen hing, ein ganz anderes war. Denn schon Wochen zuvor hatte der Polizeipräfekt der Hauptstadt, der fanatische Jungtürke Bedri Bey, eine Liste prominenter Armenier erstellen lassen, die im Ernstfall sofort zu verhaften wären. Die Namen und Adressen hatte ihm Harutiun Mugerditchian geliefert, ein korrupter junger Armenier, der die Jungtürken mit Informationen aus dem inneren Kreis der Daschnaken versorgte. Dann, als die Landung des Feindes unmittelbar bevorstand (sie sollte am 25. April erfolgen), schlug Bedri Bey zu.

Am Abend des 24. April, einem Samstag, war plötzlich die ganze Polizei der Hauptstadt in Bewegung. Ihre Razzia folgte penibel der vorbereiteten Liste. Eine Wohnung nach der anderen nahmen die Gendarmen sich vor, verhafteten ihre Bewohner, schleppten Tresore und Aktenberge in die großen roten Militärbusse.

Gegen Mitternacht stürmten Polizisten die Redaktionsräume der armenischen Tageszeitung *Azatamart*, deren Mitarbeiter, gerade mit der Drucklegung der Sonntagsausgabe beschäftigt, allesamt festgenommen wurden. Als Nächstes waren führende Mitglieder der Daschnak-Partei an der Reihe. Es folgten die prominentesten Intellektuellen der armenischen Gemeinde, Schriftsteller, Dichter und Journalisten, bevor auch Ärzte, Anwälte, Bankiers, Kaufleute, Wissenschaftler, Lehrer und sogar Priester verhaftet wurden. Wohnungen wurden ebenso durchsucht wie Schulen, Arztpraxen, Kirchen und sogar das Patriarchat, offenbar in der verzweifelten Hoffnung, Beweismaterial zu finden, das die Aktion im Nachhinein rechtfertigen könnte. Bis der Morgen dämmerte, waren 270 Personen festgenommen worden, weitere 600 folgten an den nächsten beiden Tagen.

Zunächst wurden die Verhafteten in die Kasernen von Selimiye auf der asiatischen Seite von Konstantinopel gebracht, dann mit einem Boot in das Zentralgefängnis von Sirkedji auf der europäischen Seite. Vielen von ihnen hatten die Polizisten nicht einmal die Möglichkeit gelassen, sich anzukleiden; sie trugen noch immer ihre Schlafanzüge, Bademäntel und Hausschuhe. Die Nacht verbrachten sie in hell erleuchteten Zellen. An Schlaf war nicht zu denken. Immer wieder hörten sie das Zuschlagen der eisernen Gefängnistüren, wenn einer von ihnen aus seiner Zelle geholt und zum Verhör abgeführt wurde.

Am nächsten Morgen mussten sie alle zum Appell antreten. Die Gendarmen filzten sie gründlich, nahmen denen, die noch etwas bei sich trugen, auch das ab: Geld und Schreibmaterial, Tagebücher, Schirme und Spazierstöcke. Dann wurden die Verhafteten in Gruppen von je zwanzig Personen, jeweils von einem Dutzend schwer bewaffneter

Zehn der Verhafteten des 24. April (1. Zeile: Agnouni, Haroutounian, Choukourian, Kelekian; 2. Zeile: Chakalian, Parseghian, Papazian, Larents; 3. Zeile: Shabaz, Kabakian) sowie die Abgeordneten Sohrab und Vartkes

Polizisten bewacht, ins Freie geführt. Auf dem Hof standen Militärlastwagen, auf die sie verladen wurden und die sie zu der Anlegestelle eines Dampfschiffes brachten. Auf ihm überquerten sie ein letztes Mal das Marmarameer, um nach Haider Pascha zu gelangen, wo auf dem Bahnhof der Anatolischen Eisenbahn ein Sonderzug auf sie wartete. Sechsunddreißig Stunden dauerte die Fahrt nach Angora (Ankara), wo man sie in zwei Gruppen aufteilte. Etwa 140 Mann, die als »politische Gefangene« galten, wurde in Militärtransportern in das 20 Kilometer entfernte Ayasch gebracht, die anderen, vielleicht 130 Intellektuelle, nach Cankiri, etwa 100 Kilometer nordwestlich von Angora gelegen. Dorthin, so wurde ihnen erklärt, seien sie verbannt worden. Man wies ihnen Schlafplätze in einer Baracke zu und erlaubte ihnen zunächst, sich in der Stadt frei zu bewegen. Ein weiterer Transport brachte die 600 später Verhafteten nach Corum, ein Städtchen zwischen Cankiri und Amasia.[357]

Während die Deportierten einem ungewissen Schicksal entgegensahen, suchte man in Konstantinopel krampfhaft nach belastendem Material, nach Beweisen für ihre Verstrickung in eine Verschwörung – erfolglos. Im Gegenteil: Die Parteikorrespondenz des Daschnaken-Büros von Konstantinopel zeugte von einer geradezu rührenden Naivität und dem blinden Vertrauen der Armenier in die jungtürkische Obrigkeit, die man für gleich gesinnte Verbündete hielt:

> 12. Oktober 1914: »Es gibt in der Tat keine Ursache, weshalb die Regierung gegen uns Misstrauen hegen könnte. Das Gegenteil sollte der Fall sein. Wir wissen, dass unser Kongress beschlossen hat, dass jeder Armenier seine Pflicht als ottomanischer Untertan erfüllen und sich willig der Mobilmachung unterziehen soll. Wir sind daher berechtigt zu erwarten, dass die Regierung unsere Loyalität anerkennt, denn wir sind bereit, alles, was in unseren Kräften steht, für die Aufrechterhaltung der Unantastbarkeit des Osmanischen Reiches und für die Verteidigung unseres Vaterlandes zu tun.«
>
> 8. Januar 1915: »Es scheint, dass die Haltung der kaukasischen Armenier die Regierung enttäuscht hat. Man sieht dies aus ihrem Verhalten gegen die Armenier überhaupt und gegen die Daschnakzagan insbesondere. Nun ist es natürlich sehr schwer, unsere türkischen Freunde davon zu überzeugen, dass wir Daschnakzagan nicht nur keinen Anteil an dem Verhalten der russischen Armenier haben, sondern auch überzeugte Anhänger der Erhaltung der Türkei und Gegner der Einverleibung Armeniens an Russland sind.«
>
> 12. März 1915: »Die Absicht der Regierung scheint darauf hinzuweisen, die Armenier aus ihren Zentren zu entfernen. Obwohl wir mit ganzem Herzen unsere Bürgerpflicht erfüllen, misstraut uns doch die Regierung mit ungerechtfertigtem Zweifel.«
>
> 2. April 1915: »Die Furcht vor einem allgemeinen Massaker hängt über unseren Häuptern. Die Türken sagen zu uns: ›Ihr Armenier seid an dem Unglück dieses Krieges schuld, und wir werden euch vernichten.‹ Es ist höchste Zeit, die Aufmerksamkeit auf die Zustände in Armenien

> zu lenken, sonst werden wir statt eines Armenien bald nur einen Haufen von Ruinen haben.«[358]

Zwei armenische Parlamentsabgeordnete waren der Verhaftungswelle entgangen. Der eine, Krikor Sohrab, hatte während der Konterrevolution des Jahres 1909 dem jungtürkischen Außenminister Halil Bey unter Lebensgefahr 14 Tage lang in seiner Wohnung Unterschlupf gewährt. Später hatte der gelernte Rechtsanwalt die *Ittihat* bei diversen Gesetzesentwürfen beraten und sich dabei als wertvoller Mitarbeiter der Regierung erwiesen. Der andere, Ohannes Serengülian, war als Schriftsteller unter dem poetischen Künstlernamen »Vartkes« (Rosenpferd) bekannt. Er hatte gemeinsam mit den Jungtürken gegen Sultan Abdülhamid II. gekämpft und war seinerzeit zu 101 Jahren Gefängnis verurteilt worden. Nach der jungtürkischen Revolution 1908 wurde er aus der Haft entlassen und als Abgeordneter der Stadt Erzurum in das neue Parlament gewählt. Er war ein persönlicher Freund Talaats und wohl nur deshalb zunächst verschont worden.
Gleich nach dem ersten Schock über die Verhaftungen gingen beide zu Talaat Bey, um ihn um eine Erklärung zu bitten. »Die Euren sind von den Bergen herabgekommen und haben Van mit Hilfe der armenischen Stadtbevölkerung besetzt«, behauptete der Innenminister – eine glatte Lüge, denn die Armenier von Van hatten ihren Widerstand ganz allein organisiert. Doch weshalb verhafte man dann völlig Unbeteiligte, wollte Vartkes wissen. Talaats Antwort erstaunte: »Ich konnte mich dem nicht widersetzen.« Zum Abschied riet er den beiden Abgeordneten, sie sollten sich nicht öffentlich zeigen.[359]
Doch Vartkes ließ sich nicht entmutigen, versuchte, unter den mit ihm befreundeten Jungtürken Verbündete zu finden. Am 1. Mai schrieb er nieder:

> »Das Unglück unserer Kameraden hat uns gelehrt, dass unsere loyale Haltung der Regierung gegenüber völlig vergeblich gewesen ist. Vielleicht kann man die Maßregelung, wenn auch nicht verhindern, so doch wenigstens mäßigen. Wir bemühen uns, die Regierung zu überzeugen, dass wir keine separatistischen Bestrebungen haben und keine andere

> Herrschaft als die des Sultan wünschen. Wir sehen deutlich, dass die Regierung nicht überzeugt ist, wir hätten eine revolutionäre Bewegung gegen sie organisiert und seien ihre Gegner. Sie ist beinahe vom Gegenteil überzeugt, denn die Haussuchungen und Nachforschungen, bei denen nichts gefunden wurde, waren ein vollständiges Fiasko.«[360]

Am 18. Mai suchte er erneut Talaat Bey auf, um die Freilassung seiner Parteifreunde zu erbitten. Doch dieses Mal reagierte der Innenminister unwirsch. »In den Tagen unserer Schwäche seid ihr uns an die Kehle gefahren und habt die armenische Reformfrage aufgeworfen«, warf er Vartkes vor, »darum werden wir die Gunst der Lage, in der wir uns jetzt befinden, dazu benutzen, euer Volk derart zu zerstreuen, dass ihr euch für fünfzig Jahre den Gedanken an Reformen aus dem Kopf schlagt!« Erschüttert konstatierte der Schriftsteller: »Also beabsichtigt man, das Werk Abdülhamids fortzusetzen«, was ihm der bullige Jungtürke mit einem knappen »Ja!« beantwortete.[361]
Vartkes machte noch einen letzten Versuch und stellte am 21. Mai den Polizeipräfekten Bedri Bey zur Rede, mit dem er ebenfalls gut bekannt war: »Warum habt ihr es so weit kommen lassen?« »Canim«, was ein Kosewort unter engsten Freunden ist und »meine Seele« bedeutet, »Canim«, säuselte dieser, »was haben wir getan?« »Ihr habt es darauf angelegt, unser Volk aufzureizen und in die Verzweiflung zu treiben«, erwiderte der Armenier bitter. Da verfinsterte sich die Miene des Türken, der jetzt unverhohlen drohte: »Ich gebe dir drei Tage Zeit, Konstantinopel zu verlassen und dich an einem nur von Türken bewohnten Ort niederzulassen.« »Das kann ich nicht«, antwortete Vartkes, »meine Frau ist krank. Ich brauche wenigstens zehn Tage.« Der Polizeichef ließ sich auf keinen Handel ein: »Es bleibt bei dem, was ich gesagt habe.«[362]
Als der Schriftsteller in sein Haus zurückkehrte, musste er feststellen, dass es gerade von fünfzehn Polizisten durchsucht wurde. Statt ihm die zugesagten drei Tage Zeit zu geben, nahmen sie ihn sofort fest. Auch Sohrab wurde in dieser Nacht verhaftet und mit Vartkes zusammen nach Konya deportiert.
Da sich verschiedene Freunde auch aus den Reihen der Jungtürken für die beiden verwendeten, wurde ihren Angehörigen versprochen,

sie würden bald wieder nach Konstantinopel zurückkehren. Doch stattdessen wurden sie nur immer weiter nach Osten verschickt, von Konya nach Adana, von Adana nach Aleppo, dann über Diyarbekir nach Urfa, wo man sie erst folterte und schließlich ermordete. Der Frau von Sohrab wurde telefonisch mitgeteilt, ihr Mann sei an einem Herzinfarkt verstorben, von Vartkes hieß es, er habe Selbstmord begangen. Von den anderen 870 Verschleppten überlebten gerade einmal 16, denen auf die eine oder andere Weise, meist durch Bestechung ihrer Wärter, die Flucht gelungen war. Alle anderen wurden in kleinen Gruppen auf längere Fußmärsche geschickt und irgendwo in der Wüste erschlagen.

Die Verhaftungswelle in der Hauptstadt, unter den Augen der noch in der Türkei geduldeten Botschafter, löste internationale Proteste aus. Eine Äußerung des Apostolischen Delegaten dagegen findet sich nicht in den Dokumenten des Heiligen Stuhls. Msgr. Dolci schien noch der offiziellen Propaganda zu glauben, wie sie Talaat etwa dem deutschen Botschafter von Wangenheim unterbreitete: Unter den verhafteten Armeniern hätte sich »eine Reihe von politisch nicht ganz sicheren Persönlichkeiten« befunden, die »im Falle einer ungünstigen Wendung des Krieges die Gelegenheit zu Unruhestiftungen ergreifen könnten.«[363] Sogar von Sprengstoff, Bomben und Waffen, die man in armenischen Häusern und Kirchen gefunden hätte, war wahrheitswidrig die Rede. Die Engländer, so hieß es, hätten die Daschnaken bestochen, am Thronbesteigungsfest des Sultans, dem 27. April, einen Anschlag auf die Hohe Pforte zu verüben. Das sei durch die Verhaftungen im letzten Moment verhindert worden. Auch eine Demarche des US-Botschafters Morgenthau blieb erfolglos. Stattdessen eröffnete ihm Talaat einen geradezu diabolischen Plan. Er wollte 3000 noch in Konstantinopel lebende Briten und Franzosen als menschliche Schutzschilde an die Front nach Gallipoli deportieren, eine bis dahin ungekannte Radikalisierung der Kriegsführung. Allein der energisch vorgebrachte Einwand des Amerikaners, damit verließe die Türkei endgültig den Kreis der zivilisierten Nationen, führte dazu, dass dieses Vorhaben nur unvollständig umgesetzt wurde. Tatsächlich blieben auch die Armenier der Hauptstadt fortan nahezu unbehelligt. Vor den Augen der Welt wagte das Jungtürken-Triumvirat nicht, seine Verbrechen zu wiederholen. So ließ sich glaubwürdiger behaupten, bei all den Schreckensmeldungen, die aus der Provinz nach Konstantinopel drangen, handle es sich lediglich um »kriegsnotwendige Maßnahmen«. Doch die Fakten sprechen deutlich eine andere Sprache. Nicht ein kleiner Kreis politischer Aktivisten, keine Verschwörung möglicher Verräter sollte eliminiert werden, sondern das gesamte Volk.

Ein objektiver Anlass für das, was in den kommenden Monaten geschehen sollte, war nicht gegeben. Der lokale Widerstand der Bevölkerung von Zeitun und Van gegen die Schikanen der Regierung rechtfertigte weder die Verhaftung der armenischen Elite in Konstantinopel, die davon so gut wie nichts wusste, noch Schritte gegen die gesamte armenische Bevölkerung in acht *vilayets*. »Auch ist vonseiten der türkischen Regierung die Behauptung, dass das armenische Volk als solches sich einer revolutionären Erhebung schuldig gemacht habe, nicht aufgestellt worden«, stellte Johannes Lepsius ein Jahr später fest: »Monatelang war in der türkischen Presse zu lesen, wie treu die Armenier zu ihrem türkischen Vaterlande hielten. Die armenische Presse ohne Ausnahme forderte bei Kriegsbeginn in Aufrufen das armenische Volk zur Verteidigung der Einheit des ottomanischen Vaterlandes auf.«[364] Die Zeitung *Azatamart*, deren Redaktionsräume am 24. April von der Polizei gestürmt wurden, hatte sich dezidiert gegen jede Kollaboration mit dem russischen Kriegsgegner ausgesprochen: »Das armenische Volk darf nicht zu einem Handelsartikel noch zu einem Spekulationsobjekt einer fremden Regierung werden. Der armenische Soldat wird mit Entschlossenheit an allen Grenzen, die vom Feinde überschritten werden sollten, kämpfen.«[365] Schließlich stellte auch der türkische Botschafter im Deutschen Reich, Hussein Hilmi Pascha, kategorisch fest, »dass die türkische Regierung nie an der Treue und Ergebenheit der Armenier gezweifelt hätte.«[366] Noch im Februar, nach seiner Rückkehr von der Kaukasusfront, lobte Kriegsminister Enver Pascha ausdrücklich »die Haltung und Tapferkeit der armenischen Soldaten, die sich in ausgezeichnete Weise geschlagen«[367] hätten. Eine Reihe von Armeniern wurden für ihren mutigen Kriegseinsatz hochdekoriert. Dem gregorianischen Bischof von Konia schrieb Enver am 16. Februar 1915: »Ich sage Ihnen meinen

Dank dafür ... dass die armenischen Soldaten der ottomanischen Armee ihre Pflichten auf dem Kriegstheater gewissenhaft erfüllen, was ich aus eigener Anschauung bezeugen kann. Ich bitte, der armenischen Nation, die bekannt ist für ihre völlige Ergebenheit gegenüber der kaiserlich Ottomanischen Regierung, den Ausdruck meiner Genugtuung und Dankbarkeit zu übermitteln.«[368] Noch bei der Schlacht von Gallipoli war etwa der armenische Artillerie-Offizier Sarkis Torossian von Enver persönlich mit Medaillen für seine Tapferkeit ausgezeichnet worden. Es gab also keinerlei Anlass, an der Loyalität der allermeisten Armenier zu zweifeln, die der ihrer muslimischen Landsleute in nichts nachstand, sie sogar in vielen Fällen weit übertraf.[369] Die Behauptung, »die Armenier« hätten sich gegen das Osmanische Reich verschworen, entbehrte also jeder Grundlage. Allenfalls hatte es in der Kaukasus-Region einige tausend Überläufer gegeben. Doch bei keiner einzigen Razzia konnten Beweise für eine tatsächliche Kollaboration mit dem Feind, für eine Verschwörung gegen die Regierung, für geplante Attentate gefunden werden.

So bleibt die Einsicht, dass Zeitun und Van allenfalls als Vorwand galten, dass Gallipoli die richtigen Rahmenbedingungen schuf, der Plan zum Völkermord aber zu diesem Zeitpunkt längst beschlossene Sache war.

> »Die einzige Erklärung, welche die Maßregel der Behörden nicht als eine sinnlose Handlung erscheinen lässt, bietet die Annahme, dass es sich um ***die Durchführung eines innenpolitischen Programms*** (Hervorhebung im Original, d. Verf.) handelte, das sich mit kalter Überlegung und Berechnung die Vernichtung des armenischen Volkselementes zur Aufgabe machte«[370],

resümierte Johannes Lepsius. Der zentralistische Gedanke, der hinter ihrem Staatsmodell stand, die pantürkische Ideologie, die die muslimische Religionszugehörigkeit als einziges Kriterium für die Zugehörigkeit zu einer Rasse definierte, gab den Ausschlag. Lepsius: »Der Pan-Turkismus wurde als Idol aufgerichtet, und gegen alle nichttürkischen (sprich: nicht islamischen, d. Verf.) Volkselemente wurden die schroffsten Maßnahmen ergriffen.«[371] So hatte Talaat Bey bereits im August 1910 auf einem Treffen des »Komitees für Einheit und Fortschritt« dessen jetzt ausschließlich türkischen und muslimischen Mitgliedern erklärt:

> »Euch ist bewusst, dass nach den Bestimmungen der Verfassung Gleichheit zwischen Moslems und Ghiauren (Ungläubigen, d. Verf) gilt, aber jeder und alle wissen und fühlen, dass dies ein nicht zu verwirklichender Wunschtraum ist. Die Scharia, unsere gesamte Geschichte und die Gefühlte hunderttausender Muslime und sogar die Gefühle der Ungläubigen selbst (…) ergeben ein unüberwindbares Hindernis für die Durchsetzung wirklicher Gleichheit (…) Es kann deshalb keine Rede von Gleichheit sein, bevor unser Ziel erreicht ist, die Ottomanisierung des Reiches.«[372]

Ein Jahr später, so Lepsius, nämlich im Oktober 1911, beschloss der jungtürkische Kongress in Thessaloniki:

> »Die Türkei müsse ein wesentlich muhammedanisches Land sein, und moslimische Ideen und moslimischer Einfluß müßten das Übergewicht haben. Jede andere religiöse Propaganda müsse unterdrückt werden. Die Existenz des Reiches hänge von der Stärke der jungtürkischen Partei und von der Unterdrückung aller antagonistischen Ideen ab.«[373]

In den folgenden Jahren führte der »Rechtsruck« der *Ittihat*-Partei noch einmal zu einer »Verschärfung der zentralistischen und panislamischen Grundsätze«[374]. Der Druck, den die Westmächte 1913 auf die türkische Regierung ausübten, jetzt endlich die zugesagten Reformen durchzuführen, hatte eine Gegenreaktion zur Folge. Die Reformen hätten den Provinzen, in denen die Armenier lebten, mehr Autonomie eingeräumt, was diametral zum Zentralismus der Parteiideologie verlaufen wäre. Dieses Problem konnte nur durch eine massenhafte Deportation der Armenier gelöst werden.
Im Januar 1914 drangen erstmals Gerüchte über einen jungtürkischen »Plan, Anatolien zu homogenisieren« und Versuche, das Land »von seinen nichtmuslimischen Tumoren zu befreien«, an die Öffentlichkeit. Damals veröffentlichte die russische Zeitung *Golos*

Moskvy einen Beitrag, in dem bereits von einem »geheimen Vorhaben« die Rede war, die armenische Bevölkerung Anatoliens nach Syrien und in das Zweistromland zu deportieren. Das Grenzgebiet nach Russland solle mit Muslimen besiedelt werden, die sich mit ihren Glaubensbrüdern im Kaukasus verbünden und sie in ihrem Widerstand gegen die Herrschaft des Zaren unterstützen könnten.[375] Dieser Bericht sorgte für so viel Aufsehen in der Türkei, dass sich die jungtürkische Tageszeitung *Iktam* in ihrer Ausgabe vom 30. Januar 1914 genötigt sah, ihn ausdrücklich zu dementieren: »Die Ottomanische Regierung hat keine solche Pläne, da in den Gebieten, in denen die Armenier leben, die Muslime in der Mehrheit sind.«[376]
Doch dann stachelte die Proklamation des »Heiligen Krieges« das gemeine Volk gegen die Christen auf und schuf die für die geplanten Maßnahmen notwendige Pogromstimmung.
Der endgültige Beschluss, die Armenier jetzt zu vernichten, wurde wohl im März 1915 gefällt. Dem armenischen Historiker H. K. Kazarian zufolge, soll damals der Generalsekretär des »Komitees für Einheit und Fortschritt«, Dr. Selanikli Mehmed Nazim Bey, auf einer geheimen Sitzung gesagt haben:

> »Wenn wir uns weiterhin mit jener Art von lokalen Massakern zufriedengeben, wie sie in Adana und anderen Orten 1909 stattfanden (…), wenn diese Säuberung nicht in eine allgemeine und endgültige übergeht, wird dies unvermeidlich zu Schaden führen. Es ist daher dringend erforderlich, das armenische Volk vollständig auszurotten, sodass kein einziger Armenier auf unserer Erde übrig bleibt und der Begriff Armenien ausgelöscht wird. Wir befinden uns jetzt im Kriege, und es gibt keine günstigere Gelegenheit als diese. Die Intervention der Großmächte und die Proteste der Presse werden keine Berücksichtigung finden. Und selbst wenn das der Fall sein sollte, wird die Angelegenheit bereits eine vollendete Tatsache sein, und zwar für immer.«[377]

Auch wenn wir nicht wissen, ob dieses Zitat in dieser Form authentisch ist, gibt es doch ziemlich treffend wieder, wie damals in der *Ittihat*-Spitze argumentiert worden sein könnte. Dass Dr. Nazim Bey einer der Planer und Drahtzieher des Armenozids war, daran kann kein Zweifel bestehen; dafür wurde er 1919 bei den *Ittihat*-Prozessen in Abwesenheit zum Tode verurteilt. Und tatsächlich spricht einiges für die Echtheit des Zitates.

Am 16. März 1915 traf der deutsche Konsul Schwarz in Begleitung zweier Offiziere in der uralten Festungsstadt Harput ein. Er war nach der Schlacht von Sarikamis aus Erzurum abberufen worden und sollte sich zu anderweitiger Verwendung in der deutschen Botschaft in Konstantinopel melden. Als er dem *vali* Sabit Bey einen Besuch abstattete, gab dieser zu erkennen, dass er mit dem Deutschen alleine sprechen wolle. Was Schwarz in den nächsten beiden Stunden erfuhr, schockierte ihn so sehr, dass er es noch am gleichen Abend mit einer dänischen Missionsschwester teilte: »Der *vali* hatte erklärt, dass die Armenier in der Türkei vernichtet werden müssten und vernichtet werden würden«, schrieb diese später seine Worte nieder. »Ihr Reichtum und ihre Zahl hätten sich so vermehrt, dass sie eine Bedrohung für die herrschende türkische Rasse geworden seien, sagte er; dagegen gäbe es nur das Mittel der Ausrottung.«[378] Jeder Versuch, dem Gouverneur diesen schrecklichen Plan auszureden, sei zum Scheitern verurteilt; er habe sich darauf berufen, dass dies bereits »beschlossene Sache« sei. »In den Tagen zwischen dem 13. und 16. März 1915, auf dem Höhepunkt der Dardanellenkrise, ist die Ausschaltung der osmanischen Armenier beschlossen worden«[379], resümierte auch Rolf Hosfeld.

Am 13. März 1915 war der berüchtigte Dr. Bahattin Schakir, der »Stalin« der Jungtürken und Beauftragte für Fragen der nationalen Sicherheit, in Konstantinopel eingetroffen. Am gleichen Tag hatte Talaat das Parlament aufgelöst und ein Interregnum geschaffen, das es möglich machte, ohne Mitwirkung der Volksvertretung schwierige und unpopuläre Entscheidungen zu treffen. Das geschah im Rahmen einer dreitägigen Beratung des Zentralkomitees der Jungtürken, zu deren wichtigsten Rednern Schakir gehörte. Auf der Tagesordnung standen der bevorstehende Angriff der Entente-Truppen auf die Dardanellen und seine Abwehr, Pläne zur Evakuierung der Hauptstadt und die Verlegung des Regierungssitzes nach Anatolien sowie die Armenische Frage. Mit ihrer Abwicklung wurden Schakirs irreguläre *Teskilati Mahsusa*-Milizen betraut.

Obwohl keine Protokolle von diesen streng geheimen Sitzungen existieren, verriet sich Talaat Bey, als der amerikanische Botschafter Morgenthau ihn am 3. August 1915 aufsuchte. Als die Deportation der Armenier zur Sprache kam, reagierte der Türke unwirsch auf das Interesse des Amerikaners an ihrem Schicksal. Er behauptete, der Grund für seine Maßnahmen sei »ein ständiger Kontakt (der Armenier) mit den Russen«, für den er freilich keine Beweise vorlegen konnte. Morgenthau:

> »Mich brachten diese Gespräche eher zu der Überzeugung, dass Talaat der unerbittlichste Feind dieser verfolgten Rasse ist. Mein Eindruck war (...), dass Talaat das Verlangen hat, die armen Armenier zu zerschmettern. Er erklärte mir, dass das *Komitee für Einheit und Fortschritt* diese Angelegenheit sorgfältig und in allen Details diskutiert hatte und dass man jetzt einem Plan folge, der damals offiziell beschlossen worden war. Er meinte, ich solle keinesfalls glauben, man habe sich übereilt für die Deportationen entschieden; tatsächlich seien sie das Ergebnis langer und sorgfältiger Überlegungen.«[380]

Das deutlichste Zeichen, dass Unheil bevorstand, war der Austausch humaner und toleranter Provinzgouverneure, mit dem Ende März 1915 begonnen wurde. Schon zur Zeit Abdülhamids II. war dies ein deutlicher Vorbote drohender Massaker gewesen. So sollte am 25. März einer der Mitbegründer der *Ittihat*-Partei, Dr. Mehmed Reschid, den *vali* von Diyarbekir, Hamid Bey (Kapamci) ablösen. Hasan Mazhat in Angora (Ankara) wurde durch den Jungtürken Atif Bey ersetzt. Hamid Bey wurde ermordet, ebenso wie die Verwalter zweier Landkreise, die sich geweigert hatten, die Armenier zu massakrieren.

Der zweite Schritt war die Verhaftung der armenischen Elite, die sich keineswegs auf die Hauptstadt beschränkte. Tatsächlich war das, was sich am 24. und 25. April 1915 in Konstantinopel ereignete, nur die Spitze eines Eisberges. Im ganzen Land kam es in den vier Wochen zwischen dem 21. April und dem 19. Mai zu systematischen Festnahmen. Lepsius trug die Zahlen der verhafteten armenischen Würdenträger wie folgt zusammen: Ismid: 100; Bardesak: 80; Brussa: 40;

Panderma: 40; Balikesri: 30; Adabasar: 80; Marsowan: 20; Diyarbekir: 820; Erzurum: 600; Siwas: 500; Keri: 50; Schabin-Karahissar: 50; Chinis: 25; Kaisarije: 200; Baiburt, Josgad, Marasch, Urfa: Zahl unbekannt – Gesamtzahl: über 2635.

So »ist anzunehmen, dass es sich um eine generelle Maßregel handelte, die den Zweck hatte, das armenische Volk seiner Häupter und Wortführer zu berauben, damit die Deportation sich lautlos und ohne Widerspruch vollziehen konnte«, schlussfolgerte der deutsche Pastor. »Man wollte den Kopf des armenischen Volkskörpers abschlagen, ehe man die Glieder zerschlug.«[381] Ähnlich sah es auch der deutsche Konsul in Aleppo, Walter Rößler, der am 10. Mai 1915 an den deutschen Botschafter in Konstantinopel, Baron von Wangenheim, schrieb: »Alle Armenier von Besitz, Bildung oder Einfluss sollen beseitigt werden, damit nur eine führerlose Herde zurückbleibt.«[382]

Etwa zeitgleich wurden alle armenischen Beamten aus dem Staatsdienst entlassen. Sogar die armenischen Ärzte, die seit Monaten in türkischen Militärkrankenhäusern und Lazaretten treu ihren Dienst verrichteten, wurden der Verschwörung bezichtigt und inhaftiert. Dann begann man, die armenischen Soldaten, die längst zu Lastträgern und Straßenarbeitern degradiert worden waren, in Gruppen von 80 bis 100 Mann zu erschießen. Unter dem Vorwand der Aushebung wurden in sämtlichen Städten und Dörfern des Landes alle übrigen männlichen Armenier, jetzt vom 16. bis zum 70. Lebensjahr (!), eingezogen – selbst jene, die sich bislang freigekauft hatten oder dienstuntauglich waren. In den meisten Fällen wurden sie anschließend in die Berge geführt und dort erschossen.

Überall im Lande wurden die Armenier entwaffnet. Wurden in einem Dorf nicht genügend Waffen abgeliefert, verhaftete man den Bürgermeister, die Ältesten oder den Priester, um sie unter Folter nach versteckten Waffen zu befragen. Meist kam dabei die Bastonade zum Einsatz. Anderen wurden Haare und Nägel ausgerissen, glühende Eisen eingebrannt, die Füße mit Hufeisen beschlagen oder, in einer perfiden Imitation der Kreuzigung, Nägel durch die Hände getrieben. Oft waren die Dorfbewohner gezwungen, gewöhnlich zu völlig überhöhten Preisen, von ihren türkischen Nachbarn Waffen zu

kaufen, um die Gendarmen zu befriedigen. Stolz wurden dann die Gewehre fotografiert, meist zusammen mit den eigenen Waffen, um mit der großen Effizienz einer Razzia zu prahlen und die Gefahr eines armenischen Aufstandes besser »belegen« zu können.
Die letzte Phase dieses perfiden Planes aber begann, als das türkische Parlament am 27. Mai 1915 ein Gesetz verabschiedete, das zur juristischen Grundlage für die bereits erfolgte wie die zukünftige Verschleppung der Armenier in die syrische Wüste wurde:

> »Artikel 1: Während des Kriegszustands sind die Kommandeure der Armeekorps, Armeen und Divisionen (…) autorisiert und verpflichtet, sofort und nachhaltig alle mit Waffengewalt zu bestrafen, die sich in irgendeiner Weise den Befehlen der Regierung zur nationalen Verteidigung und zur Aufrechterhaltung der Ordnung widersetzen (…)
> Artikel 2: Die Kommandeure der Armee (…) dürfen im Fall militärischer Notwendigkeit und für den Fall, dass sie Spionage oder Verrat feststellen, die Einwohner von Dörfen oder Städten einzeln oder insgesamt fortschaffen und sie an anderen Orten ansiedeln.«[383]

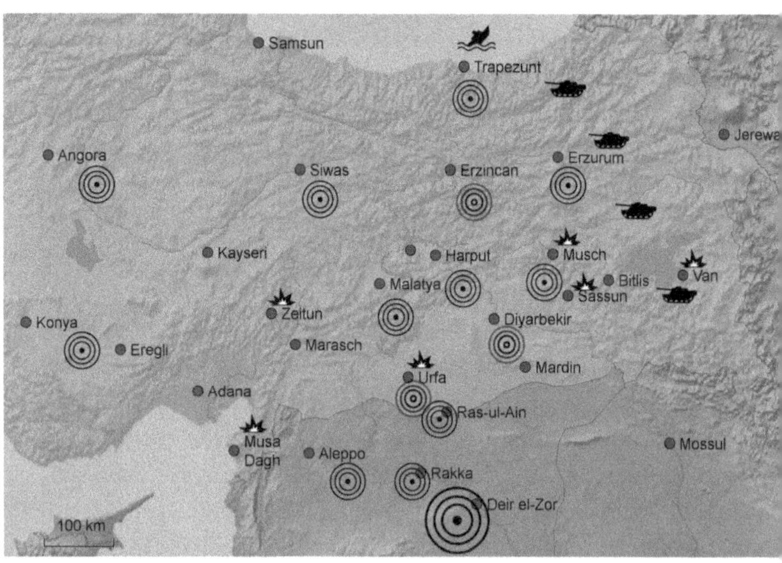

Die wichtigsten Schauplätze des Völkermordes. Die Kreise kennzeichnen Massaker, die Explosionen armenischen Widerstand, die Panzer den Vormarsch der Russen.

Armenier auf dem Weg in die Verbannung

Bald darauf schon machten sich die Todeskarawanen auf ihren Weg ins Verderben.
Nur drei Monate später, im September 1915, konnte Talaat Bey vor US-Botschafter Morgenthau prahlen: »In drei Monaten habe ich mehr in der Lösung der Armenierfrage erreicht als Abdülhamid in dreißig Jahren.«[384]

XII. Der Marsch in den Tod

Während der Apostolische Delegat in Konstantinopel, Msgr. Angelo Dolci, am 16. Mai 1915 noch in der Illusion lebte, dass »in Konstantinopel in religiösen Fragen eine gewisse Ruhe«[385] eingekehrt sei, gingen in den Botschaften Deutschlands und der USA fast täglich äußerst beunruhigende Nachrichten aus dem Landesinnern ein.

> »Die gesamte armenische Bevölkerung im Wilajet Adana ist aufs äußerste geängstigt durch das Vorgehen der Regierung. Hunderte von Familien werden verbannt, die Gefängnisse sind überfüllt und heute früh sind wieder mehrere hingerichtet worden. Die Regierung schädigt durch ihr barbarisches Vorgehen offenbar die Interessen des Landes. Speziell die Deutsche Orientbank ist erheblich geschädigt und bat mich, die Verschickung der Armenier einzustellen«[386],

schrieb der deutsche Konsul in Adana, Eugen Büge, am 18. Mai 1915. Zwei Tage später traf bei Botschafter von Wangenheim ein Bericht des Verwesers in Erzurum, Max-Erwin von Scheubner-Richter, ein:

> »Es erscheint mir nicht ausgeschlossen, dass diese Aussiedlung und die Maßnahmen der Regierung, die den wirtschaftlichen Ruin und die teilweise Ausrottung der Armenier zur Folge haben müssen (oder sollen!), die Armenier zu einem, wenn auch aussichtslosen, Verzweiflungsschritt treiben kann, der dann natürlich eine allgemeine Metzelei zur weiteren Folge haben würde. Sollte ein solcher Schritt nicht erfolgen, so beweisen damit die hiesigen Armenier, dass sie die unterwürfigsten und friedfertigsten Untertanen der Türkei sind.«[387]

Beides waren nur Momentaufnahmen, die, gemeinsam mit Hunderten anderen Berichten und Zeugenaussagen, ein Gesamtbild erga-

ben. Ein Masterplan der Vernichtung wurde in vielen kleinen Etappen realisiert und entfaltete sich jetzt vor den Augen unzähliger Zeugen: neben den Betroffenen und ihren muslimischen Nachbarn auch den in der Türkei ansässigen ausländischen Missionaren, den deutschen Soldaten und Ingenieuren der Bagdadbahn und den Konsuln und Botschaftern der drei einzigen Westmächte, deren Vertreter – weil sie, wie Deutschland und Österreich-Ungarn, Verbündete waren oder, wie die USA, neutral blieben – im Osmanischen Reich noch geduldet wurden.
Einer der Kronzeugen für den Völkermord ist auch hier US-Botschafter Henry Morgenthau. In seinen Memoiren schildert er ausführlich, was er durch die Konsuln der Vereinigten Staaten und aus dem Munde glaubwürdiger Augenzeugen und Regierungsmitglieder über die schrecklichen Ereignisse des Sommers 1915 in Erfahrung bringen konnte:

> »Die Zentralregierung kündigte jetzt ihre Absicht an, die zwei Millionen oder mehr Armenier, die in den verschiedenen Teilen des Reiches lebten, in die karge und ungastliche Landschaft (der syrischen Wüste und des Zweistromlandes, d. Verf.) zu transportieren. Würde eine solche Deportation in gutem Glauben erfolgen, wäre sie der Gipfel an Grausamkeit und Ungerechtigkeit. Doch tatsächlich hatten die Türken nie die geringste Absicht, die Armenier in diesem Gebiet neu anzusiedeln. Sie wussten, dass die breite Mehrheit von ihnen ihr Ziel nie erreichen würde und dass jene, die es trotzdem schafften, dort entweder vor Hunger und Durst sterben oder von den wilden muslimischen Wüstenstämmen ermordet würden. Die wahre Absicht, die hinter den Deportationen stand, war, (die Armenier, d. Verf.) auszurauben und zu vernichten; es war nichts anderes als die moderne Form eines Massakers. Als die türkischen Behörden den Befehl für diese Verschleppungen erteilten, war dies nicht weniger als das Todesurteil für ein ganzes Volk; das verstanden sie nur zu gut und so machten sie, wann immer ich mit ihnen sprach, auch nicht den geringsten Versuch, diese Absicht zu verbergen.«[388]

Wie offen die Jungtürken über ihre Pläne sprachen, belegt auch ein Bericht des deutschen Botschafters Frhr. von Wangenheim an den

Reichskanzler Theobald von Bethmann Hollweg vom 17. Juni 1915. Darin meldete der Diplomat nicht nur, dass »die Austreibung der armenischen Bevölkerung aus ihren Wohnsitzen in den ostanatolischen Provinzen und ihre Ansiedelung in anderen Gegenden (...) schonungslos durchgeführt« würde, er zitierte auch Talaat Bey, »dass die (Hohe) Pforte den Weltkrieg dazu benutzen wollte, um mit ihren inneren Feinden – den einheimischen Christen – gründlich aufzuräumen, ohne dabei durch die diplomatische Intervention des Auslandes gestört zu werden.«[389] Die Warnung der Entente vom 28. Mai 1915, alle Mitglieder der Osmanischen Regierung bei Kriegsende persönlich für diese »Verbrechen gegen die Menschheit und Zivilisation« – ein Begriff, der damals zum ersten Mal angewandt wurde – verantwortlich zu machen, wurde daher ignoriert; man glaubte sich auf der Seite der Sieger.[390]

Zwischen Mai und Oktober 1915 wurden die Armenier in weiten Teilen des Osmanischen Reiches deportiert. Nur zwei Großstädte, Konstantinopel und Smyrna, blieben nahezu verschont, ansonsten wurde kaum ein Dorf, in dem auch nur eine einzige armenische Familie lebte, ausgelassen. Weder die Nähe zur Kampfzone im Kaukasus spielte eine Rolle noch die Konfession der Opfer. Katholische oder protestantische Armenier bildeten keine Ausnahme, auch wenn sie nicht den geringsten Grund gehabt hätten, mit dem russischen Kriegsgegner zu kollaborieren. Die offizielle Behauptung, man wolle sich vor möglichen Überläufern und Saboteuren schützen, klang weder logisch, noch hielt sie auch nur der geringsten Überprüfung stand. Weder Armut noch Reichtum, nicht einmal die in der Türkei sonst so beliebten Bestechungsgelder schützten vor den Zwangsmaßnahmen der Regierung.

Dabei ging man fast immer nach dem gleichen Muster vor und setzte zunächst auf die Kooperation der Armenier, die es bis zum letzten Moment zu täuschen galt. Fast jede Deportation wurde zuvor angekündigt. Meist wurden ein oder zwei Tage zuvor Plakate aufgehängt, die alle Armenier dazu aufforderten, sich an einem bestimmten Tag zu einer bestimmten Uhrzeit auf einem öffentlichen Platz einzufinden. Manchmal war es auch der Stadtausrufer, der den Befehl der örtlichen Behörden bekannt gab. In anderen Fällen tauchten plötzlich und ohne jede Vorwarnung Polizisten auf, die alle Armenier zwangen, ihnen zu folgen. War dies der Fall, so wurde den Betroffenen nicht einmal die Möglichkeit gegeben, sich reisefertig zu machen. Jede begonnene Arbeit musste unterbrochen, alles, womit diese Menschen gerade beschäftigt waren, stehen und liegen gelassen werden. Mal wurden ganze Familien im Schlafanzug auf die Straße getrieben, mal blieb das Frühstück oder Mittagessen stehen, mussten die Kinder mitten im Schulunterricht losziehen, Kranke und Sieche ihre Betten verlassen. Der Bauer verließ seinen Pflug, Herden blieben ungehütet auf der Weide, Frauen, die gerade geboren hatten, standen aus dem Kindbett auf, um, das Neugeborene auf dem Arm, den Gendarmen zu folgen. Nur wonach man schnell genug greifen konnte – ein Schal, eine Decke, Essen – durfte mit. Auf die Frage, wohin es ginge, gab es stets die gleiche, lakonische Antwort: »Ins Landesinnere.« Hatten die Ausgewiesenen ein paar Tage Zeit, versuchten sie meist noch, ihr Hab und Gut zu verkaufen, um in der neuen Heimat (wo immer diese auch sein mochte) neu anfangen zu können. Alles, was sie schleppen konnten, wurde in Taschen und Beuteln verstaut; nur manchmal erlaubte man ihnen auch, einen Karren oder ein Lasttier mitzunehmen. Die Tage vor ihrer Abreise wurden zum Schnäppchenfest für die Türken. In der Eile mussten die Armenier alles und das zu jedem Preis verkaufen, in der Regel weit unter Wert. Manchmal war auch das nicht einmal mehr möglich, beschlagnahmte die Regierung allen Besitz unter dem Vorwand, damit die Schulden der Verjagten zu begleichen. In wieder anderen Fällen hieß es, die Verschickung sei nur temporär. Dann trugen die Gendarmen alle Möbel und Wertsachen in öffentliche Lagerhäuser, die später von den Türken ausgeplündert wurden. Uhren, Schmuck und Geld sollten auf der Polizeistation verschlossen werden – und endeten im Besitz der Gendarmen. Wer sich den Befehlen der Beamten widersetzte, wurde sofort gehängt oder erschossen. Doch auch ohne Grund gefiel es den Türken, gerade die angesehensten und gebildetsten Armenier einer Stadt oder eines Dorfes ohne Anklage oder einen Prozess willkürlich öffentlich hinzurichten.

Dann wurden die jungen Männer aus der Menge herausgeholt. Unter dem Vorwand, sie zur Musterung für den Dienst an der Waffe zu

bringen, führte man sie in kleinen Gruppen vor die Stadt oder das Dorf, um sie kurzerhand zu erschießen.
Nach der Entfernung der Männer setzte sich die zweite Karawane der Deportationszüge in Bewegung, die jetzt fast ausschließlich aus Frauen, Kindern und Greisen bestand. Da keiner, der sie hätte beschützen können, mehr lebte, waren sie auf Gedeih und Verderb den Gendarmen ausgeliefert. In vielen Fällen ließ es sich der Präfekt der Stadt oder der Bürgermeister eines Dorfes nicht nehmen, »seine Armenier« zu verabschieden und ihnen zynisch eine »gute Reise« zu wünschen. Oft genug bot er dann noch eine letzte Alternative an: Wer sich sofort zum Islam bekenne, könne bleiben. Nur wenige Christen machten von diesem nicht gerade verlockenden Angebot Gebrauch, das eben kein Weg in die Freiheit war. Auf die Kinder wartete in diesem Fall nämlich ein muslimisches Waisenhaus, das sie fortan im Sinn der Lehre des *Propheten* erzog. Die Frauen mussten ihren Mann verlassen (der meist bereits tot war, was sie aber nicht wussten) und sich einen Moslem suchen, der sie als Zweit- oder Drittfrau akzeptierte. Wer bis zum nächsten Tag keinen neuen Ehemann fand, wurde gnadenlos auf den Weg in die ungewisse Ferne geschickt.
Anfangs tat die Regierung alles, um die Deportierten in Sicherheit zu wiegen. Gewöhnlich wurden sie in Konvois von mehreren Hundert, manchmal auch von einigen Tausend Personen aufgeteilt, die »zu ihrem Schutz« von bewaffneten Gendarmen begleitet wurden. In einigen Fällen stellten die Behörden sogar Ochsenkarren bereit, die den wenigen Besitz, den die Exilanten eiligst zusammengesucht hatten, für sie transportierten.
Es waren Frauen, die ihre Babys in den Armen oder auf dem Rücken trugen, Kinder, die an der Hand ihrer Mütter oder Geschwister folgten oder, auf ein Abenteuer hoffend, hin- und hertollten, junge Mädchen, die sich keusch verhüllten, neben wettergegerbten Alten mit Gehstöcken. Manche hatten ihr Pferd oder ihren Esel mitgenommen, Bauern ein Schaf oder eine Kuh, und auch Haustiere – Hunde, Katzen und Vögel – gehörten zu dieser Prozession des Verderbens. Ihr Bellen, Miauen, Zwitschern und Blöken bildete die Geräuschkulisse neben dem Trappeln von Hufen, aneinanderschlagendem Kupfergeschirr und Kindergeschrei. Der Staub der Wege, auf denen sie zogen,

Armenierkonvoi 1915, von Gendarmen begleitet

umhüllte die Unglücklichen bald, setzte sich in ihren Kleidern und Haaren fest, verfärbte ihre einst farbenfrohe Tracht allmählich in ein einheitliches Beigebraun.

Wirkte der Zug der Deportierten zu Anfang noch recht zivilisiert, fiel nach einigen Stunden jede Ordnung wie unnötiger Ballast von ihm ab. Es gab, außer bei Einbruch der Dunkelheit, keine Rast und keine Pausen, und so waren es zuerst die Alten, die immer langsamer wurden, bis sie nicht mehr weiterkonnten. Bildeten sie bald die Nachhut, trennten die Gendarmen Frauen von ihren Kindern, die wenigen alten Männer von ihren Frauen. Wenn die türkischen Lenker der Ochsenkarren den letzten Heller aus ihren »Klienten« herausgepresst hatten, warfen sie deren Hab und Gut einfach auf die Straße. Dann drehten sie um und kehrten in ihren Heimatort zurück, um das Gepäck des nächsten Zuges aufzuladen. Die Gendarmen, die zunächst als Beschützer der Deportierten auftraten, wurden allmählich zu ihren Sklaventreibern. Jeder, der Schwäche zeigte, wurde unbarmherzig mit ihren Bajonetten gequält. Verlangte jemand erschöpft nach einer Pause, verließen ihn die Kräfte, brach er gar auf der Straße zusammen, wurde er mit äußerster Brutalität in den Zug zurückgezwungen. Selbst vor Schwangeren machten die Schergen keinen Halt,

und wenn eine Frau gebar, musste sie sofort nach der Niederkunft, mit dem noch feuchten Kind auf dem Arm, ihren Weg fortsetzen. Kam man durch ein muslimisches Dorf, wurde der Marsch zu einem Spießrutenlauf. Meist informierte eine Vorhut der Gendarmen die kurdischen Stämme oder das türkische Landvolk, dass ihre Beute nahte. Gefängnisse wurden geöffnet, den Gefangenen die Freiheit versprochen, wenn sie sich angesichts der Armenier als »gute Muslime« erwiesen. Dann fielen die Kurden über die Wehrlosen her, was die Gendarmen geschehen ließen, rissen den jungen Frauen die Tücher vom Kopf und verschleppten die Schönsten in ihre Bergdörfer, wo sie ihnen fortan als Sklavinnen dienen mussten oder in die Prostitution verkauft wurden. Wer sich ihnen widersetzte, wurde unbarmherzig massakriert. Auf der Suche nach Schmuck und Geld durchsuchten sie die Frauen, zwangen sie nicht selten, sich völlig auszuziehen, und stahlen noch die Kleider. Auch die letzten Lebensmittelreserven wurden erbeutet, die Opfer dem Hunger preisgegeben. Durchzogen sie türkische Dörfer, mussten die jungen Frauen und sogar Knaben mit sexuellen Belästigungen und Vergewaltigungen, andere mit Hohn, Spott und nackter Gewalt rechnen. Die Nächte verbrachten die Verzweifelten, oft längst ihrer Kleider beraubt, selbst bei klirrender Kälte im Freien. Statt auf geradem Wege trieb man sie im Zick-Zack durch die karge Landschaft, wissend, dass jeder zusätzliche Tag und Kilometer neue Opfer fordern würde.
Je länger der Marsch dauerte, desto ungeduldiger und brutaler wurden die Gendarmen. Wer auf der Straße zusammenbrach, wurde jetzt gleich mit dem Bajonett erstochen. Dass Menschen an Schwäche, Hunger und Durst zugrunde gingen, war an der Tagesordnung. Selbst wenn sie Flüsse passierten, verboten die Bewacher den Frauen und Kindern aus reinem Sadismus, dass sie tranken. Die Mittagssonne, durch die sie unbarmherzig getrieben wurden, brannte auf ihre teils entblößten Leiber, trocknete ihre Münder aus und ließ ihre Lippen platzen. Nach vielen, endlosen Tagen war das, was als Prozession stolzer Christen begonnen hatte, zum schwankenden Zug zerzauster und ausgedörrter Gestalten geworden, manche staubbedeckten Skeletten gleich, die, dem Wahnsinn nahe, besessen von dem Verlangen nach ein wenig Wasser und Nahrung mit letzter Kraft die

Schwäche ihrer Glieder überwanden, um den Bajonettstichen und Keulenschlägen ihrer Treiber zu entgehen. Verzweifelt tranken sie aus jeder Pfütze und verspeisten gierig jedes Aas, das am Wegesrand lag – und wurden krank. Ruhr, Cholera und Typhus lichteten die Reihen noch stärker. Immer öfter wurden die Leichen der Zusammengebrochenen in den Straßengraben oder die nächste Schlucht, in Flüsse, Brunnen und Gruben geworfen. Mütter versuchten in ihrer Verzweiflung, ihre Kinder an Passanten zu verschenken, denn sie ahnten, dass sie bei ihnen keine Chance mehr hatten. Andere warfen ihre Neugeborenen in die Brunnen und Flüsse, um ihnen die Qualen langsamen Dahinsiechens zu ersparen. Längst folgten ihnen die Geier, kämpften ausgehungerte Straßenhunde um jeden neuen Leichnam. Erlösung brachte es erst, wenn ein Zug den Euphrat erreicht hatte. Hier, bei der Überquerung, stießen die Gendarmen viele Frauen ins Wasser, erschossen jeden, der versuchte, sich durch Schwimmen zu retten. Andere Frauen sprangen, ihre Kinder im Arm, freiwillig von den Brücken. Bald trieben Tausende Leichen auf dem Fluss, dessen Wasser sich blutrot färbte, oder sammelten sich an den Ufern. Nur ein kleiner Prozentsatz der Deportierten sollte sein Ziel, die syrische Wüste, erreichen. Ein Bericht des amerikanischen Konsuls in Aleppo an das *State Department* in Washington spricht etwa von 18 000 Armeniern, die in Sivas losgezogen waren. Eine Woche später trafen gerade einmal 150 Frauen und Kinder, halb nackt und vor Scham gebeugt, in der Wüstenstadt ein.[391]

In der ersten Junihälfte 1915 schickte Msgr. Dolci über die österreichische Botschaft ein chiffriertes Telegramm an den Vatikan, in dem erstmals von den Deportationen die Rede war:

> »Habe die Nachricht bekommen, dass hunderte Armenier, darunter viele katholische Familien, vor der Verfolgung durch die Moslems fliehen. Gerüchte von Massakern, ob wahr oder bewusst gestreut, begleiten diese Bewegungen. Die Aktionen der Botschafter zweier verbündeter Mächte blieben erfolglos. Bericht folgt.«[392]

Um die ersten Gerüchte zu überprüfen, versuchte er, über das armenisch-katholische Patriarchat, den Bischof von Adana zu erreichen.

Als jeder Versuch auf direktem Weg scheiterte, bat er den deutschen Botschafter um Amtshilfe. Schließlich stellte das deutsche Konsulat in Adana den Kontakt her und forderte einen Bericht an, der am 22. Juni 1915 an das Patriarchat und den Delegaten weitergeleitet wurde: »In der ganzen Provinz Kilikien findet eine systematische Verfolgung statt«, heißt es darin,

> »Das Ziel dieser Verfolgung ist es, aus der ganzen Provinz das Element der christlichen Armenier zu entfernen. (…) In Hadjin … wurden über 600 Familien auf brutale Weise aus ihren Häusern vertrieben und nach Osmanje gebracht, von wo aus man sie mit einem unbekannten Ziel in Marsch setzte (…) Als seien die Schrecken früherer Zeiten zum Leben erweckt, wurden 20 junge Männer ausgesondert und nach Aleppo gebracht, wo sie ein unbekanntes Schicksal erwartet. Auch die Dörfer rund um Mersin und Tarsus sind momentan zum Exodus verdammt.«[393]

Zwei Wochen später, Anfang Juli, erfuhr man in Konstantinopel weitere schreckliche Details:

> »Es wird berichtet, dass es in Mardin ein Massaker gab, bei dem der armenisch-katholische Erzbischof, Msgr. Maloyan, und 700 Katholiken umgebracht wurden. Es heißt, dass das Dorf Tell-Ermen, das ausschließlich von katholischen Armeniern bewohnt wird und zu seiner Diözese gehört, völlig geräumt und seine Bewohner massakriert wurden. Die Männer band man aneinander und ließ sie, einen nach dem anderen, in den Fluss werfen, wo sie ertranken. Die Frauen verkauften ihre Kinder, um das Geld für Brot zu bekommen. Weiter heißt es, dass nach der Räumung und Massenvertreibung der Armenier aus Malatya ein Massaker an den Verbliebenen stattfand; von den dortigen Katholiken gibt es keine Nachrichten. Große Probleme werden aus der Diözese Sivas gemeldet, auch hier ist von Massakern in Tokat, Gurin und anderen Orten die Rede. Aus Trapezunt, Samsun und Marsivan wurde mir die allgemeine Vertreibung aller katholischen und nichtkatholischen Armenier samt der Priester und Ordensleute gemeldet; in der letztgenannten Stadt wurden die Männer ausgesondert und in ein Dorf zwischen Marsivant und Amassia gebracht, wo man sie tötete; was mit

den Frauen geschah, wissen wir nicht … In der ganzen Diözese Erzurum wurden alle Dörfer, in denen Armenier lebten, geräumt und ihre Bewohner in weit entfernte Orte gebracht. Auch heißt es, dass noch mehr umgebracht wurden, darunter der Bruder des zurückgetretenen Bischofs, Msgr. Ketchourian. (…)
An all diesen Orten wird von einer Zwangsapostasie (Zwangsbekehrung zum Islam, d. Verf.) gesprochen; in Trapezunt wurden 200 Familien zu Moslems; ebenso, wie es heißt, sechs armenisch-katholische Familien in Samsun, aber ihre Namen sind mir nicht bekannt. Die Verschleppung und Misshandlung ist sicher der Grund für diese Konversion …«[394]

Der Fall des Erzbischofs Ignatius Maloyan, den das Dokument erwähnt, verdient es, genauer betrachtet zu werden. Schließlich gehörte Mardin zum *vilayet* Diyarbekir, dessen neuer *vali* ausgerechnet der Mitbegründer der *Ittihat*-Partei, Dr. Mehmed Reshid, war. Das lässt keinen Zweifel daran, dass hier jungtürkische Politik in Reinform betrieben wurde und nicht etwa, wie man es in Konstantinopel zu entschuldigen versuchte, ein Provinzmatador über die Strenge schlug. Vor allem aber ist er ein Beleg dafür, dass es den Drahtziehern des Völkermordes keineswegs um die Ausschaltung potenzieller Aufständischer in den Grenzgebieten ging; sie wollten den Tod aller Christen, gleich welcher Konfession und in welchem Teil des Landes.
Mardin, eine uralte Stadt, die sich in Terrassen an einen mächtigen Burgfelsen schmiegt, liegt so weit von der russischen Grenze entfernt, wie es nur geht: am Nordrand Mesopotamiens nämlich, nahe der heutigen syrischen und irakischen Grenze. Hier waren vor dem Krieg von 42 700 Einwohnern immerhin 18 700 Christen, neben Armeniern vor allem auch orthodoxe Syrer und Nestorianer.
Ignatius Maloyan, 1869 als viertes von acht Kindern in Mardin geboren und auf den Namen Choukrallah getauft, war als Vierzehnjähriger in das Priesterseminar von Bzommar (Libanon) eingetreten. Bei seiner Weihe nannte er sich Ignatius, nach dem Märtyrerbischof von Antiochia (ca. 108 n.Chr.), was sich als Omen für sein eigenes Schicksal erwies. Bei seinem priesterlichen Dienst in Kairo und Alexandria erwarb er sich den besten Ruf und unterhielt enge Kontakte zu den

Geistlichen der anderen christlichen Konfessionen. Er war hochgebildet und beherrschte neben Armenisch, Türkisch und Arabisch auch Italienisch, Französisch und Englisch. Diese Qualitäten gefielen dem Patriarchen Boghos Bedros XII. Sabbaghian (1904–1910), der ihn nach Konstantinopel holte und dort zu seinem Privatsekretär machte. Als der bisherige Erzbischof von Mardin aus Altersgründen zurücktrat, wählte man auf der Synode der armenisch-katholischen Bischöfe in Rom 1911 den damals 42-jährigen Maloyan zu seinem Nachfolger. Die Bischofsweihe erhielt er aus den Händen des neuen Patriarchen Terzian. Als in seinem Bistum noch im gleichen Jahr eine Hungersnot ausbrach, kümmerte er sich vorbildlich um die Betroffenen. Auch zu den osmanischen Behörden unterhielt er beste Kontakte. Noch am 20. April 1915 ehrte ihn der Sultan mit einem *Ferman*, dem »Kaiserlichen Erlass El-Shahani«. Doch nur zehn Tage später musste er feststellen, wie wenig wert diese Ehrung war.[395, 396]
Am 30. April 1915 umstellten türkische Soldaten seine Bischofskirche und die benachbarte Residenz und forderten die Herausgabe »aller dort versteckten Waffen«. Als Msgr. Maloyan ihnen höflich versicherte, es gäbe bei ihm keine Waffen, wurde seine Residenz gestürmt und durchsucht, danach das wertvolle Diözesanarchiv ebenso wie seine persönlichen Unterlagen zerstört. Gläubige und Priester wurden von den Gendarmen festgenommen und brutal gefoltert. Kein Einziger von ihnen konnte ein Waffenversteck nennen, weil es einfach keines gab. Einen Tag später versammelte Maloyan seine Priester, warnte sie vor der drohenden Gefahr und rief sie zu Standfestigkeit im Glauben auf. Abends setzte er sein Testament auf. Was weiter geschah, ist nicht nur durch die Berichte in den Vatikanarchiven dokumentiert. Ein Augenzeuge, der Dominikanerpater Hyacinth Simon, hat auch einen ausführlichen Bericht darüber verfasst, der 1916 aus dem Französischen übersetzt und erstmals publiziert wurde.[397]
Am 3. Juni, dem Fronleichnamsfest, wurde der Bischof zusammen mit seinem Sekretär und 27 Persönlichkeiten seiner Kirche von Gendarmen auf den Hof gezerrt und dort umstellt. Nach einer Nacht im Freien legte man sie und weitere 860 Gläubige, die zwischenzeitlich zu ihnen gebracht worden waren, in Ketten. Unter den Gefangenen waren 25 Priester, so auch der syrisch-katholische Pfarrer Raphael Bardaani,

der Abt Pierre Issa und der Kapuzinerpater Léon.[398] Der Polizeichef und *Ittihat*-Funktionär Memduh Bey verlangte erneut die Herausgabe der vermeintlichen Waffen und wieder konnte Maloyan nicht liefern, was er nie besessen hatte. Auch die Aufforderung, zum Islam überzutreten, lehnte er ab, selbst wenn er damit sein Todesurteil unterschrieb. Stattdessen betonte er noch einmal seine Treue zum Sultan und der türkischen Regierung. Zusammen mit den anderen Christen wurde er ins Gefängnis gebracht, dort geschlagen und gefoltert.

Der Reihe nach wurden die armenischen Notablen aus der Gemeinschaftszelle geholt und der Bastonade unterzogen, bis sie vor Schmerz ohnmächtig wurden. Mit einem Eimer kalten Wassers über den Kopf holte man sie in die Wirklichkeit zurück, um sie erneut zu schlagen. Halb tot brachte man sie wieder in ihre Zelle zurück.

Der Kapuzinerpater Leon hatte es besonders schwer, als er sich auf den heiligen Franziskus berief. Der Polizeichef hielt dessen Namen für gleichbedeutend mit »Franzose« und den Mönch für einen Spion. Dem Leiter der »Bruderschaft des Kostbaren Blutes« warf er vor, es auf das kostbare Blut der Muslime abgesehen zu haben. So waren Beweise für eine Verschwörung schnell gefunden.

Das Urteil, das von Anfang an feststand, wurde am 10. Juni verkündet: Es lautete auf Deportation. Zunächst wurden 447[399] der verurteilten christlichen Würdenträger der Stadt, darunter katholische, gregorianische und protestantische Armenier sowie syrische und chaldäische Christen, in elf Gruppen, begleitet von 100 Soldaten der Miliz, um 1 Uhr nachts aus der Stadt geführt. Die Nachricht von ihrem Schicksal verbreitete sich wie ein Lauffeuer, Frauen und Kinder säumten den Weg, ganz Mardin schien auf den Beinen, um Abschied von seinen Besten zu nehmen. Zu der letzten Gruppe, die ihren Weg ins Ungewisse antrat, gehörte der Bischof. Er trat ihn mit entblößtem Haupt, barfüßig und den Hals in Eisen an. Obwohl auch seine Handgelenke von Ketten umschlossen waren, gelang es ihm noch einmal, seine Stadt zu segnen. Nach einem zweistündigen Marsch durch die Nacht erwartete Memduh Bey die Gruppe. Vieren der angesehensten Christen, die zu den Gefangenen zählten, bot er an, sie gegen eine Zahlung von je 800 türkischen Pfund freizulassen. Als er das Geld hatte, ließ er sie zu einem entlegenen Steinbruch bringen und dort erschlagen. Vier Stunden später, der Zug hatte gerade das Kurdendorf Cheikhan erreicht, ließ er ihn erneut anhalten, um einen angeblichen Ferman zu verlesen:

> »Die osmanische Regierung hatte euch mit Gunst überhäuft, mit Freiheit, Gleichheit, Brüderlichkeit, Gerechtigkeit, bedeutenden Posten und Ehrentiteln und währenddessen habt ihr sie betrogen … Aufgrund des Verrats an dem osmanischen Vaterland seid ihr zum Tod verurteilt. Derjenige, der zum Islam übertritt, wird gesund und sicher und geehrt nach Mardin zurückkehren. In einer Stunde werdet ihr exekutiert werden. Bereitet euch vor und sprecht eure letzten Gebete.«[400]

Noch einmal stand Bischof Maloyan auf, um lautstark zu protestieren. Er verwehre sich gegen die Unterstellung, ein Verräter zu sein, denn als Bischof und Bürger habe er immer treu seine Pflicht erfüllt. Jetzt sei er bereit, für Jesus Christus zu sterben: »Verräter am osmanischen Vaterland? Das waren wir nie und sind es nicht. Aber Verräter an der christlichen Religion zu werden? Niemals!« »Niemals!«, erwiderten seine Begleiter wie aus einem Mund: »Für Jesus Christus!«[401] Noch einmal erteilte er ihnen die Lossprechung und feierte mit einem Laib Brot, den eine der Frauen von Mardin ihrem Mann zugesteckt hatte, die Eucharistie. Dann wurden die ersten 100 Männer von der Miliz abgeführt. Die »Grotten von Cheikhan«, eine Reihe tiefer Höhlen, waren ihr Ziel. Dort wurden die Christen mit Steinen und Keulen erschlagen oder erdolcht und in den Brunnen einer alten Festung geworfen. Eine zweite Hundertschaft folgte ihnen in den Tod, bevor die Karawane der Märtyrer noch einmal weiterzog. Offenbar hielten die Türken es für unklug, alle Leichen an einer Stelle liegen zu lassen. Teilweise entblößt und barfüßig, marschierten die ausgehungerten Gestalten über steinige Wege und dornenreiche Felder, dann hatte man, vier Stunden von Diyarbekir entfernt, eine Schlucht erreicht. Während Erzbischof Maloyan sich im Gebet auf den Tod vorbereitete, fragte Memduh Bey ihn erneut, ob er nicht doch noch Moslem werden wolle. »Ich lebe und sterbe für meinen Glauben und meine Religion«[402], antwortete dieser so ruhig und gelassen, dass der Polizeichef wütend wurde, seine Pistole zog und den Gottesmann erschoss. Später ließ er zwei Ärzte aus Diyarbekir den Totenschein ausstellen. Als Todesursache wurde eine »Embolie des Herzens«[403] angegeben. Am selben Tag wurde auch Maloyans leiblicher Bruder Malallah erschossen. Seine Mutter – sein Vater war bereits verstorben – starb einen Monat später auf dem Weg in die Verbannung.[404] Am 7. Oktober 2001 sprach Papst Johannes Paul II. den Märtyrerbischof selig.[405]

Doch mit Maloyans Tod endeten die Gräuel von Mardin nicht. Ein weiterer Todesmarsch aus mindestens 266 Würdenträgern[406] setzte sich am 14. Juni in Bewegung. Es folgten, nachdem die Elite liquidiert worden war, in den nächsten Wochen die restlichen Männer. Auch ihr Weg führte nicht nach Süden in die Wüste, sondern in Richtung Diyarbekir nach Norden. Sie wurden unterwegs von den Milizen der *Teskilati Mahsusa* oder lokalen Kurdenstämmen ausgeraubt und ermordet. Am 13. Juli rief Memduh Bey die Frauen der Notablen zusammen und bot ihnen gegen horrende Summen an, ihr Leben zu retten. Zahlten sie ihm zwischen 350 und 750 türkische Goldpfund, würde er sie »zu ihren Männern« nach Diyarbekir bringen. Ihre Wertsachen und Geld dürften sie ebenso mitnehmen wie ihre Kinder. Als der Konvoi die Stadt verlassen hatte, sammelte der Polizeichef alles, was einen Wert hatte, ein, um, so wörtlich, »nicht die Gier kurdischer und arabischer Räuber zu erregen«[407]. Doch schon im nächsten Dorf wurden die Frauen von den Kurden erwartet, ausgeraubt, ausgezogen, vergewaltigt und schließlich massakriert. Nur die schönsten Mädchen und Knaben verschonten die Räuber, um sie danach auf dem Sklavenmarkt zu verkaufen. Auch die meisten Teilnehmer der darauffolgenden Todesmärsche fielen Sondereinheiten und kurdischen Meuchelmördern in die Hände. Allein am 20. Juli starben 12 000 Frauen und Kinder auf dem Weg nach Diyarbekir. Am 15. August 1915 fand in Mardin der erste öffentliche Verkauf junger Armenierinnen statt, für die, je nach Schönheit und Alter, zwischen einem und drei türkischen Pfund verlangt wurde. Bis Mitte September war die Stadt zumindest offiziell »armenierfrei«.

Die tragische Geschichte vom Martyrium der Bewohner von Mardin und ihres unerschrockenen Bischofs alarmierte auch den Vatikan. Umso gewissenhafter bemühte sich Msgr. Dolci um eine Bestätigung der zunächst nur vagen Angaben. Schließlich, am 30. Juli 1915, erstattete er Kardinalstaatssekretär Gasparri und dem Präfekten der *Kongregation für die Evangelisierung der Völker*, Kardinal Girolamo Gotti (1834–1916), Bericht:

»Vor einige Tagen erfuhr ich, dass der armenisch-katholische Erzbischof dieser Stadt ermordet worden sei. Da es sich nur um eine sehr vage Nachricht handelte, habe ich versucht, ihr mit allen mir zur Verfügung stehenden Mitteln auf den Grund zu gehen. Zu diesem Zweck habe ich den deutschen Botschafter kontaktiert, der mir die Antwort eines der deutschen Konsuln übermittelte, der unweit Mardin residiert (nicht direkt in dieser Stadt) und der mir die Nachricht bestätigte, dass 700 Armenier aus Mardin mit Gewalt auf das Land getrieben und dort zusammen mit ihrem Bischof getötet wurden. In Mardin gibt es auch Bischöfe der schismatischen und protestantischen Armenier, die mir diese Information über Msgr. Maloyan leider bestätigten.»[408]

Tatsächlich war den deutschen Diplomaten der Vorfall ebenfalls bekannt, wie sich aus den 2005 von Wolfgang Gust veröffentlichten Dokumenten aus dem Politischen Archiv des Auswärtigen Amtes ergibt. So schrieb Walter Holstein, der Vizekonsul in Mossul, am 10. Juli 1915 an die Botschaft in Konstantinopel, sich auf den früheren *mutessarif* (Bezirksgouverneur) von Mardin berufend:

»Der Vali von Diarbekir, Reschid Bey, wüte unter der Christenheit seines Vilayets wie ein toller Bluthund; er hat vor kurzem auch in Mardin siebenhundert Christen (meistens Armenier), darunter den armenischen Bischof, in einer Nacht durch aus Diarbekir speziell entsandte Gendarmerie sammeln und in der Nähe der Stadt wie Hammel abschlachten lassen.«[409]

Auch für die Vorgänge in Samsun, die der Bericht an den armenisch-katholischen Patriarchen erwähnt, finden wir Augenzeugen, die uns Näheres verraten. In diesem Fall ist es der Franziskanerpater Michele da Capodistria, der am 30. Juni einen dreiseitigen Bericht an Msgr. Dolci schickte:

»Tatsächlich erfolgten in der gleichen Nacht massenhafte Festnahmen. Am nächsten Tag war an allen Mauern ein Befehl zu lesen, dass alle Armenier fünf Tage Zeit hätten, um ihre Angelegenheiten zu regeln und sich in die Hände der Regierungsbehörden zu begeben, was ohne jede Ausnahme für alle Männer, Frauen, Kinder, Kranke, Alte und auch für katholische Priester und Ordensschwestern gelte; sie würden an einen unbekannten Ort gebracht werden. Eine Absperrung durch das Militär verhinderte jede Kommunikation mit Ihrer Stelle, und schon am nächsten Tag begann die Deportation. Nur die wenigsten waren in der Lage, nicht zu regulären, sondern zu katastrophalen Preisen, ihre Habe zu liquidieren. Ich hoffe jetzt nur noch, dass etwas für die Katholiken in Trapezunt unternommen werden kann: es ist ein frommer Wunsch. Am 28. und 29. (Juni, d. Verf.), also in den letzten Tagen, soll eine verstärkte muslimische Propaganda die Grundlagen für diese Aktion erklären. Um ein Beispiel von vielen zu nennen, haben in dem Moment, in dem ich diese Zeilen schreibe, bereits mehrere hundert Familien (darunter fünf katholische Familien) ihren Übertritt zum Islam erklärt. Gerüchte über Massaker, ob nun wahr oder bewusst verbreitet, verstärken diese Bewegung. Die Frauen sind es, die ihr häufiger widerstehen.«[410]

Diese Berichte und viele andere, die wir aus Platzgründen nicht alle zitieren können, führten dazu, dass Msgr. Dolci schon sehr bald aktiv wurde. In den ersten Julitagen – das genaue Datum ist nicht festgehalten – versuchte er seine erste diplomatische Intervention und reichte beim Großwesir ein handschriftliches Gesuch ein:

»Hoheit,

die armenischen Katholiken haben zu allen Zeiten klare Beweise ihrer Treue und ihrer Verbundenheit mit dem Ottomanischen Kaiserreich erbracht, weshalb ich Eure Hoheit frage, ob Sie die Güte hätten, die notwendigen Anweisungen zu geben, ihre Deportation zu beenden und sie, wenn möglich, wieder in ihre Häuser zurückkehren zu lassen oder sie zumindest dort anzusiedeln, wo sie jetzt gerade sind.
Diese Gunst bezüglich der armenischen Katholiken würde, Hoheit, auf großes Wohlwollen beim Heiligen Stuhl stoßen.«[411]

Es mag auffallen, dass sich der Apostolische Delegat in seiner Demarche zunächst auf die katholischen Armenier konzentrierte, was freilich zwei Deutungen zulässt. Gut möglich, dass er die türkische Propagandalüge von den Kontakten der orthodoxen Armenier zu Russland noch nicht durchschaut hatte; von den Katholiken wusste er jedenfalls mit Sicherheit, dass es keine solchen gab. Wahrscheinlicher aber ist, dass er sich auf diese Weise größeren Erfolg versprach. Mit welchem Recht er für alle Christen sprechen konnte, war fraglich, die Katholiken aber vertrat er offiziell.
Doch seine Intervention blieb ohne Antwort. Das mag am komplizierten osmanischen Protokoll gelegen haben und der Tatsache, dass der Vatikan keine offiziellen diplomatischen Beziehungen zur Türkei unterhielt. Zudem war der Großwesir, wie selbst der Sultan, nur eine Marionette in den Händen des mächtigen Triumvirats der Jungtürken. Und schließlich, so musste auch US-Botschafter Morgenthau immer wieder zu seiner eigenen Ernüchterung feststellen, »stand der Großwesir den Armeniern nicht weniger feindlich gegenüber als Talaat und Enver. Schon das Thema anzusprechen irritierte ihn sichtlich.«[412]
Das sah Msgr. Dolci wohl bald ähnlich. Jedenfalls schrieb er am 19. Juli 1915 an Kardinal Gotti:

> »Ich für meinen Teil habe es nicht versäumt, bei der Regierung vorstellig zu werden. Aber leider ist dieses Unterfangen extrem schwierig, weil der Großwesir, der Außenminister, über ungenügenden Einfluss auf das Kabinett und die anderen Minister verfügt, welche von grenzenlosem Chauvinismus erfüllt sind und auch die absolute Macht zur Durchführung an die lokalen Behörden im Landesinnern delegieren, mit der strikten Anweisung, den Auftrag auszuführen. So können sie, wenn ihre eigenen Befehle ausgeführt sind, trotzdem noch Unkenntnis über die Details vortäuschen. So verstehen Sie, Eminenz, was dieser Staat Schlimmes der nichtmuslimischen Bevölkerung Kleinasiens antut. Die christlichen Mächte hätten die Pflicht, hier einzugreifen.«[413]

Trotzdem dauerte es noch eine Weile, bis die Weltöffentlichkeit begriff, dass ein ganzes Volk vor ihren Augen in den sicheren Tod getrieben wurde.

XIII. Die Topographie des Todes

> »Schreckliche Gräueltaten wurden von dieser Regierung an unschuldigen Armeniern im Inneren des (Osmanischen, d. Verf.) Reiches begangen. In einigen Regionen wurden sie massakriert, in anderen an unbekannte Orte deportiert, um auf dem Weg dorthin an Hunger zu sterben. Mütter haben ihre Kinder verkauft, um sie vor dem sicheren Tod zu bewahren. Arbeite unermüdlich daran, diese Barbarei zu stoppen«[414],

informierte Monsignore Angelo Dolci, Apostolischer Delegat in Konstantinopel, am 20. August 1915 in einem chiffrierten Telegramm Kardinalstaatssekretär Gasparri.
Wie wahr diese Schreckensnachricht war, muss in Rom zu diesem Zeitpunkt längst bekannt gewesen sein. Bereits im Juli erhielt der Vatikan vom italienischen Außenministerium den mit »Promemoria« überschriebenen, handschriftlichen Kurzbericht des italienischen Generalkonsuls in Trapezunt, Giacomo Guerrini, übersandt:

> »1. Der Erlass der osmanischen kaiserlichen Regierung vom 23. Juni 1915 (sic! Tatsächlich vom 27. Mai 1915, d. Verf.) sieht die Internierung an einem unbekannten Ziel für fast alle Armenier der Türkei vor, insbesondere jene, die in den *vilayets* des türkischen Asien leben.
> 2. In den armenischen *vilayets* wurde der Internierungsbefehl sofort und auf eine sehr barbarische Art und Weise ausgeführt, auch an Frauen, Kindern, Alten und Kranken. Nur sehr wenige entkamen den Massakern.
> 3. In den anderen *vilayets* wurde der Befehl mit Hilfe von Personenlisten, die von den Behörden erstellt worden waren, ausgeführt. Aber auch dort wurden die Armenier überwacht und bedroht.
> 4. Die katholischen Armenier wurden dabei brutaler als alle anderen

> behandelt. Sie wurden getäuscht, indem sie zunächst beruhigt und dann letztlich doch verhaftet wurden, und das auf sehr brutale Weise. Ich selbst nahm einige auf und griff ein, um ihre Rechte zu wahren, doch leider ohne Erfolg. Der Befehl wurde auf alle Armenier ohne Ausnahme angewandt, auch auf Frauen, Kinder, Alte und Kranke. (…)
> 6. Um den Armeniern zu helfen, wäre es nötig, den Internierungsbefehl zu widerrufen, die Sicherheit aller noch lebenden Armenier zu garantieren und ihnen die freie Ausreise aus der Türkei zu erlauben. Es wäre eine Geste der Menschlichkeit und Barmherzigkeit, einen Teil dieser Flüchtlinge bei uns in Italien aufzunehmen.
> 7. Viele Armenier wurden provoziert, ihrer christlichen Religion abzuschwören, und viele von ihnen wurden gezwungen, Muslime zu werden.«[415]

Dies alles bestätigte der österreichische Pater Norbert Hofer, Superior des Kapuzinerklosters von Erzurum, der dem Heiligen Stuhl berichtete:

> »Das Wort ›Deportation‹ bedeutet: 1. Die absolute Trennung der Männer von ihren Ehefrauen und der Mütter von ihren Kindern. 2. Drohungen und Schmeicheleien der türkischen Gesandten, um alle zu zwingen, ihrer Religion abzuschwören. Diejenigen, die dieses taten – und es waren viele –, wurden unmittelbar in ausschließlich muslimische Dörfer geschickt, von wo sie nicht mehr zurückkamen. 3. Die Entführung der Frauen; sie werden zunächst nach ihren physischen Eigenschaften aufgeteilt und dann entweder in den Harem verkauft oder gezwungen, die unwürdigen Bedürfnisse der türkischen Beamten oder der Wachsoldaten zu befriedigen. 4. Die kleinen Mädchen werden vielfach als Dienerinnen in türkische Haushalte gegeben, die sich verpflichten, sie entsprechend muslimisch zu erziehen. Einige von ihnen wurden bis nach Konstantinopel geschickt. An anderen Orten werden alle christlichen Jungen beschnitten und dann in türkische Häuser gegeben. (…) Nach dem Abschluss der Selektionen werden die Überlebenden gezwungen, alle ihre Güter, Häuser und Geld abzugeben und ins Landesinnere zu ziehen. Sie werden von brutalen Gendarmen begleitet und müssen pausenlos von Dorf zu Dorf wandern, mit unbe-

> kanntem Ziel. Völlig demoralisiert durch ihren Schmerz und die plötzliche Trennung, ist ihr Körper oft nicht mehr in der Lage, dem Wetter und den anderen Widrigkeiten zu widerstehen, und so sterben viele von ihnen unterwegs. Andere werden auch massakriert.«[416]

Mit seinen Bemühungen, hier Abhilfe zu schaffen, hatte der Heilige Stuhl, vertreten durch Msgr. Dolci, freilich keinen größeren Erfolg als US-Botschafter Morgenthau oder der österreichisch-ungarische Botschafter von Pallavicini, die ebenfalls zugunsten der Armenier zu intervenieren versuchten. Der wohl einflussreichste ausländische Diplomat in Konstantinopel, der deutsche Botschafter Frhr. von Wangenheim, ließ den türkischen Verbündeten dagegen gewähren. Ihn interessierte nicht, dass gerade Hunderttausende Armenier ermordet wurden, solange die Türken treu auf deutscher Seite kämpften. Damit vertrat er die politische Linie der Führung des Reiches, allen voran des Kaisers, der seine Generäle gemahnte, »sich nicht in die inneren Angelegenheiten der Türkei einzumischen«[417], was ausdrücklich die damit verbundene Armenische Frage einschloss. Dem pflichtete der Botschafter in einem seiner Berichte an Reichskanzler Theobald von Bethmann Hollweg, ausdrücklich aus reinem Pragmatismus, bei: »Andernfalls laufen wir Gefahr, durch das Eintreten für eine vielleicht aussichtslose Sache wichtigere und uns näher liegende Interessen aufs Spiel zu setzen.«[418] Und auch der Reichskanzler gab als Losung für die deutsche Armenierpolitik aus:

> »Unser einziges Ziel ist, die Türkei bis zum Ende des Krieges an unserer Seite zu halten, gleichgültig, ob darüber Armenier zu Grunde gehen oder nicht.«[419]

Dabei hatte Botschafter von Wangenheim die schwierige Aufgabe, auch die deutschen Konsuln auf die Regierungslinie einzuschwören, die oft vor Ort – etwa in Erzurum, Mossul, Adana und Aleppo – Zeugen der Gräuel wurden und es als Schande empfanden, untätig zuschauen und schweigen zu müssen. Die Worte, die der Verweser in Erzurum, Max-Erwin von Scheubner-Richter, am 2. Juni 1915 nach Konstantinopel telegraphierte, spiegeln etwas von ihrer Verzweiflung und Hilflosigkeit wider: »Armenische Bevölkerung erblickt in mir als einzigem Vertreter christlicher Macht ihren natürlichen Beschützer. Lage schwierig und peinlich.«[420] Ähnlich der Hilferuf Walter Rößlers, des Konsuls in Aleppo, das als Zwischenstation für die Deportation in die Wüste diente, vom 6. Juni 1915:

> »Ich bitte in aller Ehrerbietung nochmals eine Vorstellung erheben zu dürfen. Unter den armenischen Verbannten befinden sich ganz überwiegend Frauen. Sie wären auf dem Transport und in den Dörfern wehrlos der Schande (d.h. der Vergewaltigung, d. Verf.) preisgegeben. Wäre es nicht möglich, nur die Männer zu zerstreuen und Frauen und Kinder in Aleppo zu lassen? Zahlreiche Kinder sind bisher schon den Transporten zum Opfer gefallen.«[421]

Auch Rößler wurde vertröstet. Immerhin versuchte Johann Mordtmann, ein Mitarbeiter der deutschen Botschaft, das Thema bei einem Gespräch mit Talaat Bey anzusprechen. Der aber, so Mordtmann,

> »äußerte sich ohne Rückhalt über die Absichten der Regierung, die den Weltkrieg dazu benutze, um mit **ihren innern Feinden – den einheimischen Christen aller Konfessionen** (Hervorhebung d. Verf.) – gründlich aufzuräumen, ohne durch diplomatische Interventionen des Auslandes gestört zu werden.«[422]

Es ging also tatsächlich nie um die Angst vor einer Kollaboration mit den Russen. Die Jungtürken, so gab Talaat Bey an diesem Tag ohne Umschweife ganz offen zu, wollten die Christen ihres Reiches vernichten, die das Feindbild ihrer pantürkischen, islamofaschistischen Ideologie waren.

Doch zumindest hatten die Armenier noch *einen* Fürsprecher im Reich in der Person des ehemaligen Pastors Dr. Johannes Lepsius. Dessen Deutsche Orient-Mission, einst angesichts der Abdülhamid-Massaker begründet, unterhielt zu Anfang des Jahres 1914 fünf Haupt- und zwei Nebenstationen im Osten der Türkei. Ihr Zentrum aber war immer noch Urfa, wo es ein Hospital, eine Schule, ein Lehrerseminar und ein Waisenhaus der DOM gab.

Die erste Nachricht von den gerade begonnenen Deportationen erhielt Lepsius am 1. Juni 1915 ausgerechnet aus dem Auswärtigen Amt. Es handelte sich um ein Telegramm des Botschafters von Wangenheim, das gewissermaßen als Präventivmaßnahme gedacht war:

> »Enver Pascha beabsichtigt zur Eindämmung armenischer Spionage und um neuen armenischen Massenerhebungen vorzubeugen, (…) unter Benutzung des Kriegs-Ausnahmezustands eine große Anzahl armenischer Schulen zu schließen, armenische Zeitungen zu unterdrücken, armenische Postkorrespondenz zu untersagen und aus den jetzt insurgierten armenischen Zentren alle nicht ganz einwandfreien Familien in Mesopotamien anzusiedeln. Er bittet dringend, dass wir ihm hierbei nicht in den Arm fallen. (…)
> Bitte Dr. Lepsius und deutsche armenische Komitees entsprechend verständigen, dass erwähnte Maßnahmen bei der politischen und militärischen Lage der Türkei leider nicht zu vermeiden (sind).«[423]

Das Telegramm hatte freilich eine gegenteilige Wirkung auf Lepsius, bei dem sofort alle Alarmglocken anschlugen: »Um Massenerhebungen vorzubeugen, schickt man nicht ›Familien‹, die ›nicht ganz einwandfrei‹ sind, sondern ›Massen‹«, schlussfolgerte Lepsius messerscharf, »Massendeportationen sind Massenmassakers. Das weiß jeder, der die inneren Zustände der Türkei und die Bedingungen, unter denen solche Verschickungen stattfinden, kennt.«[424] Er musste sofort in das Osmanische Reich reisen, um sich selbst ein Bild von der Lage zu machen und die jungtürkische Regierung von ihrem skandalösen Plan abzubringen. Zudem wollte er »den dortigen armenischen Führern die Notwendigkeit der Loyalität gegenüber der türkischen Regierung klar machen«[425], telegraphierte das Auswärtige Amt am 6. Juni nach Konstantinopel. Zunächst verweigerte ihm Talaat Bey das notwendige Einreisevsum. Erst ein zweites Schreiben, das Lepsius persönlich an von Wangenheim richtete, brachte den ersehnten Erfolg.[426]

So begab sich der Deutsche über Bukarest und Sofia nach Konstantinopel, wo er am 24. Juli endlich eintraf. Wochenlang wurde er, wie er selber schrieb, »von der Polizei argwöhnisch bewacht«. Trotzdem gelang es ihm, speziell über das armenische Patriarchat und die amerikanische Botschaft, »eine Fülle von Nachrichten aus allen anatolischen Vilayets« zu sammeln. Sie ermöglichten ihm, sich erstmals »ein vollständiges Bild« von dem zu machen, was er gleich als »systematische Vernichtung des armenischen Volkes«[427] verstand. Am 10. August schließlich empfing ihn Enver Pascha; das Gespräch war durch Vermittlung von Wangenheims möglich geworden. Sein Wortlaut ist in mehreren Versionen überliefert, von Lepsius selbst ebenso wie durch den Schriftsteller Franz Werfel, der den deutschen Pastor Jahre später bei den Recherchen für sein Meisterwerk *Die vierzig Tage des Musa Dagh* ausführlich interviewt hat. Mit Engelsgeduld versuchte Lepsius, den Kriegsminister davon zu überzeugen, dass die rückständige Türkei auf die gebildeten Armenier angewiesen war, auf ihre geschickten Handwerker, ehrbaren Kaufleute, fortschrittlichen Industriellen, auf das Heer armenischer Ingenieure, Anwälte, Lehrer und Ärzte. Ein Argument, das für den selbstherrlichen Generalissimus in seiner prachtvollen Phantasieuniform und mit den gelackten Stiefeln, der Lepsius gleich an den »Zigeunerbaron« aus der Operette erinnerte, nicht zählte. »Wir Türken besitzen von dergleichen Intelligenz wenig«, erwiderte er kühl lächelnd mit entwaffnendem Zynismus, »dafür sind wir eine alte, heroische Rasse, die zur Errichtung und Beherrschung des großen Reiches berufen ist. Über Hindernisse werden wir deshalb hinwegsteigen.« Fast hätte der deutsche Pastor vor dem kleinen, mädchengesichtigen Kriegsgott kapituliert, doch dann wählte er eine andere Argumentationsstrategie: »Sie wollen ein neues Reich gründen, Exzellenz. Doch der Leichnam des armenischen Volkes wird unter seinen Grundmauern liegen. Kann das Segen bringen? Ließe sich nicht noch jetzt ein friedlicher Weg finden?« In diesem Moment verhärtete sich das bislang noch charmant lächelnde Gesicht des Türken, wurden seine Augen starr und kalt, fletschte er die Zähne: »Zwischen dem Menschen und dem Pestbazillus gibt es keinen Frieden.«

Lepsius zuckte zusammen. Diese Antwort Envers, die seine ganze Unmenschlichkeit hinter der sanften Fassade enthüllte, schockierte ihn. Dann fasste er sich, hakte sofort nach, hatte begriffen, was diese Worte nur bedeuten konnten: »Sie bekennen sich also offen zur Absicht, den Krieg zur völligen Ausrottung des armenischen *Millet* benützen zu wollen?« Enver schien zu wissen, dass er für einen Augenblick die Kontrolle verloren, sein wahres Gesicht offenbart hatte, denn er verkniff sich die Antwort.[428] Noch ein paar höfliche Floskeln, dann begleitete er den Deutschen hinaus auf den Gang. Die Audienz war beendet. Lepsius hatte nichts erreicht. Oder vielleicht doch? Er hatte dem Teufel ins Antlitz geblickt. Und er wusste jetzt, was die Türken wirklich wollten.

Zurück in Deutschland – sein Gesuch, nach Anatolien reisen zu dürfen, war natürlich abgelehnt worden – nutzte er seine politischen Kontakte, um das Auswärtige Amt zu bewegen, doch endlich Druck auf die Türkei auszuüben. Zunächst hielt er am 5. Oktober 1915 im Berliner Reichstag eine Pressekonferenz ab, auf der er die *Wilhelmstraße* anklagte, Sklavin der Hohen Pforte zu sein. Zehn Tage später hielt er vor namhaften Vertretern der evangelischen Kirche und der deutschen Orientmissionen einen Vortrag und sammelte 50 Unterschriften für eine Petition, die bei Reichskanzler von Bethmann Hollweg eingereicht wurde – natürlich ohne Erfolg. Schließlich verfasste er seinen 300-seitigen *Bericht über die Lage des Armenischen Volkes in der Türkei*, den er im April 1916 in einer Auflage von 20 000 Exemplaren drucken ließ. Dieser Bericht sollte die evangelischen Pfarrämter und Missionsfreunde, 500 hochrangige Persönlichkeiten, die Mitglieder des Reichstages und die Redaktionen der größten deutschen Tageszeitungen über die Vorgänge im Osten des Osmanischen Reiches informieren. Sein Fazit war eindeutig:

> »Das älteste Volk der Christenheit ist, soweit es unter türkischer Herrschaft steht, in Gefahr, vernichtet zu werden. Sechs Siebentel des armenischen Volkes wurden ihrer Habe beraubt, von Haus und Hof vertrieben und, soweit sie nicht zum Islam übertraten, entweder getötet oder in die Wüste geschickt. (…) Wie die Armenier, so sind auch die syrischen Nestorianer und zum Teil auch die griechischen Christen heimgesucht worden.«[429]

Obwohl mit Rücksicht auf die Militärzensur ausdrücklich mit »Streng vertraulich« und »Abdruck und Benutzung in der Presse verboten« gekennzeichnet, wurde die Broschüre am 7. August 1916 verboten und der noch vorhandene Rest der ersten Auflage beschlagnahmt. Eine weitere Tätigkeit im Deutschen Reich war Lepsius damit unmöglich. Schließlich war er gezwungen, in die neutralen Niederlande überzusiedeln, wo bald darauf eine Übersetzung seines Berichtes erschien. Erst nach Ende des Krieges kehrte er nach Berlin zurück. Dort stellte ihm, gewissermaßen als Entschuldigung, das Auswärtige Amt Abschriften von einem Teil seines Archivs zu den Ereignissen in der Türkei zur Verfügung, die er im April 1919 unter dem Titel *Deutschland und Armenien 1914–1918* veröffentlichte. Doch auch das geschah nicht ganz uneigennützig. Wie wir heute wissen, wurde ein Großteil der Dokumente manipuliert, wurde die deutsche Rolle im Völkermord systematisch geschönt.

Bis auf den heutigen Tag sind diese beiden Bücher von Lepsius wichtige Standardwerke zum Armenozid. Sein »Bericht« versetzte schon im Frühjahr 1916 zumindest ein handverlesenes deutsches Publikum in die Lage, sich ein umfassendes Bild von den Ereignissen im Osmanischen Reich zu machen. Bis heute konnte dieses Bild durch die mittlerweile veröffentlichten diplomatischen Berichte der USA, Deutschlands, Frankreichs und Italiens ergänzt werden. Das ermöglicht es uns, die bislang unveröffentlichten Dokumente des Vatikans als Momentaufnahmen in ein differenzierteres Bild vom Ausmaß der Schrecken dieses bis dahin grausamsten aller Sommer einzuordnen:

Vilayet Adana: Zwischen April und Juli wurden alle armenischen Dörfer im Taurusgebirge der Reihe nach geräumt, über 100 000 Christen deportiert. Ganzen Dörfern wurde die Deportation nur eine Stunde zuvor angekündigt. So reichte oft die Zeit nicht einmal, um die eigene Familie zu sammeln, sodass manche Kinder zurückblieben. Der Befehl des Gouverneurs ist, ins Französische übersetzt, im Vatikanarchiv dokumentiert: »Bis zum Ende des laufenden Monats sind die Armenier, die in den Dörfern von Adana leben, in Gruppen zu verschicken«, heißt es darin lakonisch, »die Verschickung hat Dorf für Dorf und Wohnviertel für Wohnviertel zu erfolgen«.[430] Ausnahmen waren also nicht vorgesehen, alle Detailfragen wurden minutiös geregelt. Doch was auf dem Papier so sachlich und geordnet klingt, war in Wirklichkeit von schrecklichen Szenen begleitet.

In Adana, Aleppo und Marasch wurden zum Zweck der Einschüchterung 30 Armenier öffentlich gehängt, darunter unter dem Gejohle der Menge auch zwei Priester. Nur wer zum Islam übertrat, durfte bleiben. »Die Türken sind in einem vollkommenen Delirium«, zitiert Lepsius einen Augenzeugen. »Es ist unmöglich, die Schrecken zu beschreiben, die die Deportierten zu ertragen haben. Schändung, Raub von Frauen und Mädchen und gewaltsame Bekehrungen sind an der Tagesordnung. Eine große Anzahl von Familien sind zum Islam übergetreten, um dem sicheren Tode zu entgehen.«[431] Der Pastor selbst:

> »In vielen Fällen wurden die Männer – die in militärpflichtigem Alter waren fast alle in der Armee – mit Seilen und Ketten fest aneinander gebunden. Frauen mit kleinen Kindern auf dem Arm oder in den letzten Tagen der Schwangerschaft wurden wie Vieh mit der Peitsche vorwärts getrieben. Drei verschiedene Fälle sind mir bekannt geworden, wo die Frau auf der Landstraße niederkam und an Verblutung starb, weil ihr brutaler Führer sie weiterhetzte ... Einige Frauen wurden so vollständig erschöpft und hoffnungslos, dass sie ihre kleinen Kinder auf der Straße liegen lassen. Viele Frauen und Mädchen sind vergewaltigt worden. In einem Ort hat der Gendarmerieoffizier den Männern, denen er eine ganze Schar Frauen zuwies, gesagt, es stände ihnen frei, mit den Frauen und Mädchen zu machen, was sie wollten.«[432]

Nachdem die armenischen Dörfer und Stadtviertel evakuiert waren, siedelten die Behörden Balkan-Türken in ihnen an, während die Kirchen in Moscheen umgewandelt wurden.

Vilayet Trapezunt: Am 26. Juni wurde der Befehl des berüchtigten *vali* Cemal Azmi, die Armenier zu deportieren, in den Straßen der Hafenstadt Trapezunt angeschlagen. Am 1. Juli wurden alle Straßen von Gendarmen mit aufgepflanzten Bajonetten bewacht »und das Werk der Austreibung der Armenier aus ihren Häusern begann«, wie es in einem amerikanischen Konsularbericht, den Lepsius zitiert, heißt. Männer,

Frauen und Kinder wurden mit Bajonetten vor die Stadt getrieben, bis man jeweils etwa 2000 beisammen hatte, die dann auf den Weg geschickt wurden. »Das Weinen und Klagen der Frauen und Kinder war herzzerreißend«, schrieb der amerikanische Konsul. Wer einen Wagen für seinen Besitz gemietet hatte, musste erleben, wie man die Last ablud und den Wagen zurück in die Stadt schickte. Was liegen blieb, wurde sofort von den Türken in Beschlag genommen. »Die ganze muhammedanische Bevölkerung wusste, dass diese Leute (Armenier, d. Verf.) ihnen zur Beute fallen würden, und sie wurden behandelt, wie Verbrecher.«[433] Alle Verschleppten mussten zu Fuß laufen, tage- und wochenlang, auf Wegen, die bereits von Leichen gesäumt waren. Wer »in Folge von Erschöpfung zurückblieb«, so der Konsul, der

> »wurde mit dem Bajonett erstochen und in den Fluss geworfen. Ihre Leichen wurden an Trapezunt vorüber ins Meer getrieben oder hingen im seichten Flusse an den Felsen, wo sie 10 bis 12 Tage blieben und verwesten, zum Schrecken der Reisenden, die diesen Weg nehmen mussten. Ich habe mit Augenzeugen gesprochen, die bestätigten, daß man viele nackte Leichen an Baumstümpfen im Fluß gesehen habe, 15 Tage nach dem Geschehnis, und daß der Geruch fürchterlich gewesen sei … Schließlich wurde entschieden, daß auch alte Männer und Frauen und auch die Katholiken gehen müßten, und sie alle wurden dem letzten Transport nachgeschickt. Eine Anzahl leichter Schiffe wurde nacheinander mit Leuten beladen und nach Samsun geschickt. Der Glaube ist allgemein, daß sie ertränkt wurden.«[434]

Hatte der Erzbischof von Trapezunt zunächst versucht, die Kinder zu retten, musste auch dieser Plan schnell aufgegeben werden. Die Waisenhäuser wurden geräumt, die Mädchen ausschließlich in muslimische Familien gegeben.

> »Die hübschesten unter den älteren Mädchen, die in den Waisenhäusern als Pflegerinnen zurückbehalten worden waren, wurden in Häuser aufgenommen, die dem Vergnügen der Mitglieder der Klique dienen, die hier die Dinge zu regieren scheint. Aus guter Quelle habe ich gehört, daß ein Mitglied des ›Komitees für Einheit und Fortschritt‹ hier

> 10 der schönsten Mädchen in einem Haus im Zentrum der Stadt hat, für seinen und seiner Freunde Gebrauch«[435],

ergänzte der Konsul empört. Der damals 14-jährige Sohn des *vali* zitierte später vor Gericht seinen Vater: »Unter den schönsten armenischen Mädchen im Alter von 10 bis 13 Jahren wählte ich mir einige aus und schenkte sie meinem Sohn; die anderen ließ ich im Meer ertränken.« Tatsächlich erteilte Azmi den Befehl, die Kinder »über das Schwarze Meer nach Mossul zu deportieren«[436]. Sie wurden, zusammen mit den noch verbliebenen Frauen, auf Boote geladen und auf offener See über Bord geworfen, wie der italienische Generalkonsul von Trapezunt, Giacomo Guerrini, entsetzt nach Rom meldete: »Ich sah Tausende unschuldiger Frauen und Kinder auf Booten, die im Schwarzen Meer umgekippt wurden«.[437] Wie auf dem Prozess gegen die Verantwortlichen des Völkermordes in Konstantinopel im Frühjahr 1919 festgestellt wurde, spritzten türkische Ärzte Dutzenden Schulkindern eine Überdosis Morphium, um sie zu töten.[438] Zudem legten der Leiter des Gesundheitsamtes von Trapezunt, Dr. Adnan, und sein Oberinspektor Dr. Ziya Fuad eidesstattliche Erklärungen vor, nach denen armenische Kinder zweier Schulen in geschlossene Räume gesperrt und dort mit Giftgas ermordet wurden.[439]

»Wir haben keine Nachricht über das Schicksal der 13 Priester der Diözese (Trapezunt, d.Verf.), es heißt, sie seien massakriert worden«, meldete Msgr. Dolci fünf Monate später nach Rom, »ebenso fehlen Hinweise auf das Schicksal von 22 Ordensleuten und Novizen aus Trapezunt und Marsivan.« In der Hoffnung, dass es noch Überlebende geben könnte, schickte der Apostolische Delegat Hilfsgelder »an den guten Bischof«.[440] »Von den Assumptionistinnen von Trapezunt wurden acht Schwestern, vier Novizinnen und vier Postulantinnen, insgesamt sechzehn Personen, deren Ordenshaus sich in dieser Stadt befand, über Erzincan deportiert und ihr Schicksal ist unbekannt; es wird angenommen, dass sie tot sind oder ermordet wurden«, informiert ein Bericht des Patriarchats.[441] Über das Schicksal des in Trapezunt besonders aktiven armenisch-katholischen Ordens der Mechitaristen, der seit 1717 seinen Stammsitz auf der Insel S. Lazzaro bei Venedig hat, berichtet Konsul Guerrini:

»Die Mechitaristenpatres haben sich immer aus der Politik und jeder lokalen Intrige herausgehalten: sie widmeten sich ausschließlich der Bildung, unterrichteten Philologie und Wissenschaft, armenische Kultur und die italienische Sprache. Ihr Internat war ein Leuchtturm der Kultur für jenes verlassene Volk und eine große Bereicherung, weil sie vor allem arme Jugendliche aufnahmen und auf ein Studium vorbereiteten. (…) Doch auch die Mechitaristen und armenisch-katholischen Nonnen wurden auf geradezu barbarische Weise festgenommen und zusammen mit ihren Schülerinnen und Schülern in den Tod geschickt. Ihr Institut und Internat wurden von den Soldaten zerstört: Möbel, Bücher, Lehrmittel, Toiletten, alles wurde verwüstet.«[442]

Vilayet Erzurum: Die Stadt im Zentrum der Osttürkei wurde praktisch zum Dreh- und Angelpunkt der Aktionen gegen die Armenier. Lepsius schreibt:

»Im März (sic!, d.Verf.) wurden die Armenier von befreundeten Türken in Erzurum gewarnt und davon benachrichtigt, daß die Mitglieder des ›Komitees für Einheit und Fortschritt‹ ein Massaker planten (…) Sie erklärten, es sei ein Fehler Abdul Hamids gewesen, daß er die Massaker vor zwanzig Jahren nicht gründlicher veranstaltet und alle Armenier ausgerottet habe.«[443]

Alles begann auch hier damit, dass man den Armeniern die Waffen abnahm. Waffen, die zu einem großen Teil bei der Revolution von 1908 von den Jungtürken selbst verteilt worden waren, die im Fall einer Konterrevolution auf die Unterstützung der Armenier gehofft hatten. Jetzt mussten sie plötzlich als »Beweis« dafür herhalten, dass die Armenier einen Aufstand planten.
Wie abwegig dieser Vorwand war, wusste niemand besser als der deutsche Vizekonsul in Erzurum, Max Erwin von Scheubner-Richter, der am 5. August 1915 an den deutschen Botschafter in Konstantinopel schrieb:

»Für einen allgemein beabsichtigten und vorbereiteten Aufstand der Armenier fehlen meines Erachtens jedoch jegliche Beweise. So sind

> z.B. im Vilajet Erserum weder Waffen noch kompromittierende Schriftstücke gefunden worden. Wäre hier ein Aufstand geplant gewesen, so war die günstigste Gelegenheit im Januar, als die Russen 35 km vor Erserum standen und die Garnison Erserums nur aus einigen hundert Mann Gendarmerie bestand, während sich in Erserum in den Arbeiter-Bataillonen allein 3–4000 Armenier befanden.«[444]

Auch die mangelnde Gegenwehr der Armenier sei doch, so Scheubner-Richter, »ein Beweis dafür, wie wenig kampffroh und revolutionär dieses Volk gesinnt ist«, das sich »ohne jeden Zwischenfall« deportieren und »dann später mit Gottergebenheit abschlachten« ließ. Vielmehr nutze die türkische Regierung »die Gelegenheit ... ein ganzes Volk kulturell und wirtschaftlich zu vernichten und auszurotten.«[445]

In Minn bei Erzincan rückte ein Gendarmerieoffizier am 14. März mit 30 Mann ein und verlangte von jedem Bürger 100 türkische Pfund, bevor er am nächsten Morgen mit den Hausdurchsuchungen begann. Der gregorianische Priester des Dorfes nannte die Namen der Waffenbesitzer, kannte aber niemanden, der über Bomben verfügte. »Zur Strafe« wurde er fünf Mal der Bastonade unterzogen, während Gendarmen seine Frau vergewaltigten. Dann bewaffneten sie den Priester und einige Bauern bis an die Zähne, dass sie wie Banditen aussahen, und führten sie durch die muslimischen Viertel der Kreishauptstadt Kermach, als »Beweis« für die »Absichten« der Christen. In Mollah, einem anderen Dorf, unterbrachen die Gendarmen sogar die Ostermesse und folterten den Priester in der Kirche. Doch das alles war nur das Vorspiel für die Deportationen, die im *vilayet* Erzurum bereits Mitte Mai begannen. Zuvor waren 15000 Männer für die Armee ausgehoben worden; es war also niemand mehr da, der Frauen und Kinder verteidigen konnte. Als die Notablen von Erzurum den *vali* Tahsin Bey, der immer ein verständiger Mann gewesen war, zur Rede stellten, erwiderte dieser nur: »Was kann ich tun? Die Hohe Pforte hat es befohlen!«[446]

In Erzincan wurden zunächst 2000 Armenier ohne Anklage nachts verhaftet, dann aus dem Gefängnis geführt und vor der Stadt getötet. Den übrigen Armeniern blieben nur noch wenige Tage, um sich auf ihre Deportation vorzubereiten. Sie konnten ihre Sachen verkaufen, mussten die Schlüssel ihrer Häuser aber vor dem Auszug der Polizei übergeben. Am 7. Juni begannen die Trecks in den Süden: Zunächst die Wohlhabenden, dann die Frauen, Greise und ein Teil der Kinder; andere Kinder wurden von muslimischen Familien aufgenommen. Am letzten Tag hieß es, auch diese müssten jetzt fort. Der Weg der Deportierten ins Euphrattal führte über die Straße nach Harput. Sie verlässt die Ebene von Erzincan östlich der Stadt, um dem Todesfluss Karasu (»schwarzes Wasser«) zu folgen, einem der beiden Quellflüsse des Euphrat, der hier in vielen Windungen, gesäumt von steilen Berghängen, das innere Taurusgebirge durchbricht. Die Strecke nach Kemah, in der Luftlinie nur 16 Kilometer, verlängert sich auf diesem Weg auf 55 Kilometer. Die Kemah-Schlucht sollte zum Grab der Armenier werden. Nur ein Bruchteil der etwa 25 000 Unglücklichen, die sie durchquerten, erreichte ihr Ziel.

Die anderen wurden an einem Engpass von den Soldaten und den aus dem Umland herbeigeeilten blut- und beutegierigen Kurden überfallen, ausgeraubt und abgeschlachtet. Berge von Leichen und Halbtoten wurden unter dem Gebrüll der Mörder den Abhang hinuntergeworfen. Das Krachen zerschmetterter Menschenleiber hallte zwischen den Felswänden wider, vermischt mit den Todesschreien der sich vor Schmerz krümmenden Sterbenden. Die wenigen Männer und viel zahlreicheren Frauen sahen ihre Kinder, Frauen und Gatten mit Messern aufgeschlitzt und verblutend oder ihre Körper an den Felskanten zerschlagen. Mütter, vor Schmerz wahnsinnig geworden, sprangen ihren Kindern hinterher in den Tod. Verzweifelte flehten ihre Peiniger an, sie endlich zu töten. Andere warfen ihre Kinder in den Fluss, um ihnen als letzte Gnadengabe einen schnellen Tod zu schenken. Drei Tage lang dauerte das Meucheln, bis neue Opfer aus der Stadt in die Todesschlucht getrieben wurden wie Vieh zum Schlachthof. Dann schleppte die kurdische Mörderbande ihre blutbesudelte Beute in ihre heimatlichen Dörfer, gerade noch rechtzeitig vor der Ankunft der 86. Kavalleriebrigade. Sie war angeblich geschickt worden, um die Kurden zu züchtigen; tatsächlich aber vollendete sie ihr Werk und tötete alle Überlebenden, derer sie habhaft werden konnten. Später prahlten die Soldaten damit, wie sich die

Frauen vor ihnen auf die Knie geworfen und um Erbarmen gefleht hätten. Die Abhänge und Felsen waren zu diesem Zeitpunkt bereits übersäht mit angeschwollenen Leichen, für Wochen lag ein unerträglicher Pesthauch über der Schlucht. Geier kreisten über den Wassern, hungrige Hunde machten sich über die Leichen her, die ans Ufer gespült wurden. Zwei Rotkreuzschwestern, die bald darauf Erzincan verließen, die Deutsche Eva Elvers und die Norwegerin Thora von Wedel-Jarlsberg, fanden die Leichen. Sie waren alle nackt ausgezogen, einigen war der Kopf abgeschnitten. Die Kurden hatten sie bis auf das letzte Hemd ausgeplündert. In Saray, weit jenseits der Todesschlucht, begegneten die beiden Schwestern einem Gendarmen, der vor dem Regierungsgebäude kauerte, auf den Lippen ein Lied: »Ermenileri hep kesdiler«, sang er unerläßlich: »Die Armenier sind alle abgeschlachtet«.[447]
»Es gab 3000 katholische Familien in der Diözese (Erzurum)«, summierte Monsignore Dolci in seinem Bericht an den Vatikan,

> »sie waren die Ersten, die evakuiert wurden. Von den beiden Bischöfen, dem emeritierten Msgr. Ketchourian und dem amtierenden Msgr. Melchisedekian, wurde der erste mit zwei Priestern in Erzincan aufgefunden und der zweite in Eghin; beide wurden mit Subventionen und Messen getröstet. Es gibt keine Nachrichten über 40 oder 50 Priester der Diözese; die neun Ordensleute sind derzeit auf dem Weg nach Konstantinopel, begleitet von den Mechitaristen-Patres aus Wien; als die Gläubigen der Diözese zum Teil nach Harput, zum Teil nach Urfa und Deir el-Zor verschickt wurden, wurde der weitaus größte Teil von ihnen überfallen und ermordet, mit Ausnahme der Dissidenten (zum Islam konvertierten, d. Verf.).«[448]

Die armenisch-katholischen Ordensleute verdankten ihre Rettung einer gemeinsamen Intervention des deutschen Konsuls in Erzurum und der deutschen und österreichisch-ungarischen Botschaft in Wien. Ein 13-seitiger Bericht »Über die Deportation der Armenier von Erzurum«, verfasst von einer Ordensschwester, befindet sich in den Akten des Vatikans.[449]

Vilayet Sivas: Auch hier begann alles mit der systematischen Entwaffnung der Armenier, dann der Verhaftung der Notabeln und aller Daschnaken der Städte. Obwohl nie etwas gefunden wurde, verbreiteten die Behörden das Gerücht, man habe Hunderte von Bomben und Tausende von Gewehren bei den Armeniern entdeckt. Ihre einzigen »Beweise« waren die verzweifelten »Geständnisse« der Gefolterten, die der Bastonade unterzogen, mit Feuer gequält und denen die Augen ausgestochen wurden, bis sie genau das sagten, was ihre Folterknechte hören wollten. Als Nächstes hieß es, dass sich alle männlichen Armenier zwischen 15 und 70 Jahren in den Kasernen zu melden hatten. Bei Gehorsamsverweigerung, so die offizielle Ankündigung, würden die Betroffenen getötet und ihre Häuser niedergebrannt werden. Diejenigen, die sich meldeten, wurden in Gruppen verschickt. So waren innerhalb weniger Tage alle armenischen Männer aus den Städten entfernt. Dann wurde den Frauen befohlen, sich reisefertig zu machen. Als Missionare versuchten, sich für sie zu verwenden, erklärten die lokalen Behörden, sie würden nur einen Befehl »von oben« ausführen; nicht ein einziger Armenier dürfe in den Städten verbleiben. Als Nächstes wurden die Gefangenen aus den Gefängnissen entlassen; meist schlossen sie sich Räuberbanden an, die bereits seit Langem die Berge unsicher machten. Bei den armenischen Frauen kam Panik auf; sie mussten damit rechnen, entführt, vergewaltigt und in die türkischen Bordelle verkauft zu werden. Viele trugen Gift bei sich, um ihren Häschern zumindest in den Tod zu entkommen, andere nahmen Hacken und Schaufeln mit, um jene begraben zu können, die auf dem Weg ihr Leben lassen würden. Dazu Johannes Lepsius:

> »Während dieser Schreckensherrschaft wurde bekannt gemacht, daß es leicht möglich sei, der Deportation zu entgehen, und daß jeder, der den Islam annehme, friedlich zu Hause bleiben würde.«[450]

Hunderte machten von diesem Angebot Gebrauch, doch viele von ihnen wurden dann doch noch verschickt. Andere waren heroisch: »Lieber sterben wir, als dass wir Moslems werden«, erklärten sie und zogen beherzt in den Tod. Wie Lepsius berichtet, wurde einer der Bischöfe von Sivas, dem antiken Sebaste (und damit dem Sitz des heiligen Blasius) auf dem Weg in seine Verbannung von dem *vali* wie ein Pferd mit Hufeisen beschlagen. Die sadistische Begründung des Türken lautete, er könne unmöglich einen Bischof barfuß laufen lassen.[451]

»Nur Erzbischof Msgr. Leo Ketcegian überlebte«, berichtete Msgr. Dolci nach Rom, »aber keiner der Priester von Tokat, Gurin und Pirknik; von den Ordensleuten in Tokat einer, der Aleppo erreichte, die anderen fünf sind tot; die drei aus Gurin sind angekommen. Diesen Unglücklichen schickte ich Hilfe.«[452] Ein Memorandum mit dem Titel »Austreibung der Armenier aus Sivas, von einem Augenzeugen, der am 13. Juli Sivas verließ und am 24. Juli in Konstantinopel eintraf«, das vom Armenischen Patriarchat an den Vatikan geleitet wurde, ergänzt:

> »Einigen Familie, die genaue Zahl ist nicht bekannt, wurde, wie es scheint, erlaubt, in ihren Häusern zu bleiben, die mit einem besonderen Zeichen gekennzeichnet wurden. Obwohl die Gründe für diese Ausnahmen unbekannt sind, wird vermutet, dass es die Familien sind, die bereit waren, den Islam anzunehmen.«[453]

Vilayet Mamuret ul-Aziz/Harput: Als der amerikanische Konsul Leslie Davis nach Berichten über Massaker auf dem Pferderücken das Tal eines Sees bei Harput erkundete, stieß er auf die Leichen von zehntausend Armeniern. Erschlagen hatten sie die Männer der »Sondereinheiten«, ausgeraubt die Kurden; die meisten der Toten waren nackt. Eine »Schlachthausprovinz«[454] taufte der Armerikaner daraufhin das *vilayet*. Der Bericht eines amerikanischen Missionars, den Lepsius zitiert, zeigt auf, mit welcher Brutalität die Türken dort auch gegen gebildete Armenier vorgingen, die im Dienst einer Institution der neutralen USA standen. So wurden vier Hochschullehrer des amerikanischen Euphrates-College in Harput verhaftet und brutal gefoltert: Prof. M. Tenekedjian, der seit 35 Jahren lehrte, wurde am 1. Mai 1915 ins Gefängnis geworfen. Man riss ihm Haare und den Bart aus, um ihn zu einem Geständnis zu zwingen, bevor man ihn 24 Stunden lang an den Händen aufhängte. Am 20. Juni wurde er mit einem Transport

Armenische Waisenkinder aus Harput, zur Abreise bereit. Auf sie wartet der Tod.

nach Diyarbekir verschickt und auf dem Weg getötet; seinen Kollege Prof. Budjiganian, der Psychologie und Philosophie unterrichtete, marterten die Gendarmen gleichermaßen, rissen ihm drei Fingernägel aus. Zusammen mit dem Physiker Prof. Nahigian wurde er ebenfalls deportiert und getötet. Prof. Worberian schließlich wurde traumatisiert, als er im Gefängnis sah, wie man andere Armenier vor seinen Augen zu Tode prügelte; auch er wurde zusammen mit seiner Familie auf dem Weg in die Verbannung getötet.[455]
Die schwedische Schwester Alma Johansson, die im Dienste der deutschen Missionsstation in Harput stand, berichtete in leicht fehlerhaftem Deutsch dem Auswärtigen Amt von schrecklichen Foltern:

»Die Leute, die verhaftet wurden, wurden in Hölzer eingeklemmt, die Füße mit Nägel beschlagen wie Pferde, die Barthaare, Augenwimpern, die Nägel an den Fingern und Zähne rausgezogen, mit dem Füßen nach oben gehängt und dergleichen. Natürlich sind viele dabei gestorben, aber doch mancher ist nachher unter ärztliche Pflege bei den Missionaren gekommen, und so haben wir es zu sehen bekommen.

Damit das Geschrei bei den Torturen nicht zu hören sein sollte, wurde unter dessen rings um das Gefängnis mit Trommel und Pfeife gespielt.«[456]

Am 8. Mai ließ der *vali* Salih Bey weitere armenische Notabeln festnehmen und foltern, um von ihnen Waffenverstecke zu erfahren. Anschließend trieb man sie vor die Stadt, wo man sie erschoss. Am 5. Juli wurden 800 Männer verhaftet, gefesselt in die Berge getrieben und dort ermordet. 300 Männer aus den umliegenden Dörfern folgten ihnen in den Tod. In der ersten Juli-Hälfte begannen die Deportationen. 700 Kinder aus dem Deutschen Waisenhaus, die man sicher nach Urfa zu bringen versprach, wurden in einem unweit der Stadt gelegenen See ertränkt.
Besonders bewegend ist das Schicksal des armenisch-katholischen Bischofs von Harput, Msgr. Stepan Israelian (1866–1915), der zu den Deportierten gehörte. Es fand in den Akten des deutschen Auswärtigen Amtes wie des Vatikans seinen Widerhall; das erste Mal am 29. Juli 1915, als Msgr. Dolci nach Rom meldete: »Ich möchte hinzufügen, dass Monsignore Israelian, Bischof von Harput, zusammen mit seinem Klerus und Gläubigen nach Aleppo unterwegs ist, dort aber noch nicht ankam; wir wissen nicht, wo er sich jetzt befindet.«[457]
Offenbar bat Dolci den deutschen Vizebotschafter Ernst Fürst zu Hohenlohe-Langenburg um Amtshilfe, der am 2. August 1915 an den deutschen Konsul in Aleppo, Rößler, telegraphierte:

»Bitte unauffällig feststellen was aus Stepan Israelian armenisch katholischem Bischof von Harput geworden der vor etwa Monatsfrist aus seinem Amtssitz nach Aleppo verschickt worden ist.«[458]

Die Antwort traf drei Tage später ein:

»Es gilt als sicher dass der Genannte Bischof von Harput mit einigen Priestern zwischen Diarbekir und Urfa ermordet worden ist. Die silbernen Kirchengeräte welche die gleichfalls ermordete Schwester eines Priesters bei sich trug sind den Gendarmen in die Hände gefallen.«[459]

Vielleicht erwartete Dolci noch genauere Informationen, jedenfalls dauerte es bis zum 20. August, bevor er Kardinalstaatssekretär Gasparri noch eher vage Bericht erstattete:

»Es ist unmöglich, sich eine Vorstellung davon zu machen, was im Landesinnern geschieht. Die gesamte armenische Bevölkerung wird systematisch auf brutalste Weise aus ihren Städten und Dörfern vertrieben und an unbekannte Orte verschleppt. Manchmal erlauben sie diesen Unglücklichen, Alte, Kranke, Kinder und ihre dringendsten Gegenstände mit Karren zu transportieren. Meistens aber müssen alle diese armen Menschen in größeren Gruppen den Weg zu Fuß zurücklegen durch die trockene Landschaft, wo viele von ihnen durch völlige Erschöpfung, Leiden und Entbehrungen aller Art nach ein paar Tagen den Tod finden. Anderen werden unter dem Vorwand, sie zu schützen, bewaffnete Eskorten mitgegeben, doch leider wird diese Begleitung oft zu der größten Gefahr für die Deportierten. Tatsächlich wurden nämlich viele Karawanen, sobald sie in verlassenere Gegenden kamen, von ihren Führern (den Gendarmen, d.Verf.) massakriert. Das scheint auch bei Msgr. Israelian der Fall gewesen zu sein, dem armenischen Bischof von Harput, und seinem Klerus.«[460]

Gewissheit hatte er erst am 26. Oktober 1915, als er nach Rom meldete:

»Es ist meine Pflicht, Eurer Eminenz eine weitere traurige Bestätigung für die Schrecken, die gegen die Armenier stattfinden, zu übersenden. Ich erhielt diese Information von einer Familie, die aus Harput stammt (...) Msgr. Stepan Israelian, Bischof von Harput, wurde befohlen, seinen Bischofssitz zu verlassen und sich ins Exil zu begeben. Er sollte nach Aleppo verbannt werden und sich zusammen mit seinem Klerus und armenischen *Schwestern der Unbefleckten Empfängnis* auf den Weg dorthin machen. Er erreichte Diyarbekir bei bester Gesundheit und setzte von dort seinen Weg fort, doch er wurde, so sagten sie, mitten auf der Straße von Diyarbekir nach Urfa zusammen mit allen, die ihn begleiteten, von einer Bande kurdischer Briganten massakriert.«[461]

Am 20. Dezember 1915, nach dem Gespräch mit einem Augenzeugen, kannte er weitere Details:

> »Der Bischof (von Harput, d. Verf.) mit den Priestern und drei Ordensschwestern wurden trotz der Versicherung des *vali*, sie würden über Urfa nach Aleppo gebracht, in Vartatil massakriert, einem Dorf, vier Stunden von der Stadtmitte entfernt. Es heißt, eine vierte Ordensschwester sei auf dem Transport nach Diyarbekir entführt worden. Nur ein paar von den Frauen (aus Harput, d. Verf.) erreichten Aleppo, die anderen wurden alle massakriert. Was die Umstände und Details des Todes des Bischofs und seiner Begleiter auf der Reise betrifft, gibt es das Zeugnis eines Moslems. Als ihm klar wurde, welche Absicht die von der Regierung zu seiner Bewachung abkommandierten Soldaten und die von Mezire ausgesandten Mörder verfolgten, umarmte der Bischof die Seinen, sprach ihnen Mut zu und überantwortete sie dem Willen Gottes; er segnete sie, erteilte ihnen die Absolution und erhielt (von einem der Priester, d. Verf.) die Lossprechung; dann bat er die Mörder, sie nicht zu foltern – und wurde erschossen.«[462]

Der Märtyrerbischof von Harput wartet noch auf seine Seligsprechung.
In Malatya ersetzte die Regierung den *mutessarif* Nabi Bey, der den Armeniern gegenüber als zu nachgiebig galt, durch den rücksichtsloseren Kurden Reschid Bey.
Fünf eng beschriebene Seiten umfasst der Bericht eines Augenzeugen aus Malatya, dem es gelang, sich nach Konstantinopel zu flüchten. Er gab sein Zeugnis im armenisch-katholischen Patriarchat zu Protokoll, von dort gelangte eine Abschrift in den Vatikan. Darin schilderte er, wie man am 7. Juni 1915 mit der Durchsuchung nach Waffen begann, wie sich die Armenier in ihre Kirche flüchteten, wie die Türken daraufhin die Brunnen zerstörten, um sie verdursten zu lassen. Andere wurden unter dem Vorwand, ihre Papiere überprüfen zu wollen, samt ihrer Kinder auf die Polizeistation gebracht, wo man sie inhaftierte und folterte, um das Versteck vermeintlicher Waffen zu erfahren. Dann führte man die Männer in Gruppen in die Berge und ermordete sie dort mit Axthieben. »Zwei Wochen später trafen

die Banden (Sondereinheiten, d. Verf.) in Malatya ein und fingen an, zu rauben und zu zerstören: alle begannen, nach jeder Richtung um Hilfe zu schreien«. Doch der Terror war nur ein Vorwand, die Frauen nach Urfa zu bringen, ein Ziel, das sie, nach Überfällen durch die Kurden, Raub, Vergewaltigung und Mord, nicht mehr erreichten. »Und was geschah mit dem Bischof, den Priestern und den Ordensleuten?«, wollte der Mitarbeiter des Patriarchats wissen, der dieses bewegende Zeugnis niederschrieb. »Als die Herausgabe der Waffen gefordert wurde«, setzte der Augenzeuge seine Schilderung fort, durchsuchte man auch die Häuser der Priester und des Bischofs. Der armenisch-katholische Priester Marie Der Stepan wurde ins Gefängnis geworfen und brutal gefoltert: »Auf dem Weg zerrten zwei Gendarmen an seinem Bart, zogen ihn auf den Boden und schlugen ihn; als der Priester vor Schmerz aufschrie, verhöhnten sie ihn: ›Du bist tot!‹.« Tatsächlich starb er noch in der gleichen Nacht unter der Tortur. Der gregorianische Generalvikar Der Mouchegh endete ebenfalls im Gefängnis, »wo man ihm den Schädel spaltete, nachdem er acht Tage lang ohne Brot und Wasser in einem unterirdischen Verließ verbracht, man ihm die Nägel herausgezogen und sein Fleisch zerschnitten hatte, um seine Geheimnisse zu erfahren.«[463] Der Priester Mikael Der Asduasaturian, so ergänzte eine armenische Quelle, erhielt »in einer Nacht 2000 Stockschläge und wurde anschließend gekreuzigt«. Msgr. Dolci schlussfolgerte in seinem Bericht vom 20. Dezember 1915:

> »Es ist sicher, dass Bischof Msgr. Khaciadurian stranguliert und die Ordensschwestern von Moslems entführt wurden, wobei unbekannt ist, wohin sie verschleppt wurden; die Männer und Priester wurden alle ermordet, nur die Frauen blieben am Leben. Ironischerweise steckte der Gouverneur am nächsten Tag die Meuchelmörder von Msgr. Israelian und Msgr. Khaciadurian ins Gefängnis!! (Doppeltes Ausrufezeichen im Original, d. Verf.).«[464]

Nach Aussage der damals 14-jährigen Augenzeugin Aurora Mardiganian ereignete sich bei Malatya eine der erschütterndsten Szenen des Völkermordes:

> »Am Straßenrand hatten die Türken, als Verhöhnung der Kreuzigung und als Warnung an christliche Mädchen, die auf dem Weg nach Malatya waren, sechzehn Mädchen an hölzerne Kreuze genagelt. Ich weiß nicht, wie lange ihre Körper dort hingen, doch die Geier hatten sich bereits um sie versammelt.
> Jedes der Mädchen war lebendig an ihr Kreuz genagelt worden, mit großen, grausigen Nägeln durch ihre Füße und Hände. Nur ihr Haar, das im Wind wehte, bedeckte ihre (nackten) Körper. ›Seht her‹, erklärten uns unsere Wächter mit großer Befriedigung, ›seht, was mit euch in Malatya geschieht, wenn ihr nicht gehorcht.‹«[465]

Vilayet Diyarbekir: Schon das Beispiel Mardins hat gezeigt, dass der neue *vali* von Diyarbekir, *Ittihat*-Mitbegründer Dr. Mehmed Reschid, die Verfolgung von Anfang an auf alle Christen seines *vilayets* ausdehnte. So wurden auch in seiner Hauptstadt bereits im Mai die meisten christlichen Notablen festgenommen. »In Diyarbekir gab es 200 katholische Familien«, berichtete Msgr. Dolci,

> »hier wurden alle Armenier massakriert; eine große Anzahl wurde (in Schiffen, d. Verf.) auf den Tigris (verladen und dort, d. Verf.) umgebracht und in den Fluss geworfen; keine Nachrichten über den Bischof und die Ordensleute, die wahrscheinlich ebenfalls massakriert wurden.«[466]

Ein Bericht des syrisch-katholischen Patriarchen von Antiochia, Ignace Ephraim II. Rahmani, bestätigt Dolcis Angaben und ergänzt, dass die Schiffspassagiere 18 Stunden nach Verlassen der Stadt erschossen wurden.

> »Der Bischof der armenischen Katholiken, Msgr. Celebian, wurde an einen Ort namens GOZLI gebracht und dort ermordet. Auch die anderen Priester aller Konfessionen wurden umgebracht; einige mit den Deportierten, andere in ihren Kirchen oder in ihrem Pfarrhaus … auch alle Christen, die in den zahlreichen Dörfern dieser Region lebten, wurden gleichermaßen umgebracht, darunter auch eine große Anzahl nicht katholischer Armenier und monophysitischer Syrer.«[467]

Wie die deutsche Krankenschwester Laura Möhring berichtet, wurden fünf oder sechs armenische Priester »völlig entkleidet und geteert durch die Straßen der Stadt geschleift«[468]. Der deutsche Konsul Walter Rößler meldete, ihn erreichten »die schauerlichsten Gerüchte, welche uns ganz an (die) spanische Inquisition erinnern«[469]. Im Juli alarmierte ihn das »Vorbeitreiben von Leichen auf dem Euphrat«, das seit 25 Tagen beobachtet worden war: »Die Leichen waren alle in der gleichen Weise, zwei und zwei Rücken auf Rücken gebunden«[470]. Am 14. Juli telegraphierte Cemal Pascha, Kommandant der in Syrien stationierten Vierten Armee, an Dr. Reschid eine dringenden Beschwerde: »Die Leichen, die auf dem Euphrat treiben, stammen wahrscheinlich von den Armeniern, die bei dem Aufstand (sic!, d. Verf.) getötet wurden, doch sie müssen vor Ort begraben werden, keine Leichen dürfen offen liegen bleiben«; er befürchtete den Ausbruch von Seuchen durch das verschmutzte Wasser, die die Kampfkraft seiner Männer schwächen könnten. Reschid antwortete, er sei dafür nicht zuständig, die Leichen stammten aus dem Raum Erzurum: »Alle, die hier getötet wurden, wurden entweder in tiefe, verlassene Höhlen geworfen oder, was meistens der Fall ist, verbrannt.« Trotzdem telegraphierte auch Talaat Bey noch am 3. August an Dr. Reschid, er möge doch gefälligst »die Toten, die auf den Straßen liegen, begraben, in die Bäche, Seen und Flüsse werfen und ihre auf den Straßen zurückgelassene Habe verbrennen.«[471] Der Tigris wurde durch die verwesenden Leichen so stark verseucht, dass man der Bevölkerung von Mossul einen Monat lang verbieten musste, sein Wasser zu trinken.

»Jedermann weiß daß der Vali von Diarbekir beispielsweise die Seele der in seinem Vilajet vorgekommenen entsetzlichen Verbrechen an der Christenheit ist«, telegraphierte Walter Holstein, Vizekonsul in Mossul, an den Botschafter in Konstantinopel,

> »jedermann annimmt mit Recht dass wir die Greueltaten auch kennen und man fragt sich weshalb wir gestatten dass ein notorischer Massenmörder unbestraft und weiterhin Vali bleibe. Allein der Ausdruck unserer Missbilligung der Greuel dürfte kaum genügen den uns kompromittierenden verschiedenen Auffassungen wirksam entgegenzu-

treten. Erst wenn wir die Pforte gezwungen haben die in Diarbekir Mardin Seert etc, in Beamtenstellungen sitzenden Verbrecher rücksichtslos zur Rechenschaft zu ziehen, und zwar schleunigst, dann fallen die Verdächtigungen gegen uns fort. Ich las in verschiedenen deutschen Zeitungen türkische amtliche Dementis der Christengreuel und bin erstaunt über die Naivität der Pforte dass sie glaubt die Tatsachen der Verbrechen türkischer Beamten durch krasse Lügen aus der Welt schaffen zu können. Die Welt hat Greueltaten wie sie erweislich von Amtswegen im Vilajet Diarbekir begangen worden sind und werden noch nicht erlebt.«[472]

In einem Telegramm, das Dr. Reschid am 18. September 1915 an Innenminister Talaat Bey schickte, rühmte sich der *vali* damit, 120 000 Armenier aus seiner Provinz »entfernt« zu haben.[473] Einige Monate später erklärte der Mediziner dem Generalsekretär der *Ittihat*-Partei, Mithat Schükrü: »Die armenischen Banditen waren ein Haufen schädlicher Mikroben, die den Körper des Vaterlandes befallen haben. War es da nicht die Pflicht des Arztes, diese Mikroben zu töten?«[474] Als er nach dem Sturz des Jungtürken-Regimes 1918 für seine Taten verantwortlich gemacht werden sollte, verteidigte ihn Schükrü: »Vali Dr. Mehmed Reschid Bey war ein Wissenschaftler. Seine Sicht und sein Handeln konnten nicht falsch sein und waren es nicht… er zeigte den Mut und die Reife, die Aufgabe auszuführen, mit der man ihn beauftragt hatte.«[475]

Vilayet Bitlis: Mustafa Chalil, der Schwager Talaat Beys, war Befehlshaber von Bitlis. Zunächst hatte er alle männlichen Armenier zwischen 20 und 45 zum »Heeresdienst«, also zum Straßenbau und als Lastträger, einberufen lassen. Kirchen und Häuser der Armenier mussten für Einquartierungen geräumt werden.
In Siirt kam es zu einem Massaker, als Cevdet Bey, der Schlächter von Van, seine überstürzte Flucht nach Süden antrat. An der Spitze seiner 8000 Soldaten rückte er in der Stadt ein, ließ den armenischen Bischof und den chaldäischen Erzbischof auf dem Scheiterhaufen verbrennen und die Armenier niedermetzeln. Dann vereinigte er seine Truppen mit denen von Enver Paschas Onkel Halil, der gerade auf

dem Rückzug von Persien war, und zog nach Bitlis. Mitte Juni umstellten sie die Stadt, verlangten von den Armeniern ein Lösegeld von 5000 Pfund und ließen 20 Notabeln hängen. Die 4500 Männer der Stadt wurden festgenommen und mussten ihre eigenen Gräber ausheben, bevor sie erschossen oder erschlagen wurden. Ganze Familien begingen jetzt Selbstmord. Schließlich wurden 900 Frauen und Kinder in Richtung Diyarbekir auf den Weg geschickt, niedergemetzelt und in den Tigris geworfen.

In Musch begann das Morden, als Kazim Bey am 3. Juli mit 10 000 Mann aus Erzurum anrückte, um die lokale Garnison zu verstärken. Der *mutessarif* Servet Bey, ein Freund Envers, befahl, dass die Armenier ihre Waffen abliefern und Lösegeld bezahlen sollten. Doch nach der Verhaftung und Folterung ihrer Würdenträger leisteten die Christen, erstmals seit Van, Widerstand. Sie verbarrikadierten sich in ihren Häusern, besorgten sich Waffen, errichteten Straßensperren. Als Artillerie ihre Oberstadt zusammenschoss, flüchteten sie in andere Stadtviertel. Es war ein ungleicher Kampf. Die Armenier wurden von einem Viertel ins andere gehetzt und niedergemetzelt. Wer nicht in die Hände der Türken fallen wollte, nahm sich selbst das Leben, nachdem er seine Frau und Kinder getötet hatte, oder floh im Schutze der Nacht in die Berge. Am nächsten Tag leistete nur noch ein Viertel Widerstand, in dem sich etwa 12 000 Menschen verschanzt hatten. Schließlich trieben Türken und Kurden sie in Häusern und Ställen zusammen, die sie in Brand setzten, andere wurden auf einem riesigen Scheiterhaufen verbrannt. Tausende fanden in den Flammen einen qualvollen Tod.

> »Die Stadt(viertel) und Dörfer der Armenier wurden dem Erdboden gleichgemacht und die Bewohner umgebracht. Die Regierung hat offiziell dem armenischen Patriarchat mitgeteilt, dass der Bischof, Msgr. Jakob Topuzian, während des Aufstandes der Armenier verschwunden sei!!« (Doppeltes Ausrufezeichen im Original, d.Verf.)[476],

schrieb Msgr. Dolci.

Im nahe gelegenen Sassun, dem Zentrum des Aufstandes von 1894, weigerten sich die Armenier, ihre Waffen abzuliefern, woraufhin der *vali* die Kurden aufforderte, die Stadt zu umzingeln. Im Juli wurden türkische Kavallerieregimenter zur Unterstützung der Kurden angefordert. Einen Monat lang leisteten die Armenier mutig Widerstand, dann ging ihnen die Munition aus. Viele suchten Zuflucht in den Bergen; die meisten wurden von Kurden getötet oder verhungerten. Eine Gruppe verbarrikadierte sich Ende Juli auf dem Antag Dag und verteidigte sich mit Hieb- und Stichwaffen. Die Türken bliesen zum Angriff und metzelten sie nieder. Nur dreißig Mann konnten entkommen und flohen über die Grenze in das russische Armenien. In einem dritten Fall, zahlte sich dagegen der Widerstand aus. Er machte aus den Überlebenden Helden – und sorgte dafür, dass die Welt das traurige Schicksal der Armenier nie ganz vergaß.

Die Überlebenden des Musa Dagh bei ihrer Rettung

XIV. Die Endlösung der Armenierfrage

Fast alles, was heute zumindest viele ältere Katholiken über den Völkermord an den Armeniern wissen, verdanken sie einem österreichischen Juden, der – das Schicksal schreibt manchmal in ungeraden Linien – zu nicht weniger als dem bedeutendsten katholischen Romancier des 20. Jahrhunderts werden sollte. Franz Werfel (1890–1945) gilt zu Recht als literarisches Genie, seine Bücher sind große Literatur und eigentlich nobelpreiswürdig, wenn sie nicht völlig im Kontrast zum fatalen Zeitgeist gestanden hätten. Er war mit Kafka befreundet und mit Alma Mahler verheiratet, der Femme fatale ihrer Zeit, Witwe Gustav Mahlers und Ex-Frau von Walter Gropius, zugleich Geliebte diverser Intellektueller, die den elf Jahre Jüngeren zynisch verachtete und leidenschaftlich liebte, zu seiner Muse und seinem Fluch wurde. Eine Orientreise mit ihr im Jahr 1929, die sie nach Damaskus führte, die Begegnung mit armenischen Waisenkindern in einer Teppichfabrik, inspirierte Werfel zu seinem größten Roman, einem Werk, das es verdient hätte, an jeder Schule gelesen zu werden. Im weiteren Verlauf der Reise traf er auf Überlebende des Völkermordes, die sich in den Libanon gerettet hatten, bewunderte ihre Dörfer, die sich in ihrer Sauberkeit und Blütenpracht so wohltuend von denen der Muslime unterschieden, und erfuhr ihre Geschichte. Vier Jahre später, im November 1933, erschien sein zweibändiger Roman *Die vierzig Tage des Musa Dagh,* der auch zur mahnenden Stimme vor den Nazis wurde, die gerade in Deutschland die Macht ergriffen hatten und sich anschickten, die Verbrechen der Jungtürken zu wiederholen. Es war, als habe Werfel mit dem Buch das Schicksal seines eigenen Volkes vorausgesehen, als wollte er noch im letzten Augenblick davor warnen, dass sich ein leidvolles Kapitel der Geschichte zu wiederholen drohte. Nach nur drei Monaten wurde das Buch in Deutschland verboten. Die

Begründung lautete, es gefährde die »öffentliche Sicherheit und Ordnung«[477] im NS-Staat. Beim Anschluss ihrer Heimat Österreich an das »Reich« floh das Ehepaar Werfel nach Frankreich, fand Zuflucht in Lourdes, überquerte zu Fuß zusammen mit Heinrich und Golo Mann die Pyrenäen und emigrierte schließlich in die USA. Dort erfüllte der Autor ein Gelübde und schrieb den großen Lourdes-Roman *Das Lied von Bernadette*, den Hollywood verfilmte. 1945 in Beverly Hills verstorben, liegen Werfels sterbliche Überreste heute in einem Ehrengrab in Wien, wo die Armenier ihm ein Denkmal errichteten. »Wir waren eine Nation, aber erst Franz Werfel hat uns eine Seele gegeben«[478], pries ihn ein armenischer Priester. Zumindest schrieb er das Lied von ihrer Wiedergeburt.

Es ist eine wahre Geschichte, wie gesagt, basierend auf Zeugnissen der Überlebenden. »Aus Dörfern bei Suidije am Ausfluß des Orontes konnte sich ein Haufen von 4058, darunter 3004 Frauen und Kinder, auf den Dschebel-Musah flüchten. Er wurde an der Küste von einem französischen Kreuzer aufgenommen und nach Alexandrien geborgen«[479], heißt es schon bei Johannes Lepsius. Da Aleppo die erste Zwischenstation auf dem Weg der deportierten Armenier in die Wüste war, begann man in seinem *vilayet* recht spät mit der Vertreibung der lokalen Christen. Als schließlich am 13. Juli 1915 der Deportationsbefehl eintraf, hatte sich längst herumgesprochen, dass sein Ziel ihre Vernichtung war. So zogen sich die einheimischen Armenier mit ihren Schafen, Ziegen, Eseln, Lebensmitteln, Flinten und Sattelpistolen in die Berge zurück, hoffend, dass die Entente-Truppen in Gallipoli noch siegen und den Krieg zu Ungunsten der Türkei entscheiden würden. Über 4000 von ihnen, angeführt von dem ehemaligen Offizier Moses Der Kalousdian, wählten sich den 1355 Meter hohen Djebal Musa (»Mosesberg«; türkisch: Musa Dagh) zum Zufluchtsort. Er liegt zwischen Antakya, dem antiken Antiochia, und dem Meer und überragt eine der Wiegen der Christenheit. Antiochia am Orontes war der Ausgangspunkt der frühchristlichen Heidenmission. Hier hat der heilige Paulus gepredigt, hier wurden die Anhänger Jesu erstmals »Christen« genannt, hier hat der heilige Petrus einen Bischofssitz begründet, der zu einem der drei ursprünglichen Patriarchate der jungen Christenheit (neben Rom und Alexandria) wurde, Haupt der Kirche von »ganz Asien«. Am Fuße des Mosesberges verlief jene Römerstraße, auf der Paulus 46 n. Chr. nach Seleukia wanderte, um, begleitet von Barnabas und Markus, das Evangelium nach Zypern und Anatolien zu bringen. Vielleicht war es ein Segen, der über dieser biblischen Landschaft und ihrem heiligen Berg lag, der das Schlimmste verhinderte.

Unter den Flüchtlingen war Dikran Andreasian, der Pastor einer armenisch-protestantischen Kirche in Zeitun, der noch rechtzeitig in das Heimatdorf seiner Frau am Fuße des Mosesberges fliehen konnte, als die Bergenklave geräumt wurde. Er führte über die »vierzig Tage« – tatsächlich waren es 53 – ein ausführliches Tagebuch, das die Hauptquelle für Werfels Roman war.

Gerade zwei Tage hatten die Flüchtlinge mitten im Sommerregen Zeit, ihren Berg zu befestigen. Verteidigungslinien wurden gezogen, Schützengräben ausgehoben, Barrikaden und Schützenstellungen aus herbeigeschlepptem Felsgestein und Holz errichtet. Ein Verteidigungskomitee unter Leitung von Kalousdian – dem, buchstäblich, »Moses« des Musa Dagh – wies jedem der Männer einen Posten zu und erstellte für sie einen Dienstplan. Jeder Pass, jeder Weg auf den Berg musste verteidigt werden.

So konnten die Armenier den ersten türkischen Angriff leicht abwehren, als am 21. Juli eine Vorhut von 200 Mann anrückte. Auch der Beschuss mit einer Feldhaubitze endete, als ein armenischer Scharfschütze die Kanoniere tödlich traf. Erst drei Wochen später, am 12. August, marschierten zwei Regimenter der 41. Division der Vierten Armee unter dem Kommando von Fahri Pascha und unterstützt durch eine Abteilung Bergartillerie, insgesamt 15 000 Mann, auf und besetzten die Klippen und Bergschultern. Zunächst schien es, als seien die Armenier zu weit über den Berg verteilt, um dem massiven Angriff standzuhalten. Als die Türken auch noch einen wichtigen Pass durchbrachen und drei Kompanien auf der Hochebene versammelten, schien das Schicksal der Armenier besiegelt. Nur eine von Nebeln bedeckte Mulde lag noch zwischen dem Biwak der Türken und ihrem eigenen Lager.

Doch dann brach die Nacht über den Berg herein und die Türken beschlossen, den Großangriff erst am nächsten Morgen zu starten. Im

Schutze der Nacht überwältigten die Verteidiger des Mosesberges ihre Verfolger und trieben sie in die Flucht. Unter dem Eindruck, einer gewaltigen armenischen Übermacht gegenüberzustehen, gab ihr Kommandant den Befehl zum Rückzug. Jetzt kreiste die muslimische Bevölkerung der umliegenden Dörfer den Berg ein, um die Belagerten auszuhungern. Die wiederum versuchten verzweifelt, die Außenwelt auf ihr Schicksal aufmerksam zu machen. Ein Läufer sollte den amerikanischen Konsul in Aleppo benachrichtigen, trainierte Schwimmer sprangen ins Meer, um ausländische Schiffe abzufangen; doch keiner von ihnen erreichte sein Ziel. Als Pulver, Munition und Brot längst ausgegangen und die letzten Schafe und Ziegen geschlachtet waren, kam Dikran Andreasian die rettende Idee. Er ließ zwei große weiße Fahnen anfertigen – auf der einen befand sich ein riesiges rotes Kreuz, auf der anderen standen in großer schwarzer Schrift die Worte: »Christen in Not: Hilfe« –, und ließ sie auf der Seeseite des Berges aufhängen.
Zunächst schien sich die Natur gegen die unerschrockenen Verteidiger verschworen zu haben. An einigen Tagen regnete es, an anderen war der Berg in dichten Nebel gehüllt, während die Aufforderungen der Türken, sich zu ergeben, immer drängender wurden. Noch einmal wollten die Armenier am Sonntag, dem 12. September, das heilige Messopfer feiern, dann waren sie bereit, ihr gemeinsames Schicksal in Gottes Hände zu legen. Doch plötzlich vernahmen sie in der Ferne eine Schiffshupe, dann kam ein Späher atemlos angerannt. Ein französisches Kriegsschiff, die *Guisen*, hatte die Fahnen gesehen und bereits geantwortet. Jetzt bewegte es sich langsam auf den Strand am Fuße des Berges zu. Ihm folgten die *Jeanne d'Arc* und weitere Schiffe, genug, um alle 4058 Überlebenden an Bord zu nehmen und nach Port Said in Ägypten zu bringen, wo sie, ausgerechnet am Fest der Kreuzerhöhung (14. September), sicher an Land gingen. In der Nacht zuvor hatten die Türken, die sich jetzt stark genug fühlten, den Berg und das Lager gestürmt, das sie verlassen vorfanden.
Leider blieb der Widerstand auf dem Musa Dagh, der später den Juden im Warschauer Ghetto als Vorbild dienen sollte, ein einzelner Funken der Hoffnung in der Finsternis des Armenozids. In Urfa dagegen, dem alten heiligen Edessa, wo einst die Apostel Judas Thad-

daeus und Thomas das Evangelium verkündet hatten, scheiterten die Armenier.

Auch Urfa galt als Zwischenstation für die Deportierten aus dem Norden, aus Harput und Malatya. Hier wurde Haidar Bey, der schon die Massaker von Mardin und Diyarbekir organisiert hatte, im Juni zum *mutessarif* ernannt, um, unterstützt durch die »Sonderorganisation« der *Teskilati Mahsusa,* sein Vernichtungswerk fortzuführen.

> »Im Juni 1915 warf die türkische Regierung die nichtkatholischen armenischen Notablen ins Gefängnis, um sie schließlich, von Soldaten begleitet, in sieben oder acht Karawanen zu evakuieren und auf dem Weg alle zu massakrieren«[480],

berichtete der syrisch-katholische Patriarch von Antiochia, Ignace Ephrem II. Rahmani, später dem Vatikan.

Doch schon Ende Mai, als das armenische Kloster der Stadt überfallen und geplündert worden war, hatten ihre christlichen Einwohner beschlossen, Widerstand zu leisten. Bekräftigt wurden sie darin, als sie von der Ermordung der Abgeordneten Vartkes und Sohrab und den Massakern im ganzen Land erfuhren. Angesichts der Ströme von Verzweifelten, die ihre Stadt passierten, und des Mordes an ihrer eigenen Elite hatten die Armenier keinen Zweifel mehr daran, dass dieser Weg der richtige war. Der amerikanische Missionar F. H. Leslie, ein Augenzeuge der Vorgänge in Urfa, schrieb am 6. August 1915 an seine Botschaft:

> »Seit sechs Wochen haben wir die schrecklichsten Grausamkeiten gegen Tausende von christlichen Vertriebenen mit ansehen müssen, die täglich aus den nördlich gelegenen Orten durch unsere Stadt kamen. Die Männer wurden während der ersten Tage nach dem Abmarsch aus den Wohnorten ermordet, danach wurde den Frauen und Mädchen fortwährend ihr Geld, die Decken, die Kleidung geraubt, sie wurden geschlagen und während des Marsches verbrecherisch missbraucht, vergewaltigt und entführt. Die Wachen zwangen sie sogar, für das Trinken aus den Quellen am Weg zu bezahlen, jene waren zudem die schlimmsten Vergewaltiger und erlaubten dem Pöbel in jedem Dorf,

durch das sie zogen, Frauen und Mädchen zu entführen und zu missbrauchen. Uns wurden diese Taten nicht nur berichtet, sondern die gleichen Dinge passierten hier mitten in unserer Stadt unmittelbar vor unseren Augen und mitten auf der Straße. Die armen und schwachen Frauen und Kinder starben zu Tausenden entlang der Straßen und in dem Khan (Karawanserei, d.Verf.), in den man sie hier einsperrt.«[481]

Als Mitte August zwei Mitglieder der *Ittihat*, Ahmed und Chalil Bey, nach Urfa kamen, waren die Armenier doppelt alarmiert; denn einer der beiden war ein Verwandter Enver Paschas. »Man berichtete, sie seien von Konstantinopel durch ganz Anatolien gezogen, um überall die armenischen Männer und größeren Knaben töten zu lassen und den Abtransport der verbleibenden Frauen und Kinder anzuordnen«, schrieb der Schweizer Missionar und Arzt J. Künzler, der für das Missionswerk von Johannes Lepsius tätig war: »Die erste Tat der beiden Jungtürken in Urfa war der Abtransport der zahlreichen Armenier, die noch in den Gefängnissen lagen.«[482] Ahnend, dass sie die nächsten sein würden, begannen die 28000 Armenier der Stadt, sich in ihrem Wohnviertel zu verbarrikadieren. Einen Monat später, am 23. September 1915, erhielten sie den Befehl, die Stadt ebenfalls zu verlassen. Sie weigerten sich, verschanzten sich weiter und bauten ein Netz von unterirdischen Tunneln aus, um Lebensmittel und Munition unbeobachtet transportieren zu können. Sogar ein Maschinengewehr, das sie von den Türken erbeutet hatten, befand sich in ihrem Besitz. Doch als acht Tage später fast 7000 türkische und kurdische Soldaten unter dem Befehl von Fahri Pascha, dem Belagerer des Musa Dagh, anrückten und Artillerie unter Befehl des deutschen Generals Graf Wolf von Wolfskehl mit dem Beschuss begann, hatten die Armenier keine Chance mehr. Die Türken rächten sich mit einem Blutbad für die eigenen Verluste (sieben Offiziere, 400 Mann). Am Abend des 16. Oktobers wurden auf dem Moscheeplatz sämtliche Männer erschossen, tags darauf 15000 Frauen und Kinder aus der Stadt getrieben. Die meisten von ihnen wurden nur wenige Kilometer vor den Toren Urfas niedergemetzelt.

Die Nachricht darüber, die auch das von ihm errichtete Missionswerk, das Waisenhaus und die Teppichfabrik für die armenischen

Witwen betraf, stürzte Johannes Lepsius in tiefe Verzweiflung. Jetzt konzentrierte er alle seine Bemühungen darauf, zumindest den Waisenkindern aus den Deportationszügen Hilfe leisten und ein Heim sichern zu können. Noch einmal sammelte er innerhalb von sechs Wochen 24 000 Mark, die nach Urfa gingen, wo das Ehepaar Künzler gemeinsam mit der Dänin Karen Jeppe jetzt Übermenschliches leistete. Dann ordneten die türkischen Behörden an, dass auch die armenischen Waisenkinder deportiert werden müssten. »Unser Waisenhaus, unsere kleine Schule, unsere Werkstätten sind jetzt vernichtet, unsere kleinen Kinder sind fast alle tot«[483], schrieb Jeppe in die Heimat, bevor sie einen Nervenzusammenbruch erlitt.

Gleich nach der Austreibung fand auch in Urfa die Plünderung armenischen Eigentums statt. Man konnte sich des Eindrucks nicht erwehren, dass die Christen letztlich »der türkischen Habgier zum Opfer gefallen sind«[484], schrieb der Missionsmitarbeiter Bruno Eckart später. Kein Fenster, keine Türe und natürlich kein Möbelstück, nicht einmal der simpelste Hausrat waren einen Tag später in ihren Häusern zu finden; wie Hyänen waren Türken und Kurden über sie hergefallen und hatten alles, was nicht niet- und nagelfest war, in den nächsten Stunden herausgeschleppt.

Nachdem sich das Volk an den Krümeln ergötzt hatte, begann die Regierung mit der Verteilung des Kuchens. Dafür wurde am 26. September 1915 ein eigenes Gesetz verabschiedet, das sich mit »den Vermögen, den Schulden und den Forderungen der anderswohin transportierten (sic!) Personen«[485] befasste. Angesichts der Situation der Deportierten war dies an Zynismus kaum mehr zu übertreffen. Jeder Anspruch auf verlassenes Eigentum, so legte das Gesetz es fest, musste innerhalb einer Frist von zwei Monaten und durch persönliches Erscheinen in der Hauptstadt des jeweiligen Regierungsbezirks angemeldet werden. Sollte der Betroffene dazu nicht in der Lage sein oder später klagen – was aus naheliegenden Gründen kaum je möglich war –, hatte er »keinen Anspruch auf die Vermögen, die gemäß diesem Gesetz liquidiert worden sind.« Beschlagnahmtes Bank-, Wertpapier- oder Immobilienvermögen wurde fortan »auf die Kasse des Ministeriums der frommen Stiftungen eingetragen«[486]. So wurden auch in Urfa die Häuser und Ländereien der Armenier im Dezember (also nach den gesetzlich vorgeschriebenen zwei Monaten) von einer »Liquiditätskommission« an den Höchstbietenden verkauft, in der Regel zu einem Bruchteil ihres tatsächlichen Wertes. Die Gewinne flossen in die von Talaat verwaltete Regierungskasse. Der türkische *vali* sicherte sich die schönste Villa der Stadt, wo er fortan »in Pracht und Herrlichkeit« lebte und »seine Gäste in verschwenderischem Stil bewirtete«[487], wie ein amerikanischer Missionar berichtete. »Diese Praxis war landesweit üblich«[488], bestätigte der Historiker Rolf Hosfeld; ein Stück Geschichte, das noch heute in der Türkei ein Tabuthema ist. Von einem der prachtvollsten Stadthäuser behauptet man heute in Urfa, es habe einem »reichen muslimischen Kaufmann namens Kücük Haci Mustafa« gehört. Eine Lüge, wie Hosfeld nachweist. Die Villa gehörte dem armenischen Kaufmann Afadiyan. Kücük Haci Mustafa war ein kurdischer Stammesführer, der sie sich nach dem Armeniermassaker (an dem er maßgeblich beteiligt war) angeeignet hatte. »Die jungtürkischen Kreise wurden während des Krieges von einem wahren Bereicherungstaumel erfasst«, schrieb der österreichische Marschall Pomiankowski pickiert nieder. »Es wurde geradezu als patriotische Pflicht der Mohammedaner proklamiert, sich zu bereichern, unter der stillschweigenden Voraussetzung ›auf Kosten der christlichen Geschäftsleute.‹«[489] »Die Reichen von 1916« wurde in der Türkei zu einem geflügelten Wort. Ein Jahr später war die »Türkisierung« komplett. »Mein *vilayet* ist von christlichen Elementen gesäubert«, meldete der Gouverneur von Aleppo Anfang 1917 nach Konstantinopel. »Während noch vor zwei Jahren mehr als 80 % der Kaufleute und Gewerbetreibenden aus Christen bestanden, entfallen derzeit 95 % auf Mohammedaner und nur 5 % auf Christen.«[490] So diente der Armenozid auch dem Ziel, »unangenehme wirtschaftliche Konkurrenten auszuschalten«[491], wie Talaat in aller Offenheit dem österreichischen Botschafter Markgraf Pallavicini anvertraute. »Wirtschaftlichen Patriotismus«[492] nannte dies Jungtürken-Chefideologe Ziya Gökalp: Es war der Versuch, ein türkisches muslimisches Bürgertum zu schaffen. Der neue deutsche Botschafter in Konstantinopel, der den im Oktober 1915 verstorbenen Baron von Wangenheim ablöste, Paul Graf Wolff Metternich, hatte dafür deutlichere Worte: »Türkisierung heißt, alles nicht Türkische vertreiben oder töten, vernichten und sich gewaltsam anderer Leute Besitz aneignen.«[493]

Doch der »Türkisierungsprozess« endete nicht mit den Massakern und der gewaltsamen Austreibung der Armenier aus ihrer Heimat, ihren Städten und ihren Dörfern. Auf jene Minderheit, meist Frauen und Kinder, die tatsächlich die endlosen Todesmärsche überstanden hatten, wartete nicht etwa eine neue Heimat, ein fernes Exil. Die Deportation diente keineswegs dem Zweck der Umsiedelung, wie die Regierung in Konstantinopel hartnäckig den ausländischen Diplomaten weismachen wollte. Sie hatte nur ein Ziel: den Tod. »Vom Schwarzen Meer bis nach Syrien ist der Christenname ganz ausgelöscht, die Kirchen geschlossen, die Schulen entleert, die Priester und Lehrer getötet oder verschickt«, schrieb Künzler in seinem Bericht. »Von wenigen Levante-Städten ausgenommen ist ganz Anatolien islamisiert. Die christlichen Namen sind in den Registern ausgelöscht und durch muhammedanische ersetzt.«[494]

Wer von den Massakern vor Ort verschont geblieben war, wer die oft monatelangen Todesmärsche durch eine unwirtliche Landschaft, unter der glühend heißen Sonne des Tages und durch die eisige Kälte der Nacht, ausgeraubt und oft nackt, ohne Brot und manchmal ohne Wasser, überlebt hatte, dessen Leidensweg war in Aleppo oder Ras al-Ain keineswegs zu Ende. Im Gegenteil, er hatte gerade erst begonnen. Waren die Todesmärsche durch Berge und Schluchten der Kreuzweg der Armenier, wurde die syrische Wüste zu ihrem Golgota.

Unter den Augen ausländischer Diplomaten und Missionare spielte sich Unglaubliches ab. Jeden Tag trafen neue Züge weniger Hundert Deportierter ein, Elendsgestalten sie alle, dem Tode nahe. Um die Stadt herum türmten sich Berge verwesender Leichen, die niemand zu begraben gedachte; die Armenier waren zu schwach, den Moslems waren sie gleichgültig. Zwischen ihnen fanden sich Sterbende, die im Angesicht des Todes ihren Freunden oder Verwandten nahe sein wollten. In zweckentfremdeten Karawansereien vegetierten Tausende, die an Hunger oder den schnell grassierenden Seuchen zugrunde gingen; die meisten litten an Typhus und Ruhr und waren nicht mehr zu retten. Nur wer Glück hatte, gesund geblieben war und eine helfende Hand fand, ließ sich verstecken, kam wieder zu Kräften und schaffte es vielleicht, sich in den Libanon abzusetzen oder bis nach Jerusalem durchzukämpfen. »Manche Züge humpeln schreiend vor Schmerz dahin«, berichtete ein österreichischer Augenzeuge dem deutschen Konsul, »sobald sie eines Menschen ansichtig werden, fallen viele dieser Unglücklichen auf die Knie und erbitten Hilfe und Rettung oder legen ihre Kinder zur Annahme vor. Auf diesen Märschen bei 56° Cels. und bei Wassermangel erliegen viele vor Erschöpfung – wer zurückblieb, ist dem Tode sicher.«[495] Ein anderer Bericht in den Akten des deutschen Auswärtigen Amtes gibt ein Beispiel für den Prozentsatz der Überlebenden. Aus Mudurga, einem Dorf bei Erzurum, heißt es, seien etwa 2300 Personen ausgewiesen worden. Auf dem ganzen, langen Weg bekamen sie von der Regierung genau vier Mal ein Brötchen, zwei Tage lang keinen Tropfen Wasser:

> »Unter den Ausgewiesenen befindet sich kein einziger, der nicht 7-10 mal ausgeplündert ist. Die Gendarmen und mit deren Erlaubnis auch Kurden haben die Frauen und Mädchen vergewaltigt. Von diesen 2300 kamen nur 4 Frauen, 4 Mädchen und 3 Knaben ganz elend in Aleppo an.«[496]

Ähnlich erging es den Vertriebenen aus Harput, Siwas und Erzurum, wie ein weiterer Bericht des Konsulats notiert:

> »Von 18000 aus Charput und Siwas Ausgewiesenen kamen in Aleppo 350 Personen (Frauen und Kinder) an und von 1900 aus Erzerum Ausgewiesenen kamen 11 Personen – ein kranker Knabe, 4 Mädchen und 6 Frauen – in Aleppo an. Ein Transport Frauen und Mädchen musste den 65 Stunden langen Weg von Ras-el-Ain nach Aleppo längs der Bahn zu Fuß zurücklegen, obwohl in den Tagen die für Militärtransporte benützten Wagen leer zurückfuhren. Mohammedanische Reisende, die den Weg kamen, berichten, dass die Wege unpassierbar seien wegen der vielen Leichen, die unbeerdigt zu beiden Seiten des Weges liegen und deren Verwesungsgeruch die Luft verpestete. (…) Wenn die ausgehungerten und zum Skelett abgemagerten Frauen und Kinder in Aleppo ankommen, fallen sie wie Tiere über das Essen her.

Bei vielen arbeiten die ineren Organe nicht mehr, nach 1-2 Löffel Essens wird der Löffel beiseite gelegt. Die Regierung gibt an, daß sie den Ausgewiesenen Nahrung verabreiche; der obenerwähnte Transport aus Charput erhielt in drei Monaten ein einziges Mal Brot.
Abgesehen davon, daß die Regierung die Leute nicht versorgt, läßt sie ihnen alles abnehmen. In Ras-el-Ain kam ein Transport von 200 Mädchen und Frauen völlig nackt an. Schuhe, Hemd, kurz alles hatte man ihnen genommen und ließ sie vier Tage lang nackt unter der heißen Sonne gehen – verhöhnt und verspottet von den begleitenden Soldaten… Apellierten die Unglücklichen an das Menschlichkeitsgefühl der Beamten, so wurde ihnen die Antwort (gegeben): ›Wir haben von der Regierung strikte Befehle, euch so zu behandeln.‹«[497]

Ein besonders eindrückliches Zeugnis ist der Bericht des deutschen Konsuls in Aleppo, Walter Rößler, der sich heute im Archiv des Auswärtigen Amtes befindet:

»Die Gendarmen trieben die elenden, abgemagerten Geschöpfe, denen vielfach der Tod auf dem Gesicht geschrieben stand, mit Peitschenhieben vor sich her durch die Straßen Aleppos zum Bahnhof, ohne dass sie hier in der Stadt einen Schluck Wasser hätten trinken dürfen oder ein Stück Brot erhalten hätten. Die Einwohner der Stadt, die Wasser und Brot verteilen wollten, wurden daran verhindert. Zwei Frauen fielen zu ihrer Niederkunft nieder und wurden nur durch hinzueilende Stadtbewohner davor bewahrt, von den Gendarmen mit der Peitsche bearbeitet zu werden. Zwei deutsche Borromäusschwestern waren Zeuge, wie eine erschöpfte Frau von einem Gendarmen an den Haaren weitergezogen wurde.«[498]

»Er könne stundenlang dem Krepieren der Armenier zusehen«[499], zitiert der deutsche Konsultatsmitarbeiter W. Lechnik in seinem Bericht vom 20. Oktober 1915 den Kommentar eines türkischen *kaimakan* (Landrates).
Einen weiteren Eindruck von den Zuständen in Aleppo liefert ein Memorandum, das Pater Norbert Hofer OFMCap, einst Superior der Kapuziner von Erzurum, im Herbst 1915 nach seiner Rückkehr nach

Armenische Flüchtlinge bei Aleppo

Wien an den Vatikan schickte. Darin zitiert er einen katholischen Priester aus seiner Heimat, D. Dunkl, der in Aleppo gewesen war:

> »Normalerweise kommen nur die Frauen bis Aleppo; denn die Männer sterben schon vorher entweder an ihren Leiden oder werden massakriert. Im Hof eines ›Khans‹ (Karawanserei, d. Verf.) in der Nähe von Aleppo sah er auf der nackten Erde sitzend, inmitten ihrer eigenen Ausscheidungen, mehrere hunderte Frauen, darunter viele Mütter mit ihren bereits toten oder noch lebenden Kinder an der Brust. Sie alle waren in einem apathischen Zustand oder kurz davor zu sterben. Eine protestantische Diakonisse – die übrigens versuchte, mit allen Mitteln die Leiden der unglücklichen Frauen zu lindern – erzählte, dass sie täglich etwa zwanzig Leichen von dem oben genannten Hof wegschaffen musste.
> Eine katholische Nonne, die kurz zuvor in Aleppo eingetroffen war, erzählte, dass sie mit sechs weiteren Schwestern aus Tokat ausgewiesen wurde. Sie alle wurden entkleidet und mussten so, ganz nackt, die Reise von mehr als einer Woche bis Aleppo unternehmen. Fünf der Begleiterinnen sind auf dem Weg verstorben, waren ihrer Erschöpfung und der Torturen, die sie ertragen mussten, zum Opfer gefallen. Eine wurde in der Nähe der Stadt (Aleppo, d. Verf.) verrückt und ertränkte

sich in einem Fluss. Der Erzählerin gelang es, sich der Kleidung einer auf der Straße liegenden Leiche zu bemächtigen, sich anzukleiden und in die Stadt zu fliehen, wo sie von anderen Nonnen, die vorher angekommen waren, aufgenommen wurde.«[500]

Doch auch Aleppo war nur eine Zwischenstation. Ziel der Deportationen war meist das Konzentrationslager von Deir el-Zor, von dem auch Pater Hofer, den Priester D. Dunkl zitierend, berichtete:

»Diese Konzentrationslager machen sich schon von weitem durch den unerträglichen Gestank der verwesten Leichen und der Abfälle bemerkbar. Er zählte an die Hunderttausende, die ... hierher deportiert wurden und dort beaufsichtigt werden.«[501]

»Der zu Fuß oder mit Tieren zurückgelegte Weg ist derart, dass ein weiteres Wegsterben der Verschickten unausbleiblich ist«, schrieb der deutsche Vizekonsul von Alexandrette, Hermann Hoffmann-Fölkersamb, am 8. November 1915 an die deutsche Botschaft in Konstantinopel, um fortzufahren:

»Am Ziel der Aussiedlung (...) angelangt, werden die Verschickten sich selbst überlassen ... Für eine wirkliche Ansiedlung fehlt es ... an Mitteln und Beamten. Es sei daher nicht zu vermeiden, dass alle Verschickten umkämen ... Die Verschickung der Armenier unterscheidet sich danach nicht viel von ihrer Ausrottung. Ihre eigenen Führer schätzen die Toten auf Grund der Einzelberichte der angekommenen Truppe bis Ende Oktober auf mindestens 600 000 ... Von dem früheren Kommissar für die Verschickung in Aleppo (...) Ejub Bey, ist die Äußerung bekannt, mit der er Verwendungen für Waisen abwies: Sie verstehen noch immer nicht, was wir wollen: Wir wollen den armenischen Namen austilgen.«[502]

Die Deportationen waren bis Ende Dezember 1915 größtenteils abgeschlossen. Hunderttausende, die die Todesmärsche überlebt oder das »Privileg« gehabt hatten, in Viehwaggons nach Aleppo gebracht worden zu sein, befanden sich jetzt in dem Dreieck zwischen Aleppo, Ras

al-Ain und Deir el-Zor. Ihren letzten Bestimmungsort aber hatten sie noch nicht erreicht. Der sollte irgendwo zwischen Euphrat und Tigris liegen – doch tatsächlich war es der Tod. Glaubwürdige Berichte sprechen von etwa 350 000 Personen, die im Winter 1915/16 von den letzten Vorposten der Zivilisation aus in die Wüste getrieben wurden, nur noch 15 000 davon waren neun Monate später, im September 1916, am Leben. Die anderen waren Hunger, Schwäche und Seuchen zum Opfer gefallen oder systematisch von Erschießungskommandos ermordet worden. Der Hauptverantwortliche für die Massentötung war ausgerechnet Cevdet Bey, der Schwager Enver Paschas, ehemaliger *vali* von Van und Verantwortlicher für die Massaker von Musch und Bitlis, der im Februar 1916 seinen neuen Posten in Adana antrat. Auf der Durchreise kam er an dem Konzentrationslager von Ras al-Ain vorbei, sah die Zelte von 50 000 Deportierten und befahl, sie alle zu töten. Als der zuständige *kaimakan* Yusuf Zais sich weigerte, wurde er kurzerhand abgesetzt. Sein Nachfolger ließ täglich kleine Gruppen in die Wüste führen, sie selbst ihr Grab ausheben, hineinsteigen und erschießen – wochenlang. Anfang April 1916 meldete Konsul Rößler dann das Ende des Konzentrationslagers. Die »dicht dabei wohnenden Tscherkessen und andere ähnliche Leute« – wahrscheinlich die Sondereinheiten der *Teskilati Mahsusa* – fielen im Morgengrauen über die 14 000 verbliebenen Lagerinsassen her und metzelten »den größten Teil«[503] nieder. Gerade einmal 2000 überlebten.
Nicht anders erging es den nach Deir el-Zor Deportierten. Ebenfalls im April erhielt der zuständige *mutessarif* den Befehl, nur so viele Armenier dort zu belassen, wie es 10 % der ansässigen muslimischen Bevölkerung entspräche. Vor den Deportationen lebten etwa 20 000 Menschen in dem Wüstennest am Euphrat, es durften also gerade einmal 2000 von den rund 13 000 Armeniern bleiben, die in dem Konzentrationslager überlebt hatten und noch nicht Opfer der regelmäßigen Erschießungskommandos geworden waren. Zunächst fielen auch hier die *Sondereinheiten* über die Deportierten her. Die Überlebenden und Neuankömmlinge traten schließlich im August 1916 in getrennten Gruppen den Marsch durch die Wüste in Richtung Mossul an. Um sicherzustellen, dass nur die wenigsten dieses Ziel erreichten, versäumten die Türken es, sie mit Brot zu versorgen. So waren die

Armenier gezwungen, zuerst ihre Esel, Hunde und Katzen zu schlachten, bevor sie über die Kadaver von Pferden und Kamelen herfielen. Es soll sogar Fälle von Kannibalismus gegeben haben. Nicht wenige verfielen vor Hunger dem Wahnsinn. Von allen Vertriebenen erreichten nur etwa 8000 mit allerletzter Kraft die Stadt am Tigris.

Im Oktober 1916, als das Lager sich wieder gefüllt hatte, ließ der Polizeichef von Deir el-Zor, Mustafa Sidki, einen Scheiterhaufen errichten und 200 Kanister Petroleum daraufgießen. Dann, so bezeugte es der armenische Rechtsanwalt Sahag Mesrob, »zündete er ihn an und ließ 2000 an Händen und Füßen zusammengebundene armenische Waisenkinder auf ihn werfen.«[504] Andere Armenier wurden in Höhlen getrieben, vor denen die Türken Büsche anzündeten, um sie ersticken zu lassen – eine primitive Form der Gaskammer, wie der Journalist Robert Fisk feststellte.[505] Als deutsche Soldaten unter dem Hauptmann Hans-Joachim von Loeschebrand-Horn ein halbes Jahr später das Ufer des Flusses Chabur, der bei Deir el-Zor in den Euphrat mündet, abritten, stießen sie auf ausgebrannte Scheiterhaufen und Berge menschlicher Knochen und Schädel. »Die Bevölkerung sprach von 12 000 Armeniern, die hier allein niedergemetzelt, erschossen und ertränkt seien«[506], heißt es in ihrem Bericht.

Einer, der das Elend der Deportierten aus nächster Nähe erlebte, war der deutsche Jurist und Schriftsteller Armin T. Wegner, der im Ersten Weltkrieg als Sanitätsunteroffizier im Stab des deutschen Generalfeldmarschalls Colmar von der Goltz diente. Schon bei der Überquerung des Taurusgebirges waren ihm, wie wenige Monate später den deutschen Missions-Benediktinerinnen und dem Franziskanerpater Kiera, die endlosen Karawanen der Verschleppten begegnet, hatten ihn die unzähligen Leichen am Wegesrand und in den Schluchten traumatisiert. Als er in Ras al-Ain, der letzten Station der Bagdadbahn, ankam, sah er das dortige Konzentrationslager und konnte nicht anders, als ihm einen Besuch abzustatten. Noch am gleichen Abend, erschüttert von dem, was er dort erlebt und gesehen hatte, machte er sich erste Notizen:

> »Die Ränder aller Straßen sind mit den jammernden und hungernden Gestalten armenischer Flüchtlinge besetzt, durch deren wimmernde,

schreiende, bettelnde Hecke, aus der sich tausend flehende Hände recken, unsere Seelen ein schmerzhaftes Spießrutenlaufen beginnen. Eben (…) bin ich von einem Gang durch das Lager zurückgekehrt. Von allen Seiten schrien Hunger, Tod, Krankheit, Verzweiflung auf mich ein, Geruch von Kot und Verwesung stieg auf. Aus einem Zelte klang das Wimmern einer sterbenden Frau. Eine Mutter, die an den dunkelvioletten Aufschlägen meiner Uniform meine Zugehörigkeit zur Sanitätstruppe erkannte, eilte mit erhobenen Händen auf mich zu. Mich für einen Arzt haltend, klammerte sie sich mit letzter Kraft an mich Ärmsten, der ich weder Verbandsmittel noch Arzneien bei mir trug und dem es verboten war, ihr zu helfen.

Das alles aber wurde übertroffen durch den furchtbaren Anblick der täglich wachsenden Schar verwaister Kinder. Am Rande der Zeltstadt hatte man ihnen eine Reihe von Löchern in die Erde gegraben, die mit alten Lappen bedeckt war. Darunter saßen sie, Kopf an Kopf, Knaben und Mädchen in jedem Alter, verwahrlost, vertiert, verhungert, ohne Nahrung und Brot, der niedrigsten menschlichen Hilfe beraubt und vor der Nachtkälte schaudernd aneinander gedrängt, ein kleines Stückchen glimmende Holzasche in der erstarrten Hand haltend, an dem sie vergeblich versuchten, sich zu wärmen. Einige weinten unaufhörlich. Ihr gelbes Haar hing ungeschnitten über der Stirn, ihre Gesichter waren von Schmutz und Tränen bedeckt. Andere lagen im Sterben, und ihre kleinen Hände rollten sich zusammen wie ein im Frost verwelkendes Blatt. Ihre Kinderaugen waren unergründlich und von Leiden ausgegraben, obwohl sie stumm vor sich hinblickten, schienen sie den bittersten Vorwurf gegen die Welt im Antlitz zu tragen.«[507]

An diesem Tag beschloss Wegner, das Unbeschreibliche des bis dahin entsetzlichsten Völkermordes der Geschichte als Mahnung an die Nachtwelt, als schallende Anklage gegen das Wegschauen und Vergessen, fotografisch zu dokumentieren. Das war ein heikles Unterfangen, denn Cemal Pascha, der Kommandant der Vierten Armee und Oberbefehlshaber in Syrien, hatte striktes Fotografierverbot erteilt. Doch es gelang Wegner, unbeobachtet zu bleiben. Die Bilder, die er in diesen Tagen und bei seiner Rückkehr im Oktober 1916 aufnahm, gehören zu den erschütterndsten Dokumenten dieses Menschheitsverbrechens.

Spott mit einem Laib Brot: Türkischer *Ittihat*-Funktionär, armenische Waisenkinder

Gleich nach dem Krieg, als die Zensur in Deutschlands aufgehoben war, begann er, den toten Armeniern seine Stimme zu leihen. Er schrieb einen bewegenden Brief an US-Präsident Woodrow Wilson, erarbeitete einen Lichtbildervortrag, den er im März 1919 an der Berliner »Urania«, später auch in Breslau und Wien hielt. Doch die Welt wollte nicht hören. Statt aus seinem erschütternden Zeugnis Lehren zu ziehen, wurde es lieber verdrängt. Weil er ein Bild aus Persien benutzte, um die Bastonade zu illustrieren – türkische Folterknechte hatten ihm aus nachvollziehbaren Gründen nicht erlaubt, sie bei der Arbeit zu fotografieren –, bezichtigte man ihn sogar der Fälschung. Als er im April 1933 noch einmal seine Stimme erhob, um gegen Hitlers Judenverfolgung aufzubegehren, verhaftete ihn die Gestapo. Glücklicherweise überlebte er die Folter und emigrierte nach Italien, wo er in Rom und auf Stromboli eine neue Heimat fand.[508] Deutschland aber erfuhr, dass sich Geschichte zwangsläufig wiederholt, wo Mahner ignoriert oder zum Schweigen gebracht werden.

XV. Das Scheitern der Diplomatie

Bereits im Spätsommer 1915 machte sich im Vatikan längst niemand mehr Illusionen darüber, dass man Zeuge der größten Christenverfolgung der Neuzeit war. Diesen Eindruck spiegelt ein Memorandum des österreichischen Kapuzinersuperiors Pater Norbert Hofer aus Erzurum wider, der nach der Vertreibung der Christen in seine Heimatstadt Wien zurückgekehrt war. Es befindet sich heute in den Akten des vatikanischen Staatssekretariats:

> »Die Bestrafung der armenischen Nation (für angebliche Aufstände, d.Verf.) ist bloß ein Vorwand der freimaurerischen türkischen Regierung, um alle christlichen Elemente im Land ungestraft vernichten zu können. Zusammen mit den Armeniern sind auch alle anderen Christen verschiedenster Riten inklusive der Katholiken der Verfolgung ausgesetzt.
>
> Die Tatsache, dass der syro-katholische Bischof aus Gedsireh zusammen mit seinem Klerus und allen seinen Gläubigen massakriert worden ist, beweist, dass die Invektiven der türkischen Regierung nicht nur gegen die Armenier gerichtet sind; hinzu kommt, dass auch die verschiedenen chaldäischen Gemeinden im Land unter den Aktionen leiden.
>
> Bislang wurden vier Bischöfe der katholischen Armenier zusammen mit ihrem Klerus und vielen ihrer Gläubigen massakriert. Zudem gibt es keine Nachrichten über das Schicksal zweier weiterer Bischöfe.«[509]

Damit aber brach das türkische Lügengebäude wie ein Kartenhaus zusammen. Es ging eben nicht »bloß« um die Armenier, es war keine »kriegsbedingte Notwendigkeit«, potenzielle Landesverräter und Überläufer auszuschalten oder der Gefahr von Aufständen vorzubeugen, wie offiziell verlautbart wurde. Was noch 1916 unter dem Titel »Die Wahrheit über die revolutionäre Bewegung der Armenier und die Regierungsmaßnahmen«[510] von der Hohen Pforte verbreitet wurde, war allenfalls die Apologetik von Massenmördern. Die Behauptung, »es ist die Absicht der Entente, im Innern des Landes eine Revolution zu entfachen (…) die getroffenen Maßnahmen sind nur die Konsequenz ihrer eigenen Werke und jener, die sie ermutigt haben«[511], ist an Perfidität kaum zu übertreffen. Würde auch nur ein Fünkchen Wahrheit in ihr stecken, hätten die Türken ausschließlich die orthodoxen Armenier aus den Frontgebieten umgesiedelt, deren Glaubensbrüder auf der anderen Seite der Grenze lebten. Tatsächlich aber wurden alle Armenier deportiert und/oder grausam ermordet, gleich, ob sie orthodox, katholisch oder protestantisch waren, ungeachtet der Tatsache, dass gerade die protestantischen Armenier eher mit den neutralen USA oder dem Verbündeten Deutschland sympathisierten, zuallerletzt aber mit Russland und den anderen Entente-Staaten. Die Gefahr eines Aufstandes rechtfertigte nicht die »Umsiedelung« und noch weniger die Ermordung Hunderttausender Frauen und Kinder, denen eine politische Tätigkeit mehr als fremd war. Und sie erklärt nicht, weshalb verschont wurde, wer zum Islam konvertierte.

Nein, beim Armenozid ging es nicht um die Armenier als Volk oder »Rasse« und eben das ist sein auffälligster Unterschied zum *Holocaust* der Nazis. Die Nazis wollten die Juden vernichten, weil sie Juden waren; auch Konvertiten wurden in die Todeslager verschleppt, bis hin zur katholischen Ordensfrau jüdischer Abstammung, Edith Stein. Die Türken ermordeten die Armenier, weil sie Christen waren. Und nicht nur die Armenier. In der zweiten und dritten Etappe des türkischen Jahrtausendverbrechens wurden syrische und griechische Christen ebenso in Massen getötet oder deportiert. »Es wird geschrieben und berichtet, dass die Türken die Armenier massakriert haben«, schrieb der syrisch-katholische Patriarch Ignace Ephrem II. Rahmani an den Heiligen Stuhl, »die Wahrheit ist, dass die Türken neben den Armeniern auch andere Christen ermordeten: syrische Katholiken, syrische Monophysiten, Chaldäer, Nestorianer etc.«[512] Sie passten nicht in die pantürkische Ideologie der Jungtürken, die man getrost als islamischen Protofaschismus bezeichnen kann. »Faschismus ist eine Form rechtsextremer Ideologie, die die Nation oder Rasse als organische Gemeinschaft, die alle anderen Loyalitäten übersteigt, verherrlicht«, definierte der amerikanische Politologe Matthew Lyons 2004 die braune Ideologie,

> »Er betont einen Mythos von nationaler oder rassischer Wiedergeburt nach einer Periode des Niedergangs und Zerfalls. Zu diesem Zweck ruft Faschismus nach einer ›spirituellen Revolution‹ gegen Zeichen des moralischen Niedergangs wie Individualismus und Materialismus und zielt darauf, die organische Gemeinschaft von ›andersartigen‹ Kräften und Gruppen, die sie bedrohen, zu reinigen … Oft – aber nicht immer – unterstützt er Lehren rassischer Überlegenheit, ethnische Verfolgung, imperialistische Ausdehnung und Völkermord. Faschismus kann zeitgleich eine Form von Internationalismus annehmen, die entweder auf rassischer oder ideologischer Solidarität über nationale Grenzen hinweg beruht.«[513]

All diese Kriterien erfüllte die Ideologie der Jungtürken, es fehlte zum Faschismus lediglich die charismatische Führerfigur; sie fand die Nation erst ein Jahrzehnt später in Kemal Atatürk, dem »Helden von Gallipoli«. Und doch gab es noch einen weiteren Unterschied zum Nationalsozialismus. Waren »Rasse« und ein abstrakter, pseudowissenschaftlicher »Blutsbegriff« das verbindende Merkmal der nationalsozialistischen Volksgemeinschaft, wählte der türkische Islamofaschismus als solches die Religion. Das war angesichts der Heterogenität der türkischen Bevölkerung gewiss eine Notlösung, damit die Ideologie funktionierte. »Reinrassige Turanier« mochte es höchstens ein paar Tausend in der Türkei gegeben haben, neben der Schwierigkeit, den Türken, die sich gerade als Osmanen definierten, überhaupt ein »Rassebewusstsein« einzuimpfen. Sie verstanden sich jedoch als Muslime, der Islam war das, was sie zusammenhielt. So war es zweckmäßig, den Islam zu instrumentalisieren, auch wenn er den Führerfiguren der jungtürkischen Bewegung wenig bedeutete. Sie waren allesamt Freimaurer, kein einziger von ihnen ein strenggläubiger Moslem. Doch der Islam ermöglichte es ihnen, die Türken zusammenzuschweißen und in den Krieg zu schicken, denn der Islam ruft zum Krieg gegen die Ungläubigen auf. Das konnte auf den Erbfeind Russland, die Entente-

Mächte, aber auch auf den »Feind im Innern« angewandt werden, den jedes totalitäre Regime braucht, um repressive Maßnahmen zu rechtfertigen. Diese Rolle fiel den Christen im Lande zu, die immer schon als »Fremdkörper in der Volksgemeinschaft« wahrgenommen wurden, weil ihre Werte und Loyalitäten andere waren. So treu sie auch zu ihrer Heimat und der Obrigkeit standen, man traute ihnen nicht zu, im Kriegsfall auch gegen ihre Glaubensbrüder zu kämpfen. Zudem hatten sie dem Feind immer wieder als Vorwand gedient, sich in die inneren Angelegenheiten der Türkei einzumischen. Gerade hatten die Jüngtürken erlebt, wie sich die Christen des Balkans gegen die osmanische Herrschaft erhoben, unterstützt von den christlichen Mächten Europas, und das Reich des Sultans seine wertvollsten Provinzen verlor. Ein faschistischer Staat kann nie ein Vielvölkerstaat sein, denn sein Ziel ist eine homogene, gleichgeschaltete Volksgemeinschaft. Die Schwäche des »kranken Mannes am Bosporus« diagnostizierten die Jungtürken, deren Wiege in der Militärischen Medizinschule stand, pseudomedizinisch als »Befall« mit »Fremdkörpern«, die sie – wie später die Nazis die Juden – als »schädliche Bakterien«[514], »tuberkulöse Mikroben«[515] oder gar »Tumore«[516] definierten. Eine Türkei, die gesunden wolle, glaubten sie, musste diese Elemente gewaltsam entfernen, notfalls durch Völkermord. Nur dann konnte ein Volk in einem Reich mit einem Glauben geschlossen hinter seinen Führern stehen.
Die ideologische Besessenheit der Jungtürken, um jeden Preis den Krieg zu nutzen, um das Land möglichst »christenrein« werden zu lassen, war das große Dilemma aller, die versuchten, den Armeniern zu helfen. Schließlich bestätigte sie jede diplomatische Intervention in ihrem Wahn: Solange es Christen im Lande gäbe, würde das Ausland auch Gründe finden, sich in seine »inneren Angelegenheiten« einzumischen.
So waren auch alle Versuche des Heiligen Stuhls, über den Apostolischen Delegaten zumindest etwas zum Schutz der katholischen Armenier zu bewirken, kläglich zum Scheitern verurteilt. »Trotz gegenteiliger Versprechen mir und dem deutschen Botschafter gegenüber hört die Regierung nicht auf, die Armenier zu verfolgen.«[517], telegraphierte Msgr. Dolci am 20. August 1915 frustriert nach Rom. Dabei hatte es durchaus Grund zur Hoffnung gegeben.

Am 4. Juli 1915 hatte der deutsche Botschafter Frhr. von Wangenheim tatsächlich beim Großwesir vorgesprochen und ihm eine offizielle Note überreicht. Anlass dazu bot weniger ein Meinungswechsel seiner Regierung als das ständige Drängen seiner Konsuln, die vor Ort Augenzeugen der entsetzlichen Ereignisse im Osten des Landes geworden waren. Zudem kursierte das Gerücht, das eifrig von der Entente zu Propagandazwecken verbreitet wurde, die Deutschen würden das Morden ihrer Verbündeten nicht nur stillschweigend billigen (was der traurigen Wirklichkeit entsprach), sondern seien auch an den Massakern beteiligt oder hätten diese sogar geplant. So war es, »um den deutschen Namen zu schützen«, dringend notwendig geworden, sich vor der Geschichte einen Freibrief zu verschaffen, um sich später von den Mördern distanzieren zu können. Dass es sich tatsächlich bloß um einen Alibi-Protest handelte, belegt allein schon der Adressat: Der Großwesir war zwar, protokollarisch gesehen, der richtige Empfänger, aber keiner wusste besser als von Wangenheim, dass nicht er, sondern Talaat und Enver die Politik machten. Ebenso windelweich war der Text der »Protestnote«: Man stimme der *Hohen Pforte* natürlich zu, dass die »verordneten Zwangsmaßnahmen gegen die armenische Bevölkerung der Provinzen Ostanatoliens von militärischen Gründen diktiert waren«, doch man hielte zumindest den daraus resultierenden Völkermord für problematisch. Immerhin würden doch bei den »Massenausweisungen (…) unterschiedslos Schuldige und Unschuldige« betroffen sein, »vor allem wenn diese Maßnahmen von Gewaltakten, wie Massakern und Plünderungen begleitet sind.«[518] Wie ernst die Lage wirklich war, teilte Wangenheim dem Reichskanzler mit, als er ihm über seine Eingabe Bericht erstattete. Längst seien auch die Armenier in Landesteilen betroffen, die »von keiner feindlichen Invasion bedroht sind. Dieser Umstand und die Art, wie die Umsiedelung durchgeführt wird, zeigen, dass die Regierung tatsächlich den Zweck verfolgt, die armenische Rasse im türkischen Reiche zu vernichten.«[519] Deutlicher ging es nicht mehr.
Mitte Juli erlitt Botschafter von Wangenheim einen Herzinfarkt. Er wurde sofort beurlaubt und nach Deutschland zurückgeholt, während sein bisheriger Stellvertreter, Ernst Fürst zu Hohenlohe-Langenburg, die Amtsgeschäfte übernahm. So erlaubte sich Msgr. Dolci

Anfang August, bei ihm erneut nachzufragen, was denn die Deutschen unternommen hätten, um die Massaker an den Christen zu beenden. Die Antwort war eine auf den 9. August datierte handschriftliche Notiz, die auf von Wangenheims Demarche vom 4. Juli verwies:

> »Die deutsche Botschaft bedauert, Ihnen mitteilen zu müssen, dass nach Berichten, die sie aus neutralen und glaubwürdigen Quellen empfing, Vorfälle dieser Art (Massaker, d. Verf.), statt durch die lokalen Behörden verhindert zu werden, regelmäßig die Vertreibungen der Armenier begleiteten, sodass viele noch vor Erreichen ihres Bestimmungsortes ums Leben kommen. (…) Angesichts solcher Ereignisse ist die deutsche Botschaft im Auftrag ihrer Regierung verpflichtet, gegen diese schrecklichen Handlungen zu protestieren und jede Verantwortung für die Konsequenzen, die sich daraus ergeben, zurückzuweisen.«[520]

Der Botschafter des Kaisers wusch also seine Hände in Unschuld. Doch auch Dolci selbst war zu diesem Zeitpunkt fast mit seinem Latein am Ende. Auf der einen Seite trafen fast täglich neue Berichte bei ihm ein, die ihn verzweifeln ließen. »Es ist ein barbarisches Spektakel, das mir das Herz zerreißt und mich mit Schrecken erfüllt«, schrieb er am 20. August 1915 an Kardinalstaatssekretär Gasparri. Vor allem aber machte ihm die eigene Hilflosigkeit zu schaffen:

> »Was mich betrifft, so habe ich alles in meiner Macht Stehende versucht, diese Verfolgung zu beenden. Ich suchte mehrfach den Großwesir und den Unterstaatssekretär für äußere Angelegenheiten auf. In Gesprächen mit mir zeigte der Großwesir immer großes Wohlwollen für die katholischen Armenier, deren Treue zur Regierung ihm nicht entgangen war, und versprach mir, dass sie respektiert werden würden. Doch dem Versprechen folgten keine Taten.«[521]

Dabei brauchte Msgr. Dolci zu diesem Zeitpunkt jede Unterstützung, denn die Türken drohten, auch die Katholiken aus Angora (Ankara) zu deportieren. Ankara war damals »ein Hauptsitz der katholischen Armenier«, wie Lepsius schreibt; hier waren 7 000 von ihnen, immerhin 1400 Familien[522], mit Rom uniert. Ende Juli waren bereits alle männlichen gregorianischen Armenier im Alter zwischen 15 und 70 Jahren deportiert worden. Sechseinhalb Stunden hinter der Stadt, bei einem Dorf namens Beiham Boghasi, wurden sie von Männern der »Sondereinheiten« umzingelt und mit Schippen, Hämmern, Beilen und Sicheln erschlagen, damit es nach einem Überfall der Landbevölkerung aussah. Bei vielen der etwa 500 Leichen, die noch wochenlang in einem Tal liegen blieben, waren die Nasen und Ohren abgeschnitten und die Augen ausgestochen worden. Einen Monat später, am 27. August, wurden 1500 männliche katholische Armenier verhaftet, darunter auch der Bischof und 17 Priester. Nachdem man sie erfolglos dazu aufgefordert hatte, zum Islam zu konvertieren, wurden sie ihrer persönlichen Besitztümer beraubt. Zwei Tage später sollten zunächst 800, dann die restlichen 700 Männer, paarweise aneinandergekettet, die Stadt verlassen.

> »Die armen Armenier aus Angora wurden deportiert, ihr Stadtteil wurde durch Brandstiftung zerstört, ihre Güter verkauft. Auch die armen Katholiken von Angora wurden von der Regierung gänzlich im Stich gelassen und mit Spott übersät: Geht nach Italien, zu eurem Beschützer, geht zum Papst! Tausende Familienväter aus jener unglücklichen Diözese sind gestorben, die Archive wurden zerstört, alle Bücher verbrannt«[523],

erinnerte sich später ihr Bischof Grégoire Bahabaninian, als er im März 1917 in Damaskus den deutschen Franziskanerpater Hergolino Meyer traf.
Nach einem 18-stündigen Marsch erreichte die erste Gruppe, zu der Bischof Bahabaninian gehörte, das Dorf Karagedik, wo ein Offizier den Gefangenenzug anhielt. Er habe einen Befehl aus Konstantinopel, erklärte er, der die Männer begnadigen würde. Sie hätten massakriert werden sollen, jetzt durften sie ihren Weg in die Verbannung nach Aleppo über Kayseri und Tarsus[524] fortsetzen. Viele von ihnen überlebten. Sie hatten ihr Leben einer Intervention Msgr. Dolcis, des Markgrafen Pallavicini und des deutschen Generalkonsuls Johann Heinrich Mordtmann zu verdanken, dem Talaat am 2. September persönlich versprach, sich der Sache anzunehmen und »bezüglich

der Behandlung der deportierten Armenier an die Provinzbehörden zu schreiben«[525]. Wie es zu dieser Initiative kam, berichtete Msgr. Dolci am 19. September 1915 nach Rom:

> »An jenem Montag (dem 30. August, d.Verf.), an dem ein Diplomatenempfang (zum traditionellen »Tag des Sultans«) stattfand, ging ich zur Hohen Pforte und bat praktisch drei Tage lang die Botschafter von Deutschland und Österreich sowie den bulgarischen Minister, mit mir zusammenzuarbeiten, um diese blutigen Massaker zu verhindern, die mit den Deportationen einhergehen. (...) Weiteres Drängen des Großwesirs und der Botschafter führten dazu, dass der Innenminister (Talaat Bey, d.Verf.) telegraphisch Befehle übermittelte, die Katholiken und Protestanten zu respektieren.«[526]

Eine Woche später begann dann auch die Deportation der Frauen und Kinder, als der *münadi* (Ausrufer) der Stadt ankündigte, sie hätten sich binnen zwei Stunden am Bahnhof einzufinden. In der Eile konnten sie natürlich kaum ihre Kleidung und Lebensmittel zusammenpacken und ihre Kinder aus der Schule oder vom Spiel bei Freunden holen. Am Bahnhof wurden sie fünf Tage lang in einen Kornspeicher gesperrt, wo sie dem Hunger und den Gelüsten der Gendarmen ausgesetzt waren. Dann bot man ihnen an, dass alle, die bereit wären, zum Islam zu konvertieren, in die Stadt zurückkehren dürften. Etwa hundert Familien akzeptierten pro forma das Angebot, unterzeichneten ein Schriftstück und wurden doch auseinandergerissen und an muslimische Familien verteilt. Die übrigen wurden in Viehwaggons gezwängt und nach Konya gebracht, von wo aus sie ihren Weg nach Syrien zu Fuß fortsetzten.[527]

Selbst dieser nur scheinbare Erfolg, der den katholischen Armeniern zugutekam und der eigentlich nur darin bestand, dass sie nicht gleich ermordet wurden und ihre Frauen und Kinder einen Teil des Weges in den Tod mit der Bahn zurücklegen konnten, irritierte die gregorianischen Armenier. Auch wenn Dolci in einem Memorandum an den armenisch-orthodoxen Patriarchen versicherte, er hätte »eine Detente gegen die Verfolgungen« aufgebaut, der wahrscheinlich auch noch US-Botschafter Morgenthau beitreten würde, bereit, beim *Scheich-*

ül-Islam, bei Enver Pascha und Talaat Bey sowie bei Justizminister Ibrahim Bey zu intervenieren[528], blieb ein schaler Beigeschmack. Dem Patriarchen missfiel, dass ausgerechnet den Katholiken scheinbare »Privilegien« eingeräumt wurden, was im *vilayet* Angora sogleich zu Massenübertritten gregorianischer Armenier in die Armenisch-Katholische Kirche geführt hatte. Dass der Apostolische Delegat nicht selbst die Massaker gestoppt hatte, sondern vielmehr auf die Hilfe des deutschen und des österreichischen Botschafters angewiesen gewesen war, machte für sie keinen Unterschied. Schließlich kam sogar das Gerücht auf, nicht etwa Dolcis Initiative, sondern ein Bittschreiben des Papstes an die beiden Kaiser habe den Ausschlag für die Sonderbehandlung der Katholiken gegeben, was bei den Gregorianern auf völliges Unverständnis stieß. Im Oktober sollte sogar Kardinalstaatssekretär Gasparri den Delegaten Dolci daran erinnern, dass sein Einsatz nicht auf die Katholiken beschränkt werden dürfe: »Seine Heiligkeit besteht immer noch darauf, die Osmanische Regierung zur Beendigung der Verfolgung der Armenier zu bewegen«[529] – und zwar aller Armenier, gleich welcher Konfession!

Doch falsch waren die Gerüchte um eine päpstliche Intervention keineswegs. Schon Ende Juli 1915 hatte die Vatikanzeitung *L'Osservatore Romano* über das Massaker von Diyarbekir[530] berichtet. Das Schwarzbuch der britischen Regierung, »The Treatment of Armenians«, war im gleichen Monat erschienen und im Vatikan bekannt. Die Solidaritätskomitees für die Armenier in Europa und den USA hatten Informationen an den Vatikan geschickt[531] und das italienische Außenministerium leitete am 23. August den Bericht des italienischen Generalkonsuls in Erzurum an den Heiligen Stuhl weiter. Fast wöchentlich trafen beim päpstlichen Staatssekretariat neue Berichte ein, meist von Ordensmännern, die vor Ort Zeugen der Deportationen geworden waren. Die armenischen Mechitaristen waren ebenso um ihre Landsleute besorgt[532] wie die Maroniten aus dem Libanon:

> »Ihr seht also, dass das armenische Volk in der Türkei die letzten Tage seines Lebens erlebt und uns sind keine Mittel mehr geblieben, um seinen Tod zu verzögern; wenn auch die im Ausland lebenden Arme-

nier nicht in der Lage sind, die neutralen Staaten zu rühren, wird man schon in wenigen Monaten nur noch Spuren eines Volkes von einst 1 500 000 Menschen finden[533]. Die Vernichtung ist unvermeidlich«[534],

kommentierte einer von ihnen. Noch am 3. September 1915 schrieb der armenisch-katholische Erzbischof von Chalcedon, Peter Kojunian, an den Papst:

»Mit gebrochenem Herzen komme ich auf das qualvolle Stöhnen der armenisch-katholischen Hierarchie zu sprechen, die in diesen beängstigenden Tagen durch das Werk der Jungtürken, ermutigt durch die Unterstützung der Deutschen, zur Vernichtung verdammt wurde. Zu den Schrecken des derzeitigen Krieges, die das väterliche Herz Eurer Heiligkeit erschüttern, gehört nicht zuletzt das Massaker an den Armeniern der Türkei, das von der türkischen Regierung angeordnet und zum größten Teil bereits ausgeführt wurde. (…) Im letzten Juni gaben die Jungtürken Befehl, in den ganzen Provinzen Armeniens die armenische Bevölkerung zu verhaften, nicht nur die Katholiken … (…) Diese Deportationen finden mit beispielloser Barbarei statt, wobei Gruppen von Männern, Frauen, Schwestern, Mädchen und Jungen gebildet werden und die Soldaten sie mit Bajonetten zu Gewaltmärschen zwingen, bei denen sie viele töteten und in die Flüsse warfen … (Es ist) eine systematische Vernichtung der Armenier in der Türkei.«[535]

Anderthalb Monate lang setzte Papst Benedikt XV. auf das diplomatische Geschick seines Delegaten, dann nahm er selbst das Ruder in die Hand. Noch im August, so wurde Dolci berichtet[536], wandte er sich an den deutschen Kaiser Wilhelm II. und den österreichischen Kaiser Franz Joseph I. und bat um Fürsprache zugunsten der Armenier beim türkischen Verbündeten. Dann ergriff das Oberhaupt der katholischen Christenheit selbst das Wort und verfasste einen handschriftlichen Brief an den Sultan. »Der Heilige Vater ist entsetzt über die Nachrichten von den schrecklichen Massakern an den Armeniern, die von den Moslems begangen werden, und hat, von Mitleid mit diesen Unglücklichen erfüllt, beschlossen, an Ihre Majestät, den Sultan Mehmet V., zu schreiben, um zu erreichen, dass er seine Amtsgewalt nutzt, um das grausame Gemetzel zu beenden«[537], erklärte Kardinalstaatssekretär Gasparri, als er den Originalbrief an die Nuntiatur in Wien weiterleitete. Über die österreichische Botschaft in Konstantinopel gelangte das Autograph zu Msgr. Dolci, der es persönlich im Palast übergeben sollte:

> »Majestät,
> in der Betrübnis über die Grausamkeiten des großen Kampfes, in welchem, zusammen mit den großen Nationen Europas, sich das mächtige Reich Ihrer Majestät befindet, zerreißt Uns das Echo des schmerzenvollen Stöhnens eines ganzen Volkes, das im Herrschaftsgebiet der Osmanen unbeschreiblicher Leiden unterworfen ist, das Herz.
> Die armenische Nation hat bereits viele ihrer Söhne gesehen, die in den Tod geschickt, in großen Zahlen in die Gefängnisse gesperrt oder ins Exil verbannt wurden, darunter zahlreiche Kleriker und sogar einige Bischöfe.
> Und nun wurde Uns berichtet, dass die Bevölkerungen ganzer Dörfer und Städte gezwungen wurden, ihre Häuser zu verlassen, um unter großen Schmerzen und unsagbarem Leid in fernen Sammelorten angesiedelt zu werden, wo sie neben psychischen Schikanen auch die furchtbarsten Entbehrungen, die schwerste Not und sogar die Qualen des Hungers ertragen müssen.
> Wir glauben, Majestät, dass derartige Exzesse gegen den Willen der Regierung Eurer Majestät stattgefunden haben. Deswegen wenden wir uns voller Vertrauens an Eure Majestät und mahnen Sie innig an, in Ihrer hochherzigen Großzügigkeit Mitleid zu zeigen und sich für ein Volk einzusetzen, das durch die Religion, zu der es sich bekennt, veranlasst wird, der Person Ihrer Majestät treu und ergeben zu dienen.
> Sollte es unter den Armeniern Landesverräter oder für andere Verbrechen Verantwortliche geben, sollen sie nach geltendem Recht verurteilt und bestraft werden. Doch mögen Eure Majestät bei ihrem großen Gerechtigkeitssinn nicht erlauben, dass Unschuldige die gleiche Strafe erhalten wie Schuldige, und möge Ihre herrscherliche Milde auch jene treffen, die gefehlt haben.
> Möge Eure Majestät doch ein Wort des Friedens und der Vergebung sprechen, mächtig und wirksam, und die unter Gewalt und Unterdrü-

ckung leidende armenische Nation wird Ihren erhabenen Namen als den ihres Schutzherrn preisen.
In dieser Hoffnung bitten wir Eure Majestät, unsere besten Wünsche für Ihr Wohlergehen und den Wohlstand und das Glück Ihrer Völker entgegenzunehmen.

Im Vatikan, 10. September 1915
Benedikt XV. pp.«[538]

Die Nachricht von der Intervention des Papstes ging durch die Presse, was beabsichtigt war. Kardinalstaatssekretär Gasparri versuchte außerdem, die österreichische und die deutsche Diplomatie zu mobilisieren. In zwei Schreiben (vom 15. September und 2. Oktober) erläuterte er den beiden Nuntien, Scapinelli in Wien und Frühwirth in München, die Strategie, die der Heilige Stuhl bei den Verbündeten des Osmanischen Reiches zu entwickeln beabsichtigte: »Tausende (Armenier, d.Verf.) wurden zum Tode verurteilt oder barbarisch niedergemetzelt, viele andere gezwungen, ihre Häuser zu verlassen und wurden unter unsagbarem Leid in weit entfernte Wüsten und Konzentrationslager verschickt, in denen sie neben psychischen Qualen auch das düsterste Elend und die Schmerzen des Hungers ertragen müssen«, heißt es auch hier. Niemand, weder Geistliche, noch Bischöfe, noch Kinder und Frauen würden von der »Verfolgung, durch die die Zerstörung eines ganzen Volkes droht«, verschont. Daher bat er die Nuntien, sich »mit Feingefühl aber auch mit großer Energie« bei den jeweiligen Regierungen dafür einzusetzen, »dass diese barbarischen Handlungen sofort beendet werden«.[539] Würden Österreich und Deutschland nicht schnell genug handeln, könnten sie für die Massaker mitverantwortlich gemacht werden. Allerdings verwies der österreichische Nuntius in seiner Antwort nicht ganz zu Unrecht auf den geringen Einfluss, den seine Regierung bei der Hohen Pforte hatte. In Deutschland wiederum war das Problem, dass der Heilige Stuhl offiziell keine diplomatischen Beziehungen zu Preußen unterhielt und in Berlin keine Nuntiatur hatte; alles lief über die Nuntiatur im Königreich Bayern, d.h. in München. So sprach der dortige Nuntius, Msgr. Frühwirth, an erster Stelle den bayerischen Zentrumsabgeordneten Matthias Erzberger, aber auch den Missionsausschuss des Zentralkomitees der Katholiken Deutschlands an, der sich am 29. Oktober 1915 in Berlin versammelte. Noch am gleichen Tag beschloss dieser, eine Eingabe an Reichskanzler von Bethmann Hollweg zu verfassen, »damit den überaus harten Maßregeln, welche zurzeit von seiten der türkischen Regierung gegen die Armenier zur Anwendung gebracht werden, sofort ein Ende gemacht werde« und die »drohende Ausrottung des ganzen armenischen Volkes«[540] verhindert würde. Immerhin wies der Reichskanzler daraufhin mit Schreiben vom 10. November den Kaiserlichen Geschäftsträger Frhr. von Neurath an, »bei jeder sich bietenden Gelegenheit und mit allem Nachdruck Ihren Einfluss bei der Pforte zugunsten der Armenier geltend zu machen und insbesondere Ihr Augenmerk darauf zu richten, dass die Maßregeln der Pforte nicht etwa noch auf andere Teile der christlichen Bevölkerung in der Türkei ausgedehnt werden«[541], freilich leider ohne Erfolg. Trotzdem fand das Engagement der beiden Nuntien Anerkennung beim Papst, der sie am 6. Dezember in den Kardinalsrang erhob.

Msgr. Dolci dagegen hatte in diesen Tagen ein ganz anderes Problem. Die Hohe Pforte weigerte sich nämlich beharrlich, ihm einen Termin für eine Audienz beim Sultan zu geben, auf der er das Handschreiben des Papstes überreichen könnte. Schließlich wandte er sich hilfesuchend an den deutschen Botschafter, der am 13. Oktober nach Berlin berichtete:

> »Da die Pforte in der päpstlichen Kundgebung eine Kritik an ihrer eigenen Politik erblickte und den Standpunkt annahm, dass, solange die diplomatischen Beziehungen nicht hergestellt seien, der päpstliche Delegierte nicht offiziell vom Sultan empfangen werden könne, hatten seine Bemühungen keinen Erfolg. Auf Bitte Dolcis habe ich dem Großwesir vorgestellt, daß gerade das päpstliche Handschreiben der Pforte Gelegenheit biete, in ihrer Antwort den türkischen Standpunkt zu der Armenierfrage darzulegen.«[542]

So wurde Msgr. Dolci nach fast sechs Wochen endlich am 23. Oktober 1915 zum Sultan vorgelassen – und Zeuge der Machtlosigkeit des Staatsoberhauptes.

> »Ihre Majestät begrüßte mich mit den Worten: ›Da ich die edelsten Gefühle des Heiligen Vaters kenne, denke ich, dass Seine Heiligkeit wegen dieses Weltkrieges äußerst betrübt sein muss‹. ›Majestät‹, antwortete ich, ›das edelmütige Herz Seiner Heiligkeit ist in der Tat durch den Schmerz über diesen schrecklichen Kampf zerrissen, der Ströme von Blut und Tränen fließen lässt und die Ursache endlosen Leidens der Völker ist.‹ Mir kam in den Sinn, jetzt über die Armenier zu sprechen, aber ich hielt mich zurück angesichts der Tatsache, dass der Sultan aus diversen Gründen ein Herrscher mit rein repräsentativer Funktion ist. ›Wie Eure Majestät wissen‹, fuhr ich fort, ›bemüht sich der Heilige Vater unermüdlich, die Gräuel dieses Weltkampfes zu lindern (…) sein inbrünstiges Streben gilt der Wiederherstellung des Friedens unter den Völkern.‹ (…) ›Ich war immer für den Frieden‹, erwiderte Seine Majestät, ›ich bin gezwungen worden, in diesen Krieg einzutreten, nicht aus Ehrgeiz nach Eroberungen, sondern ausschließlich um die Integrität meines Reiches gegen seine Feinde (gemeint waren die Russen, d. Verf.) zu verteidigen.‹ ›Für unsere europäischen Nationen, Majestät‹, so fügte ich hinzu, ›ist der jetzige Krieg eine Strafe Gottes, mit der Er Regierungen und Völker geißelt, die um jeden Preis Seinen heiligen Namen aus der Gesellschaft tilgen wollen.‹ Diese Worte haben Seine Majestät sehr beeindruckt und der Dolmetscher wiederholte drei Mal, es scheine so, als habe ich eine neue Konstellation entdeckt.«[543]

Doch die Antwort des Sultans vom 19. November 1915, die Msgr. Dolci im Palast entgegennahm und unverzüglich nach Rom weiterleitete, enttäuschte umso mehr. Sie kolportierte lediglich die bereits von der *Hohen Pforte* verbreitete Propagandalüge, die Deportationen seien die legitime Antwort der Regierung auf ein armenisches Komplott. Dabei sei es dem türkischen Staat und seinen Beamten »unmöglich, einen Unterschied zwischen dem friedlichen und dem aufrührerischen Element zu machen …«[544] Der Sultan wörtlich:

»Ihre kaiserliche Majestät, der Sultan
an Seine Heiligkeit, Papst Benedikt XV.:

Wir haben den Brief bekommen, den Eure Heiligkeit am 10. September 1915 an uns gerichtet haben, um uns zu bitten, die armenische Bevölkerung unseres Reiches vor den gewaltsamen Maßnahmen und Repressalien zu schützen, deren Ziel sie sei. Wir möchten Eurer Heiligkeit mitteilen, dass die beim Heiligen Stuhl eingetroffenen Nachrichten über das Schicksal der Armenier unseres Landes nicht der Realität entsprechen. Unabhängig von ihrer Rassen- oder Religionszugehörigkeit sind wir nach wie vor von einer ebenbürtigen väterlichen Fürsorge all unseren Untertanen gegenüber beseelt.
Dennoch muss gesagt werden, dass gewisse Gruppierungen der Armenier unlängst die Treue gebrochen haben, die wir rechtmäßig erwarten dürfen. Die Armenier, die vor der Wiedereinführung der konstitutionellen Ordnung in unserem Reich revolutionäre Komitees bildeten, hatten ihre Organisationen in der Folge zu politischen Parteien umgewandelt. Wir hatten zu unserem Bedauern feststellen müssen, dass diese Transformationen nicht offen und ordnungsgemäß abliefen, sondern dass die alte revolutionäre Organisation weiter bestand, obwohl kein Grund dafür bestand, da dieses Volk alle ihm in der Verfassung garantierten zivilen und politischen Rechte, die es beanspruchte, tatsächlich auch erhalten hatte.
Indem sie den Moment, in dem unsere Grenzen von den gegnerischen Armeen angegriffen wurden, ausnutzten, riefen die Armenier, ermutigt durch die Regierungen, zu denen diese Armeen gehörten, eine revolutionäre Bewegung ins Leben, durch die sich die schwierige Lage unseres Reiches verschlimmerte und die unsere militärischen Maßnahmen beeinträchtigte, mit denen wir die Verteidigung unseres Vaterlandes zu sichern gedachten. Es ist heute durch Geständnisse sowie die revolutionären Schriften und Veröffentlichungen dieser Gruppierungen in ausländischen Zeitschriften zweifellos bewiesen, dass sie vorsätzlich und nach einem ausgefertigten Plan gehandelt haben.
Der Aufstand, den die armenischen revolutionären Komitees, die Zweigstellen in ganz Anatolien unterhalten, in Rücksprache mit unseren Feinden organisiert haben, brach im ganzen Land aus.

> In dieser schwierigen Situation war es unseren Behörden praktisch unmöglich, einen Unterschied zwischen dem friedlichen und dem aufrührerischen Element (der armenischen Bevölkerung, d.Verf.) zu machen. Auch sah sich unsere Regierung dazu verpflichtet, generelle Maßnahmen anzuwenden und die Armenier aus den Regionen in unmittelbarer Nähe der militärischen Einsatzbereiche zu evakuieren.
> Es kann daher keine Rede von Unterdrückungsmaßnahmen oder Repressalien sein, die sowohl Schuldige wie Unschuldige treffen, sondern nur von einer generellen Umsiedlung, bedingt durch die höheren Interesse unseres von allen Seiten von mächtigen Feinden bedrohten Kaiserreiches. Unsere Regierung wird, unserem Wunsch entsprechend, auch weiterhin darauf achten, dass die Umsiedlung der Bevölkerung auf erträgliche Weise erfolgt und dass Beamte und Privatpersonen, die Verbrechen verübt haben, dafür auch bestraft werden. Die Interessen der umgesiedelten Personen sowie Dritter sind durch die Bestimmungen eines zu diesem Zweck verabschiedeten Gesetzes entsprechend gesichert.
> In der Hoffung, dass die Armenier unseres Reiches die Treue, die sie uns schuldig sind, zukünftig nicht mehr brechen, bitten wir Eure Heiligkeit, uns den aufrichtigen Wunsch nach Erhaltung Ihrer kostbaren Gesundheit und Ihres Wohlstands zu erlauben.
>
> Konstantinopel, 24. Muharram 1334, 19. November 1331 (1915, d. Verf.)«[545]

Doch Dolci hatte den Eindruck, dass der Brief des Papstes seine Wirkung hinter den Kulissen dennoch nicht verfehlte. Plötzlich wurde er von Regierungsvertretern mit Respekt behandelt. Er sei »die bitterste Pille«, die die Jungtürken bislang zu schlucken gehabt hätten, kommentierte ein Minister hinter vorgehaltener Hand, »unverdaulich auch wegen seiner Kommentierung in der Presse«. Für einen Augenblick glaubte der Delegat, sein Ziel erreicht zu haben:

> »Bestätige, dass das Ergebnis des Briefes des Heiligen Vaters an S.M. den Sultan eine sofortige Verbesserung der Situation der Armenier ist. Heute sagte mir der Außenminister, dass Befehl zur allgemeinen Auf-

> hebung der Deportationsmaßnahmen erteilt worden ist und den Katholiken erlaubt wird, in Ruhe in ihre früheren Wohnorte zurückzukehren«[546],

telegraphierte er am 23. November begeistert an den Vatikan. Auch der Patriarch der »schismatischen« Armenier, Zaven I. Der Yeghiayan, dankte öffentlich für den Einsatz des Papstes, der allen Armeniern galt und eben nicht nur den Katholiken. Zumindest schien er die lange Eiszeit zwischen den Konfessionen endlich zu beenden. Sogar US-Botschafter Morgenthau lobte die Intervention Benedikts XV.: »Es ist eine große Geste!«[547] Noch am 12. Dezember war Dolci überzeugt: »Das Ergebnis (…) war sehr wirksam. Er erreichte nicht nur eine plötzliche Verbesserung der Lage, sondern führte dazu, dass die barbarische Verfolgung an sich fast völlig eingestellt wurde.« Selbst die Idee einer Amnestie für alle Armenier zum Weihnachtsfest trug er der *Hohen Pforte* vor. Doch bald begriff er, dass er geradezu arglistig getäuscht worden war. Keinesfalls kehrten, wie versprochen, die Katholiken in ihre Städte und Dörfer zurück. Im Gegenteil: »Es gibt allerdings weitere Fälle von Deportationen und es gibt weitere Massaker«[548], musste er schließlich kleinlaut eingestehen.

»Diese Zusage, die übrigens in keiner bindenden Form erfolgte, ist nicht erfüllt worden«, meldete, ebenfalls ernüchtert, der neue deutsche Botschafter in Konstantinopel, Paul Graf Wolff Metternich, am 27. Dezember nach Berlin: »Ein weiterer Schritt des apostolischen Delegaten, um die Wiedereröffnung der gesperrten katholischen Kirchen und die Rückkehr der verbannten Geistlichen in ihre Diözesen zu erlangen, wurde auf der Pforte als ›Einmischung in die inneren Angelegenheiten der Türkei‹ aufgefaßt und hatte keinen Erfolg, außer etwa, daß der Bischof von Kaisarijeh (Caesarea, d. Verf.) nachträglich nach Aleppo verschleppt wurde.«[549]

Tatsächlich waren die großen Deportationen in den sieben armenischen *vilayets* zu diesem Zeitpunkt längst abgeschlossen, wurden nur noch Nachzügler in die Wüste verschickt. Was dort aber geschah, dass in den Konzentrationslagern nicht nur täglich Hunderte Armenier an Hunger und Seuchen starben, sondern auch von den Killerkommandos der »Sondereinheiten« niedergemetzelt wurden, bekam in Konstantinopel kaum jemand mit. »La question arménienne n'existe plus«[550] – »Die armenische Frage existiert nicht mehr« hatte Talaat Bey bereits am 31. August dem deutschen Übergangsbotschafter Ernst Fürst zu Hohenlohe-Langenburg erklärt. Lediglich eines mag die Intervention des Papstes erreicht haben: Die Armenier von Konstantinopel selbst blieben von weiteren Aktionen und Deportationen nahezu verschont. Zudem fanden keine Maßnahmen mehr gegen katholische Institutionen statt.

Zum Jahresende 1915 musste auch Msgr. Dolci resigniert feststellen, dass die »unbeschreibliche Zahl« von mindestens einer Million gregorianischer Armenier, darunter 48 Bischöfe und 4500 Priester, bislang ermordet worden war[551]. Zudem waren bis zu diesem Zeitpunkt fünf armenisch-katholische Bischöfe, 140 Priester, 42 Ordensleute und etwa 85 000 Gläubige Opfer der Massaker. Elf Diözesen (nämlich Angora, Kaisery, Trebizon, Erzurum, Sivas, Malatya, Kharput, Diyarbekir, Mardin, Musch und Adana) waren »völlig evakuiert«, 70 Kirchen und ebenso viele Schulen konfisiziert worden. In zwei weiteren Diözesen, Aleppo und Marasch, dauerten die Deportationen an, nur die Diözese Brousse sei bislang verschont worden.[552] Ihr Versprechen, die katholischen Armenier zu verschonen, hatten die Türken augenscheinlich gebrochen.

»Die Details über die einzelnen Vorfällen überfordern das Gehirn«, kapituliert er vor den Schrecken, »es ist unmöglich, sie nachzuvollziehen. Aber sie deuten alle darauf hin, dass bei den Deportationen nach einem System vorgegangen worden ist.« Zu diesem Zeitpunkt machte Dolci sich keine Illusionen mehr darüber, dass die Türken den Papst und ihn, ja die ganze Weltöffentlichkeit dreist belogen hatten. Enttäuscht und verbittert schrieb er an Msgr. Eugenio Pacelli, Sekretär des Außenamtes im vatikanischen Staatssekretariat, den Mann, der eines Tages selber Papst sein würde:

> »Um die Armenier zu verteidigen, habe ich die Gunst Cäsars verloren, des Neros dieser unglücklichen Nation. Ich meine damit den Innenminister Talaat Pascha, Großmeister des Orients der Freimaurerei. Er muss von dem starken Druck erfahren haben, der nach der Intervention des Heiligen Vaters durch sein Handschreiben auf die anderen

> Botschaften ausgeübt worden ist, denn seitdem schaut er mich mit finsterem Blick an.«[553]

Für Benedikt XV. bestand jetzt kein Zweifel mehr daran, dass »das unglückliche Volk der Armenier fast vollständig der Vernichtung zugeführt wird«[554] – so wörtlich in einer Allokution vor dem Konsistorium, also der Versammlung der Kardinäle, am 6. Dezember 1915. Ihr Text wurde in der Vatikanzeitung *L'Osservatore Romano* abgedruckt und in aller Welt als offene Anklage des Papstes zitiert. Doch auch sie änderte nichts.

Noch im April 1916 alarmierte Msgr. Dolci den Vatikan, dass »die Verfolgung der Armenier mit den Massendeportationen weiter geht«[555]; als die letzten armenischen Katholiken aus Konya, Angora und Aleppo in die Konzentrationslager in der syrischen Wüste verschleppt wurden. Man erklärte ihm lediglich, jetzt sei nicht mehr die Zentralregierung dafür verantwortlich, sondern der »Kommandant der Sechsten Armee in Syrien«, Cemal Pascha – freilich der dritte Mann im Triumvirat der Jungtürken.[556]

Am 10. Juli 1916 gestand auch der neue deutsche Botschafter in Konstantinopel, Paul Graf Wolff Metternich, in einem Brief an Reichkanzler von Bethmann Hollweg das Scheitern der päpstlichen wie der internationalen Diplomatie ein:

> »Die türkische Regierung hat sich in der Durchführung ihres Programms: Erledigung der armenischen Frage durch die Vernichtung der armenischen Rasse, weder durch unsere Vorstellungen noch durch die Vorstellungen der amerikanischen Botschaft und des päpstlichen Delegaten, noch auch durch Drohungen der Ententemächte, am allerwenigsten aber durch die Rücksicht auf die öffentliche Meinung des Abendlandes beirren lassen; sie steht jetzt im Begriff, die letzten Ansammlungen von Armeniern, welche die erste Deportation überstanden haben, aufzulösen und zu zerstreuen. (...) Aber auch unter der alteingesessenen Bevölkerung und unter den katholischen und protestantischen Armeniern wird jetzt aufgeräumt, obwohl die Pforte wiederholt die Schonung der letzteren zugesagt hatte. Diese Überreste werden teils nach Mesopotamien weiter verschickt, teils islamisiert.

> Das Konzentrationslager in Ras ul Ain, das Ende April noch 2000 Insassen zählte, ist vollständig geräumt; ein erster Transport ist auf den Marsch nach Der-es-Zor überfallen und zusammengehauen worden; es wird vermutet, dass es den übrigen nicht besser ergangen ist.«[557]

Es war einer der letzten Berichte des Grafen, dessen Eintreten für die Armenier ihn bald in Konstantinopel, bei den Jungtürken wie bei den deutschen Militärs, zusehends isolierte. Immer häufiger trafen in Berlin Beschwerden über ihn ein, die alle den gleichen Tenor hatten: »Er hat die armenische Sache völlig zu seiner eigenen gemacht«[558], beklagte sich Enver Pascha beim Auswärtigen Amt, während der Großwesir Wolff Metternich höhnisch fragte, »ob er der deutsche oder der armenische Botschafter sei«[559]. Sein menschlicher Anstand kostete ihn seine vielversprechende Diplomatenkarriere. Nach nicht einmal elfmonatiger Amtszeit wurde der mutige Fürsprecher der verfolgten Christen am 3. Oktober 1916 aus Konstantinopel abberufen. Doch auch beim Heiligen Stuhl machte man sich längst keine Illusionen mehr. Am 18. Juni 1916 traf dort der jüngste Bericht des Armenisch-katholischen Patriarchen ein:

> »Das Projekt zur Vernichtung des armenischen Volkes in der Türkei ist noch immer in vollem Gange. (...) Die exilierten Armenier werden nach wie vor in die Wüste getrieben und dort aller lebensnotwendiger Mittel beraubt. Sie gehen kläglich an Hunger, Seuchen und dem extremen Klima zugrunde. (...) Es ist sicher, dass die osmanische Regierung beschlossen hat, das Christentum aus der Türkei zu beseitigen, bevor der Weltkrieg zu Ende geht. Und das alles geschieht im Angesicht der christlichen Welt.«[560]

Der Versuch Benedikts XV., durch eine diplomatische Intervention den Völkermord an den Armeniern zu stoppen, war also kläglich gescheitert. Doch zumindest hatte er die Aufmerksamkeit der christlichen Welt auf das traurige Schicksal ihrer Glaubensbrüder im Osmanischen Reich und die Verbrechen des jungtürkischen Regimes gelenkt.

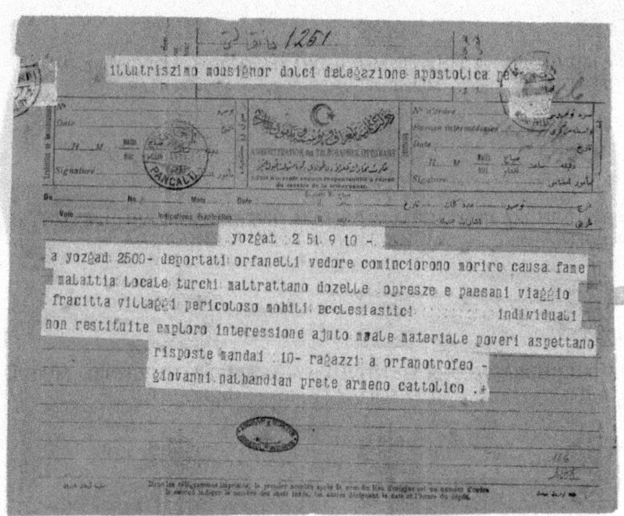

1251

illatriszimo mousignor dolci delegazione apostolica pe

yozgat 2 51 9 10 -

a yozgad 2500- deportati orfanelli vedore cominciorono morire causa fame malattia locale turchi maltrattano dozelle opresze e paesani viaggio fracitta villaggi pericoloso mobili ecclesiastici individuali non restituite esploro interessione ajuto male materiale poveri aspettano risposte mandai 10- ragazzi a orfanotrofeo - giovanni nathandian prete armeno cattolico .+

Telegramm mit dem dramatischen Hilferuf des armenisch-katholischen Priesters Giovanni Natbandian an Msgr. Dolci vom (20.?) August 1915: »In Yozgat begannen 2500 deportierte Waisen und Witwen an Hunger und Krankheit zu sterben. Die einheimischen Türken schänden die jungen Mädchen. Die Reisen sind gefährlich. Kirchliches Gerät wurde nicht zurückgegeben. Ich bitte um Fürsprache und Hilfe wegen materieller Not. Die Armen warten auf eine Antwort. Ich schickte 10 Jungen ins Waisenhaus.« (A.S.V., Arch. Deleg. Turchia 101, Fasc. 527, S. 116) [561]

XVI. Ein gefährliches Nachspiel

Wie wenig Papst Benedikt XV. der Antwort des Sultans vertraute und wie alarmiert die päpstliche Diplomatie angesichts der Ereignisse in der Türkei war, zeigen zwei Beispiele späterer Interventionen.

Die erste fand 1917 statt und betraf nicht die Christen, sondern die etwa 85 000 jüdischen Siedler im Heiligen Land[562]. Angelockt durch die Vision des Zionismus, hatten sie bislang unter der Herrschaft der Osmanen keine Repressalien erlitten. Trotzdem bekamen sie natürlich mit, was den christlichen Armeniern widerfahren war, zumal es einige Tausend Überlebende des Völkermordes geschafft hatten, sich bis nach Jerusalem durchzuschlagen und dort eine neue Heimat zu finden. Umso mehr waren sie alarmiert, als Cemal Pascha, der Kommandant der in Syrien stationierten Vierten Armee und Verantwortliche für die Deportation der Armenier in Zeitun und Aleppo, auch den Juden den Krieg erklärte. Während er ihnen unterstellte, sie seien Verräter und mit den Briten im Bunde, ordnete er Anfang 1917 ihre »Umsiedelung« an. In Jaffa an der Mittelmeerküste wurden 8000 Juden aus der Stadt gejagt, ohne dass sie Gepäck oder Lebensmittel mitnehmen durften. Vor ihren Augen wurden ihre Häuser von türkischen Soldaten geplündert. Vor den Toren ihrer Siedlung wurden zwei Juden aufgehängt, die es gewagt hatten, den Plünderern Widerstand zu leisten; ihr Tod sollte als warnendes Exempel dienen. Augenzeugen berichteten von der unmenschlichen Grausamkeit der Soldaten. Anschließend wurden die Leichen Dutzender Juden in den Dünen von Jaffa gefunden, wo offenbar ein Massaker stattgefunden hatte. Doch dabei blieb es nicht. Nur Wochen später meldete die Nachrichtenagentur Reuters, auch aus Jerusalem seien »Massen von Juden« vertrieben worden, die »das Schicksal der Armenier« teilen sollten[563]; eine Sorge, die bald auch das *Zionistische Büro* in Kopenhagen teilte, das die Aktivitäten der Siedler von neutralem Boden aus koordinierte.[564] Am 7. Mai 1917 brachte der sozialdemokratische Abgeordnete Oskar Cohn die antijüdischen Ausschreitungen in Palästina vor dem Berliner Reichstag zur Sprache[565]. Nur einen Tag später versuchte der Staatssekretär des Auswärtigen Amtes, Arthur Zimmermann, das Thema herunterzuspielen. Der Befehl zur Evakuierung Jaffas sei eine reine »Vorsichtsmaßregel«[566] gewesen. Zudem könne die Reichsregierung kein Interesse daran haben, mit Vorfällen in Verbindung gebracht zu werden, die allein in der Verantwortung der Türkei lägen. Kurzum: Man wollte auch hier den Verbündeten am Bosporus nicht unnötig verärgern. Als im Herbst das Kriegsglück die Türken zu verlassen drohte und die Engländer, mit den Arabern verbündet, bereits Gaza und Be'er Scheva eingenommen hatten, wurde die Situation für die Juden immer riskanter. Schließlich drohten neue Massaker und Vergeltungsschläge der Türken. So wandten sich die Siedler hilfesuchend an die europäischen Zionisten, die schließlich einen gewagten Plan entwickelten: Sie wollten den Papst als ihren Fürsprecher gewinnen.

In Rom allerdings wusste man, wie wenig Erfolg versprechend eine weitere vatikanische Initiative wäre. Hatte Benedikt XV. den Sultan schon nicht umstimmen können, als es um die eigenen »Söhne und Töchter« des »Vaters der Christenheit« ging, wie wenig hätte man in der Frage der Juden auf ihn gehört. Andererseits wollte der Heilige Stuhl sie auch nicht durch die Ablehnung ihres Hilfeersuchens brüskieren. Also entwarf man einen ganz anderen Plan. Benedikt XV. setzte auf die Deutschen, denen er als Verbündete des Osmanischen Reiches noch am ehesten einen Einfluss auf Talaat, Enver und Cemal zutraute. Da aber, wie gesagt, der Heilige Stuhl zu diesem Zeitpunkt noch keine diplomatischen Beziehungen zum Reich unterhielt, war auch das nur über einen Umweg möglich. Da traf es sich gut, dass der Papst gerade seinen besten Mann als neuen Nuntius nach München geschickt hatte, Msgr. Eugenio Pacelli, der zuvor als Sekretär für das Außenamt des vatikanischen Staatssekretariats verantwortlich gewesen war. Pacelli, der 22 Jahre später Papst Pius XII. werden sollte, hatte, ungewöhnlich für einen Kirchenmann dieser Zeit, aus seiner Sympathie für das Judentum nie einen Hehl gemacht. Schon als Gymnasiast hatte er jüdische Freunde und verkehrte in ihren Familien, noch im Mai 1917 hatte er dem Zionistenführer Nahum Sokolow eine Audienz bei Benedikt XV. verschafft. So wusste der Papst das Anliegen der Zionisten bei ihm in guten Händen, als er Kardinalstaatssekretär Gasparri am 15. November 1917 um 16.30 Uhr ein chiffriertes Fernschreiben an die Münchener Nuntiatur schicken ließ:

> »Die israelitische Gemeinschaft der Schweiz bat den Heiligen Vater, sich für die Unversehrtheit der Stätten und der jüdischen Bevölkerung Jerusalems einzusetzen. Er bittet Eure Exzellenz durch uns, entsprechend im Namen des Heiligen Vaters auf die deutsche Regierung einzuwirken.«[567]

Am nächsten Morgen war der Text dechiffriert, noch am selben Tag wurde Erzbischof Pacelli aktiv und schrieb an den bayerischen Außenminister Otto Ritter von Dandl:

> »Der unterfertigte Apostolische Nuntius hat die Ehre, Euerer Exzellenz mitzuteilen, dass die israelitischen Gemeinden der Schweiz den hl. Vater gebeten haben, sich für die Erhaltung der Orte und der jüdischen Bevölkerung von Jerusalem zu verwenden. Seine Eminenz, der Herr Kardinalstaatssekretär hat nun denselben beauftragt, im Namen Seiner Heiligkeit mit aller Sorgfalt bei der Kaiserlichen Regierung im gewünschten Sinne sich zu bemühen. Der Unterzeichnete ersucht daher Euere Exzellenz, zur Erreichung des Zweckes bei den zuständigen Behörden all Ihre guten Dienste nachdrücklich aufzubieten.«[568]

Tatsächlich reagierte dieses Mal auch das Auswärtige Amt sofort und veröffentlichte am 29. November 1917 die folgende Erklärung:

> »Nach den vorliegenden Nachrichten von türkischer Seite ist bereits auf die Schonung der heiligen Stätten in Jerusalem, die auch bei den Mohammedanern Verehrung genießen, Bedacht genommen worden, wird man der Bevölkerung jede Rücksicht angedeihen lassen. Selbstverständlich haben die Juden dabei keinerlei Ausnahmemaßregeln zu befürchten.«[569]

Schließlich konnte Ritter von Dandl am 8. Dezember 1917 dem Apostolischen Nuntius mitteilen,

> »dass ich nicht verfehlt habe(,) das Anliegen der israelitischen Gemeinden der Schweiz wegen des Schutzes der Orte und der judaischen Bevölkerung von Jerusalem zur Kenntnis des Auswärtigen Amtes in Berlin zu bringen.
> Es ist mir hierauf von dort erwidert worden, es liege nach den daselbst eingetroffenen Nachrichten keinerlei Anlass zu der Befürchtung vor, dass die Türkischen Behörden in Palästina besondere, gegen die jüdische Bevölkerung gerichtete Maßnahmen zur Anwendung bringen könnten ...«[570]

Nur drei Tage später, am 11. Dezember 1917, nahmen die Briten unter General Edmund Allenby Jerusalem ein. Die Gefahr war damit für die Juden endgültig gebannt.
Zumindest laut dem israelischen Historiker und Diplomaten Pinchas Lapide hatte allein Pacellis Demarche dazu geführt, »die Jerusalemer Judenheit wie die heiligen Stätten vor dem fast gewissen Untergang zu bewahren«[571]. Offenbar hatte sie bewirkt, dass Cemal Pascha im entscheidenen Augenblick das Kommando über die türkischen Truppen in Palästina an den deutsche General Erich von Falkenhayn abgeben musste. Dessen Biograph Holger Afflerbach wiederum ist überzeugt: »Ein unmenschlicher Exzess gegen die Juden in Palästina wurde allein durch Falkenhayns Verhalten verhindert, was vor dem Hintergrund der deutschen Geschichte des 20. Jahrhunderts einen besonderen – und Falkenhayn auszeichnenden – Stellenwert erhält.«[572]
So zitiert Pinchas Lapide einen Brief, den Dr. Jakob Thon, der damalige Leiter des Zionistischen Büros in Jerusalem, im Dezember 1917 schrieb:

> »Eine besondere glückliche Fügung war, dass in den letzten kritischen Tagen General von Falkenhayn den Oberbefehl hatte. Cemal Pascha hätte in diesem Falle – wie er es oft in Aussicht gestellt hatte – die Bevölkerung des ganzen Gebiets verjagt und das Land in eine Ruine verwandelt. Wir und die gesamte übrige Bevölkerung, sowohl die

christliche als auch die mohammedanische, müssen mit tiefer Dankbarkeit an P.(acelli) denken, der durch Verhinderung einer geplanten vollständigen Evakuierung dieses Gebietes die Zivilbevölkerung vor dem Untergang bewahrt hat.«[573]

Der überraschende Erfolg dieser Demarche mag der Grund dafür sein, dass die Nuntiatur in München erneut eingeschaltet wurde, als den Armeniern im Osmanischen Reich neue Gefahren drohten.
Gegen Ende 1916 war der Genozid an den Armeniern praktisch beendet. Die letzten Armenier aus den westanatolischen *vilayets* waren bereits im Frühjahr in die syrische Wüste und nach Nordmesopotamien deportiert worden, und wer den Weg dorthin überlebt hatte, fiel den dort grassierenden Seuchen, den Massakern oder der Winterkälte zum Opfer. Um die 300 – 350 000 Menschen, so US-Konsul Jackson, hatten die Massaker in ihrer Heimat und die Todesmärsche durch die Berge noch überlebt. Doch im Frühjahr 1917 zählte der deutsche Konsul in Aleppo gerade einmal 45 000 Deportierte im gesamten Südosten des Osmanischen Reiches, von denen 35 000 »in äußerster Not« lebten und »viele am Verhungern« waren. Gut die Hälfte davon, nämlich etwa 20 000, waren Waisenkinder, von denen bald viele in ausländischen Hilfswerken Aufnahme fanden. Deren Arbeit wurde von den Türken zwar immer wieder torpediert und sabotiert, aber zumindest geduldet. So konzentrierten sich die Schreiben des Jahres 1917, die im Vatikanarchiv erhalten sind, überwiegend auf Hilfsmaßnahmen zugunsten armenischer Waisen und die Weiterleitung oft beträchtlicher Summen an das armenisch-katholische Patriarchat sowie zuverlässige Hilfswerke und Missionsstationen vor Ort (etwa am 4. August 1917 der Betrag von 45 920 Kronen über die österreichische Botschaft in Wien, z.Hd. Msgr. Dolci zur Weiterleitung an das Patriarchat[574], von 2000 Franken aus der Schatulle des Papstes am 15. Juli 1917 oder die 30 000 Mark und 10 000 Franken, gespendet von Kardinal von Hartmann, dem Erzbischof von Köln, am 19. Juli 1917 und 9. Januar 1918[575]).
Die Hilfeleistungen gipfelten im Frühjahr 1919 in der Stiftung zweier Waisenhäuser in Konstantinopel und Angora für armenische Kinder, die den Völkermord überlebt hatten, durch Papst Benedikt XV.[576]

Doch zu diesem Zeitpunkt war die Terrorherrschaft der Jungtürken bereits Vergangenheit.
Am 10. August 1916 hatte die osmanische Regierung die armenische Verfassung von 1863 auch offiziell außer Kraft gesetzt.[577] Alle Bindungen des armenisch-orthodoxen Patriarchats an den Katholikos von Etschmiadzin wurden aufgehoben, die Patriarchate von Konstantinopel und Jerusalem aufgelöst, der gregorianische Patriarch von Konstantinopel, Zaven Der Yaghiayan, verhaftet und nach Bagdad deportiert. Der Patriarch von Sis, Sahag II. Khabayan (1849–1939) wurde zum alleinigen Katholikos der osmanischen Armenier erklärt und sein Sitz nach Jerusalem verlegt. Am 1. Januar 1917 setzte die osmanische Regierung den Schlusspunkt in der Armenierfrage: Sie kündigte den Berliner Vertrag, dessen Artikel 61 längst überflüssig geworden war, denn in den einstigen »armenischen *vilayets*« lebten längst keine Armenier mehr. So konnte sich Talaat Bey, als er am 4. Februar 1917 neuer Großwesir und als solcher in den Rang eines Paschas erhoben wurde, großzügig zeigen. Alle Zwangsmaßnahmen gegen die Armenier, so erklärte er in seiner Rede vor dem Parlament, seien jetzt aufgehoben. Die kläglichen Reste eines einst so stolzen Volkes, die zu diesem Zeitpunkt noch im Südosten vor sich hin vegetierten, stellten keine Bedrohung mehr dar.
Und tatsächlich war er zugänglich, als Msgr. Dolci ihn am 18. Juni 1917 im Namen des Papstes um Gnade für 60 Armenier bat, darunter fünf Katholiken und ihren Priester Artin Maldjian, die in Aleppo von einem Kriegsgericht zum Tode verurteilt worden waren.[578] Sie hatten versucht, sich durch Flucht der Deportation zu entziehen.[579] Nachdem ein gleichlautendes Gnadengesuch auch an Enver Pascha und den deutschen Generalstabschef Friedrich (»Fritz«) Bronsart von Schellendorf gegangen war[580], konnte der Delegat am 23. August endlich die frohe Kunde von ihrer Begnadigung nach Rom übermitteln.[581] Der Papst ließ ihm ausdrücklich zu diesem Erfolg[582] gratulieren, der auch seinen Widerhall in der armenischen Presse fand.[583]
Doch dieses scheinbare Tauwetter sollte ein jähes Ende finden, als die Nordostgrenze der Türkei neu definiert wurde. Hier hatten die Russen im Februar 1916 Erzurum eingenommen, die Dritte türkische Armee dabei vernichtend geschlagen; in einem Monat verlor sie

60 000 Mann. Am 3. März fiel auch Bitlis, womit den Russen die Straßen nach Sivas, Harput und Diyarbekir offen standen. Im März verlief die Front von Rize am Schwarzen Meer über Erzurum, Musch und das Südufer des Van-Sees bis nach Nordpersien. Eine türkische Gegenoffensive scheiterte, wieder einmal, an der mangelhaften Versorgung der Truppen. In einem Gebiet, das durch die Deportation der Armenier wirtschaftlich ruiniert war, gab es nichts mehr, womit man Soldaten ernähren konnte. So eroberte der russische Kommandant Nikolai N. Judenitsch im April Trapezunt und im Juli Erzincan, um den Winter über seine Stellungen zu halten. Ein Geheimvertrag zwischen Frankreich und Russland vom 26. April 1916 sah vor, dass nach Kriegsende die *vilayets* Erzurum, Trapezunt, Van und Bitlis an Russland, die Provinzen Kayseri, Zara, Egin und Harput aber an Frankreich fallen würden. Die Franzosen verpflichteten sich, das historische »Kleinarmenien« wiederauferstehen zu lassen und dort die Überlebenden des Völkermordes anzusiedeln. Nach der russischen Februarrevolution 1917 erlaubte die provisorische Regierung die Rückkehr von 150 000 armenischen Flüchtlingen in die Provinzen Van, Bitlis, Erzurum und Trapezunt. Unter der russisch-armenischen Verwaltung kam das Leben allmählich wieder in geordnete Bahnen. Erst die Oktoberrevolution, die Machtergreifung der Bolschewiken, machte die Pläne der Entente und die Erfolge der russischen Armee an der Kaukasusfront zunichte. Schließlich hatte das Deutsche Reich seine Unterstützung Lenins an die Bedingung geknüpft, dass ein Separatfrieden ausgehandelt würde. Nach der Durchquerung Deutschlands im Eisenbahnwaggon traf der Bolschewistenführer, der zuvor im Exil in der Schweiz gelebt hatte, am 16. April 1917 in St. Petersburg ein. Tags darauf meldete der deutsche Auslandsgeheimdienst nach Berlin: »Lenin Eintritt in Rußland geglückt. Er arbeitet völlig nach Wunsch.«[584] Davon profitierte auch Deutschlands Verbündeter, die Türkei. Mit Erlass vom Januar 1918 befahl Lenin den Rückzug der russischen Truppen aus den osmanischen Kaukasusgebieten, die mit dem Vertrag von Brest-Litowsk vom 3. März 1918 an die Türken zurückgegeben werden sollten. Eine armenische Miliz sollte jetzt die »Sicherheit der Bewohner von Türkisch-Armenien und ihrer Habe«[585] gewährleisten.

Damit waren die Armenier wieder auf sich selbst gestellt. Die Rückkehrer, die vor den Massakern über den Kaukasus nach Russisch-Armenien geflohen und gerade erst zurückgekehrt waren, mussten die Rache der Türken fürchten, die sie als Verräter brandmarkten. Die Türken zogen ihre Truppen zusammen und vertrieben die armenische Miliz auf die andere Seite des Kaukasus. Dort wiederum nutzten die mit den Türken verbündeten Aserbaidschaner die Gunst der Stunde, um über das jetzt unabhängige, ehemals russische Kleinarmenien herzufallen. Am 3. Mai 1918 begannen in Batum Verhandlungen, deren Verlauf selbst die turkophilen Deutschen befremdete: »Die maßlose türkische Forderung (...) abzielt auf Gebietserwerb weit über Brester Vertrag hinaus (...) und auf Ausrottung der Armenier auch in Transkaukasien«[586], meldete der deutsche Teilnehmer General von Lossow am 15. Mai an das Auswärtige Amt. Wieder einmal schwebten die Christen in höchster Gefahr.
In dieser Situation wurde noch einmal die päpstliche Diplomatie aktiv. Am 14. Februar 1918 ging ein verschlüsseltes Fernschreiben an die Nuntiatur in Bayern, in dem Erzbischof Pacelli von Kardinalstaatssekretär Gasparri im Auftrag des Papstes gebeten wurde, bei der kaiserlichen Regierung zugunsten der Armenier zu intervenieren.[587] Gleich am nächsten Tag schrieb der Nuntius an Reichskanzler Georg Graf von Hertling (1843–1919, Reichskanzler 1917–18), einen Katholiken:

> »Seine Eminenz, der Herr Kardinalstaatssekretär hat mir nahegelegt, die hohe Reichsregierung dafür zu gewinnen, dass sie, wie aus eigenem Antrieb, ohne den Eindruck zuzulassen als hätte der hl. Stuhl es angeregt, bei der Ottomanischen Regierung wirksam dahin sich verwende zu verhindern, dass bei einem etwaigen Rückzug der (russischen, d. Verf.) Truppen die christliche Bevölkerung in dem Persischen Grenzgebiete Belästigungen von seiten der Kurden zu erdulden habe.«[588]

Erst einen Monat später, am 18. März, traf über die Königlich Preußische Gesandtschaft in München in Form eines brüskierend unpersönlichen Promemorias die Antwort ein:

»Seitens der Kaiserlichen Regierung sind sowohl bei der Türkischen, wie bei der Persischen Regierung Schritte unternommen worden, um die christliche Bevölkerung vor Belästigungen durch die Kurden nach Möglichkeit zu schützen.«[589]

Doch so lange hatte Benedikt XV. nicht gewartet. Am 7. März wurde ihm der am Vortag übermittelte leidenschaftliche Appell dreier armenisch-katholischer Geistlicher, des Erzbischofs Peter Kojunian, des Patriarchalprokurators S. Der Abramian und des Generaloberen der Mechitaristen, Pater Giovanni Torossian, vorgelegt. Darin hieß es:

»Indem Russland die armenischen Provinzen, die in den letzten Jahren erobert wurden, der Macht und Gnade der türkischen Regierung überläßt, wird der muslimischen Barbarei, der Fortsetzung der Massaker und Deportationen der armenischen Bevölkerung von 1915, die in diesen Regionen bereits begonnen hatte, freie Hand gelassen, sodass ihr schändlicher Plan der vollständigen Zerstörung unserer Nation zur Vollendung kommen kann. Mit großem Schmerz und Sorge hören wir jetzt schon von den Taten der Türken bei ihrer Ankunft in Trabizunt.«[590]

Noch am selben Tag schickte Kardinalstaatssekretär Gasparri ein weiteres chiffriertes Fernschreiben an Erzbischof Pacelli. Darin bat er diesen, sich ausdrücklich im Namen des Papstes beim Außenminister und dem Kaiser für »die armen Armenier« einzusetzen, denen »die Rückeroberung ihrer Gebiete durch die Türken nach dem Friedensvertrag mit Rußland« drohe.[591] Wieder wurde der Nuntius aktiv. Am 9. März schrieb er einen zweiten Brief an Reichskanzler von Hertling:

»Seine Eminenz, der Herr Kardinalstaatssekretär hat mich telegraphisch beauftragt, im Namen des hl. Vaters angelegenheitlichst und dringlichst mich bei Seiner Majestät, dem Kaiser und bei Euerer Exzellenz zu verwenden, dass Seine Majestät und die hohe Reichsregierung allen Einfluss aufwenden, um zu erreichen, dass die armen Armenier von den Türken in schonender Weise behandelt werden in jenen Ge-

> bieten, welche der Türkei durch den Friedensvertrag mit Russland zufallen. Darum ersuche ich Euere Exzellenz höflichst und dringendst, Seine Majestät den Kaiser für eine diesbezügliche Intervention gewinnen zu wollen.«[592]

Dessen Antwort, datiert auf den 14. März 1918, traf nur einen Tag nach dem Promemoria in der Nuntiatur ein. Die kaiserliche Regierung habe sich bereits nach dem Vertragsschluss

> »mit der Kaiserlich Ottomanischen Regierung wegen der Frage der Behandlung der armenischen Bewohner dieser Provinzen in Verbindung gesetzt. Dabei haben wir uns überzeugen können, dass die Türkische Regierung entschlossen ist, die Armenier mit Milde zu behandeln…«[593]

Doch es blieb nicht bei dieser Versicherung. Nein, von Hertling und mit ihm die kaiserliche Reichsregierung, ergriffen jetzt offen Partei gegen die Armenier:

> »Die Wiederkehr friedlicher Zustände ist aber selbstverständlich nur möglich, wenn die Armenier sich der türkischen Regierung unterwerfen, ihre jetzt völlig aussichtslos gewordenen politischen Wünsche aufgeben und loyal zu ihrer Untertanenpflicht zurückkehren.«[594]

Leider würden sie von im Ausland lebenden Komitees aufgestachelt werden, etwa durch den in Paris befindlichen Vertreter des armenischen Katholikos, Boghos Nubar Pascha, der die englische Regierung um Entsendung von Offizieren und Mannschaften zur Unterstützung der kämpfenden Armenier gebeten haben soll. Offenbar wollten sich die Armenier nicht erneut wie Schafe zur Schlachtbank treiben lassen. Von Hertling weiter:

> »Sollte der Herr Kardinalstaatssekretär Mittel und Wege finden, um dem unverantwortlichen Treiben derer, die die Armenier zum nutzlosen Widerstande aufreizen, entgegenzutreten, so könnte dadurch schweres Unglück von dem christlichen Volke abgewandt werden, an dessen Lose Seine Eminenz so warmen Anteil nimmt.«[595]

Das war eine massive Drohung. Die Armenier sollten sich gefälligst ihren einstigen Schlächtern unterwerfen oder ihnen drohe »schweres Unglück«. Pacelli bestätigte lediglich den Erhalt des Schreibens, leitete eine Übersetzung ins Französische an den Heiligen Stuhl weiter.
Doch von Hertling legte nach. In einem erneuten Schreiben an Pacelli vom 18. April 1918, also einen Monat später, zitierte er den Bericht eines »deutschen Beamten, der aus russischer Gefangenschaft befreit« über Trapezunt nach Konstantinopel gereist war und von den Gräueltaten armenischer Banden gehört habe. Dabei räumte derselbe Beamte aber auch ein: »Auf meinem Reisewege an der Küste konnte ich von armenischen Banden nichts bemerken.«[596] Dass reine Gerüchte aus türkischen Quellen als »Beweis« angeführt wurden, zeigt deutlich, wie schwach die deutsche Position war.[597]
Der Grund für diesen »Nachschlag« war der Brief des Kölner Erzbischofs Kardinal von Hartmann, den wir im ersten Kapitel zitiert haben. Seine Initiative, wie gesagt, ging offensichtlich auf das direkte Zeugnis der Missions-Benediktinerinen von Mossul zurück, zu denen seine eigene Nichte gehörte. Seine Mahnung war deutlich: Würde das Deutsche Reich jetzt nicht intervenieren, sondern weiterhin die türkischen Verbrechen decken, mache es sich mitschuldig an dem bis dahin größten Völkermord der Geschichte.
Am 13. April 1918 antwortete von Hertling dem Erzbischof und sein Schreiben ist Beweis genug, dass man auch in Berlin befürchtete, die Verbrechen von 1915 könnten sich wiederholen. Ja, hieß es jetzt, man habe sich mit der Hohen Pforte »wegen der Frage der Behandlung der Armenier in Verbindung gesetzt und eindringlichst darauf hingewiesen, wie wichtig es sei, dass beim Einmarsch der türkischen Truppen in die von den Russen geräumten Gebiete Ausschreitungen gegen die armenische Bevölkerung vermieden« werden sollten:

> »Nach den bündigen Erklärungen, die der Grosswesier, der Minister des Aeussern und sein Vertreter den deutschen amtlichen Stellen gegenüber abgegeben haben, ist man zu dem Vertrauen berechtigt, dass die türkische Zentralregierung zur Milde gegen die Armenier entschlossen ist und (…) ähnliche Vorgänge, wie sie sich im Jahre 1915 abgespielt haben, zu verhüten wissen wird.«[598]

Pacelli genügte diese Versicherung der deutschen Seite nicht, ihm klangen die Versprechen der Türken wohl zu vage. Kardinalstaatssekretär Gasparri scheint es ähnlich gesehen zu haben und mit ihm der Papst. So wurde zu einem letzten Mittel gegriffen, um den Reichskanzler aufzurütteln und an sein Gewissen als Katholik zu appellieren. Pacelli übersandte ihm vertraulich eine Abschrift des neuen Handschreibens, das Benedikt XV. bereits am 12. März 1918 an Sultan Mehmet V. geschickt hatte. Darin erklärte der Papst:

> »Auf unseren Appell, den Wir an Eure Majestät am 10. September 1915 richteten, dass Sie Mitleid mit dem Schicksal der unglücklichen Armenier haben, antwortete Eure Majestät am 10. des darauffolgenden Novembers mit Erläuterungen und Versicherungen. Und tatsächlich, in der tiefen Traurigkeit, mit der Uns die Übel des Krieges erfüllten, tröstete es Uns, als wir später erfuhren, dass es (scheinbar, d. Verf.) eine spürbare Verbesserung der Lage dieses unglücklichen Volkes gegeben hatte, das von einer solch entsetzlichen Katastrophe heimgesucht worden war. Diese erfreuliche Konsequenz unserer eindringlichen Gebete, dieser greifbare Beweis des guten Willens Eurer Maestät, veranlassen Uns heute, Ihnen Unsere Sorge mitzuteilen, die durch Informationen ausgelöst wurde, die Uns erneut erreicht haben und Uns dazu bringen, Ihnen Unsere Befürchtung mitzuteilen, dass sich die unbeschreiblichen Leiden dieser Unglücklichen wiederholen könnten, die sie bereits in der Vergangenheit erlitten haben. Aufgrund des Friedensvertrages, den die Vertreter Eurer Majestät und die Eurer Verbündeten mit Russland geschlossen haben, ist ein beträchtliches Gebiet erneut unter die Herrschaft der Türkei gefallen, ein Gebiet, das größtenteils von Armeniern bewohnt wird. Möge die unbewaffnete und unschuldige Bevölkerung verschont und beschützt werden! Es ist eine Gabe der Mächtigen, Großzügigkeit und Barmherzigkeit walten zu lassen. Jetzt, wo es keinen Grund zur Befürchtung mehr gibt und wo die Gründe für jenen militärischen Befehl, den Eure Majestät in Ihrem Brief vom 10. November aufzählte, nicht mehr existieren (gemeint ist die Gefahr, dass die Armenier sich mit den Russen verbünden könnten, d.Verf.), wo, im Gegenteil, das Osmanische Reich sich im Norden um weite Gebiete ausdehnt, mögen die armen Armenier reichlich Ihr herrscherliches Erbarmen und Ihre Gnade erfahren!

> Wir hoffen, dass Eure Majestät sich nach unseren Mahnrufen richten werden und Sie, bestimmt durch Ihr hohes Empfinden für Gerechtigkeit und Gnade die Güte besitzen, angemessene Vorkehrungen zu Gunsten dieser Unglücklichen treffen, die vom Krieg so schwer getroffen wurden.
>
> Bitte gestatten Sie Uns, Eurer Majestät die besten Wünsche für Ihr Wohlergehen und das Ihres Volkes auszusprechen.
>
> Im Vatikan, 12. März 1918, Benedikt XV., Papst«[599]

Er habe diese »von wahrer Menschenliebe und hehrem Pflichtgefühl getragenen Worte, die Seine Heiligkeit zu Gunsten der Armenier gesprochen hat, mit tiefer Bewegung gelesen«[600], schrieb Reichskanzler von Hertling anschließend an Nuntius Pacelli. Und schließlich handelte er doch. Am 7. August 1918 berichtete er in einem Promemoria dem Erzbischof:

> »Vor den in ihr Gebiet einrückenden türkischen Truppen hatten in Südkaukasien Tausende von Armeniern ihre Heimstätten verlassen und sich in die Berge geflüchtet, wo sie mangels jeglicher Zufuhr auf die Dauer dem Hunger preisgegeben waren. Sie wandten sich an uns mit der Bitte, ihnen von der Türkischen Regierung die Erlaubnis zu bewirken, in ihre Heimstätten zurückzukehren und ihre Ernte zu bergen. Nachdem die Türkische Regierung sich anfänglich (...) ablehnend verhalten hatte, hat sie jetzt auf unsere von Österreich-Ungarn unterstützten Vorstellungen zugesagt, sofort mit der Rückführung der armenischen Flüchtlinge in ihre Heimat zu beginnen.«[601]

Doch auch in Konstantinopel war die päpstliche Diplomatie wieder zum Einsatz gekommen. Am 13. und 14. März hatte die türkische Tageszeitung *L'Hilal* auf ihrer Titelseite über vermeintliche Massaker der Armenier an Türken berichtet, die ganz offensichtlich zur Legitimation neuer Zwangsmaßnahmen dienen sollten[602]. Tatsächlich erfuhr Msgr. Dolci einen Tag später, dass die Regierung jetzt plane, sogar die Armenier der Hauptstadt zu deportieren. Sofort sprach er beim neuen deutschen Botschafter, Johann Heinrich Graf Bernstorff, und beim türkischen Außenminister Halil Bey vor. Beide versicherten ihm, dass keine neuen Deportationen geplant seien, zumal bislang nur wenige Armenier in die neu besetzten Kaukasusgebiete zurückgekehrt wären. Dass auch Halil Bey die Räuberpistolen von den »armenischen Banden«, die »schlimmste Grausamkeiten gegen Angehörige der türkischen Rasse«[603] verübt hätten, wiederholte, ließ bei Dolci allerdings die Alarmglocken läuten. »So hielt ich dem Minister vor, dass die Europäische Presse ernste Besorgnis ausdrückte, dass die Osmanische Regierung ihre Unterdrückungsmaßnahmen gegen die noch im Reich befindlichen Armenier, speziell die Deportationen, fortsetzen könnte, und bat erneut im erhabenen Namen des Heiligen Vaters, auf solche Maßnahmen zu verzichten, sollte die Regierung sie geplant haben«[604], was, wie gesagt, energisch bestritten wurde. Als nur 14 Tage später die letzten Armenier aus Angora verschickt werden sollten, wusste Dolci, dass er wieder einmal belogen worden war. Wieder protestierte der Apostolische Delegat, wandte sich an den deutschen Botschafter und den türkischen Außenminister, und hatte dieses Mal sogar Erfolg: Der Militärkommandant, der mit den Deportationen beauftragt worden war, wurde nach Konstantinopel zurückgerufen.[605] Kardinalstaatssekretär Gasparri dankte Dolci im Namen des Papstes für seinen erfolgreichen Einsatz.[606]

Anders war die Lage an der Kaukasusfront. Als am 14. Februar 1918 der türkische Vormarsch in die demilitarisierten russischen Provinzen begann, kam es wieder zu Bluttaten. Am 13. März 1918 ermordeten die Türken bei der Einnahme von Ardahan über 7000 armenische Zivilisten, bei der Eroberung Batumis am 14. April und Alexandropols am 15. Mai wieder Tausende. Hatte sich noch im Januar 1918 eine »transkaukasische Konföderation« aus Georgien, Armenien und Aserbaidschan gebildet, zerfiel diese zusehends, je näher die Türken vorrückten. Am 22. April unterzeichneten die drei Staaten einen Waffenstillstand, fünf Wochen später wurden die »Republik Georgien« und die »Republik Armenien« ausgerufen. Dort hatten jetzt armenische Brigaden von insgesamt 20000 Mann eine Front von fast 400 Kilometern Länge zu verteidigen. Jetzt erfuhren auch die Regierungen Deutschlands und Österreichs von neuen

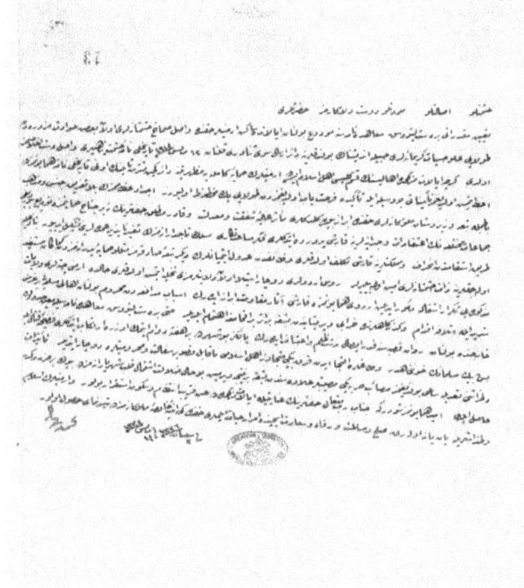

Das auf Osmanli verfasste Handschreiben Mehmets V. an Papst Benedikt XV. (A.S.V., Segr. Stato, Guerra 1914-18, rubr. 244, Fasc. 112, S.13)

Morden an Armeniern. Man könne es nicht verantworten, dass »der Brester Vertrag als Freibrief zur Verfolgung der Christen im Kaukasus mißbraucht wird«[607], hieß es in einem Telegramm des deutschen Auswärtigen Amtes an den Botschafter in Wien vom 26. Mai 1918. Inmitten dieser Wirren, am 3. Juni, übergab der türkische Außenminister Msgr. Dolci die Antwort des Sultans auf den Brief des Papstes[608], die auf den 15. Mai datiert war:

»Heiligkeit,

Wir haben den Brief bekommen, den Eure Heiligkeit am 12. März 1918 an uns gerichtet haben und in dem Sie uns gütigst Ihre Sorge mitteilten, die gewisse bis zu Ihnen vorgedrungene tendenziöse Informationen betreff der armenischen Bevölkerung der auf den durch das Friedensabkommen von Brest-Litowsk geräumten Gebiete bei Ihnen ausgelöst haben. Obwohl diese Gebiete fast ausschließlich von Muslimen bewohnt werden, sind wir doch glücklich, unsere bereits in unserem Schreiben vom 10. November 1915 geäußerte Versicherung hinsichtlich unseres vollkommenen und umfassenden Schutzes für das armenischen Volk Eurer Heiligkeit gegenüber wiederholen zu können. Die

Fürsorge und Gerechtigkeit unserer Vorfahren allen ihren Untertanen gegenüber bilden das unveränderbare Prinzip unserer Herrschaft, die zwischen Rasse und Religion keinen Unterschied macht und von Toleranz und Respekt vor dem Glauben der verschiedenen Gemeinschaften geprägt ist, mit deren Schutz der Allmächtige Uns gütigst betraut hat.
Folglich kann Eure Heiligkeit versichert sein, dass diejenigen, die nicht vom rechten Weg abkommen und ihre Pflichten ihrem Land gegenüber nicht außer Acht lassen, wie alle unsere treuen Untertanen auch weiterhin im Genuss unseres ganzen väterlichen Schutzes stehen werden.
Obwohl die russische Armee unsere von ihr überfallenen Provinzen evakuiert hat, fühlten sich die armenischen Banden allerdings dazu gezwungen, unseren dorthin entsandten Truppen Widerstand zu leisten, die schutzlose muslimische Bevölkerung wie besessen zu ermorden und bei ihrem Durchzug nichts als Ruinen und Verwüstung zu hinterlassen. Auch der Bezirk Jerevan, obwohl er sich außerhalb der durch das Brest-Litowsk-Abkommen festgesetzten Gebiete befindet, ist den durch diese Banden verübten Gräueltaten nicht entkommen. Diese Banden haben erst kürzlich ein Massaker verübt, das sich über eine Woche erstreckt hat und dem über 5000 Seelen zum Opfer fielen. Über 40 000 Menschen suchten Zuflucht in den Bergen und sind unbeschreiblichem Leid ausgesetzt.
Wir verspüren großen Kummer angesichts dieser bedauernswerten Abwege, die jene durch den Krieg verursachten Übel nur vergrößern und deren grausame Konsequenzen wir zu reduzieren versprechen.
Mit der Hilfe des Allerhöchsten hoffen wir, dass in diesen Gebieten bald Ruhe und Ordnung einkehren werden und dass sich unser sehnlichster Wunsch, unsere armenischen Untertanen dort in Frieden und Wohlstand Seite an Seite mit ihren muslimischen Mitbürgern leben zu sehen, bald erfüllt.
Wir bitten Eure Heiligkeit, uns zu erlauben, Ihnen die besten Wünsche für die Erhaltung Ihrer kostbaren Gesundheit und Ihres Glücks auszusprechen.

Konstantinopel, 15. Mai 1918 , Mehmet Reschad V.«[609]

Der Sultan war zu diesem Zeitpunkt bereits ein kranker Mann; sechs Wochen später, am 3. Juli 1918, verstarb er. Ihm folgte sein Bruder Mehmet VI. (1861–1926; Sultan von 1918–1922) auf den Thron, der das Reich in einem desolaten Zustand übernahm. Britische Truppen hatten längst Bagdad, Jerusalem und Damaskus erobert. Der Krieg neigte sich dem Ende zu, doch noch wollte die Türkei nicht begreifen, dass sie auf der Verliererseite war.

Im türkischen Staatsrat plädierte Enver Pascha dafür, die Armenier »auch im Kaukasus ebenso gründlich (zu vernichten) wie in der Türkei«, wie Talaat Pascha dem neuen armenischen Finanzminister Alexander Katisian anvertraute. Der aber befürwortete mittlerweile die Gründung eines armenischen Staates, denn er wusste, dass der Krieg verloren war, und fürchtete eine Anklage durch die Entente-Mächte. Milde, so war sich Talaat sicher, »würde uns in den Friedensverhandlungen mit den Alliierten auch zugute kommen«[610]. Doch Enver setzte sich durch. Noch immer von der pantürkischen Ideologie getrieben, fielen seine Truppen im September 1918 über Armenien her und drangen bis Baku vor, wo sie in einem dreistündigen Massaker etwa 30 000 Armenier niedermetzelten[611] und 10 000 deportierten; Zehntausende waren bereits aus der Stadt geflohen. Dann setzten die Türken ihren Feldzug bis nach Nordpersien fort. Es war der letzte große Erfolg der osmanischen Armee und »knapp 500 000 Armenier«[612], so der Historiker Wilhelm Baum, fielen ihm insgesamt zum Opfer. Ein letztes Aufbäumen vor dem Fall, wie wir heute wissen.

Am 5. Oktober 1918, nach dem Zusammenbruch der Palästinafront, unterbreitete der Sultan dem britischen Botschafter H. Rumbold in Bern ein Angebot für einen Waffenstillstand. Dreieinhalb Wochen später wurde der Friedensvertrag auf einem englischen Kriegsschiff vor der Insel Lemnos unterzeichnet. Von den Armeniern war jetzt keine Rede mehr, was für die Briten zählte, waren Palästina und die Ölgebiete im Süden Mesopotamiens.

Doch jetzt endlich schienen die Türken die Konsequenzen ihrer Verbrechen zu fürchten. Auf dem letzten Kongress der *Ittihat*-Partei im Oktober 1918 wurde das Triumvirat Talaat – Enver – Cemal für die Niederlage verantwortlich gemacht und entlassen. Enver und Talaat flohen auf einem deutschen Kriegsschiff ins Reich. Der neue Sultan

nahm mittlerweile von der Entente seine Befehle entgegen. Die Armee wurde demobilisiert. Am 3. März 1919 setzte er auf Druck der Sieger und speziell der Briten den ersten Strafgerichtshof der Geschichte ein, der einen Fall von »Verbrechen gegen die Menschheit« aburteilte. Angeklagt waren Talaat, Enver, Cemal und andere Jungtürken; im Juli 1919 wurden sie in Abwesenheit zum Tode verurteilt. Von insgesamt 17 Todesurteilen wurden schließlich nur drei vollstreckt.[613]
»Die Prozeßprotokolle und alle Dokumente belegen, dass der Völkermord eine zentral geplante, bürokratisch organisierte und durchgeführte Tat war, bei der staatliche Organe und Teile der regierenden Partei *Ittihat ve Terakki* zusammengearbeitet haben«[614], stellt der türkische Historiker Taner Akcam fest. So wurden Dokumente vorgelegt, darunter chiffrierte Telegramme, aus denen hervorging, dass bereits Anfang Mai 1915 Deportationsbefehle vom Innenministerium und dem Zentralkomitee der *Ittihat* in die Provinzen geschickt wurden. Dazu Akcam: »Der begleitende Befehl der Partei weist darauf hin, dass die Deportationen nunmehr als Vorwand für die Vernichtung gedacht waren.«[615] In einem auf den 17./18. Juli 1915 datierten Telegramm an den Gendarmeriekommandanten von Bogasliyan war sogar ausdrücklich von »verschicken im Sinne von vernichten«[616] (»*sevkiyat, yani mahv manasina*«) die Rede. Die schriftliche Aussage von Vehip Pascha, Kommandant der Dritten Armee ab Februar 1916, bestätigte, dass die offiziellen Befehle über die Gouverneure verteilt wurden, während die Massaker von Dr. Bahattin Schakirs »Sondereinheiten«, den *Teskilati Mahsusa,* ausgeführt worden waren. Der Landrat Nuri aus Bayburt sagte aus, er habe einen geheimen Befehl aus Istanbul erhalten, »keinen Armenier am Leben zu lassen«[617]. Jedem, der sich diesem Befehl widersetzte, sei die Hinrichtung angedroht worden. Eine zentrale Rolle bei der Befehlsübermittlung nahm Talaat Pascha ein. Als Antwort auf die Proteste Deutschlands, Österreichs und des Heiligen Stuhls wegen der Deportationen der katholischen Armenier von Ankara hatte er Fernschreiben vorgelegt, in denen er Übergriffe auf Deportierte verbot; doch tags darauf hatte er sie mittels geheimer Befehle wieder außer Kraft gesetzt.
Trotzdem endete der Versuch der Türkei, sich ihrer unseligen Vergangenheit zu stellen, so schnell, wie die Nachkriegsregierungen

wechselten. Nur ein Jahr später, 1920, wurde ausgerechnet in Angora die Keimzelle für eine neue Türkei gelegt. Ihr Gründer und zugleich ihr »starker Mann«, eine charismatische Führerfigur, war der »Held von Gallipoli«, Mustafa Kemal. Er berief eine »Nationalversammlung« ein, sammelte alle noch im Lande verbliebenen *Ittihat*-Größen um sich und erklärte den Sultan und die Regierung in Konstantinopel zu Verrätern. Das Militärgericht des Kriegministeriums verurteilte ihn zum Tode, der *Scheich-ül-Islam* sprach gegen ihn eine Todesfatwa aus, doch Mustafa Kemal setzte sein Werk unbeirrt fort. Schließlich sollte er siegen – und als *Atatürk*[618], als Vater der Türken, in die Geschichte eingehen. Dabei half ihm die Geheimorganisation *Karakol*, die noch von Talaat und Enver Pascha gegründet worden war, um die Parteimitglieder vor der Siegerjustiz zu schützen. Eine ihrer wesentlichen Aufgaben, so der türkische Historiker Taner Akcam, »war der Schutz der wegen des Völkermordes an den Armeniern gesuchten Mitgliedern der *Ittihat ve Terakki* … Zahlreiche führende Persönlichkeiten der (atatürkschen, d.Verf.) Nationalbewegung waren entweder Mitglied der Organisation oder standen in enger Verbindung zu ihr.«[619] Die Basis der neuen Partei waren eben jene *Ittihatisten*, die sich an den Opfern des Völkermordes bereichert hatten und jetzt die Rückkehr der Armenier und die Rückgabe ihrer Güter fürchten mussten. Bei genauerem Hinsehen erwies sich Mustafa Kemals Nationalbewegung lediglich als die alte *Ittihat* im neuen Gewand. Auch Kemal lehnte einen multinationalen Staat ab und wollte stattdessen eine Türkei, in der fast ausschließlich Muslime lebten. Dabei war er, wie Talaat, nie gläubiger Moslem, sondern ebenfalls Freimaurer, Mitglied der gleichen Großloge wie die Führer der Jungtürken. Nur im Gespräch mit ausländischen Politikern und Journalisten verurteilte er den Völkermord, machte aber auch die Armenier für die Katastrophe mitverantwortlich. »Kein Stück Land«[620] dürfe jedenfalls die türkische Nation an die Armenier verlieren.

Mit Mustafa Kemal endeten die Prozesse, wurden die bereits verurteilten Mörder amnestiert und beweiskräftige Dokumente vernichtet. In der Türkei begann die Zeit des Verschweigens. Sie dauert bis heute an.

XVII. Das Erbe der Jungtürken

Schon am 1. August 1917 hatte Papst Benedikt XV. in seiner historischen »Note an die Oberhäupter der kriegführenden Völker« nicht nur zu einer sofortigen Beendigung aller Kampfhandlungen, einer allgemeinen Abrüstung, Globalisierung der Weltmeere und internationalen Beratungen zur Klärung territorialer Ansprüche aufgerufen und damit die Rahmenbedingungen für eine künftige Weltfriedensordnung definiert. Er kam auch dezidiert auf Armenien zu sprechen und nannte es sogar an erster Stelle. Damit machte er deutlich, dass er der Armenischen Frage Priorität sogar vor den Ansprüchen des katholischen Polens und der europäischen Balkanstaaten einräumte:

> »Derselbe Geist der Gleichheit und Gerechtigkeit sollte die Prüfung anderer territorialer und politischer Fragen leiten, besonders jener in Bezug auf Armenien, die Balkanstaaten und die Gebiete des alten Königreiches Polen, die sich speziell durch ihre edlen historischen Traditionen und die Leiden, denen sie sich speziell in diesem Krieg unterzogen, zurecht die Sympathien der Nationen verdient haben.«[621]

Mit diesem leidenschaftlichen Appell nahm der Papst auch das »14-Punkte-Programm« vorweg, das US-Präsident Woodrow Wilson am 8. Januar 1918 in einer programmatischen Rede vor den beiden Häusern des US-Kongresses umriss.
Unter Punkt 12 hieß es darin:

> »Den türkischen Teilen des jetzigen Osmanischen Reiches sollte eine unbedingte Selbständigkeit gewährleistet werden. Den übrigen Nationalitäten dagegen, die zurzeit unter türkischer Herrschaft stehen, sollte eine zuverlässige Sicherheit des Lebens und eine völlig ungestörte Gelegenheit zur selbständigen Entwicklung gegeben werden.«[622]

In seiner Interpretation hieß es ausdrücklich, Armenien müsse einen eigenen Mittelmeerhafen bekommen und unter den Schutz einer Großmacht gestellt werden, wofür Frankreich oder auch die USA infrage kämen.
Auch der französische Außenminister Aristide Briand erklärte am 10. Januar 1917:

> »Die hohen Kriegsziele schließen die Befreiung der Völker, die gegenwärtig der mörderischen Tyrannei der Türkei unterworfen sind, und die Verdrängung des Osmanischen Reiches, das der westlichen Zivilisation so vollständig fremd ist, aus Europa ein.«[623]

In diesem Geist wurde am 10. August 1920 in dem Pariser Vorort Sèvres zwischen den Vertretern der Entente und der neuen türkischen Regierung ein Friedensvertrag geschlossen, der nicht weniger als den Ausverkauf des Osmanischen Reiches bedeutete. Mit ihm musste die Türkei alle europäischen Gebiete mit Ausnahme des Umlandes von Konstantinopel sowie das Gebiet von Smyrna an Griechenland abtreten. Konstantinopel selbst und die Dardanellen sollten unter internationale Kontrolle gestellt werden, ein Gebiet im Süden an Italien fallen, das alte Kilikien, Syrien und der Libanon an Frankreich, Mesopotamien und Palästina an die Briten; in Letzterem sollte eine »Nationale Heimstätte für das Jüdische Volk« entstehen. Der gesamte Nordosten, das armenische Kernland, wurde der kleinen, jetzt unabhängigen Republik Armenien zugesprochen, der Südosten bis an die syrische Grenze zum kurdischen Autonomiegebiet erklärt. Den Türken dagegen blieb danach lediglich Zentralanatolien. Zudem mussten sie sich laut Artikel 230 verpflichten, »Personen, die für die Massaker verantwortlich sind, die während des Krieges auf dem Hoheitsgebiet des türkischen Reiches stattgefunden haben«[624], an die Entente auszuliefern. Das Enteignungsgesetz von September 1915 sollte außer Kraft gesetzt und mit der Rückführung und Entschädigung der

> »türkischen Untertanen nichttürkischer Rassen begonnen werden, die gewaltsam aus aus ihren Häusern vertrieben wurden, sei es unter Androhung von Massakern oder durch andere Druckmittel.«[625]

Hinter den Kulissen hatten sich auch die Vertreter des Papstes vehement dafür eingesetzt, dass die Armenier für die an ihrem Volk begangenen Verbrechen gerecht entschädigt würden. Schon auf den Vorbereitungskonferenzen, die Anfang 1920 in London und San Remo stattfanden, hatte die vatikanische Diplomatie ihren Einfluss geltend gemacht. So konnte Kardinalstaatssekretär Gasparri im April 1920 der armenischen Delegation am Verhandlungstisch versichern:

> »Seine Heiligkeit, sichtlich berührt, beauftragte mich noch einmal, Sie seiner väterlichen Fürsorge zu versichern, mit der er alle Fragen in Zusammenhang mit der edlen armenischen Nation verfolgt.«[626]

So beauftragte der Papst erneut Msgr. Dolci, sich auch bei der türkischen Regierung für eine gerechte Lösung der Armenischen Frage einzusetzen. Geradezu amüsant war der Versuch des neuen Großwesirs, den Heiligen Stuhl auf seine Seite zu ziehen, als es darum ging, Landabtretungen an die Griechen zu vermeiden. Denn dieser hatte tatsächlich die Chuzpe, dem Gesandten des Papstes gegenüber zu behaupten, dass

> »dort, wohin die Griechen kommen, die Türken und die Katholiken weichen müssen; dass der Halbmond und das Kreuz immer gut miteinander ausgekommen sind (sic) (Anmerkung im Original!): dass die Katholiken ganz besonders vom Sultan geliebt und unterstützt würden und dass sie zu jeder Zeit (!; Ausrufezeichen im Original!) die weitestmögliche Freiheit in ihrer Religionsausübung hatten.«[627]

Sowohl Dolci wie auch Kardinal Gasparri, der den Bericht des Delegaten erhielt, wussten nicht, ob sie über diese Aneinanderreihung von faustdicken Lügen lachen oder weinen sollten.
Am 8. Juni 1920 wandte sich Boghos Nubar Pascha, der Vorsitzende der armenischen Nationalversammlung, persönlich an den Papst. Er dankte dem Nachfolger Petri für die bisherige starke Unterstützung seiner Nation und bat ihn, sich bei den Friedensverhandlungen in Sèvres für die armenische Sache stark zu machen. Wieder handelte

Armeniens Westgrenze nach dem Vertrag von Sèvres vom 10.8.1920. Schraffiert und südlich davon die geplante autonome Kurdenprovinz.

Benedikt XV. sofort. Er beauftragte den Kardinalstaatssekretär, sich bei den Briten für die Armenier einzusetzen. Zudem schickte er eine Delegation zu US-Präsident Wilson, dem er für seinen Einsatz für die Armenier dankte und die Unterstützung des Heiligen Stuhls zusagte. Der überlieferte Schriftverkehr, so der italienische Historiker Mario Carolla, »zeigt, dass der Heilige Stuhl sich nicht scheute, direkt für die Armenier Partei zu ergreifen; nicht nur, um ihre Vertreter und ihre Unabhängigkeit als Republik zu verteidigen, sondern auch um Details wie den Schutz der Unversehrtheit ihrer ausgedehnten Grenzen zu klären.«[628] So war der Vertrag von Sèvres auch ein Ergebnis vatikanischer Diplomatie und spiegelte die Lösung wider, die der Papst anstrebte. In der Armenischen Frage hatte Benedikt XV. längst aufgehört, neutral zu sein. Er wurde zum prominentesten Fürsprecher des leidgeprüften Christenvolkes.

Doch dann kam alles ganz anders. Denn was schließlich die türkischen Verhandlungspartner, allen voran der neue Großwesir Damad Ferid Pascha, unterzeichnet hatten, war das Papier nicht wert, auf das es gedruckt worden war. Kaum war Ferid zurück in Konstantinopel, löste der Sultan das Parlament auf, damit es keine Verträge mehr ratifizieren konnte. Die Nationalbewegung, die in Ankara eine Art Gegenregierung gebildet hatte, lehnte die Bedingungen von Sèvres entschieden ab und erklärte die türkischen Unterzeichner zu »Landesverrätern«; ihr Ziel war eine wirtschaftlich und politisch unabhängige Türkei. Ihr Anführer Mustafa Kemal widersetzte sich vor allen auch der Idee einer Landabtretung an Armenien: »Wir müssen die armenische Armee und den armenischen Staat vernichten, die wie schwärende Eiterbeulen im Körper unseres Staates sitzen«[629], erklärte er und entlarvte sich damit als gelehriger Schüler Envers. »Die Zwangsvorstellung von der Gefährdung durch die Armenier setzte sich durch sämtliche türkische Regime hindurch fort«[630], kommentierte der französische Historiker Yves Ternon. So einigte sich Kemal lieber mit den russischen Bolschewisten und marschierte kurzerhand in die Armenien zugesprochenen Provinzen ein. Am 23. September 1920 befahl er den Angriff auf die armenische Republik, ließ sie von 60 000 Soldaten überfallen. Rund 198 000 Menschen kamen, sowjetischen Quellen zufolge, dabei ums Leben. Bei 80 % der Toten handelte es sich um Kinder im Alter zwischen 5 und 12 Jahren, Überlebende des Völkermordes, den Kemal zu vollenden drohte.[631]

In der Republik Armenien nutzten Bolschewiki die Katastrophe und ergriffen in einem unblutigen Putsch die Macht. Am 6. Dezember 1920 marschierten sowjetische Truppen in das Land ein und riefen die »Armenische Sowjetrepublik« aus. Zwei Jahre später trat diese der neu gegründeten »Union der Sozialistischen Sowjetrepubliken« bei und verlor gänzlich ihre Unabhängigkeit. Es sollte 69 lange Jahre dauern, bis wieder ein unabhängiges Armenien entstand und die Unterdrückung seiner Kirche durch die Kommunisten ein Ende hatte.

Mit dem Vertrag von Kars vom 13. Oktober 1921, der zwischen der Türkei, der Russischen SFSR und den kaukasischen Sowjetrepubliken geschlossen wurde, erkannte man die Grenzen von vor 1878 an. Die Türkei erhielt die Ararat-Region zurück, der Karabach geriet unter die Protektion Aserbaidschans.

In der Türkei dagegen vollendete Mustafa Kemal das Werk der Jungtürken. Im sogenannten Türkischen Befreiungskrieg, in dem auch die Mitglieder der verbrecherischen »Sondereinheiten« (*Teskilati Mahsusa)* als Freikorps an seiner Seite kämpften, vertrieb er die Franzosen aus Kilikien. Wie ernst die Lage war, wie besorgt auch Benedikt XV. sie verfolgte, zeigt ein Schreiben von Kardinal Gasparri an den Armeniervertreter Nubar Pascha vom 6. November 1920:

> »Zutiefst besorgt über die alarmierenden Nachrichten, die in den letzten Tagen über die Lage der ruhmreichen armenischen Nation verbreitet wurden und befürchten lassen, dass diese erneut Opfer einer Ag-

gression wird, hat der Papst seine Bemühungen verstärkt, wenn möglich weitere Katastrophen zu verhindern.«[632]

Zuerst versuchte er, die Staaten des neu gegründeten Völkerbundes zum Schutz der Armenier zu verpflichten. Schließlich wurden Spanien, Brasilien und die USA mit dieser Aufgabe betraut. In einem Schreiben, das erneut die große Sorge des Papstes widerspiegelt, forderte Kardinal Gasparri die drei Staaten am 1. März 1921 auf, konkrete Initiativen zu ergreifen. Leider ohne Erfolg; es blieb bei schönen Worten und der Zusage humanitärer Maßnahmen. Schließlich schickte Gasparri am 9. März 1921 im Namen des Papstes ein Telegramm an Mustafa Kemal. Das war diplomatisch heikel, denn in den Augen der legitimen osmanischen Regierung war der spätere Atatürk nichts anderes als ein Rebellenführer. So musste tunlichst alles vermieden werden, was den Anschein seiner Anerkennung erwecken könnte; verständlich also, dass der Papst nicht persönlich an ihn schrieb. Beides, der Text des Telegramms und die Antwort Atatürks, sind im Vatikanarchiv erhalten, wo sie der italienische Historiker Andrea Riccardi entdeckte:

»Kemal Mustafa Pascha Ankara:
Im Namen des Papstes habe ich die Ehre an Ihre edlen menschlichen Gefühle zu appellieren und Sie anzuflehen sobald wie möglich die notwendigen Befehle zu erteilen um das Leben und Gut der Christen im Kaukasus Kleinasien und Anatolien zu erhalten. Nach all dem Leid das die Menschheit ertragen musste ist zu hoffen dass die Stimme der Gnade und der Barmherzigkeit erklingt.«[633]

Offenbar fühlte Kemal sich geschmeichelt, dass der Heilige Stuhl sich an ihn wandte und versuchte, dies auch propagandistisch zu nutzen. So antwortete er nur drei Tage später nicht an Gasparri, sondern an Benedikt XV. persönlich, dem er gleich noch zwei seiner Reden vor der »Nationalversammlung« zukommen ließ:

»Heiliger Vater Benedikt der Fünfzehnte. Rom.
Im Namen Eurer Heiligkeit hat Ihre Eminenz Kardinal Gasparini (sic!, d. Verf.) mir die Depesche mit Ihrem Appell zu Gunsten der Christen

> Anatoliens des Kaukasus und Kleinasiens übersandt Stop (.) Die Verpflichtung die Sicherheit und das Wohl aller Bewohner unseres Landes ohne Unterschied ihrer Religion zu gewährleisten ist für uns oberste Pflicht befohlen durch unsere humanitäre Gesinnung und die muslimische Religion Stop (.) Daher genießen die Christen der gesamten Region, die der Regierung der Großen Türkischen Nationalversammlung untersteht absolute Ruhe Stop (.) Der Frieden und die Sicherheit innerhalb unserer Grenzen die überall dort herrschen wo keine fremde Armee zum Einsatz kommt sind der unwiderlegbare Beweis für meine Worte Stop (.) Um Ihnen die Unveränderlichkeit unserer Politik in dieser Frage zu demonstrieren erlaube ich mir Eurer Heiligkeit die Erklärungen die ich zu dieser Frage am 24. April 1920 anläßlich der Eröffnung der Großen Türkischen Nationalversammlung abgab sowie meine Rede zum ersten März anläßlich des zweiten Jahrestages meiner Regierung zu übersenden.«[634]

Doch trotz der Bemühungen des Papstes und der Versicherung Kemals fielen bald über 15 000 Armenier neuen Massakern zum Opfer. Es waren Überlebende des Völkermordes, die unter dem Schutz der Entente in ihre Heimat zurückgekehrt waren. Rund 100 000 armenischen und syrischen Christen gelang die Flucht nach Syrien und in den Libanon. Als Mustafa Kemal Smyrna eroberte, ließ er die dort lebenden Griechen ebenso wie die vom Völkermord bislang verschont gebliebenen Armenier dieser alten kosmopolitischen Hafenstadt brutal niedermetzeln. Über 40 000 Menschen kamen dabei ums Leben, während das armenische wie das griechische Viertel in Flammen aufgingen. So schrieb Bischof Nasloian, der Apostolische Visitator für die Türkei (von 1921 bis 1928), am 1. September an Kardinalstaatssekretär Gasparri:

> »Entgegen der wiederholten Versicherung der Kemalisten dem Heiligen Stuhl gegenüber, Leben und Gut der Christen zu schützen, erreichte uns eine traurige Nachricht über neue Pogrome nach der anderen und wir kehren zu der Ära jener tödlichen Jahre des Weltkriegs zurück. Von neuen Deportationen von Christen im Allgemeinen und Armeniern im Speziellen und neuen Massakern an den Überlebenden (des Völkermordes, d.Verf.), die gerade wieder in das Land zurückgekehrt

> waren, sprechen Augenzeugen und vertrauenswürdige Berichte. (…) Sie zeigen, wie Sie sehen, dass die Kemalisten keinen Unterschied zwischen Katholiken und Nichtkatholiken machen und ihren Plan der Vernichtung fortführen. Es ist bedauerlich, dass türkische Böswilligkeit und ihre falschen Versprechungen und Versicherungen jetzt die Entente-Mächte getäuscht haben, wie sie es im Krieg mit Deutschland und Österreich taten. Ich bete, dass Eure Eminenz ihr Bestes geben, um, wenn möglich, mit dem Heiligen Stuhl sicherzustellen, dass auch weiterhin die Stimme der Gerechtigkeit, des Friedens und der Barmherzigkeit für die Betroffenen ertönt.«[635]

Am 22. Januar 1922 verstarb der treueste Freund und Fürsprecher der Armenier, Papst Benedikt XV., im Alter von nur 67 Jahren an einer Lungenentzündung. Er sollte als *Friedenspapst* in die Geschichte eingehen. Doch trotz seines guten Willens und seiner unermüdlichen Bemühungen war die vatikanische Diplomatie in der Armenischen Frage bedauerlicherweise gescheitert.

Mit dem Vertrag von Lausanne 1923 konnte Mustafa Kemal sein Werk vollenden, während jetzt 1,25 Millionen orthodoxe Griechen aus Kleinasien vertrieben wurden. Damit endete die fast 3000-jährige Geschichte der griechischen Präsenz an der östlichen Ägäisküste, die so viel Großes der Menschheit geschenkt hatte. Auch die 300 000 Pontos-Griechen der Provinz Trabzon mussten ihre Heimat verlassen oder wurden blutig niedergemetzelt. Einen Richter sollten ihre Mörder nie finden. Der Vertrag von Sèvres, der die Bestrafung der Türken für ihr Jahrhundertverbrechen im Sinn hatte, wurde durch ein neues Abkommen, den Vertrag von Lausanne, ersetzt, in dem, so Winston Churchill, »die Geschichte vergeblich das Wort ›Armenien‹ suchen wird.«[636] Als Benedikts Nachfolger, Papst Pius XI. (1922–1939), in einer Botschaft an die Konferenzteilnehmer appellierte, die Armenier vor neuerlichen Deportationen und Massakern zu bewahren, wurde dies von den Türken wütend als »christliche Propaganda« abgetan.[637] Am 31. März 1923 amnestierte Kemal alle Beteiligten des Völkermordes. Was die Jungtürken begonnen hatten, führte der neue Landesvater erfolgreich zu Ende. Ihre Vision von einer ethnisch und religiös homogenen Türkei sollte unter ihm Wirklichkeit werden.

Doch das Triumvirat der Mörder sollte diesen Triumph nicht mehr erleben. Zwar hatten sie das Land verlassen, bevor sie wegen »Verbrechen an der Menschheit« in Konstantinopel zum Tode verurteilt wurden, doch ihrem Schicksal waren sie damit nicht entronnen. Zwei von ihnen und einige ihrer Schergen wurden von armenischen Attentätern des geheimen Kommandos »Nemesis« getötet.

Das Jungtürken-Trio und weitere Drahtzieher des Völkermordes waren mit deutscher Hilfe und an Bord eines deutschen U-Bootes in der Nacht vom 2. auf den 3. November 1918 nach Sebastopol gebracht worden. Die ganze Operation hatte unter strengster Geheimhaltung stattgefunden, nicht einmal die deutsche Botschaft war über die Details informiert. Am 10. November 1918, einen Tag nach Ausrufung der Republik, trafen sie, mit falschen Pässen ausgestattet, in Berlin ein. Neben Talaat, Enver und Cemal Pascha sowie ihren Frauen waren das Dr. Bahattin Schakir, der »Himmler« des Armenozids, der ZK-Vorsitzende Dr. Nazim Bey, Bildungsminister der *Ittihat*-Regierung und einer der geistigen Väter des Völkermordes, sowie Cemal Azmi, der skrupellose *vali* und »Schlächter von Trapezunt«[638]. Doch statt für ihre Verbrechen zur Rechenschaft gezogen zu werden, stiegen die Herren aus Konstantinopel, als türkische Geschäftsleute getarnt, in den feinsten Hotels Berlins ab. Als das Auswärtige Amt erfuhr, dass Talaat an erster Stelle auf einer armenischen Vergeltungsliste stand, bot man ihm an, ihn auf dem mecklenburgischen Gut des ehemaligen osmanischen Generalstabschefs Bronsart von Schellendorf unterzubringen. Doch der einstige Großwesir lehnte dankend ab; er wollte lieber in der Hauptstadt Politik machen. So wohnte er zunächst in einem Sanatorium bei Potsdam, bevor seine Frau eine 9-Zimmer-Wohnung im noblen Stadtteil Charlottenburg, in der Hardenbergstraße 4, anmietete. Das Gästezimmer stellte er bald darauf Dr. Nazim zur Verfügung. Dort plante »der stärkste Mann zwischen Berlin und der Hölle«[639], wie ihn der US-Journalist S. McClure nannte, »die niederträchtigste Figur unserer Zeit«[640] (so der russische Außenminister Sergej Sasonow), sein politisches Comeback und agierte dabei, so McClure, »wie ein Mafia-Pate«. Er wusste genau, wer ihm noch einen Gefallen schuldete und wer seine erträumte Rückkehr als neuer starker Mann der Türkei protegieren könnte. Die Karte, auf die er dabei setzte, war Mustafa Kemal, den er als Marionette für eigene Zwecke zu benutzen versuchte. »Unsere Führung in Berlin steht mit den bewaffneten Kräften im Innern des Landes in enger Verbindung«[641], stellte Dr. Schakir 1920 fest. Talaat sah sich also noch immer als legitimer Regierungschef im Exil und als solcher wurde er von seinen Gastgebern auch behandelt. Daran änderte wenig, dass ein in Berlin publiziertes Buch mit dem Titel *Raubmörder als Gäste der deutschen Republik*, verfasst von einem gewissen Mehmed Zeki Bey, dezidiert seine Verbrechen und die seiner Parteigenossen aufzählte.

Erst der gezielte Schuss des armenischen Studenten Salomon Teilirian[642] machte am 15. März 1921 diesem Spuk ein Ende. Er hatte Talaat Pascha am helllichten Tag, gegen elf Uhr morgens, auf der Hardenbergstraße gegenüber der alten preußischen Militärakademie aufgelauert. »Nicht ich bin der Mörder, sondern er!«, rief der junge Attentäter in gebrochenem Deutsch, als ihn schockierte Passanten auf der Flucht fast lynchen wollten: »Ich Armenier, der Türke, für Deutschland kein Schade!«[643]

Während Außenamtsmitarbeiter Ernst Jäckh, ein persönlicher Freund und Logenbruder Talaats, die Trauerfeier für den ermordeten Masssenmörder als Staatsbegräbnis inszenierte und ihn als »türkischen Bismarck« pries, spaltete die Tat die deutsche Öffentlichkeit. »Einem großen Staatsmann und treuen Freund«[644] stand auf dem Kranz, den das Auswärtige Amt auf seinem Grab niederlegen ließ. Die halbamtliche *Deutsche Allgemeine Zeitung* wetterte gegen den »Mordbuben«, der, »wie alle Armenier … von einem fanatischen Hass gegen die Türken beseelt« sei und einen »greisen Mann«[645] hinterrücks erschossen habe; gemeint war, wohlgemerkt, der gerade einmal 47-jährige Talaat. Liberalere Blätter dagegen zeigten Verständnis für die Tat angesichts der himmelschreienden Verbrechen der Türken an Teilirians Volk.

Der Prozess gegen den Attentäter fand am 2. und 3. Juni 1921 vor dem Schwurgericht des Landgerichts III in Berlin statt. Der Armenier war des vorsätzlichen Mordes angeklagt, ihm drohte die Todesstrafe. Seine Verteidiger versuchten zunächst, ihn für »nicht schuldfähig« zu erklären. Teilirian habe während des Völkermordes 1915 miterlebt, wie seine gesamte Familie in Erzincan einem Massaker zum Opfer fiel; er selbst habe nur überlebt, weil er nach einem Schlag auf den Kopf zwei Tage lang bewusstlos unter der Leiche seines Bruders lag. Seitdem würde er an epileptischen Anfällen leiden. Doch die fünf konsultierten Sachverständigen kamen zu unterschiedlichen Bewertungen seiner Schuldfähigkeit, und auch seine Selbststilisierung als »Opfer« hätte einer näheren Überprüfung nicht standgehalten; tatsächlich war Teilirian schon zu Kriegsbeginn nach Russisch-Armenien übergelaufen, hatte seine Geschichte nur gut erfunden, wie Rolf Hosfeld 2005 nachwies.[646]

Doch darum ging es nicht, wie bald auch seine Anwälte erkannten, bevor sie ganz auf Teilirians Argumentation umschwenkten. Als Sachverständigen für den Völkermord luden sie keinen Geringeren als Dr. Johannes Lepsius vor, der gerade die Akten des Auswärtigen Amtes zum Völkermord veröffentlicht hatte. Für ihn bestand kein Zweifel, »dass die Verschickung vom Jungtürkischen Komitee beschlossen wurde und dass Talaat Pascha, die Seele und ihr stärkster Mann, die Ausrottung befohlen und nichts getan hat, um ihre Schrecken zu ändern.«[647] Als letztendlichen Beweis präsentierte der Gelehrte eine Reihe von Dokumenten, die der Armenier Aram Andonian aus den Händen eines korrupten türkischen Beamten erhalten hatte, des Direktors der Deportationsstelle in Meskene, Naim Sefa. Es waren Depeschen aus dem Innenministerium, die eigentlich sofort nach Eingang hätten vernichtet werden sollen, denn ihr Inhalt war überaus brisant: Sie enthielten Anweisungen zur Ausrottung der Armenier, persönlich unterzeichnet von Talaat Bey. Eine von ihnen lautete:

> »Das Recht der Armenier, auf dem Gebiet der Türkei zu leben und zu arbeiten, wird gänzlich abgeschafft. Die Regierung, die in dieser Beziehung jede Verantwortung übernimmt, hat befohlen, nicht einmal die Kinder in der Wiege zu lassen. In einigen Provinzen hat man die Ausführung dieses Befehls gegeben. Aus uns unbekannten Gründen macht man dort Ausnahmen mit Personen, die, anstatt an den Ort ihrer Verbannung geschickt zu werden, in Aleppo belassen werden, und stellt damit die Regierung vor neue Schwierigkeiten … 9. September 1915, Minister des Innern Talaat«[648]

Lepsius fragte den ehemaligen deutschen Konsul in Aleppo, Walter Rößler, ob diese brisanten Dokumente echt sein könnten. Rößler bejahte. Er verifizierte die Unterschrift des *vali* Mustafa Abdul Chalik, des späteren Unterstaatssekretärs in Talaats Innenministerium, auf einigen von ihnen, und auch die Daten und der Wortlaut passten zu Situationen, deren Zeuge er geworden war. Allerdings gelten die *Andonian-Dokumente* heute zumindest bei türkischen, aber auch bei den meisten westlichen Historikern wegen diverser Formfehler als Fälschungen.[649] Trotzdem hatte ein Zeuge, der in dem Berliner Prozess aussagte, der armenische Bischof Grigoris Balakian, ein ähnliches Fernschreiben in Besitz des *valis* von Tschangere (heute: Cankiri) gesehen, als er ihn zusammen mit dem (armenischen) Chefredakteur der türkischen Zeitung *Sabat*, Prof. Diran Kelekian, aufgesucht hatte. Der *vali*, Asaf Bey, war ein Schüler Kelekians gewesen und wollte seinen geliebten Lehrer aus Dankbarkeit retten. »Telegraphieret uns gleich direkt, wieviel von den Armeniern schon tot sind und wieviel noch am Leben. Innenminister Talaat«, hatte der Text des Telegramms gelautet, den Asaf Bey den erschrockenen Besuchern mit »Warum warten Sie? Machen Sie Massaker!«[650] übersetzte.

Noch mehr als die Worte des Bischofs aber beeindruckte die Geschworenen das Zeugnis der Christine Tersibaschian, einer Armenierin aus Erzurum, der die Flucht nach Deutschland gelungen war. Von den 21 Mitgliedern ihrer Familie, die auf einen der Todesmärsche geschickt worden war, hatten gerade einmal drei überlebt. In bewegenden Worten, vorgetragen mit gebrochener Stimme, den Tränen nahe, schilderte sie, wie man ihrer Familie vor den Toren der Stadt ihre Habe abgenommen hatte, wie sie auf dem Weg Berge von Leichen passierte und ihre Füße durch Blutlachen wateten, wie ihr die Gendarmen ein Quartier für die Nacht, ja sogar Wasser zum Trinken verweigerten. Sie wurde Zeuge, wie 500 junge Menschen aneinandergebunden und in die reißende Strömung eines Flusses geworfen wurden, wo sie an den Klippen zerschellten. »Wir haben geschrien und geweint und nicht gewusst, was wir anfangen sollten«, erklärte sie stockend. »Man hat uns aber nicht einmal das Weinen erlaubt, sondern uns mit (Bajonett-)Stichen weiter getrieben.«[651] Betroffenes Schweigen im Gerichtssaal war die Antwort. Als sie schließlich erzählte, wie schwangeren Frauen die Rippen durchbrochen, die Kinder aus dem Mutterleib gerissen und weggeworfen wurden, äußerte sich beim entsetzten Publikum lautstark Empörung. Selbst der Staatsanwalt verzichtete nach der Beweiswürdigung darauf, die Verantwortlichkeit Talaats für die Gräuel abzustreiten. Er erinnerte lediglich daran, dass der Getötete doch »ein treuer Bundesgenosse des deutschen Volkes«[652] gewesen sei. Die Verteidiger brauchten jetzt nur noch an die Geschworenen zu appellieren, ihren Gefühlen zu folgen. Am Ende saß nicht der Täter, sondern, wie es Armin T. Wegner formulierte, »der blutbefleckte Schatten eines Toten«[653] auf der Anklagebank. »Welche Jury der ganzen Welt würde Wilhelm Tell verurteilt haben, weil er den Landvogt niedergeschossen hat?«[654], fragte Teilirians Rechtsanwalt in seinem Schlussplädoyer. So wurde Teilirian am zweiten Prozesstag als »nicht schuldfähig« freigesprochen, während Talaat fortan als »Großkriegsverbrecher« galt. Das Publikum applaudierte, der »erste echte Kriegsverbrecherprozess«[655] auf deutschem Boden war beendet.

Nicht ganz folgenlos, wie wir heute wissen. *Nemesis* tötete auch die anderen in der Türkei nach geltendem Recht zum Tode Verurteilten als selbst ernanntes Hinrichtungskommando im Zeichen der Rachegöttin: am 6. Dezember 1921 Said Halim in Rom, am 17. April 1922 Bahattin Schakir und Cemal Azmi in Berlin, Cemal Pascha am 25. Juli 1922 in Tiflis. Enver hatte in Berlin zunächst bei der Witwe des Botschafters von Wangenheim Zuflucht gefunden, bevor er sich nach Moskau absetzte. Dort wollte er Trotzki überzeugen, auf ihn als neuen »starken Mann« der Türkei zu setzen statt auf Mustafa Kemal. Die Bolschewiken schienen nicht abgeneigt, wollten sich jedoch zunächst seine angeblichen militärischen Fähigkeiten zunutze machen und vertrauten ihm das Kommando über ein Heer in Asien an. Noch einmal träumte Enver davon, zum »Napoleon« eines pantürkischen Imperiums aufzusteigen, dann fiel er in einem Scharmützel um das muslimische Kaukasusdorf Belcivan. Der kleine *Qur'an*, den er immer bei sich trug, wurde seiner Witwe in Berlin übersandt.

Für einen Berliner Jurastudenten, der im Publikum saß, wurde der Teilirian-Prozess zum Damaskuserlebnis. Robert Kempner wurde schlagartig klar, dass grobe Menschenrechtsverletzungen von fremden

Staaten geahndet werden müssen, ohne dass dies eine unzulässige Einmischung in ihre inneren Angelegenheiten wäre. Damit wurde der Prozess in Berlin zum Meilenstein der Rechtsgeschichte. Kempner wurde später Staatsanwalt und versuchte vergeblich, Adolf Hitler wegen Hochverrats vor Gericht zu stellen und die NSDAP verbieten zu lassen. Schließlich floh er in die USA, wurde Berater von US-Präsident Roosevelt und Mitglied der *United Nations War Crimes Commission*, bevor er ab 1945 als stellvertretender Hauptankläger im Auftrag der Vereinigten Staaten an den Nürnberger Kriegsverbrecherprozessen teilnahm.[656] Drei Jahre später wurde der Begriff des *Völkermordes* von den Vereinten Nationen in ihrer Resolution 260 eingeführt und als »Internationales Verbrechen« definiert, das »von der zivilisierten Welt verurteilt wird« und »internationale Verantwortung erfordert«[657]. Geprägt hatte den Begriff der polnische Jurist Raphael Lemkin (1900–1959), der schon in den 1920er-Jahren die Bedeutung der Istanbuler und Berliner Prozesse für das Völkerrecht untersuchte. Die Erfahrung der Schoah ließ ihn später ein Gesetz zur Bestrafung von Verbrechen gegen die Menschheit entwerfen, in dem erstmals der Begriff »*genocide*« verwendet wurde. Das Gesetz wurde am 9. Dezember 1948 nahezu unverändert von der Generalversammlung der Vereinten Nationen einstimmig angenommen. Wenn aber die Vernichtung der Armenier erst zur Definition des Begriffes *Völkermord* geführt hat, kann nicht bestritten werden, dass auch sie ein solcher war.

Aber es gab auch andere Reaktionen auf den Berliner Prozess, Reaktionen, die besonders betroffen machen, weil sie eine direkte Blutspur zum schrecklichsten aller Völkermorde, der *Schoah*, legen. *Das Deutsche Abendblatt* etwa beschimpfte die Verteidiger Teilirians als »vaterlandslose Gesellen«[658], während die rechtsnationale *Deutsche Allgemeine Zeitung* Lepsius und die anderen Sachverständigen als »Schar eingefleischter Türkenfeinde«[659] diffamierte. Im gleichen Blatt legte Fritz Bronsart von Schellendorf, der ehemalige Chef des osmanischen Generalstabs und Vertrauter Envers, »Zeugnis für Talaat Pascha« ab und rühmte ihn als »weitblickenden Staatsmann«, der »ein Opfer seiner Vaterlandsliebe« geworden sei. Bei den Deportationen der Armenier habe es sich um »kriegbedingte Maßnahmen« gehandelt, die durch »armenische Aufstände« notwendig geworden seien. In den Konzentrationslagern in der syrischen Wüste sei versucht worden, »den Armeniern das Leben erträglich zu machen«[660]. Heutigen Historikern wie Vakhan N. Dadrian gilt von Schellendorf nicht nur als Mitwirkender am Völkermord, sondern auch als einer seiner Initiatoren.[661] Tatsächlich ist die Frage nach der Mitverantwortung und -täterschaft deutscher Generäle noch nicht vollständig aufgearbeitet. Unbestreitbar aber ist der geradezu pathologische Rassismus Schellendorfs, der 1919 zur Verteidigung des Völkermordes erklärte:

> »Der Armenier ist, wie der Jude, außerhalb seiner Heimat ein Parasit, der die Gesundheit eines anderen Landes, in dem er sich niedergelassen hat, aufsaugt. Daher kommt auch der Hass, der sich in mittelalterlicher Weise gegen sie als unerwünschtes Volk entladen hatte und zu ihrer Ermordung führte.«[662]

Von Schellendorf aber führt eine direkte Spur zu den Nationalsozialisten. 1926 wurde der Generalleutnant Vorsitzender des rechtsextremistischen *Tannenbergbundes*. Diese *Arbeitsgemeinschaft völkischer Frontkrieger und Jugendverbände* war ein Jahr zuvor unter der Schirmherrschaft von Hitlers Mitstreiter General Erich Ludendorff gegründet worden, um die Reste der gerade verbotenen NSDAP und SA zu sammeln.

Auch Alfred Rosenberg, Chefideologe der NSDAP, äußerte sich 1926 in der antisemitischen Zeitschrift *Der Weltkampf* zu Talaat, den er als »treuen Verbündeten des deutschen Reiches« bezeichnete, und seinem »bolschewistischen Mörder« Teilirian. Die Armenier erklärte der Nazi-Autor zu »rassischen Halbbrüdern« der Juden, die im Weltkrieg »die Spionage gegen die Türken geleitet« hätten, »ähnlich wie die Juden in Deutschland«. Dies habe Talaat »zu scharfem Eingreifen« gezwungen, »wobei denn auch einige Härten nicht zu umgehen waren.« Dabei erdreistete Rosenberg sich, zu behaupten, englische Missionare hätten die Armenier getauft, »somit sie auch konfessionell immer bewußter von den Türken schieden«[663]. Dass die Armenier bereits acht Jahrhunderte vor der Ankunft der Türken in Kleinasien Christen waren, schien nicht in das Weltbild des NS-Ideologen zu passen.

Tatsächlich hatte schon Houston Stewart Chamberlain, der zu den Vätern des NS-Rassenwahns zählt, in seiner programmatischen Schrift *Die Grundlagen des 19. Jahrhunderts* behauptet, »der Jude und der Armenier« seien »kaum voneinander zu unterscheiden«[664]. Spätere Werke zur »Rassenlehre« (wie jene von Martin Staemmler) bezeichneten Juden und Armenier gleichermaßen als »parasitäre« Völker, die ihre »Wirtsvölker« missbrauchen und deren Frieden stören würden[665]; gemeint waren, wohlgemerkt, die im 11. Jahrhundert eingefallenen Türken.

Auch die geistige Verwandtschaft zwischen Jungtürken und Nationalsozialisten ist unbestreitbar. Nicht umsonst definierte eine Reihe von Historikern die pantürkische Ideologie der *Ittihat* als *protofaschistisch*, schon wegen ihrer Vision einer homogenen Volksgemeinschaft und des Herrschaftsanspruches einer einzelnen Rasse. Als Hitler nach seinem gescheiterten Marsch 1923 auf die Feldherrnhalle in München im Frühjahr 1924 vor Gericht stand, nannte er nicht nur Mussolinis »Marsch auf Rom« als eines seiner Vorbilder, sondern eben auch Envers angedrohten Marsch auf Konstantinopel, den der *Führer* in seiner Halbbildung für ein historisches Ereignis hielt. Damals, so glaubte er, baute der Jungtürke »eine neue Nation auf und ein neuer Geist bemächtigte sich der völlig vergifteten Hauptstadt«[666]; jetzt würde er ihm nacheifern. Auch Talaat wurde von Hitler bewundert, der seinen Leichnam 1943 feierlich in die Türkei überführen ließ[667], und natürlich Mustafa Kemal. Immerhin war es Atatürk, der den jungtürkischen Protofaschismus durch sein Bekenntnis zum Führerprinzip vervollständigte. »Das Jungtürkentum lebt weiter«, kommentierte das *Berliner Tageblatt* 1921. »Die Ideen der Nationalisten von Angora, denen es eben gelungen ist, den Vertrag von Sèvres zu zerreissen, sind im Kerne die Ideen des Komitees«[668]. Den Kemalisten war es gelungen, dem »alliierten Friedensdiktat« zu trotzen, und so war ihr Anführer für Hitler ein »wunderbares Vorbild zur Erhebung gegen das (für Deutschland) durch Versailles verkörperte Zwangssystem«[669], wie es 1941 in der *Frankfurter Zeitung* hieß. Wie Atatürks Hofberichterstatter Falih Rifky Atay festhielt, bekannte Hitler beim Empfang einer türkischen Delegation zum 50. Jahrestag des Deutsch-Türkischen Freundschaftsabkommens: »Mustafa Kemal hat uns bewiesen, dass er ein Mann war, der einem von allen Mitteln entblößten Volk geholfen hat, sich zu retten, und ihm erneut die Schaffung aller Mittel ermöglicht hat. Sein erster Schüler ist Mussolini, sein zweiter bin ich.«[670] Atatürk revanchierte sich, indem er die Türken zu »Ariern« erklärte.[671]

Einer der frühesten Mitstreiter Adolf Hitlers, der beim Marsch auf die Feldherrnhalle am 9. November 1923 erschossen wurde, war Max Erwin von Scheubner-Richter. Der Deutschbalte, ein persönlicher Freund Rosenbergs, war als Vizekonsul in Erzurum Augenzeuge des Völkermordes geworden. Obwohl Scheubner-Richter auf der Seite der Armenier gewesen war und alles versucht hatte, um Botschafter von Wangenheim zu einer Intervention zu bewegen, war er auch damals schon ein fanatischer Antisemit. Von ihm könnte Hitler einiges über die Methodik der Mörder erfahren haben. Etwa, dass sich Menschen unter dem Vorwand der Umsiedelung willig auf die Schlachtbank schicken lassen und auch, dass die Weltmächte hilflos sind, wenn sie einmal vor vollendete Tatsachen gestellt werden. Als der Teilirian-Prozess stattfand, waren Hitler und Scheubner-Richter gerade in Berlin, um Sponsoren für ihre Parteiarbeit zu finden und ihr Bündnis mit Ludendorff zu festigen. Kaum anzunehmen, dass ein solches Thema, das damals in aller Munde war, den späteren *Führer* nicht interessierte. Und tatsächlich sprach Hitler schon 1931 in einem Interview mit Richard Breiting, dem Chefredakteur der *Leipziger Neuesten Nachrichten*, im Kontext seiner Vision einer »neuen Siedlungspolitik« von der »Ausrottung Armeniens«[672]. Auch das spricht für die Authentizität des Hitler-Zitates vom 22. August 1939, mit dem dieses Buch begonnen hat.*

---

* Kurz vor Drucklegung dieses Buches, Ende November 2014, veröffentlichte der Historiker Stefan Ihrig in der *Harvard University Press* seine wichtige Studie *Atatürk in the Nazi Imagination*. Darin zeigt Ihrig nicht nur auf, welch wichtige Rolle Mustafa Kemals neue Türkei bei Hitler als Vorbild für das Dritte Reich spielte, er belegt auch die Rolle des Armenozids als Vorbild für die Schoah. So weist er nach, dass Hitler in einer ganzen Reihe seiner Reden in den 1920er-Jahren die Armenier als Beispiel für eine »minderwertige Rasse« nannte. Im *Völkischen Beobachter* vom 13. März 1924 wurde sogar explizit prognostiziert, dass den Juden in einem zukünftigen Deutschland widerfah-

Doch die Verbindung ist noch enger. Nur wenige wissen, dass der eigentliche Gründer der NSDAP nicht Hitler war, der erst im September 1919 als 55. Mitglied in die damalige *Deutsche Arbeiter Partei* aufgenommen wurde. Seine Parteikarriere begann sogar erst zwei Monate später, als man ihn ganz offiziell als »Werberedner« einstellte. Gegründet worden war die Partei aber bereits am 5. Januar 1919 als politischer Ableger der *Thule-Gesellschaft*, einer »völkischen Loge«, die regelmäßig im feinen Münchener Hotel *Vier Jahreszeiten* tagte. Gründer der Loge und Initiator der DAP-Gründung war der gelernte Maschinenbauingenieur, Abenteurer und Hochstapler Rudolf Glauer (1875–1945), der sich – angeblich adoptiert – »Rudolf Freiherr von Sebottendorff« nannte. Glauer war als junger Mann nach Alexandria gekommen, wo er dem reichen türkischen Landbesitzer Hussein Pascha diente. Bald freundeten sich die Männer an und Hussein lud Glauer ein, mit ihm in die Türkei zu kommen und dort gegen gute Bezahlung seine ausgedehnten Landgüter zu verwalten. Dort wurde Glauer 1901 in eine Freimaurerloge aufgenommen, die, von Sultan Abdülhamid verboten, im Untergrund agierte. Dem britischen Kulturgeschichtler Dr. Nicholas Goodrick-Clarke zufolge war diese Loge eine Tarnorganisation der *Ittihat*. Nach einem Intermezzo in Deutschland und der Anklage wegen Urkundenfälschung und Betrugs kehrte Glauer 1908 nach Konstantinopel zurück, wo ge-

---

ren könnte, »was mit den Armeniern geschah«. Im Dritten Reich erschienen diverse Publikationen, die nicht nur Atatürks Leistungen beim Aufbau einer neuen, modernen Türkei rühmten und als Vorbild für Hitlers Deutschland darstellten, sondern auch »die Zerstörung der Armenier« zu ihrer »zwingenden Voraussetzung« erklärten. Nur ein »rassisch reiner« Staat, der sich »seiner parasitären Elemente entledigt« habe, sei zu solch großen Taten fähig. Ihrigs Fazit: »Der Völkermord an den Armeniern muss im Dritten Reich tatsächlich als verlockende Präzedenz wahrgenommen worden sein: Einerseits bereitete er den Weg zur nationalen Neugeburt und einer glücklichen völkischen Existenz (der Türkei, d. Verf.), andererseits war es nie zu ›negativen‹ Konsequenzen für die Türken wie etwa einer Bestrafung durch die Großmächte gekommen. Zudem wurden in der Behandlung des armenischen Genozids in den 1920er-Jahren eine Verbindung zwischen Antisemitismus und Armenierfeindlichkeit hergestellt, wobei eine auf Anatolien übertragene Dolchstoßlegende den Völkermord ›rechtfertigen‹ sollte.«

rade die Jungtürken an die Macht gekommen waren. Seine Loge hatte den Umsturz unterstützt und geriet bei der Konterrevolution 1909 unter Druck. Am 25. Dezember 1909 gründete Glauer in Konstantinopel eine eigene »mystische Loge«, nahm 1911 die türkische Staatsbürgerschaft an und diente als türkischer Soldat in den Balkankriegen. Als er in Kriegsgefangenschaft geriet, gelang es ihm, zu fliehen und sich nach Deutschland durchzuschlagen. Dort trat er zunächst dem der pangermanischen Ideologie verpflichteten *Germanenorden* bei, dann, 1917, gründete er in München die *Thule-Gesellschaft* als dessen bayerischer Zweig. Obwohl viele Aspekte seiner Biographie noch unerforscht sind und seine Autobiographie *Bevor Hitler kam* viele Fragen offenlässt, ist Glauer unbestreitbar ein Bindeglied zwischen den Jungtürken und den Nazis, transferierte und germanisierte er ihre protofaschistische Ideologie doch, noch bevor Mussolini den italienischen Faschismus aus der Taufe hob.[673]

Tatsächlich erkennen immer breitere Kreise in der historischen Forschung in dem Völkermord an den Armeniern das direkte historische Vorbild für die *Schoah*. Die von Steven T. Katz vertretene These von der Singularität der Schoah wies schon der deutsche Historiker Hagen Schulze mit einem klugen Argument zurück: »Das Singuläre lehrt nichts für die Zukunft, denn es ist seiner Natur nach nicht wiederholbar.«[674] So war es geradezu prophetisch, als der deutsche Pazifist Heinrich Vierbücher drei Jahre vor der Machtergreifung der Nazis den Berliner Prozess als »Klage gegen die Schuld des Vergessens« bezeichnete, »das seinen trügerischen Schleier über Abgründe breitet, die sich morgen wieder auftun können.«[675] Das sahen 126 führende Holocaust-Forscher ähnlich, als sie am 9. Juni 2000 in einer Anzeige in der *New York Times* die Anerkennung des Armenozids als Völkermord forderten.[676]

Solange das türkische Urverbrechen geleugnet wird, besteht immer wieder die Gefahr seiner Wiederholung, auch in unserer Zeit. Doch nicht nur die Leugnung, auch das Vergessen wäre schwerstes Unrecht, mahnte der Auschwitz-Überlebende und Friedensnobelpreisträger Elie Wiesel.[677]

Nachwort: Was unsere Verantwortung ist

Was vor genau einem Jahrhundert tatsächlich geschehen ist, fasst ein Dokument zusammen, das ich in den *Akten der Apostolischen Delegation in Konstantinopel* im Vatikanischen Geheimarchiv entdeckte. Sein Verfasser ist unbekannt, sein Stil deutet darauf hin, dass es im armenisch-katholischen Patriarchat entstand. Es trägt die Überschrift »Die Vernichtung des armenischen Elementes in der Türkei«. Das Archiv hat es fälschlich auf Juni 1915 datiert, tatsächlich scheint es aber erst im Januar oder Februar 1916 verfasst worden zu sein, wie die Verweise auf das Übereignungsgesetz (vom 26. September 1915) und die »letzten zehn Monate« (»seit April 1915«) zeigen. Ich möchte den Text an dieser Stelle in voller Länge zitieren:

> »Nachdem das Osmanische Reich den türkischen Armeniern ein geheimes Bündnis mit den Feindmächten und einen Aufstand gegen die Staatsgewalt im Landesinnern unterstellt hatte, betreibt es seit April 1915 eine Politik, die ihre Vernichtung anstrebt. Der Konflikt zwischen den armenischen und türkischen Bevölkerungsgruppen in Van, die Desertion einiger armenischer Soldaten in Zeitun, die um die hundert Waffen und einige bei Armeniern gefundene Bomben dienten dabei als Vorwand zur Rechtfertigung der entsetzlichen Verfolgungen. Jeder weiß, dass die Regierung zu Beginn des Krieges Kriminelle aus den Gefängnissen entließ, um die *Cetes* genannten Horden (d.h. die »Sondereinheiten«, d. Verf.) zu bilden, die in den östlichen, überwiegend von Armeniern bewohnten Provinzen zum Einsatz kamen. Diese *Cetes* begannen, die Dörfer der Armenier zu brandschatzen, ihre Frauen und jungen Mädchen zu schänden und ihre Notablen zu ermorden, etc.

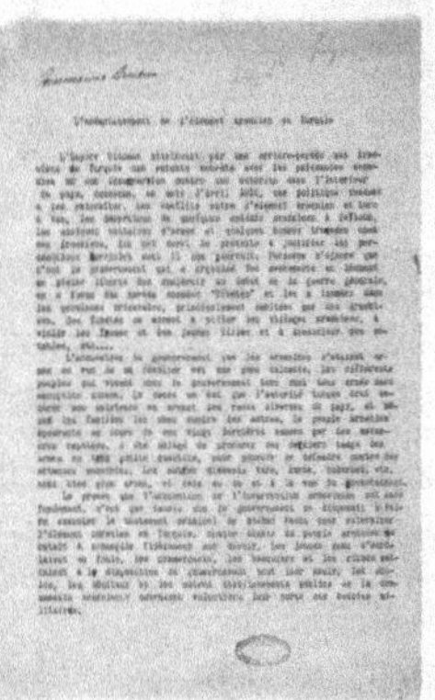

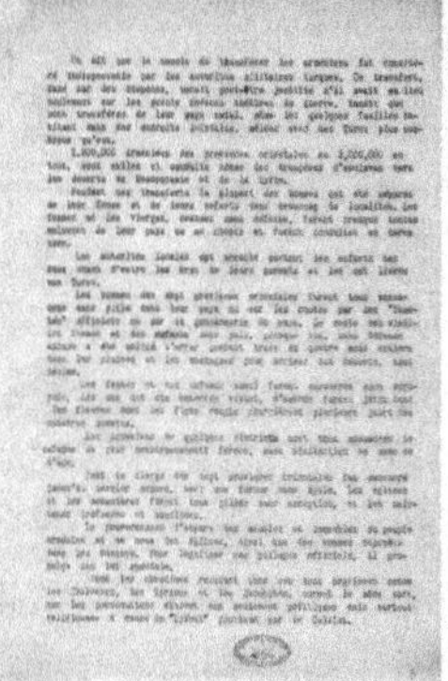

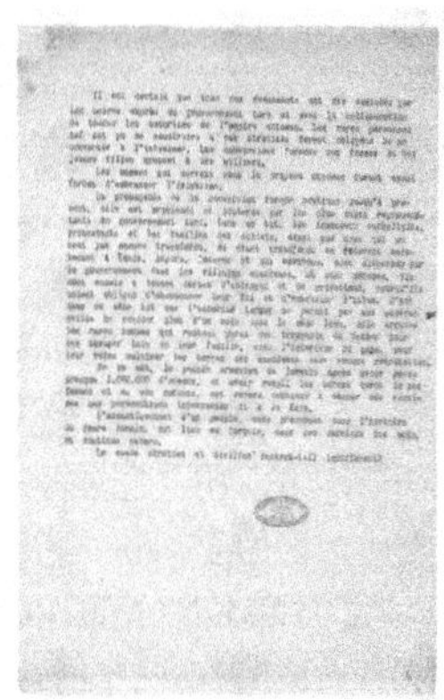

Dieses Schlüsseldokument zum Genozid spricht von fast einer Million Toten allein bis Februar 1916 (A.S.V., Arch. Deleg. Turchia 101, Fasc. 528, S. 2-4)

Die Behauptung der Regierung, die Armenier hätten sich Waffen besorgt und planten einen Aufstand, ist eine reine Verleumdung. Die verschiedenen Völker, die unter der türkischen Herrschaft leben, sind alle ohne Ausnahme bewaffnet. Der Grund dafür ist, dass die türkische Regierung ihre Existenz dadurch zu sichern glaubte, dass sie die verschiedenen Völker des Landes sich bewaffnen ließ und sogar in den Familien die einen gegen die anderen aufstachelte. Dem armenischen Volk, das im Laufe der letzten zwanzig Jahre wiederholt durch Massaker in Angst und Schrecken versetzt wurde, blieb gar nichts anderes übrig, als sich zumindest in kleineren Mengen Waffen zu besorgen, um sich gegen mögliche Angriffe verteidigen zu können. Die türkischen, kurdischen und tscherkessischen Volksgruppen sind viel besser bewaffnet, und das mit Wissen und vor den Augen der Regierung.

Der beste Beweis, dass die Behauptung eines armenischen Aufstandes jeder Grundlage entbehrt, ist schon die Tatsache, dass die Regierung nur das kriminelle Vermächtnis (des ehemaligen Großwesirs und Freimaurers, d.Verf.) Midhat Paschas umsetzt, der bereits das christliche Element in der Türkei vernichten wollte, während sich jede Schicht des armenischen Volkes eifrigst abmühte, ihre Bürgerpflichten zu erfüllen. Die jungen Menschen, indem sie sich scharenweise freiwillig zum Kriegsdienst meldeten, die Händler, Bankiers und Wohlhabenden, indem sie der Regierung ihr ganzes Vermögen zur Verfügung stellten, die Schulen, Krankenhäuser und anderen öffentlichen Einrichtungen der armenischen Gemeinde, indem sie ihre Türen für alle militärischen Zwecke öffneten. Es heißt, die Umsiedelung der Armenier sei in den Augen der türkischen Militärbehörden notwendig geworden. Vielleicht wäre sie zu rechtfertigen, wenn sie nur in den Kriegsgebieten stattgefunden hätte, doch tatsächlich sind sogar Familien aus weit von der Front entfernten Gebieten und solchen, die überwiegend von Türken bewohnt werden, aus ihrer Heimat vertrieben worden.

1 200 000 Armenier aus den östlichen Provinzen, insgesamt (also aus der ganzen Türkei, d.Verf.) sogar (an die) 2 000 000, wurden verbannt und wie Sklavenherden in die Wüsten Mesopotamiens und Syriens getrieben. Während dieser Deportationen wurden meist die Männer von den Frauen und ihren Kindern getrennt. Die schutzlos zurückgebliebenen Frauen und Mädchen wurden oft genug noch in ihrer Heimat oder auf dem Weg entführt und in türkische Harems verschleppt. Überall haben die örtlichen Behörden Kinder beiderlei Geschlechts den Armen ihrer Mütter entrissen und an die Türken ausgeliefert. Die Männer aus sieben östlichen Provinzen wurden fast alle gnadenlos ermordet, teil in ihrer Heimat, teils auf dem Weg, mal von den *Cetes*-Einheiten, mal von der Gendarmerie des Landes. Der Rest, meist alte Frauen und Kinder, ohne Brot, oft nackt und schutzlos, wurden gezwungen, oft drei bis vier Monate lang durch Land und Berge zu irren, um schließlich, stark dezimiert, in der Wüste anzukommen. Viele Frauen und Kinder wurden auch skrupellos massakriert, lebendig begraben oder in die Flüsse geworfen, die tagelang rot von menschlichem Blut und gestaut durch menschliche Leichen waren.

Die Armenier einiger Distrikte sind auch ohne Unterscheidung von Geschlecht und Alter auf grausamste Weise massakriert worden. Der gesamte Klerus der sieben östlichen Provinzen wurde bis zum letzten Mann mit unvergleichbarer Wut ermordet. Die Kirchen und Klöster wurden ausnahmslos geplündert und ihre Heiligtümer geschändet und entweiht. Die Regierung hat das mobile und immobile Gut der Armenier und ihrer Kirchen beschlagnahmt, sogar ihre Bankguthaben. Um diese staatliche Ausplünderung zu rechtfertigen, wurde ein eigenes Gesetz verabschiedet.

Alle Christen der sieben Provinzen, auch die Chaldäer, Syrer und Jakobiten, erlitten das gleiche Schicksal, was beweist, dass die Verfolgung nicht nur eine politische, sondern auch eine religiöse ist, bewirkt durch den *Djihad*, den das Kalifat ausgerufen hat.

Es ist sicher, dass all diese Ereignisse auf ausdrücklichen Befehl der türkischen Regierung und in Zusammenarbeit mit allen Behörden des osmanischen Reiches stattgefunden haben. Die wenigen Personen, die sich diesen Gräueltaten entziehen konnten, wurden dazu genötigt, zum Islam zu konvertieren. Die erzwungenen Konversionen der Frauen und jungen Mädchen gehen in die Tausende. Auch Männer, die unter der osmanischen Fahne dienten, wurden gezwungen, den Islam anzunehmen.

Die Propaganda der Zwangsbekehrung läuft bis heute, sie wird von den höchsten Repräsentanten der türkischen Regierung befürwortet. In dieser Lage befinden sich die katholischen Armenier, die protestantischen Armenier und die Familien der Soldaten, sowie die, die noch nicht umgesiedelt wurden oder die (kürzlich erst, d. Verf.) umgesiedelt worden sind, etwa in Konya, Angora, Kaisareia und Umgebung. Sie sind von der Regierung in muslimische Dörfer verteilt worden, wo sie schutzlos Beleidigungen und Entbehrungen aller Art ausgeliefert sind und gezwungen werden, ihren Glauben aufzugeben und den Islam anzunehmen. Schließlich erlaubt die türkische Behörde den armen Verbannten nicht, mehr als einen Monat am gleichen Ort zu bleiben. Zudem werden die wenigen Männer, die in den Deportationszügen der Frauen angetroffen werden, diesen entrissen, um sie weit weg von ihren Familien in das Landesinnere zu schicken, wo sie ohne Lohn auf den Feldern der Muslime arbeiten müssen.

Das armenische Volk der Türkei ist also, nachdem es beinahe 1 000 000 Männer verloren und die türkischen Harems mit seinen Frauen und Kindern gefüllt hat, jetzt dazu verurteilt, Opfer unaufhörlicher Verfolgungen und des Hungers zu sein.

Die Vernichtung eines Volkes, die in der Geschichte der Menschheit ohne Präzedenzfall ist, hat in den letzten zehn Monaten in der Türkei stattgefunden und dauert bis heute noch an.

Bleibt die christliche und zivilisierte Welt gleichgültig?«[678]

Dieses erschütternde Dokument, das, wie gesagt, Anfang 1916 verfasst worden ist, liefert nicht nur die beste Zusammenfassung dieses Buches, sondern auch eine erste zuverlässige Angabe zur Zahl der Opfer. Denn zu den »beinahe 1 000 000« Toten, die es erwähnt, zählen eben noch nicht die über 350 000 Opfer von Hunger, Seuchen und Massakern, die im Laufe des Jahres 1916 in den Konzentrationslagern in der syrischen Wüste ums Leben kamen. Msgr. Dolci ging bereits am 20. Dezember 1915 von etwa 1,1 Millionen Toten aus, etwa einer Million Gregorianer und 100 000 Katholiken[679]. Die Nennung dieser Zahl ist umso wichtiger, seit einige türkische Völkermord-Leugner von insgesamt »nur« 300 000 Opfern sprechen[680]. Dabei kam sogar eine Kommission des türkischen Innenministeriums 1919 bereits auf 800 000 Tote, eine Zahl, die damals auch von Großwesir Damad Ferid Pascha und Mustafa Kemal Atatürk zitiert worden war.[681] Dabei ist davon auszugehen, dass sie bewusst zu niedrig angesetzt wurde, um noch größeren Repressalien der Entente-Mächte zu entgehen. Gustav Stresemann dagegen vermerkte Ende 1916 nach einem Gespräch mit Enver Pascha: »Armenier-Verminderung 1-1 ½ Millionen«[682], während moderne Historiker von rund 1,5 Millionen Opfern des Armenozids[683] ausgehen.

Natürlich ist es hier ebenso verwerflich, um die Zahlen der Opfer zu feilschen, wie es schäbig ist, die Schoah mit der Begründung zu relativieren, es seien vielleicht »nur« 5,9 statt 6 Millionen Juden in den Todeslagern der Nazis ermordet worden. Trotzdem muss, schon um die Glaubwürdigkeit dieses Dokumentes abzuschätzen, gefragt werden, welche Opferzahl für den armenischen Holocaust nun glaubwürdig ist.

Ausgangspunkt jeder realistischen Schätzung ist die Anzahl der Armenier im Osmanischen Reich vor dem Völkermord. Sie betrug, und darauf berufen sich die Befürworter einer geringeren Opferzahl, nach dem osmanischen Zensus von 1914 nur 1,21 Millionen. Tatsächlich aber haben viele Armenier den türkischen Zensusbeamten falsche Angaben gemacht, um die horrende Steuerlast, die ihnen auferlegt wurde, zu mindern. Zudem waren die Türken natürlich daran interessiert, die Zahl der Armenier kleinzurechnen, um ihren politischen Anspruch leugnen zu können. Sehr viel zuverlässiger sind dagegen die Zahlen des armenischen Patriarchats, weil natürlich jeder Armenier seine Kinder taufen ließ. Danach lebten damals 1 914 620 orthodoxe[684] sowie 98 500[685] katholische und 40 950 protestantische[686], insgesamt also 2 054 070 Armenier in der heutigen Türkei. Sicher ist, dass von den 98 500 Katholiken rund 13 500 überlebten, wie Msgr. Dolci am 12. Juni 1919 nach Rom berichtete – ein Schnitt von 13,3 %, der die Mär widerlegt, katholische Armenier seien von den Türken besser behandelt worden. Als 1919 die Überlebenden in ihre Heimat zurückgeführt wurden, betrug ihre Zahl 543 600[687], die der Toten also etwa 1 510 000. Wie realistisch diese Angabe ist, belegt der Bericht des deutschen Botschaftsgeistlichen Pfr. Graf von Lüttichau an das Auswärtige Amt vom 18. Oktober 1918:

> »Ob man die Gesamtverluste der Armenier auf eine Million (Konsul Rössler) oder auf zwei Millionen (Christoffel; Vorsteher des dt. Blindenheimes in Malatya, d. Verf.) beziffert, ist insofern ohne grösseren Belang … Die Zahl, die Prediger Ehrmann in Mesere nannte – 1 ½ Millionen – dürfte schätzungsweise der Wahrheit am nächsten kommen.«[688]

Zu ihnen wären die rund 240 000 während Mustafa Kemals »Befreiungskriegen« 1920–22 ermordeten Armenier zu addieren. Zum Vergleich: Lepsius ging in seinem Buch, das auf dem Stand von August 1915 war, bereits von 1 306 000 Opfern der Deportationen[689] aus, eine Zahl allerdings, bei der die Toten der Massaker, die Überlebenden der Todesmärsche und die Zwangsislamisierten zusammengerechnet wurden. Unsere Schätzung von 543 600 Überlebenden setzt sich wiederum aus den verschonten Armeniern von Konstantinopel (ca. 164 000), den Kaukasus-Flüchtlingen (240 400), den Überlebenden der Deportationen sowie den Konvertiten zusammen. Ergänzt man die über 1,5 Millionen ermordeten Armenier mit den Toten der türkischen Völkermorde an den syrischen Christen (etwa 300 000), den Pontos-Griechen (etwa 350 000) und den Griechen Kleinasiens (etwa 150 000) sowie den armenischen Opfern der »Befreiungskriege« (etwa 240 000), kommt man auf über 2,5 Millionen Opfer der größten Christenverfolgung der Geschichte.

Jedes einzelne dieser Opfer klagt die Welt an.
Natürlich war es weder der Entente noch den neutralen Staaten möglich, das Morden zu beenden und die Deportierten in der syrischen Wüste zu retten. Wie wenig sich durch diplomatische Initiativen erreichen ließ, zeigen die vielen gut gemeinten Versuche des Heiligen Stuhls, die nur mit unverschämten Lügen und gebrochenen Versprechen beantwortet wurden.
So bleibt die bedrückende Erkenntnis, dass nur eine Macht der Welt es vermocht hätte, den Armeniern zu helfen und die türkischen Völkermörder zu stoppen. Diese Macht war Deutschland. Als engster Verbündeter der Türkei mit breiter militärischer Präsenz im ganzen Land, ja sogar in den höchsten Rängen des Generalstabs, hätte das Reich die Möglichkeit gehabt, diese erste Menschheitskatastrophe zu verhindern oder zumindest zu beenden – wenn es denn Interesse daran gehabt hätte. Wie wirksam eine deutsche Demarche sein konnte, zeigte sich 1917, als der Heilige Stuhl zugunsten der jüdischen Siedler in Palästina intervenierte. Selbst der halbherzige Eingriff auf Bitten des Papstes ein Jahr später, als erneute Massaker drohten, führte zu einem, wenngleich bescheidenen Erfolg. Doch in den ersten Kriegsjahren waren weder der Kaiser noch der Reichskanzler und auch niemand sonst in der Reichsregierung bereit, dem türkischen Verbündeten Einhalt zu gebieten. Der Nutzen, den man sich durch das Bündnis versprach, ließ alle moralischen Bedenken wegschmelzen wie Schnee in der Sonne Anatoliens. Erst nach der russischen Februarrevolution 1917 begann man im Reich, an die Nachkriegszeit und das Urteil der Nachwelt zu denken.
Mit seiner Politik der Passivität hat damals auch Deutschland Schuld auf sich geladen – eine Mitschuld vielleicht durch Mitwirkung, mit Sicherheit aber durch Wegschauen und Beschwichtigung. Umso größer ist heute die deutsche Verantwortung, das Versagen der Reichsregierung im Ersten Weltkrieg schonungslos aufzuklären. Gerade weil ihr damaliger Verbündeter, die Türkei, diese Verbrechen beging, darf sich eine deutsche Regierung heute nicht von eben dieser Türkei verbieten lassen, ihrer Opfer zu gedenken. Der Völkermord von 1915–18, der Adolf Hitler das Vorbild zu dem größten Verbrechen des Nationalsozialismus, der Schoah, lieferte, ist zu wichtig

und zu schrecklich, um in den Geschichtsbüchern zu fehlen. Ihn zu leugnen hieße, auch weiterhin die islamofaschistischen Täter zu schützen.

Dass es damit endlich ein Ende hat, das sind wir Deutschen mutigen Männern wie Dr. Johannes Lepsius und Kardinal von Hartmann schuldig, die damals schon kein Blatt vor den Mund nahmen und die Mächtigen in der Politik aus ihrem christlichen Gewissen heraus mit der unbequemen Wahrheit konfrontierten. Dass diese immer noch verschwiegen wird, aus falscher Rücksicht auf das Regime in Ankara, ist eine Schande und befleckt erneut den deutschen Namen. Die umfangreiche Dokumentation, die ich im Vatikanarchiv auswerten konnte, lässt jedenfalls keinen Zweifel daran, was damals wirklich geschah.

Ob wir Deutschen ein Mit-Tätervolk sind und wie weit deutsche Offiziere an der Planung und Durchführung des Völkermordes beteiligt waren, lässt sich nach derzeitigem Wissensstand nicht endgültig klären. Sollte dies der Fall gewesen sein, so waren darüber mit Sicherheit die deutschen Diplomaten im Osmanischen Reich (vielleicht mit Ausnahme von Wangenheims) nicht informiert. Ganz gewiss aber sind wir ein Mit-Wisservolk, das damals versagt hat, die Verbrechen der Türken vor der Welt anzuprangern. Gerade weil aber ein Mitwissen Mitschuld bedeutet, hat Deutschland vor allen anderen Staaten Europas die historische Pflicht, der Wahrheit zum Durchbruch zu verhelfen. Nie wieder darf auch dieses bestialische Menschheitsverbrechen geleugnet werden.

Am 24. April 2015 jährt sich die Verhaftung und Deportation der armenischen Elite von Konstantinopel zum hundertsten Mal. In diesem Jahr wird die Welt nach Jerewan blicken und der Opfer gedenken. Bereits eingeladen wurde Papst Franziskus und unabhängig davon, ob er tatsächlich die Reise antritt, wird er mit Sicherheit das Schweigen brechen und erneut an den Todesgang des armenischen Märtyrervolkes erinnern. Für den 12. April 2015 ist eine Gedenkfeier im Petersdom angekündigt. So, wie sein großer Vorgänger, der heilige Johannes Paul II., der 2001 zum 1700. Jahrestag der Christianisierung Armeniens nach Jerewan reiste. Dort unterzeichnete er, zusammen mit dem Katholikos Karekin II. als Nachfolger Gregors des Erleuchters, am 27. September eine gemeinsame Erklärung, in der es hieß:

> »Die Ermordung von anderthalb Millionen armenischen Christen ist das, was generell als der erste Völkermord des 20. Jahrhunderts bezeichnet wird, und die spätere Vernichtung von Tausenden von Menschenleben unter dem ehemaligen totalitären Regime sind Tragödien, die in der Erinnerung der heutigen Generation noch immer lebendig sind. Diese sinnlos niedergemetzelten Unschuldigen sind nicht heiliggesprochen worden, aber viele von ihnen waren mit Sicherheit Bekenner und Märtyrer im Namen Christi. Mögen ihre Seelen in Frieden ruhen und die Gläubigen bestärken, niemals die Bedeutung ihres Opfers aus den Augen zu verlieren.«[690]

Die Türkei tobte. Schon ein Jahr zuvor, als der Papst und der Katholikos eine gemeinsame Erklärung unterzeichnet hatten, in der von »dem armenischen Genozid zu Beginn des Jahrhunderts« als »dem Vorspiel zu den Schrecken, die noch folgen würden«[691], die Rede war, titelte die türkische Tageszeitung *Milliyet* wenig taktvoll: »Papst leidet an seniler Demenz«[692]. Jetzt aber schritt Johannes Paul II., begleitet von Karekin II., andächtig zur ewigen Flamme der Völkermord-Gedenkstätte von Tzitzernagaberd und sprach ein Gebet. Seine Worte waren ein glühender Appell gegen das Leugnen und Vergessen, das auch die Täter trifft. Denn nur die Wahrheit macht uns frei, einander zu vergeben.

Gebet des heiligen Johannes Paul II.
Tzitzernagaberd-Gedenkstätte
Eriwan, 26. September 2001

Richter der Lebenden und der Toten, erbarme dich unser!
Herr, höre die Klage, die von diesem Ort aufsteigt,
die Stimme der Toten aus dem Abgrund des »*Metz Yeghérn*«[693],
den Schrei des unschuldigen Blutes, das schreit wie das Blut Abels,
wie Rachel, die um ihre Kinder weint, die nicht mehr sind.

Herr, höre die Stimme des Bischofs von Rom,
in der die Bitte seines Vorgängers Papst Benedikt XV. nachklingt,
der im Jahr 1915 seine Stimme erhob zum Schutz
»des schwer bedrängten armenischen Volkes,
das an den Rand der Vernichtung gebracht wurde«.

Schau auf das Volk dieses Landes,
das seit so langer Zeit in dich sein Vertrauen setzt,
schwere Bedrängnisse durchgemacht
und nie die Treue zu dir verringert hat.
Trockne die Tränen in seinen Augen
und gib, daß sein Leiden im 20. Jahrhundert
Raum schaffe für eine Ernte des ewigen Lebens.
Tief bedrückt durch die schreckliche Gewalt, die dem armenischen Volk angetan wurde,
fragen wir uns bestürzt, wie es möglich ist,
daß die Welt noch so unmenschliche Verirrungen erfahren muß.
Herr, indem wir unsere Hoffnung auf deine Verheißung erneuern,
bitten wir für die Verstorbenen um die ewige Ruhe in Frieden
und um Heilung der noch offenen Wunden durch die Macht deiner Liebe. (…)

Richter der Lebenden und der Toten, erbarme dich unser! [694]

Quellen

Diese Bestände des Vatikanischen Geheimarchivs wurden vom Autor persönlich gesichtet:

A.S.V. (Archivio Segreto Vaticano)

- Seg. Stato – Archiv des päpstlichen Staatssekretariats: Questione Armena (Busta Separata 174), BS Vienna und Guerra (1914–18) (rubr. 244, Fasc. 66, 110, 111, 112)
- Arch. Deleg. Turchia – Archiv der Apostolischen Gesandtschaft in der Türkei (49, Fasc. 191; 101, Fasc. 527, 528; 102, Fasc. 530, 531)
- Arch. Nunz. Monaco di Baviera – Archiv der Nuntiatur in München (385, Fasc. 2, 7)
- Arch. Nunz. Vienna – Archiv der Nuntiatur in Wien (761)

AAEESS (Archivio della Segretaria di Stato, Affari Ecclesiastici Straordinari)
Dokumente aus folgenden Beständen des Archivs des vatikanischen Staatssekretariats wurden zitiert:
Asia 57, 1 und 2, Asia 117 sowie Austria 472, 506, 513, 576.

A.C.O. (Archivio della Sacra Congregazione per le Chiese Orientali):
Dokumente aus dem Archiv der Kongregation für die orientalischen Kirchen wurden nach der wissenschaftlichen Edition von Georges-Henri Ruyssen SJ, La Questione Armena, Vol. III., 1908–1925, Documenti dell'Archivio delle Congregazione per le Chiese Orientali (ACO), Rom 2014 zitiert.

PA-AA/R: Dokumente aus dem Politischen Archiv des deutschen Auswärtigen Amtes wurden nach der wissenschaftlichen Edition von Wolfgang Gust (Hrsg.), Der Völkermord an den Armeniern 1915/16, Springe 2005 zitiert.

Literatur

Afflerbach, Holger: *Falkenhayn. Politisches Denken und Handeln im Kaiserreich,* München 1994

Akcam, Taner: Armenien und der Völkermord, Hamburg 1996

Ders.: A Shameful Act, The Armenian Genocide and the Question of Turkish Responsibility, New York 2007

Ders.: The Young Turk's Crime Against Humanity, Princeton 2012

Auron, Yair: Zionism and the Armenian Genocide: The Banality of Indifference, New Brunswick/London 2000

Balakian, Peter: The Burning Tigris. The Armenian Genocide and America's Response, New York 2003

Baum, Wilhelm: Die Türkei und ihre christlichen Minderheiten, Klagenfurt-Wien 2005

Baumann, Andreas: Der Orient für Christus – Johannes Lepsius, Biographie und Missiologie, Gießen 2007

Becker-Huberti, Manfred/Finger, Heinz: Kölns Bischöfe von Maternus bis Meisner, Köln 2013

Benson, Edward F.: Crescent and Iron Cross, o.J.

Bergoglio, Jorge Mario/Skorka, Abraham: Über Himmel und Erde, München 2013

Berkes, Niyazi (Hrsg.): Turkish Nationalism and Western Civilisation. Selected Essays of Ziya Gökalp, London 1959

Berlin, Jörg/Klenner, Adrian: Völkermord oder Umsiedelung, Köln 2006

Calic, Edouard: Ohne Maske. Hitler – Breiting Geheimgespräche 1931, Frankfurt 1968

Carolla, Mario: Vatican Diplomacy and the Armenian Question: The Holy See's Response to the Republic of Armenia 1918–1922, London 2010

Charmetant, Fr. Félix: Martyrologe arménien. Tableau officiel des massacres d'Arménie, dressé après enquêtes, Paris 1896

Dadrian, Vahakn N.: The History of the Armenian Genocide, New York/Oxford 2008(6)

Djemal Pascha, Ahmed: Erinnerungen eines türkischen Staatsmannes, München 1922

Dowe, Christopher (Hrsg.): Matthias Erzberger. Ein Demokrat in Zeiten des Hasses, Karlsruhe 2003

Erickson, Edward J.: Ottomans and Armenians, New York 2013

Gisevius, Hans Bernd: Bis zum bitteren Ende, Bd. 2, Darmstadt 1948

Gust, Wolfgang: Der Völkermord an den Armeniern, München/Wien 1993

Ders. (Hrsg.): Der Völkermord an den Armeniern 1915/16, Springe 2005

Hacısalihoğlu, Mehmet: Die Jungtürken und die mazedonische Frage (1890–1918), Berlin 2003
Heid, Ludger: Oskar Cohn. Ein Sozialist und Zionist, Frankfurt 2002
Heinsohn, Gunnar: Lexikon der Völkermorde, Reinbek 1998(2)
Hesemann, Michael: Hitlers Religion, München 2003
Ders.: Der Papst, der Hitler trotzte, Augsburg 2008
Ders.: Das Bluttuch Christi, München 2010
Ders.: Jesus in Ägypten, München 2012
Ders.: Papst Franziskus, München 2013
Hofmann, Tessa (Hrsg.): Der Völkermord an den Armeniern vor Gericht, Göttingen 1980
Dies.: Annäherung an Armenien, München 2006
Hosfeld, Rolf: Operation Nemesis, Köln 2009(2)
Ders. (Hrsg.): Johannes Lepsius – Eine deutsche Ausnahme, Göttingen 2013
Hovannisian, Richard G.: Looking Backward, Moving Forward. Confronting the Armenian Genocide, New Brunswick/London 2003
Jakov, Marko: La questione d'oriente vista attraverso la tragedia Armena (1894–1897), Cracovia 2011
Kauffmann, Heiko/Kellershohn, Helmut/Jobst, Paul (Hrsg.): Völkische Bande. Dekadenz und Wiedergeburt, Münster 2006
Kévorkian, Raymond: The Armenian Genocide, New York 2011
Kennan, George F.: The Decline of Bismarck's European Order. Franco-Russian Relations, 1875–1890, Princeton 1979
Kiera, P. Joseph O.F.M.: Ins Land des Euphrat und Tigris, Breslau 1935
Kieser, Hans-Lukas/Schaller, Dominik J. (Hrsg.): Der Völkermord an den Armeniern und die Shoah, Zürich 2002
Ders. und Plozza, Elmar (Hrsg.): Der Völkermord an den Armeniern, die Türkei und Europa, Zürich 2006
Kreß von Kressenstein, Friedrich: Mit den Türken zum Suezkanal, Berlin 1938
Künzler, Jakob: Im Lande des Blutes und der Tränen, Zürich 2004
Lapide, Pinchas: Rom und die Juden, Freiburg/Basel/Wien 1967
Lepsius, Dr. Johannes: Armenien und Europa, Berlin 1897
Ders.: Bericht über die Lage des Armenischen Volkes in der Türkei, Potsdam 1916
Ders.: Der Todesgang des armenischen Volkes, Potsdam 1919
Ders.: Deutschland und Armenien 1914–1918, Potsdam 1919(a)
Macler, Frédéric und Nourry, F.: Autour de l'Arménie, Paris 2013
Mardiganian, Aurora: Ravished Armenia, New York 1918
Morgenthau, Henry: Ambassador Morgenthau's Story, New York 2008
Ders. u. Simon, Hyacinth: Tod im Namen Allahs, Aachen 2005
Moses von Chorene, Des: Geschichte Groß-Armeniens, Übers. Max Lauer, Regensburg 1869
Mutafian, Claude (Hrsg.): Roma – Armenia, Roma 1999
Özgönül, Cem: Der Mythos eines Völkermordes, Köln 2006

Pollard, John F.: Benedict XV The Pope of Peace, New York 2005(2)
Ramming-Leupold, Gisela: Armenien, Land am Ararat, Halle/Saale 2013
Rauschning, Hermann: Gespräche mit Hitler, New York 1940
Riccardi, Andrea: Benedetto XV e la crisi della convivenza multireligiosa nel l'Impero Ottomano, in: Rumi, G.: Benedetto XV e la pace 1918, Brescia 1990
Ruyssen, Georges-Henri SJ (Hrsg.): La Questione Armena, Vol. I, 1894–1896, Roma 2013
Ders.: La Questione Armena, Vol. II, 1894–1896, Roma 2013
Ders:: La Questione Armena, Vol. III, 1908–1925, Roma 2014
Samueljan, Maghakia: Bekehrung Armeniens durch den heiligen Gregor Illuminator, Wien 1844
Schaefgen, Annette: Schwieriges Erinnern: Der Völkermord an den Armeniern, Berlin 2006
Schütze, Steffen: Johannes Lepsius und der Völkermord an den Armeniern, Norderstedt 2011
Schulz-Goldstein, Esther: Die Sonne blieb stehen, Neckenmarkt 2013
Schwartz, Michael: Ethnische »Säuberungen« in der Moderne, Berlin 2013
Sebottendorff, Rudolf von: Bevor Hitler kam, München 1933
Ternon, Yves: Tabu Armenien. Geschichte eines Völkermordes, Frankfurt/Berlin 1981
Ders.: Der verbrecherische Staat. Völkermord im 20. Jahrhundert, Hamburg 1996
Tschiftdschjan, Ischchan (Hrsg.): Zum 90. Gedenkjahr des Völkermordes an den Armeniern 1915–2005: Stimmen aus Deutschland, Antelias/Libanon 2005
Ussher, Clarence D.: An American Physician in Turkey, Toronto 1917
Vidal-Naquet, Pierre/Libaridian, Gerard: A Crime of Silence – The Armenian Genocide, Permanent People's Tribunal, London 1985
Vierbücher, Heinrich: Armenien 1915. Die Abschlachtung eines Kulturvolkes durch die Türken, Hamburg 1930
Voss, Huberta von (Hrsg.): Porträt einer Hoffnung – Die Armenier, Berlin 2005
Weber, Sebastian: Der Völkermord an den Armeniern: Die Rezeption der Armenischen Frage in Deutschland von 1894–1921, Hamburg 2014
Wegner, Armin T.: Der Weg ohne Heimkehr. Ein Martyrium in Briefen, Dresden 1920
Ders.: Die Austreibung des armenischen Volkes in die Wüste, Göttingen 2001
Werfel, Franz: Die vierzig Tage des Musa Dagh, Frankfurt 1990
Wolf, Hubert (Hrsg.): Eugenio Pacelli als Nuntius in Deutschland, Paderborn 2012

Anmerkungen

1 Beim Empfang des armenisch-orthodoxen Katholikos Karekin II. im Vatikan, siehe: http://w2.vatican.va/content/francesco/en/speeches/2014/may/documents/papa-francesco_20140508_patriarca-armeni.html
2 http://www.ns-archiv.de/krieg/1939/22-08-1939.php
3 Gisevius 1948, S. 104
4 Winfried Baumgart: Zur Ansprache Hitlers vor den Führern der Wehrmacht am 22. August 1939. Eine quellenkritische Untersuchung, in: Vierteljahrshefte für Zeitgeschichte. Jg. 16, Heft 2, 1968, S. 120–149
5 Hermann Boehm und Winfried Baumgart: Zur Ansprache Hitlers vor den Führern der Wehrmacht am 22. August 1939, in: Vierteljahrshefte für Zeitgeschichte. Jg. 19, Heft 3, 1971, S. 296
6 http://www.ns-archiv.de/krieg/1939/22-08-1939-halder.php
7 Richard Albrecht: »Wer redet denn heute noch von der Vernichtung der Armenier?« – Adolf Hitlers zweite Rede (vor den Oberkommandierenden am 22. August 1939 auf dem Obersalzberg, Essay, 2007
8 Ebd., S. 4
9 http://www.kath.net/news/39065
10 http://www.rp-online.de/politik/ausland/mai-2014-syriens-zerstoerte-stadt-homs-bid-1.4225650
11 Marco Tosatti: »Armeni, in Siria conversion all'Islam forzate«, in: La Stampa, 17.1.2014
12 http://armenianweekly.com/2014/09/21/der-zor/
13 »Armenier-Äußerung des Papstes empört die Türkei«, in: Die Welt, 10.6.2013
14 Bergoglio/Skorka 2013, S. 188
15 Ebd., S. 36
16 Vidal-Naquet/Libaridian 1985, S. 226
17 UN Doc, E/CN.4/Sub.2/1985/SR.57, § 42
18 http://www.genocidescholars.org/sites/default/files/document%09%5Bcurrent-page%3A1%5D/documents/Turkish%20State%20Denial%20Open%20Letter.pdf
19 http://www.genocidescholars.org/sites/default/files/document%09%5Bcurrent-page%3A1%5D/documents/US%20Congress_%20Armenian%20Resolution.pdf
20 http://www.dw.de/t%C3%BCrkei-soll-paragraf-301-streichen/a-2455853
21 http://www.armenierberlin.de/?page_id=9#Anerkennung_und_Leugnung_von_Völkermord

[22] http://www.europarl.europa.eu/sides/getDoc.do?type=WDECL&reference=P6-DCL-2004-0043&language=DE&format=PDF

[23] http://www.genocide-museum.am/eng/France_Law.php

[24] http://www.spiegel.de/politik/ausland/streit-mit-tuerkei-frankreich-verbietet-leugnung-des-voelkermords-an-armeniern-a-805311.html

[25] http://www.spiegel.de/politik/ausland/armenier-gesetz-tuerken-ueber-frankreich-erbost-a-442264.html; http://www.hurriyet.com.tr/english/world/10199254.asp; http://www.spiegel.de/politik/ausland/armenier-gesetz-tuerkei-droht-sarkozy-mit-sanktionen-a-805128.html

[26] http://www.fr-online.de/politik/streit-um-genozid-gesetz-tuerkei-stoppt-militaerzusammenarbeit-mit-frankreich,1472596,11343970,view,asFitMl.html; http://www.spiegel.de/politik/ausland/armenier-gesetz-tuerkei-droht-sarkozy-mit-sanktionen-a-805128.html; http://www.spiegel.de/politik/ausland/massentoetung-von-armeniern-erdogan-wuetet-gegen-frankreichs-voelkermord-gesetz-a-811057.html; http://www.faz.net/aktuell/politik/ausland/massaker-an-armeniern-streit-zwischen-frankreich-und-tuerkei-vor-eskalation-11621173.html

[27] http://www.spiegel.de/politik/ausland/streit-mit-tuerkei-frankreich-verbietet-leugnung-des-voelkermords-an-armeniern-a-805311.html

[28] http://www.faz.net/aktuell/politik/ausland/frankreich-umstrittenes-voelkermord-gesetz-verfassungswidrig-11665646.html

[29] http://www.berliner-zeitung.de/archiv/minister-streicht-auf-diplomatischen-druck-das-thema--voelkermord-an-armeniern--vom-lehrplan-tuerkei-mischt-sich-in-geschichtsunterricht-ein,10810590,10252302.html

[30] Ebd.

[31] http://www.tagesspiegel.de/berlin/brandenburg/potsdamer-lepsiushaus-tuerkische-diplomaten-machen-druck-auf-platzeck/253532.html

[32] http://www.dw.de/massaker-an-armeniern-bundestag-appelliert-an-t%C3%BCrkei/a-1560218

[33] http://www.akweb.de/ak_s/ak549/13.htm

[34] http://dipbt.bundestag.de/dip21/btd/15/056/1505689.pdf

[35] http://dip21.bundestag.de/dip21/btd/17/008/1700824.pdf

[36] https://www.dialog-ueber-deutschland.de/DE/20-Vorschlaege/10-Wie-Leben/Einzelansicht/vorschlaege_einzelansicht_node.html?cms_idIdea=2487

[37] http://www.spiegel.de/politik/deutschland/wie-merkel-mit-den-buergern-diskutiert-a-842305.html

[38] https://www.dialog-ueber-deutschland.de/SharedDocs/Blog/DE/2012-07-04_Kanzlerin_trifft_TN_Online-Dialog.html

[39] http://haypressnews.wordpress.com/2014/02/02/volkermord-an-armeniern-steinbach-fordert-entschuldigung-der-turkei/

[40] Heinsohn 1998, S. 80

[41] http://fakten-uber.de/artikel_301_(t%C3%BCrkisches_strafgesetzbuch)

[42] http://www.focus.de/politik/ausland/armenien-aeusserungen-orhan-pamuk-droht-neues-verfahren_aid_399047.html

[43] http://www.faz.net/aktuell/politik/ausland/denkmal-in-der-tuerkei-mit-der-abrissbirne-gegen-versoehnung-1627050.html

[44] http://www.spiegel.de/politik/ausland/streit-ueber-armenier-genozid-erdogan-poltert-sich-ins-abseits-a-684760.html

[45] http://www.spiegel.de/politik/ausland/tuerkei-erdogan-spricht-armeniern-erstmals-beileid-aus-a-965828.html

[46] http://www.zeit.de/gesellschaft/zeitgeschehen/2013-12/egmr-armenien-genozid-meinungsfreiheit

[47] http://files.newsnetz.ch/upload//3/2/32547.pdf

[48] Ahmet Içduygu, Toktas, Şule; Ali Soner, B.: *The politics of population in a nation-building process: emigration of non-Muslims from Turkey.* In: *Ethnic and Racial Studies.* 31, Nr. 2, 1. Februar 2008, S. 358–389

[49] http://kath.net/news/40274

[50] http://www.missions-benediktinerinnen.de/Flyer%20MB%20Tutzing.pdf

[51] Kiera 1935, S. 698 f.

[52] Eintrag zu Sr. Pulcheria (Maria) von Dalwigk-Lichtenfels (1885–1945) in: Nekrolog I (1888–1946) der Missions-Benediktinerinnen von Tutzing, S. 535–536

[53] Ebd., Eintrag zu Mutter Clodesindis (Clara) Lüken (1880–1945), S. 518–519

[54] Kiera 1935, S. 698

[55] Ebd., S. 640

[56] Ebd., S. 641 f.

[57] Ebd., S. 642 f.

[58] Ebd., S. 644

[59] Ebd.

[60] Ebd., S. 697

[61] Becker-Huberti/Finger 2013, S. 245

[62] PA-AR/R 14090; A 5914 pr. 4.3.1916, zit. n. Gust (Hrsg.) 2005, S. 451 ff.

[63] A.S. V. (Archivio Segreto Vaticano), Arch. Deleg. Turchia 101, Fasc. 527, S. 263

[64] Persönliches Schreiben an den Autor vom 7.2.2014

[65] A.S. V., Arch. Nunz. Monaco d.B. 385, Fasc. 7, p. 21–23

[66] Persönliches Schreiben an den Autor vom 15.2.2014

[67] Hofmann 2006, S. 8

[68] zit. n. Hofmann 2006, S. 20 f.

[69] Das gilt für Inschriften in altpersischer Sprache. Waren die Inschriften in Babylonisch verfasst, war nach wie vor von *Uraschtu* die Rede; beide Namen waren also Synonyme.

[70] Wahrscheinlich bestieg Trdat III. erst 298/99, nach dem Ende der römisch-parthischen Kriege und dem ersten Friedensvertrag von Nisibis, seinen Thron. So gehen Historiker davon aus, dass er die Christenverfolgung des

Diokletian 303 in seinem Reich kopierte, Gregor damals erst foltern und einkerkern ließ, dessen Freilassung als Reaktion auf das Toleranzedikt von Mailand 313 erfolgte. Damit wäre Armenien tatsächlich erst 315/16 christianisiert worden. Doch auch dann wäre seine Kirche noch immer die älteste Staatskirche der Welt. So datiert auch der Byzantiner Sozomenos, der seine »Kirchengeschichte« im Jahre 425 abschloss, die Bekehrung Armeniens in die Regentschaft Konstantins des Großen (305–337), betont aber: »Die Armenier, so habe ich verstanden, waren die Ersten, die (als Nation, d. Verf.) das Christentum annahmen. Es heißt, dass Tiridates, der damals ihr König war, durch ein wundersames göttliches Zeichen zum Christen wurde, das in seinem eigenen Haus gewirkt wurde; und dass er allen seinen Untertanen durch einen Boten den Befehl übermitteln ließ, die gleiche Religion anzunehmen« (Sozomenos, Kirchengeschichte, II,8)«.

71 Tatsächlich bedeutet *Islam* nicht, wie häufig kolportiert wird, »Frieden«, sondern »Unterwerfung«.

72 Johann Wolfgang von Goethe, Faust I, Zeile 860 ff.

73 Frédéric Macler, Autour de l'Arménie, Paris 1917, S. 183, zit. n. Ternon 1981, S. 22

74 Ternon 1981, S. 22 f.

75 Morgenthau 2008, S. 193

76 Balakian 2003, S. 233

77 Ebd.

78 Ebd., S. 194

79 Baum 2005, S. 23 f.

80 Zit. n. Hofmann 2006, S. 80

81 Ternon 1981, S. 38

82 Gust 1993, S. 80

83 Ebd., S. 80 f.

84 Zit. n. Ternon 1981, S. 39 f.

85 http://www.armenocide.de/armenocide/armgende.nsf/$$AllDocs/1916-09-18-DE-001?OpenDocument

86 J.A. MacGahan: The Turkish Atrocities in Bulgaria: Horrible scenes at Batak, in: The Daily News, 22.8.1876, zit. n. http://bnr.bg/de/post/100336710/macgahan-und-die-bulgarische-sache

87 Gust 1993, S. 85

88 Ebd., S. 86

89 Ebd., 84

90 Reichsgesetzblatt No. 31, Berlin, 11.9.1879

91 http://www.spiegel.de/kultur/gesellschaft/karikaturen-ausstellung-dem-sultan-eine-lange-nase-drehen-a-570830.html

92 Zit. n. Gust 1993, S. 75

93 Narzisstische Kränkung ist ein Begriff, der auf Sigmund Freud zurückgeht. Er bezeichnet Vorgänge oder Erkenntnisse, die das Selbstwertgefühl einer Person oder einer Gesellschaft infrage stellen und zu einer negativen Dis-

krepanz zwischen idealisiertem Selbstbild und tatsächlicher Realität führen. (siehe Sigmund Freud, Gesammelte Werke, Bd. XII, S. 173)

[94] Zit. n. Ternon 1981, S. 47

[95] http://www.wilhelm-der-zweite.de/dokumente/osman1889.php

[96] Zit. n. Ternon 1981, S. 59

[97] Zit. n. ebd., S. 60

[98] Zit. n. ebd., S. 61

[99] Zit. n. ebd., S. 65

[100] Ebd., S. 68

[101] Jacov 2011, S. 35 ff.; Gust 1993, S. 102 ff.; Ternon 1981, S. 69 ff.; Dadrian 2008, S. 114–119

[102] Ternon 1981, S. 69

[103] Hofmann 2006, S. 88

[104] Zit. n. Ternon 1981, S. 69

[105] Charmetant 1896, S. 74 f.

[106] Balakian 2003, S. 35

[107] Zit. n. Jacov 2011, S. 36

[108] Zit. n. Jacov 2011, S. 39 f.

[109] Ebd., S. 40

[110] Ebd.

[111] Ebd.

[112] Ebd.

[113] Ebd., S. 41

[114] Zit. n. Ternon 1981, S. 71

[115] A.S. V., Segr. Stato, BS Vienna, 13 XII 1894

[116] A.S. V., Segr. Stato, Questione Armena, BS 174, Terra Santa 1895. Giovanni da Ozzuno Monferrato a Leone XIII.

[117] Jacov 2011, S. 48

[118] L'Osservatore Romano, 8.12.1894

[119] Jacov 2011, S. 55

[120] Ebd.

[121] A.S. V., Segr. Stato, QA, BS 174, Costantinopoli, 31.12.1894, Bonetti an Rampolla

[122] A.S. V., Segr. Stato, QA, BS 174, Costantinopoli, 5.12.1894, Azarian an Rampolla

[123] A.S. V., Segr. Stato, QA, BS 174, Costantinopoli, 19.12.1894, Rampolla an Azarian

[124] A.S. V., Segr. Stato, QA, BS 174, Costantinopoli, 26.12.1894 und 8.1.1895, Azarian an Rampolla

[125] A.S. V., Segr. Stato, QA, BS 174, Costantinopoli, 12.1.1895, Bonetti an Rampolla

[126] A.S. V., Segr. Stato, QA, BS 174, Vaticano, 25.1.1895, Rampolla an Bonetti

[127] A.S. V., Segr. Stato, QA, BS 174, Costantinopoli, 14.1.1895, Azarian an Rampolla

[128] Ternon 1981, S. 73
[129] Ebd., Gust 1993, 105 f.; Jacov 2011, S. 79 ff.; Dadrian 2008, S. 119–121
[130] Zit.n. Dadrian 2008, S. 120
[131] Zit. n. Ternon 1981, S. 75
[132] Jacov 2011, S. 83 ff.; Charmetant 1896, S. 10–13
[133] Charmetant 1896, S. 14–17; 46–52
[134] W. L. Sachtleben: The Massacre at Erzeroum, in: The Graphic, London, 7.12.1895
[135] Charmetant 1896, S. 18–19, 54–58
[136] Zit. n. Ternon 1981, S. 78
[137] Charmetant 1896, S. 20–21, 52–54
[138] Gust 1993, S. 107
[139] Zit. n. Ternon 1981, S. 80 f.
[140] Ebd., S. 80 f.; Charmetant 1896, S. 68–69, 82–86
[141] Bei den gleichen Massakern kamen auch vier Griechen und vier Türken ums Leben, wie »The Tablet« am 15.2.1896 vermeldete; es war also eindeutig, von wem die Aggression ausging. Siehe auch Charmetant 1896, S. 59–61
[142] http://archive.thetablet.co.uk/article/15th-february-1896/7/the-catholic-testimony-to-the-armenian-massacres
[143] http://archive.thetablet.co.uk/article/15th-february-1896/7/the-catholic-testimony-to-the-armenian-massacres
[144] Ebd.
[145] Ebd.
[146] A.S. V., Segr. Stato, QA, BS 174, Azarian an Rampolla
[147] Hesemann 2010, S. XX
[148] Ternon 1981, S. 82–83; Charmetant 1896, S. 86–89; Gust 1993, S. 106 f.
[149] 1913 überschrieb Ducket Ferriman seinen Bericht über die Armeniermassaker von Adana im Jahre 1909: »The Young Turks and the Truth about the Holocaust in Asia Minor« (ebd., S. 41).
[150] Gust 1993, S. 107
[151] A.S. V., Segr. Stato, QA, BS 174, Costantinopoli, 3.1.1896, Azarian an Rampolla
[152] Zit. n. Baumann 2007, S. 43
[153] Zit. n. Hosfeld 2013, S. 13
[154] Zit. n. ebd., S. 45
[155] Zit. n. Gust 1993, S. 109
[156] Zit. n. ebd.
[157] A.S. V., Segr. Stato, QA, BS 174, Vaticano, 21.11.1895, Rampolla an Azarian
[158] A.S. V., Segr. Stato, QA, BS 174, Costantinopoli, 19.11.1895, Bonetti an Rampolla
[159] Ebd.
[160] A.S. V., Segr. Stato, QA, BS 174, Costantinopoli, 8.11.1895, Azarian an Rampolla

[161] A.S. V., Segr. Stato, QA, BS 174, Costantinopoli, 14.11.1895, Azarian an Rampolla
[162] A.S. V., Segr. Stato, QA, BS 174, Costantinopoli, 3.12.1895, Bonetti an Rampolla
[163] A.S. V., Segr. Stato, QA, BS 174, Costantinopoli, 10.12.1895, Azarian an Rampolla
[164] Zit. n. Dadrian 2008, S. 127
[165] Ebd., S. 127–131
[166] A.S. V., Segr. Stato, BS 174, Armenia B, Nr. 29341, de Navenne an Rampolla, 3.3.1896; A.C.O., Armeni del Patriarcato 1867–1921, B 105, 1 bis, n. 5244 da Parma an Ledochwoski, 8.4.1896; Bericht von P. Domenico Werson OFM in A.C.O., Armeni del Patriarcato 1867–1921, B 105, 1bis, n. 5333; zit.n. Ruyssen 2013, S. 140–154
[167] Ternon 1981, S. 90 f.,
[168] Bei Zitaten behalten wir die damals übliche Transkription von Orts- und Personennamen bei.
[169] Lepsius 1916, S. 83
[170] Dadrian 2008, S. 131–138; Ternon 1981, S. 91 f.
[171] A.S. V., Segr. Stato, QA, BS 174, Costantinopoli, 5.6.1896, Bonetti an Rampolla
[172] A.S. V., Segr. Stato, QA, BS 174, Vaticano, 20.6.1896, Leo XIII. an Abdülhamid II.
[173] A.S. V., Segr. Stato, QA, BS 174, Costantinopoli, 16.7.1896, Bonetti an Rampolla
[174] Ternon 1981, S. 92
[175] Zit. n. Jacov 2011, S. 143
[176] Ternon 1981, S. 92
[177] Zit n. ebd., S. 94
[178] Jakov 2011, S. 143 ff.; Dadrian 2008, S. 138 ff.; Gust 1993, S. 110 ff.
[179] Zit. n. Dadrian 2008, S. 145
[180] Zit. n. Dadrian 2008, S. 145
[181] Zit. n. Gust 1993, S. 112
[182] A.S. V., Segr. Stato, QA, BS 174, Costantinopoli, Bonetti an Rampolla, 5.10.1896
[183] Zit. n. Ternon 1981, S. 96 f. sowie Jakov 2011, S. 146
[184] Ebd. sowie Jakov 2011, S. 147
[185] Zit. n. Dadrian 2008, S. 160
[186] Ebd., S. 146
[187] Dadrian 2008, S. 146
[188] Zit. n. Ternon 1981, S. 97
[189] Jakov 2011, S. 148 ff.
[190] http://cdnc.ucr.edu/cgi-bin/cdnc?a=d&d=SFC18961020.2.3
[191] http://www.presidency.ucsb.edu/ws/?pid=29537
[192] Jakov 2011, S. 156 f.

[193] Zit. n. ebd., S. 24
[194] Zit. n. http://www.wilhelm-der-zweite.de/dokumente/osman1898.php
[195] Zit. n. ebd.
[196] Hosfeld (Hrsg.) 2013, S. 29
[197] Ternon 1981, S. 98 f.
[198] Lepsius 1897, S. 34 f.
[199] Hosfeld 2009, S. 85 ff.; Ternon 1981, D. 130 f.
[200] Ternon 1981, S. 105
[201] Ebd., S. 107
[202] Ternon 1981, S. 110; Gust 1993, S. 122
[203] http://www.mason-mahfili.org.tr/?page_id=52
[204] Kévorkian 2011, S. 12
[205] http://www.papalencyclicals.net/Clem12/c12inemengl.htm
[206] Etwa A.S. V., Segr. Stato, Guerra (1914–18), rubr. 244, Fasc. 110, S. 260; ein Memorandum vom November 1915, ebd., S. 244, stellt fest, dass »die momentane Regierung der Türkei, weit davon entfernt, mohammedanisch zu sein, stattdessen notorisch freimaurerisch ist, ein Werk der kollektiven Intelligenz der französisch-italienisch-britischen Freimaurerei.« »Oggi poi che su può aspettare di bene da un governo massonico«, »Was kann man heute schon Gutes von einer masonischen Regierung erwarten?«, fragte der Päpstliche Delegat in Konstantinopel, Erzbischof Angelo Dolci, am 31. Januar 1915 Msgr. Eugenio Pacelli vom päpstlichen Staatssekretariat, siehe: AAEESS, Austria, 513
[207] Hosfeld 2009, S. 64 f.
[208] Gust 1993, S. 123 ff.
[209] Kévorkian 2011, S. 22 ff.
[210] Ebd., S. 43 ff.
[211] Hacısalihoğlu 2003, S. 143 f.
[212] Gust 1993, S. 125
[213] Zit. n. Hosfeld 2009, S. 90
[214] Zit. n. Ternon 1981, S. 120
[215] Hacısalihoğlu 2003, S. 143 f.
[216] Reinhard Markner: Geschichte der Freimaurer – Jungtürken, in: Frankfurter Allgemeine Zeitung, 20.8.2008, Nr. 194, S. N3
[217] Zit. n. Hosfeld 2009, S. 104
[218] Hosfeld 2009, S. 105 f.
[219] Gökalp in der Zeitung Genç Kalemler 1911
[220] Rauschning 1940, S. 208; Zur Kontroverse um Rauschnings »Gespräche mit Hitler«, siehe: Hesemann, Hitlers Religion, Augsburg 2012 (2), S. 15 ff.
[221] Gotthard Jäschke: Der Turanismus der Jungtürken. Zur osmanischen Außenpolitik im Weltkriege. In: Die Welt des Islam 23 (1941), S. 1–54
[222] Beiden wird dieses Zitat zugeschrieben. Tatsächlich sagte Zar Nikolaus I. 1852: »Wir haben einen kranken Mann auf den Armen« und meinte damit den Sultan. Doch schon im 17. Jahrhundert schrieb der bayerische Chorherr J.A.Poysel das Lied »Der Türk ist krank«. Auch Montesquieu verwen-

dete diese Metapher in den »Lettres persanes« von 1721. Seitdem ist sie immer wieder kolportiert worden.

223 Hosfeld 2009, S. 66 f.; Ternon 1981, S. 127 ff.
224 Hosfeld 2009, S. 66
225 Zit. n. ebd., S. 69
226 Zit. n. ebd., S. 71
227 Gust 1993, S. 126 f.
228 Ebd., S. 127
229 Zit. n. Hosfeld 2009, S. 86
230 Zit. n. ebd.
231 Zit. n. Gust 1993, S. 126
232 Zit. n. Hosfeld 2009, S. 87
233 Ebd.
234 Zit. n. Hosfeld 2009, S. 89
235 Ebd., S. 90
236 Gust 1993, S. 128
237 Zit. n. ebd.
238 Zit. n. ebd., S. 128
239 Zt. n. Ternon 1981, S. 133
240 Ebd.
241 Hosfeld 2009, S. 93
242 Christmann an Bieberstein, 13.5.1909, LA 1367–13812; zit. n. Hosfeld 2009, S. 93
243 Zit. n. ebd., S. 96
244 Zit. n. Ternon 1981, S. 133
245 Zit. n. Hosfeld 2009, S. 96 f.
246 Zit. n. ebd., S. 97
247 Ternon 1981, S. 134
248 Zit. n. Gust 1993, S. 134
249 Zit. n. ebd.
250 Dadrian 2008, S. 182
251 Hosfeld 2009, S. 101
252 Ebd.
253 Berkes (Hrsg.) 1959, S. 136
254 Akcam 1996, S. 37
255 Zit. n. Hosfeld 2009, S. 105
256 Zit. n. Gust 1993, S. 147
257 Morgenthau 2008, S. 15
258 Ebd., S. 12
259 Ebd., S. 13
260 Ebd., S. 17
261 Ebd., S. 21 f.
262 Ebd., S. 120
263 Ebd., S. 121

[264] Gust 1993, S. 146
[265] Zit. n. Gust 1993, S. 146
[266] Zit. n. Hosfeld 2009, S. 107
[267] Ternon 1981, S. 142f.
[268] Zit. n. Schwartz 2013, S. 100
[269] Djemal 1922, S. 102
[270] Zit. n. Berlin/Klenner 2006, S. 41
[271] Zit. n. Hosfeld 2009, S. 115
[272] Zit. n. ebd., S. 116
[273] Morgenthau 2008, S. 35
[274] Morgenthau 2008, S. 40 f.
[275] Ebd., S. 41
[276] Ebd., S. 48 f.
[277] Ebd., S. 49 f.
[278] Ebd., S. 50
[279] Ebd., S. 56
[280] Ebd., S. 57
[281] Kennan 1979, S. 3
[282] http://www.vatican.va/holy_father/benedict_xv/apost_exhortations/documents/hf_ben-xv_exh_19140908_ubi-primum_it.html
[283] http://www.vatican.va/holy_father/benedict_xv/encyclicals/documents/hf_ben-xv_enc_01111914_ad-beatissimi-apostolorum_en.html
[284] http://www.catholic-hierarchy.org/bishop/bdolci.html
[285] Morgenthau 2008, S. 67 f.; Hosfeld 2009, S. 123
[286] Hosfeld 2009, S. 126
[287] Lepsius 1916, S. 177 f.
[288] Akcam 1996, S. 54 ff.
[289] Hosfeld 2009, S. 128 f.
[290] Hüsamettin Ertürk, İki Devrin Perde Arkası, İstanbul 1957, S. 115–116.
[291] Zit. n. Morgenthau 2008, S. 113 f.
[292] Ebd. S. 115
[293] Ternon 1981, S. 152; Morgenthau 2008, S. 117
[294] Morgenthau, S. 111 f.
[295] Zit. n. Gust 1993, S. 159 f.
[296] A.S. V., Segr. Stato, Guerra (1914–18), rubr. 244, Fasc. 112, S. 223–227
[297] A.S. V., Segr. Stato, Guerra (1914–18), rubr. 244, Fasc .111, S. 260–262
[298] A.S. V., Segr. Stato, Guerra (1914–18), rubr. 244, Fasc 110, S. 54
[299] A.S. V., Segr. Stato, Guerra (1914–18), rubr. 244, Fasc 110, S. 57–58
[300] Zit. n. Gust 1993, S. 160; Ternon 1981
[301] Zit. n. Ternon 1981, S. 151
[302] Zit. n. Gust 1993, S. 160
[303] Zit. n. Gust 1993, S. 162
[304] Zit. n. ebd.
[305] Gust 1993, S. 163

306 Hosfeld 2009, S. 144
307 Zit. n. Ternon 1981, S. 159
308 PA-AA/R 14085, A389, 4.1.1915, Wangenheim an Bethmann Hollweg, Anlage; zit.n. Gust (Hrsg.) 2005, S. 120 f.
309 PA-AA/R 14085, A13922, 22.4.1915, Wangenheim an Bethmann Hollweg, zit. n. Gust (Hrsg.) 2005, S. 135 ff.
310 PA-AA/R 14085, 30.12.1914, Wangenheim an Bethmann Hollweg, zit. n. Gust (Hrsg.) 2005, S. 120
311 Künzler 2004, S. 34
312 Morgenthau 2008, S. 129
313 Ebd., S. 138
314 Ebd., S. 130
315 Ebd., S. 100
316 Ebd., S. 190
317 Ebd., S. 196 f.
318 PA-AA/R 14085; A 28983, 1.11.1914, Rößler an Bethmann Hollweg
319 PA-AA/R 14085; A 14801, 12.4.1915, zit.n. Gust (Hrsg.) 2005, S. 128 ff.
320 Ebd., Anlage 4, zit. n. Gust (Hrsg.) 2005, S. 134 f.
321 A.S. V., Segr. Stato, Guerra (1914–18), rubr. 244, Fasc. 110, S. 174 r.
322 Ebd., S. 175
323 PA-AA/R 14085; A 14801, 30.4.1915, zit. n. Gust (Hrsg.) 2005, S. 128 ff.
324 A.S. V., Arch. Deleg. Turchia 101, Fasc. 527, S. 4
325 Lepsius 1916, S. 8 f.
326 Ebd., S. 9 f.
327 Ebd., S. 10
328 Zit. n. Gust 1993, S. 172
329 Hosfeld 2009, S. 161
330 A.C.O., Armeni del Patriarcato 1891–1926, rbr. 105, 3, Nr. 37804
331 Zit. n. Gust 1993, S. 176
332 Zit. n. ebd.
333 Morgenthau 2008, S. 204
334 Zit. n. Gust 1993, S. 178
335 Zit. n. Lepsius 1916, S. 85
336 A.C.O., Armeni del Patriarcato 1891–1926, rubr. 105, 3, Nr. 37804
337 Lepsius 1919, S. 472 f.
338 Zit. n. Gust 1993, S. 177
339 Zit. n. ebd.
340 Ussher 1917, S. 244
341 Zit. n. Gust 1993, S. 179
342 Lepsius 1916, S. 89
343 Morgenthau 2008, S. 211; siehe auch: Anahide Ter Minassian: Van 1915, in: Richard Hovannisian (Hrsg.): Armenian Van/Vaspurakan, Costa Mesa 2000, S. 215
344 Hosfeld 2009, S. 170

[345] In einem Bericht in den Akten des Auswärtigen Amtes heißt es: »200 muhamedanische Familien in Wan wurden von den armenischen Banden massacrirt« (sic!), wobei als Quelle der Chef der Sicherheitspolizei des jungtürkischen Innenministeriums, Djembolad Bey, genannt wird; die Zahl ist also eher über- als untertrieben. So tragisch ein solches Vergeltungsblutbad auch war, von den behaupteten 150–180 000 Opfern war man doch meilenweit entfernt. Siehe PA-AA/R 14088; A 29593, 12.10.1915, zit. n. Gust 2005, S. 314

[346] A.S. V., Segr. Stato, Guerra (1914–18), rubr. 244, Fasc. 110, S. 174 r.

[347] Zit. n. Lepsius 1916, S. 210 f.

[348] Zit. n. Gust 1993, S. 173

[349] Ebd.

[350] A.C.O., Armeni del Patriarcato 1891–1926, rubr. 105, 3, Nr. 36698

[351] Lepsius 1916, S. 98

[352] Ebd., S. 98 f.

[353] A.C.O., Armeni del Patriarcato 1891–1926, rubr. 105, 3, Nr. 36698

[354] Morgenthau 2008, S. 137 f.

[355] Erickson 2013, S. 188

[356] Hosfeld 2009, S. 177

[357] Lepsius 1916, S. 188–199

[358] Lepsius 1916, S. 183–187

[359] Ebd., S. 189

[360] Ebd., S. 194 f.

[361] Ebd., S. 195 f.

[362] Ebd., S. 189

[363] PA-AA/R 14085; A 15363, 7.5.1915, zit. n. Gust (Hrsg.) 2005, S. 139 f.

[364] Lepsius 1916, S. 160

[365] Zit. n. Lepsius 1916, S. 160

[366] Zit. n. ebd., S. 161

[367] Zit. n. ebd., S. 161 f.

[368] Zit. n. ebd., S. 162

[369] http://www.genocide-museum.am/eng/24.04.2010d.php

[370] Lepsius 1916, S. 217

[371] Ebd., S. 219

[372] Zit. n. Dadrian 2008, S. 180; Berlin/Klenner 2006, S. 133

[373] Lepsius 1916, S. 211

[374] Ebd., S. 223

[375] Kévorkian 2011, S. 243

[376] Ebd.

[377] Zit. n. Hofmann 2006, S. 95 f.; dazu H. K. Kazarian: Minutes of Secret Meetings Organizing the Turkish Genocide of Armenians, in: Armenian Review 18, 3 (1965), S. 18–40

[378] Zit. n. Hosfeld 2009, S. 151

[379] Ebd., S. 152

380 Morgenthau 2008, S. 229
381 Lepsius 1919, S. 135
382 PA-AA/R 14086; A 17735, 3.6.1915, Anlage A; zit. n. Gust (Hrsg.) 2005, S. 150 f.
383 Zit. n. Berlin/Klenner 2006, S. 156
384 Morgenthau 2008, S. 234
385 A.S. V., Segr. Stato, Guerra (1914–18), rubr. 244, Fasc. 110, Dolci an Gasparri, 16.5.1915
386 PA-AA/BoKon/169; A53a, 3032, 18.5.1915, zit. n. Gust (Hrsg.) 2005, S. 145 f.
387 PA-AA/BoKon/169; A53a, 3323, 20.5.1915, zit. n. Gust (Hrsg.) 2005, S. 146 f.
388 Morgenthau 2008, S. 212 f.
389 PA-AA/R 14086; A19744, 24.6.1915, zit.n. Gust (Hrsg.) 2005, S. 170 f.
390 Zit. n. Balakian 2003, S. 432
391 Morgenthau 2008, S. 220
392 A.C.O., Armeni del Patriarcato 1891–1926, 105, Fasc. 3, n. 36771
393 A.S. V., Arch. Deleg. Turchia, 101, Fasc. 527, S. 4
394 A.S. V., Arch. Deleg. Turchia, 101, Fasc. 527, S. 3
395 http://www.kirche-in-not.de/was-wir-tun/laenderschwerpunkte/asien/tuerkei/ignatius-maloyan-11-juni-ein-vergessener-maertyrer;
396 http://www.vatican.va/news_services/liturgy/documents/ns_lit_doc_20011007_beat-maloyan_en.html
397 Morgenthau/Simon 2005
398 A.S. V., Segr. Stato, Guerra (1914–18), rubr. 244, Fasc. 112, Bericht des Patriarchen der syrisch-katholischen Kirche, Ignace Ephrem II. Rahmani, der die Ereignisse von Mardin auf fünf Seiten in allen Details schildert, S. 86
399 Nach dem Bericht des syrischen Patriarchen: 470, siehe ebd., S. 87; siehe auch http://www.imprescriptible.fr/rhac/tome4/annexes2
400 Zit. n. ebd., S. 60
401 Ebd., S. 61
402 http://www.vatican.va/news_services/liturgy/documents/ns_lit_doc_20011007_beat-maloyan_en.html
403 Morgenthau/Simon 2005, S. 64
404 http://www.imprescriptible.fr/rhac/tome4/
405 http://www.vatican.va/holy_father/john_paul_ii/homilies/2001/documents/hf_jp-ii_hom_20011007_beatification_ge.html; Ein weiteres Opfer des Todesmarsches, der Kapuzinermissionar Br. Léonard Melki, steht unmittelbar vor seiner Seligsprechung.
406 370 nach Angaben des syrisch-katholischen Patriarchen, darunter die armenisch-katholischen Diözesanpriester Jean Tabé, Mathieu Malaché, Joseph Memerbachi und Abbé Maghzale, siehe A.S. V., Segr. Stato, Guerra (1914–18), rubr. 244, Fasc. 112, S. 87
407 Kévorkian 2011, S. 375

[408] A.C.O., Armeni, Fasc. 2950/28, Nr. 36772, Dolci an Gotti
[409] PA-AA/BoKon/169; A53a, 4164, 11.7.1915; zit. n. Gust 2005, S. 198
[410] A.S. V., Arch. Deleg. Turchia, 101, Fasc. 527, S. 6
[411] A.S. V., Arch. Deleg. Turchia, 101, Fasc. 527, S. 13
[412] Morgenthau 2008, S. 245
[413] A.C.O., Armeni del Patriarcato 1891–1926, 105, Fasc. 3, n. 36771
[414] A.C.O., Armeni, Fasc. 2050/28, 20.8.1915, Dolci an Gasparri
[415] A.S. V., Segr. Stato, Guerra (1914–18), rubr. 244, fasc. 110, S. 165–66
[416] Ebd., S. 245–246
[417] Zit. n. Gust (Hrsg.) 2005, S. 10
[418] PA-AA/R 14085; A13922, 22.4.1915; zit. n. Gust 2005, S. 135 ff.
[419] PA-AA/R 14089; A36184, 15.12.1915; zit. n. Gust 2005, S. 394 f.
[420] PA-AA/BoKon/68; A53a, 3358, 3.6.1915; zit. n. Gust 2005, S. 155
[421] PA-AA/BoKon/169; A53a, 3451; zit. n. Gust 2005, S. 165 f.
[422] Ebd., Notiz Mordtmann, zit. n. Gust 2005, S. 166
[423] PA-AA/R 14086; A17493, 1.6.1915; zit. n. Gust 2005, S. 154
[424] Zit. n. Baumann 2007, S. 98
[425] PA-AA/R 14086; zu A17493, BoKon/169; A53a; 3467; zit. n. Gust 2005, S. 165
[426] Zit. n. Baumann 2007, S. 99
[427] Zit. n. Ebd.
[428] Lepsius 1919, Vorwort
[429] Lepsius 1916, Vorwort
[430] A.S. V., Arch. Deleg. Turchia, 101,Fasc. 527, S. 22–23
[431] Lepsius 1916
[432] Ebd., S. 14
[433] Ebd., S. 29
[434] Ebd., S. 30
[435] Ebd., S. 32
[436] Kévorkian 2011, S. 476
[437] Toronto Globe, 26.8.1915
[438] Vahakn N. Dadrian: The Turkish Military Tribunal's Prosecution of the Authors of the Armenian Genocide: Four Major Court-Martial Series, in: The Holocaust and Genocide Studies, Vol. 11, Nr. 1, Spring 1997
[439] Ders.: The Role of Turkish Physicians in the World War I Genocide of Ottoman Armenians, in: The Holocaust and Genocide Studies 1, Nr. 2 (1986), S. 169–192
[440] A.C.O., Armeni del Patriarcato 1891–1926, rubr. 105, Nr. 37021
[441] A.S. V., Arch. Deleg. Turchia 101, Fasc. 527, S. 93
[442] A.S. V., Segr. Stato, Guerra (1914–18), rubr. 244, Fasc. 110, S. 165–66
[443] Lepsius 1916, S. 36
[444] PA-AA/R 14088; A28584, 2.10.1915; zit. n. Gust (Hrsg.) 2005, S. 223 ff.
[445] Ebd.
[446] Lepsius 1916, S. 43

[447] PA-AA/R 14087; A24724, 22.8.1915; zit. n. Gust (Hrsg.) 2005, S. 258 ff.; Lepsius 1916, S. 50–54
[448] A.C.O., Armeni del Patriarcato 1891–1926, rubr. 105, Nr. 37021
[449] A.S. V., Arch. Deleg, Turchia 101, Fasc. 527, S. 137–143
[450] Lepsius 1916, S. 61
[451] Ebd., S. 64 f.
[452] A.C.O., Armeni del Patriarcato 1891–1926, rubr. 105, Nr. 37021
[453] A.S. V., Arch. Deleg. Turchia, 101, Fasc. 527, S. 128
[454] Kévorkian 2011, S. 381
[455] Lepsius 1916, S. 70 ff.
[456] PA-AA/R 14089; A33915, 22.11.1915; zit. n. Gust (Hrsg.) 2005, S. 372 ff.
[457] A.C.O., Armeni del Patriarcato 1891–1926, rubr. 105, 3, Nr. 36771
[458] PA-AA/BoKon 170; A53a, Tel. No. 43
[459] PA-AA/BoKon/170; A53a; 4546; zit. n. Gust (Hrsg.) 2005, S. 234
[460] A.C.O., Armeni, Fasc. 2950/28
[461] A.C.O., Sussidi 1893–1917, rubr. 60, 3, Nr. 36921 - Dolci an Gotto, 26.10.1915
[462] A.C.O., Armeni del Patriarcato 1891–1926, rubr. 105, Nr. 37021 - Dolci an Gotti, 20.12.1915
[463] A.S. V., Arch. Deleg. Turchia 101, Fasc. 527, S. 8–12
[464] A.C.O., Armeni del Patriarcato 1891–1926, rubr. 105, Nr. 37021
[465] Mardiganian 1918, S. 132 f.
[466] A.C.O., Armeni del Patriarcato 1891–1926, rubr. 105, Nr. 37021
[467] A.S. V., Seg. Stato, Guerra (1914–18), rubr. 244, Fasc.112, S. 84–97, hier: S. 92 f.
[468] PA-AA/R 14087; A24658, 21.8.1915; zit. n. Gust (Hrsg.) 2005, S. 249 ff.
[469] PA-AA/R 14086; A22125, 23.7.1915; zit. n. Gust (Hrsg.) 2005, S. 175 ff.
[470] PA-AA/R 14087; A 23991, 14.8.1915; zit. n. Gust (Hrsg.) 2005, S. 213 ff.
[471] Zit. n. Hans-Lukas Kieser: Dr. Mehmed Reshid (1873–1919): A Political Doctor, in: Kieser/Schaller (Hrsg.) 2002, S. 245–280
[472] PA-AA/BoKon/170; A53a, 4729; zit. n. Gust (Hrsg.) 2005, S. 247f.
[473] Kieser, s.o.
[474] Ebd.
[475] Ebd.
[476] A.C.O., Armeni del Patriarcato 1891–1926, rubr. 105, Nr. 37021
[477] Schaefgen 2006, S. 157
[478] http://www.lepsiushaus-potsdam.de/uploads/images/Publikationen/vortrag-zu-franz-werfels-40-tage-des-musa-dagh-von-peter-stephan-jungk.pdf
[479] Lepsius 1916, S. 137
[480] A.S. V., Seg. Stato, Guerra (1914–18), rubr. 244, Fasc.111, S. 84–97, hier: S. 94
[481] Zit. n. Berlin/Klenner 2006, S. 275
[482] Künzler 2004, S. 43

483 Zit. n. Axel Meissner: »Das Armenische Hilfswerk von Johannes Lepsius«, in: Hosfeld (Hrsg.) 2013, S. 172–196; hier: S. 192
484 Zit. n. Hosfeld 2009, S. 259
485 Zit. n. Berlin/Klenner 2006, S. 227
486 Ebd.
487 Hosfeld 2009, S. 259
488 Ebd.
489 Zit. n. ebd., S. 261
490 Zit. n. ebd.
491 Zit. n. ebd., S. 261 f.
492 Zit. n. ebd., S. 262
493 Zit. n. ebd., S. 263
494 Zit. n. Axel Meissner: »Das Armenische Hilfswerk von Johannes Lepsius«, in: Hosfeld (Hrsg.) 2013, S. 172–196; hier: S. 191
495 PA-AA/R 14087; A25860, 3.9.1915; zit. n. Gust (Hrsg.) 2005, S. 247
496 PA-AA/R 14087; A28019, 26.9.1915; zit. n. Gust (Hrsg.) 2005, S. 285
497 PA-AA/R 14087; A28019, 26.9.1915; zit. n. Gust (Hrsg.) 2005, S. 289
498 PA-AA/BoKon/170; A53a, 5779, 7.10.1915; zit. n. Gust (Hrsg.) 2005, S. 307 ff.
499 Ebd.
500 A.S. V., Segr. Stato, Guerra (1914–18), rubr. 244, Fasc. 110, S. 260–262
501 A.S. V., Segr. Stato, Guerra (1914–18), rubr. 244, Fasc. 110, S. 260–262
502 PA-AA/BoKon/98; 10/12, 11790 (1915); zit. n. Gust (Hrsg.) 2005, S. 404–414; hier: S. 409
503 PA-AA/BoKon/172; A53a, 1122; zit. n. Gust (Hrsg.) 2005, S. 459
504 Zit. n. Gust 1993, S. 57
505 Balakian 2003, S. 176
506 Zit. n. ebd.
507 Wegner 1920, S. 18 ff.
508 Andreas Meier: Armin T. Wegners Armenienprojekt; Nachwort zu Wegner 2011, S. 153-192
509 A.S. V., Segr. Stato, Guerra (1914–18), rubr. 244, Fasc. 110, S. 260–262
510 A.S. V., Segr. Stato, Guerre (1914–18), rubr. 244, Fasc. 110, S. 169–176
511 Ebd., S. 176
512 A.S. V., Seg. Stato, Guerra (1914–18), rubr. 244, Fasc. 112, S. 84
513 Matthew N. Lyons: What is Fascism? Some General Ideological Features, in: Kauffmann/Kellershohn/Jobst (Hrsg.) 2006, Einleitung
514 So Dr. Mehmed Reshid; zit. n. Hans-Lukas Kieser: Dr. Mehmed Reshid (1873–1919): A Political Doctor, in: Kieser/Schaller 2002, S. 245–280; hier: S. 262
515 So Dr. Mehmed Nazim, zit. n. Hosfeld 2009, S. 219
516 So Kriegsminister Kuscubashi Esref, zit. n. Kévorkian 2011, S. 170 und Hosfeld 2009, S. 115
517 A.S. V., Arch. Deleg. Turchia 101, Fasc. 527, S. 24 ff.

[518] PA-AA/R 14086; A21257, 12.7.1915; zit. n. Gust (Hrsg.) 2005, S. 185 ff.
[519] Ebd.
[520] A.S. V., Arch. Deleg. Turchia 101, Fasc. 527, S. 39
[521] A.C.O., Armeni, Fasc. 2950/28, Dolci an Gasparri, 20.8.1915
[522] A.C.O., Armeni del Patriarcato 1891–1926, rubr. 105,3, Nr. 37021
[523] A.S. V., Segr. Stato, Guerra (1914–18) 111, S. 79–80
[524] Wo sie nach 30 Stunden eintrafen, siehe A.S. V. Arch. Deleg. Turchia 101, Fasc. 527, S. 45
[525] A.S. V., Arch. Deleg. Turchia 101, Fasc. 527, S. 34
[526] A.S. V., Arch. Deleg. Turchia 101, Fasc. 527, S. 30 (Entwurf) und 42 f. (Reinschrift)
[527] A.S. V., Arch. Deleg. Turchia 101, Fasc. 527, S. 45
[528] A.S. V., Arch. Deleg. Turchia 101, Fasc. 527, S. 33
[529] Telegramm von Gasparri an Dolci, 16.10.1915, in A.E.S. Austria 472
[530] L'Osservatore Romano vom 24. Juli 1915
[531] L'Osservatore Romano, 18. März 1916
[532] Mons. Ghiurckian an Benedikt XV., 28. August 1915, in: A.A.E.E.S. S., Austria 506
[533] Tatsächlich betrug die Zahl der Armenier in der Türkei vor dem Krieg etwa 2,05 Millionen.
[534] A.A.E.E.S. S. , Austria 472
[535] A.S. V., Segr. Stato, Questione Armena, B.S. 174, 3.9.1915, Kojunian an Benedikt XV.
[536] A.S. V., Arch. Deleg. Turchia 101, Fasc. 527, S. 30
[537] A.S. V., Arch. Nunz. Vienna 761, pos. VIII, 1914–1916, S. 24–25
[538] A.S. V., Arch. Deleg. Turchia 101, Fasc. 528, S. 9–10
[539] A.A.E.E.S. S. , Austria 472, Gasparri an Scapinelli, 15. September 1915 und 2. Oktober 1915
[540] PA-AA/BoKon/171; A53a, 6751; 21.11.1915; zit. n. Gust (Hrsg.) 2005, S. 354–360; hier: S. 359 f.
[541] Ebd., hier: S. 354
[542] Zit. n. Lepsius 1919a, S. 164
[543] Arch. Deleg. Turchia 101, Fasc. 528, S. 25–27
[544] A.S. V., Arch. Deleg. Turchia 101, Fasc. 528, S. 37–38
[545] Ebd.
[546] A.S. V., Arch. Deleg, Turchia 101. Fasc. 528, S. 28
[547] Ebd., S. 28–31
[548] A.S. V., Arch. Deleg. Turchia 101, Fasc. 528, S. 32–33, Dolci an Gasparri, 12.12.1915
[549] Zit. n. Lepsius 1919a, S. 211 f.
[550] PA-AA/R 14087; A26474, 10.9.1915; zit. n. Gust (Hrsg.) 2005, S. 291
[551] A.C.O., Armeni del Patriarcato 1891–1926, rubr. 105, 3, Nr. 37021, Dolci an Gotto, 20.12.1915
[552] A.S. V., Arch. Deleg. Turchia 101, Fasc. 527, S. 92 sowie S. 123–127

553 A.A.E.E.S. S. , Austria 472, Dolci an Pacelli, 14.12.1915
554 A.A.S. (Acta Apostolicae Sedis) VII (1915), S. 510
555 A.C.O., Armeni del Patriarcato 1891–1926, rubr. 105, 3, Nr. 37334, Dolci an Serafini, 18.4.1916
556 A.C.O., Armeni del Patriarcato 1891–1926, rubr. 105, 3, Nr. 37364, Dolci an Serafini, 28.4.1916
557 PA-AA/R 14092; A18548, 14.7.1916; zit. n. Gust (Hrsg.) 2005, S. 475 ff.
558 Gust 1993, S. 270
559 Ebd.
560 A.S. V., Arch. Deleg. Turchia 101, Fasc. 527, S. 120
561 A.S. V., Arch. Deleg. Turchia 101, Fasc. 527, S. 116
562 http://asbarez.com/123493/why-turks-were-able-to-exterminate-armenians-but-not-jews/
563 http://paperspast.natlib.govt.nz/cgi-bin/paperspast?a=d&cl=search&d=NOT19170509.2.33.9&srpos=8&e=09-05-1917-12-05-1917--10--1----0jews--
564 Wie berechtigt diese Sorge war, zeigen die Memoiren des deutschen Artillerie-Generals Friedrich Kreß von Kressenstein, der zu diesem Zeitpunkt Seite an Seite mit Cemal Pascha kämpfte. Darin heißt es: »Kurze Zeit nach dem glücklichen Ausgang der zweiten Gazaschlacht (April 1917, d. Verf.) kam Djemal Pascha auf den unglückseligen Gedanken, die Stadt Jerusalem zu räumen und ihre gesamte (nichtmuslimische) Bevölkerung nach Transjordanien und in das nördliche Syrien verschicken zu lassen … Offenbar waren hinter den Absichten Djemal Paschas irgendwelche politischen Pläne verborgen. Der Gedanke, Araber, Christen und Juden aus der Heiligen Stadt zu entfernen und aus ihr eine rein mohammedanische Heilige Stätte und einen starken Stützpunkt des Türkentums zu machen, mochte für einen Mann wie Djemal … viel Verlockendes haben… Die Verschickung einer so zahlreichen Bevölkerung … würde aber zu unabsehbaren Folgen geführt haben. Aller Wahrscheinlichkeit nach hätten sich die grauenhaften Erscheinungen der Armenierverschickung wiederholt« (Kreß von Kressenstein 1938, S. 248 f.). Damals lebten in Jerusalem 15 000 Christen und 45 000 Juden.
565 Heid 2002, S. 81
566 Ebd., S. 82
567 A.S. V., Arch. Nunz. Monaco d.B. 385, Fasc. 2, S. 2
568 Ebd., S. 4
569 Jüdische Rundschau Nr. 48, 30.11.1917; zit. n. Lapide 1967, S. 272
570 A.S. V., Arch. Nunz. Monaco d.B. 385, Fasc. 2, Pos. XIII, p. 5
571 Lapide 1967, S. 272
572 Afflerbach 1994, S. 485
573 Mikrofilm K 1800 72/73 im Zionistischen Zentralarchiv Jerusalem, zit. n. Lapide, S. 272
574 A.C.O., Armeni del Patriarcato 1891–1926, rubr. 105, 3, Nr. 38519
575 A.C.O., Sussidi 1893–1921, rubr. 60, 4, Nr. 324

576 A.S. V., Segr. Stato, Guerra (1914–18), rubr. 244, Fasc. 112, S. 151; Arch. Deleg. Turchia 101, Fasc. 531, 8.4.1919
577 Ternon 1981, S. 223
578 A.S. V., Arch. Deleg. Turchia 101, Fasc. 527, S. 289
579 Ebd., S. 287 ff.
580 Ebd., S. 290 ff.
581 Ebd., S. 292 ff.
582 Ebd., S. 294
583 Ebd., S. 299 ff.
584 Werner Hahlweg, Lenins Rückkehr nach Rußland 1917, Leiden 1957, S. 32
585 Zit. n. Ternon 1981, S. 229
586 Zit n. Lepsius 1919(a), S 383 f.
587 A.S. V., Arch. Nunz. Monaco d.B. 385, Fasc. 7, S. 2
588 A.S. V., Arch. Nunz. Monaco d.B. 385, Fasc. 7, S. 3
589 A.S. V., Arch. Nunz. Monaco d.B. 385, Fasc. 7, S. 4
590 A.A.E.E.S. S. , Asia 57, 2, Nr. 59712
591 A.S. V., Arch. Nunz. Monaco d.B. 385, Fasc. 7, p. 8
592 A.S. V., Arch. Nunz. Monaco d.B. 385, Fasc. 7, p. 9
593 Ebd.
594 Ebd.
595 Ebd.
596 A.S. V., Arch. Nunz. Monaco d.B. 385, Fasc. 7, p. 15 f.
597 Tatsächlich lag zu diesem Zeitpunkt dem Auswärtigen Amt ein Telegramm vom 22. März 1918 vor, das »neuerliche Akte von Rohheiten« bei der »Rückkehr der Türken nach Trapezunt« meldete: »Tausende von russischen Nachzüglern wurden erschossen oder lebend verbrannt. Die Armenier wurden unbeschreiblichen Qualen unterzogen; Kinder in Säcke gesteckt und ins Meer geworfen. Die alten Männer und Frauen wurden gekreuzigt und verstümmelt, alle jungen Mädchen und jungen Frauen wurden den Türken ausgeliefert.« Zit. n. Lepsius 1919(1), S. 377
598 A.S. V., Arch. Nunz. Monaco d.B. 385, Fasc. 7, p. 25
599 A.S. V., Arch. Nunz. Monaco d.B. 385, Fasc. 7, p. 37f.
600 A.S. V., Arch. Nunz. Monaco d.B. 385, Fasc. 7, p. 40
601 A.S. V., Arch. Nunz. Monaco d.B. 385, Fasc. 7, p. 50
602 A.S. V., Segr. Stato, Guerra (1914–18), rubr. 244, Fasc. 112, S. 8–11
603 A.S. V., Segr. Stato, Guerra (1914–18), rubr. 244, Fasc. 112, S. 3–4
604 Ebd.
605 Ebd.
606 A.S. V., Segr. Stato, Guerra (1914–18), rubr. 244, Fasc. 112, S. 5
607 Zit. n. Lepsius 1919(1), S. 389-392; hier: S. 390
608 A.S. V., Segr. Stato, Guerra (1914–18), rubr. 244, Fasc. 112, S. 13
609 A.S. V., Segr. Stato, Guerra (1914–18), rubr. 244, Fasc. 112, S. 15–16
610 Zit. n. Baum 2005, S. 140 f.

[611] A.S. V., Arch. Deleg. Turchia, Fasc. 530, S. 14 vom 21.10.1918: »Die Zahl der in Baku getöteten Armenier beträgt etwa 30 000 Mann. Die Massaker dauerten drei Stunden lang. Reguläre türkische Truppen drangen in kleinen Gruppen in die Dörfer ein... (...) Unter den Ermordeten sind ausschließlich Armenier.«

[612] Baum 2005, S. 145

[613] Dadrian 2008, S. 321ff.

[614] Akcam 1996, S. 16

[615] Ebd., S. 66

[616] Ebd., S. 67

[617] Ebd., S. 68

[618] Der Titel »Atatürk«, »Vater der Türken«, wurde Mustafa Kemal erst 1934 verliehen

[619] Ebd., S. 128

[620] Ebd., S. 123

[621] http://www.vatican.va/holy_father/benedict_xv/apost_exhortations/documents/hf_ben-xv_exh_19170801_des-le-debut_it.html

[622] http://www.dhm.de/lemo/html/dokumente/14punkte/

[623] Lloyd George: The Truth about the Peace Treaties, London 1938, Bd. 2, S. 64

[624] http://wwi.lib.byu.edu/index.php/Section_I,_Articles_1_-_260

[625] Ebd.

[626] A.A.E.E.S. S. , Asia, 57, 2, Nr. 4764

[627] A.A.E.E.S. S, Austria 576, Nr. 7232; Dok. Nr. 71 vom 1. Juni 1920

[628] Carolla 2010, S. 41

[629] Zit. n. Ternon 1981, S. 234

[630] Ebd.

[631] Ebd., S. 235 f.

[632] A.A.E.E.S. S. , Asia 57, 1. Nr. 13138

[633] A.A.E.E.S. S. , Asia 117, Nr. 17569

[634] Ebd.

[635] A.A.E.E.S. S. , Asia 118. Nr. 25109, Nasloian an Gasparri, 1.9.1921

[636] Zit. n. Ternon 1981, S. 237

[637] Balakian 2003, S. 370

[638] Noch im Jahre 2003 wurde in Trabzon eine Grundschule nach ihm benannt!

[639] Zit. n. Hosfeld 2009, S. 16

[640] Zit. n. ebd., S. 15

[641] Dadrian 2008, S. 364

[642] Wie er in den Akten des nachfolgenden Prozesses geschrieben wird; in der Literatur auch »Soghomon Tehlirjan«

[643] Tessa Hofmann: Auge um Auge. Die Ermordung Talaat Paschas auf der Berliner Hardenbergstraße, in: Voss 2005, S. 363–369; hier: S. 363

[644] Hosfeld 2009, S. 12

[645] Ebd.

646 Ebd., S. 23

647 Hofmann (Hrsg.) 1980, S. VII

648 Berlin/Klenner 2006, S. 305 f.

649 Guenter Lewy: Revisiting the Armenian Genocide. In: Middle East Quarterly, Herbst 2005, S. 3–12

650 Hofmann (Hrsg.) 1980, S. 66 f.

651 Ebd., S. 54

652 Ebd., S. 121

653 Ebd., S. VII

654 Ebd., S. 115

655 »Vorwärts«, 4. Juni 1921

656 Vgl. Robert W. Kempner: Vor sechzig Jahren vor einem deutschen Schwurgericht. Der Völkermord an den Armeniern, in: Recht und Politik, Jg. 16 (1980), H.3, S. 167–169

657 http://www.deutscharmenischegesellschaft.de/wp-content/uploads/2013/06/Marcel-Niggli-Gedenkrede-Paulskirche-20130424.pdf

658 »Das Deutsche Abendblatt« Nr. 27, 3.6.1921; zit. n. Schaefgen 2006, S. 47

659 »Deutsche Allgemeine Zeitung« Nr. 260, 8.6.1921; zit. n. ebd.

660 Fritz Bronsart von Schellendorf: Ein Zeugnis für Talaat Pascha, in: Deutsche Allgemeine Zeitung, 24.7.1921

661 Dadrian 2008, S. 255–260

662 Zit. n. Weber 2014, S. 60

663 Zit. n. Schaefgen 2006, S. 48

664 Zit. n. ebd., S. 49

665 Ebd.

666 Zit. n. Hosfeld 2009, S. 82

667 Seine sterblichen Überreste ruhen heute in einem 1960 errichteten Mausoleum in Istanbul. Einmal im Jahr verneigt sich der türkische Präsident vor dem toten Völkermörder. Auch eine der Hauptstraßen der Hauptstadt Ankara ist nach ihm benannt.

668 »Berliner Tageblatt«, 16.3.1921; zit. n. Kieser/Schaller 2002, S. 538

669 »Frankfurter Zeitung« Nr. 309, 20.6.1941; zit. n. Kieser/Schaller 2002, S. 540

670 http://www.haydar-isik.com/content/view/25/58/

671 Ebd.

672 Calic 1968, S. 101

673 Hesemann 2012. S. 149 ff.

674 Zit. n. Kieser/Schaller 2002, S. 517

675 Vierbücher 1930, S. 7

676 Voss 2005, S. 17

677 Vgl. www.genocidewatch.org

678 A.S. V., Arch. Deleg. Turchia 101, Fasc. 528, S. 2–4

679 Siehe A.C.O., Armeni del Patriarcato 1891–1926, rubr. 105, 3, Nr. 37021

680 Özgönül 2006, S. 208 f.

681 Akcam 2007, S. 200

[682] http://www.trafoberlin.de/pdf-dateien/Gutmann%20Armenier%20Deutsche%20%20Orientbank.pdf

[683] Ternon 1996, S. 151

[684] Kévorkian 2011, S. 278

[685] Bei Lepsius (1916) sind es nur 76 500, nach Angaben von Msgr. Dolci aber 98 500, siehe A.C.O., Armeni, fasc. 722/30, Nr. 2232; da Lepsius seine Zahlen aus dem armenisch-orthodoxen Patriarchat erhielt, ist davon auszugehen, dass sie nicht aktuell waren, als es um die Katholiken ging.

[686] Laut Lepsius 1916, S. 303

[687] Kévorkian 2011, S. 749

[688] PA-AA/R 14104; A44066, 19.10.1918; zit. n. Gust (Hrsg.) 2005, S. 578

[689] Lepsius 1916, S. 303

[690] http://www.vatican.va/holy_father/john_paul_ii/speeches/2001/september/documents/hf_jp-ii_spe_20010927_decl-jp-ii-karekin-ii_ge.html

[691] http://www.vatican.va/holy_father/john_paul_ii/speeches/2000/oct-dec/documents/hf_jp-ii_spe_20001109_john-paul-ii-karekin-ii_en.html

[692] http://www.armenianweekly.com/2012/10/25/the-birth-of-great-^calamity-how-medz-yeghern-was-introduced-onto-the-world-stage/

[693] »Großes Verbrechen«, ein armenisches Synonym für »Völkermord«

[694] http://www.vatican.va/holy_father/john_paul_ii/speeches/2001/september/documents/hf_jp-ii_spe_20010926_prayer-yerevan_ge.html

Bildnachweis

Die Dokumente auf den Seiten 7, 41, 290 und 315 wurden veröffentlicht mit freundlicher Erlaubnis des Archivio Segreto Vaticano, Vatikanstadt.
Archiv Michael Hesemann, Düsseldorf: S. 152
Archiv Norbert Schwake, Nazareth: S. 31
Bibliothèque nationale de France, Paris: S. 73
Houshamadyan.org: S. 64, 228
Library of Congress, Washington D.C.: S. 132 (1–3), 145, 298
The Armenian Genocide Museum-Institute, Jerevan: S. 61, 66, 180, 193, 199, 237, 249, 254
stepmap.de – Landkarten online erstellen: S. 192

Vor- und Nachsatz: The Armenian Genocide Museum-Institute, Jerevan

Dank

Von ganzem Herzen danke ich allen, die mich zu diesem Buch inspiriert oder zu seiner Entstehung beigetragen haben.

An erster Stelle Seiner Heiligkeit, Papst Franziskus, der meinem Thema durch seine mutigen Äußerungen noch größere Aktualität verlieh. Kardinal Kurt Koch, Präsident des Päpstlichen Rates für die Einheit der Christen und damit »Ökumenebeauftragter« des Papstes war dabei immer ein wichtiger »Verbündeter« und eine große Hilfe und Inspiration. Ganz besonders danke ich Seiner Exzellenz, Erzbischof Sergio Pagano, Präfekt des Vatikanischen Geheimarchivs, für die Erlaubnis, auch bislang geschlossene Akten zu durchforschen und allen seinen Mitarbeitern für ihre Hilfsbereitschaft und Unterstützung. Mein besonderer Dank gilt Dr. Johan Ickx, dem Archivar des päpstlichen Staatssekretariats, P. Peter Gumpel SJ, P. Livio Poliniato OFM und P. Louis Thevalakara für ihren fachmännischen Rat. Zudem danke ich allen, die mir bei meinen Recherchen durch wertvolle Hinweise weitergeholfen haben, insbesondere Herrn Norbert Schwake, Nazareth; Pater Herbert Douteil, Cruzeiro do Sul; Prof. Dr. Reimund Haas, Köln; Prof. Dr, Karl-Joseph Hummel, Bonn und den Missions-Benediktinerinnen von Tutzing.

Seiner Heiligkeit, dem Katholikos der Armenisch-Apostolischen Kirche, Karekin II., danke ich für seine Unterstützung und die Bereitschaft, mein Buch in armenischer Sprache herauszugeben, Seiner Seligkeit Nourhan I. Manougian, dem Armenisch-Apostolischen Patriarchen von Jerusalem, für seine spontane Bereitschaft, mein Buch ins Englische zu übersetzen.

Mein tiefster Dank gilt dem Präsidenten der Nationalen Akademie der Wissenschaften der Republik Armenien (NAS-RA), Prof. Dr. Radik M. Martirosyan, für die Verleihung der Ehrendoktorwürde in Anerkennung meiner wissenschaftlichen Arbeit sowie dem Präsidiumsmitglied der NAS-RA, Akad. Prof. Dr. Yuri M. Suvaryan und Akad. Prof. Dr. Ruben A. Safrastyan für ihre wohlwollende Unterstützung.

Ganz besonders danke ich dem Botschafter der Republik Armenien in der Bundesrepublik Deutschland, S.E. Ashot Smbatyan, der sich seit Jahren vorbildlich für die deutsch-armenische Völkerfreundschaft einsetzt, und Vartan Karapetian von der armenischen Botschaft am Heiligen Stuhl.

Mein weiterer Dank gilt Gary Krupp von der »Pave the Way Foundation«, der mich bereits 2009 ermutigte, meine Recherchen im Vatikanarchiv auf die Frage nach dem Armenozid auszudehnen und Prof. Dr. Azat Ordukhanyan, Vorsitzender des Zentralrats der Armenier in Deutschland und des Armenisch-Akademischen Vereins 1860 e.V. für seinen fachmännischen Rat, seine wichtigen Anregungen und und sein Vorwort zur ersten Auflage; ohne seine Inspiration wäre dieses Buch nie entstanden. Frau Minu Nikpay, der Vorsitzenden der Armenischen Gemeinde Köln, danke ich für die Gelegenheit, meine Arbeit mit ihrer Gemeinde zu teilen.

Von Herzen danke ich Frau Anna Hunanyan, der ich so viele wichtige Kontakte in Armenien verdanke, Tamarik Manoukian, die dieses Buch ins Armenische übersetzte und Frau Narine Kostandyan für ihre guten Fragen und Inspiration.
Dank auch an Marie Gassama, Dr. Antonella Selerio, Susanna Melkonian und Yuliya Tkachova, die mir bei den Übersetzungen der zahlreichen Dokumente entscheidend geholfen haben.
Möge dieses Buch dazu beitragen, dass die Flamme der Erinnerung an die Opfer dieser größten Christenverfolgung der Geschichte, des ersten Völkermordes in einem schreckensreichen Jahrhundert, nie verlöscht.